Eliteverhalten und Unternehmertum
im Transformationsprozeß

Europäische Hochschulschriften
Publications Universitaires Européennes
European University Studies

Reihe V
Volks- und Betriebswirtschaft

Série V Series V
Sciences économiques, gestion d'entreprise
Economics and Management

Bd./Vol. 2361

PETER LANG
Frankfurt am Main · Berlin · Bern · New York · Paris · Wien

Martin Rahe

Eliteverhalten und Unternehmertum im Transformationsprozeß

Eine ökonomische Analyse des Verhaltens sozialistischer Eliten auf ökonomischen und politischen Märkten im Übergang vom Plan zum Markt

PETER LANG
Europäischer Verlag der Wissenschaften

Die Deutsche Bibliothek - CIP-Einheitsaufnahme

Rahe, Martin:

Eliteverhalten und Unternehmertum im Transformationsprozeß : eine ökonomische Analyse des Verhaltens sozialistischer Eliten auf ökonomischen und politischen Märkten im Übergang vom Plan zum Markt / Martin Rahe. - Frankfurt am Main ; Berlin ; Bern ; New York ; Paris ; Wien : Lang, 1998
(Europäische Hochschulschriften : Reihe 5, Volks- und Betriebswirtschaft ; Bd. 2361)
Zugl.: Bochum, Univ., Diss., 1997
ISBN 3-631-33823-6

D 294
ISSN 0531-7339
ISBN 3-631-33823-6

Meinen Eltern

Vorwort

Wohl selten ergibt sich die Möglichkeit, so umwälzende Reformprozesse, wie sie in den ehemals sozialistischen Ländern Osteuropas stattfinden, aktuell miterleben zu können. Der radikale Umbau der politischen Ordnung sowie der Übergang vom Plan zum Markt verändern das Gesicht dieser Länder. Neue Regeln, Werte und Normen entstehen, die das Handlungsumfeld jedes einzelnen Mitglieds der Gesellschaft innovieren. Vergangene Routinen werden durch wirtschaftliche und politische Ungewißheit ersetzt. Der Erfolg des Transformationsprozesses hängt davon ab, inwieweit Individuen als Impulsgeber des Umbaus in Wirtschaft und Politik fungieren. Zu erwarten ist, daß ehemals sozialistische Kader eine besondere Rolle in diesem Prozeß spielen. Die vorliegende Studie untersucht das Verhalten der sozialistischen Eliten vor dem Hintergrund ihres Einflusses auf die institutionelle Neuordnung.

Zum Gelingen dieser Untersuchung haben eine Vielzahl von Personen beigetragen, denen ich zu Dank verpflichtet bin. Besonders hervorheben möchte ich die wissenschaftliche Unterstützung, die ich durch meinen Doktorvater, Herrn Prof. Dr. Karl-Hans Hartwig, erfahren habe. Seine kritischen Anmerkungen und konstruktiven Hinweise gaben mir oft entscheidende Impulse für den Fortgang der Arbeit. Herrn Prof. Dr. Erich Staudt danke ich für die übernommene Mühe des Korreferats.

Da die Anfertigung einer Dissertation ihre Spuren auch immer im Privaten hinterläßt, möchte ich an dieser Stelle auch Frau Félicia Montrop-Hippolyte danken, die mich während dieser Zeit mit zäher Geduld begleitet und unterstützt hat. Allen, die nicht namentlich genannt sind, mögen mir an dieser Stelle verzeihen. Ihnen gebührt selbstverständlich ebenso mein Dank.

Essen, Juli 1998 Martin Rahe

Inhaltsverzeichnis

Tabellenverzeichnis

Abbildungsverzeichnis

I. Einleitung

Seit Ende der achtziger Jahre vollzieht sich in Osteuropa eine fundamentale Transformation der Gesellschaftssysteme. Der Übergang von einer sozialistischen Planwirtschaft zu einer kapitalistischen Marktwirtschaft verändert bisher gültige Rahmenbedingungen des menschlichen Handelns und zwingt die Menschen in individuelle Anpassungsprozesse. Aus der Sicherheit eines stabilen institutionellen Geflechts von Werten und Normen sozialistischer Prägung geraten die Menschen in ein transitorisches Handlungsumfeld, das zwar einen Großteil der alten Verhaltensregulierungen abzustreifen versucht, sich jedoch im Aufbau eines marktwirtschaftlichen Ordnungswesens nur schleppend weiterentwickelt.

Das Verhalten der Menschen ist ein entscheidender Erfolgsfaktor für den Übergang vom Plan zum Markt. Es ist aus zwei Gründen in besonderem Maße ungewiß:

- Die engen Regulierungen der zentralen Planwirtschaft sind bereits abgestreift, während marktwirtschaftliche Regeln noch nicht vollständig etabliert sind. Es entsteht in ordnungspolitischen Teilbereichen ein Regelvakuum, das bei negativer Ausprägung anarchischem Verhalten Vorschub leistet.
- Für die Individuen stellt die Transformation einen Übergang von Routine- in Nichtroutineprozesse dar. Die Anpassung an diese Entwicklung erfolgt in Abhängigkeit von subjektspezifischen Fähigkeiten und Motivationen.

Es ist zu vermuten, daß die alten sozialistischen Eliten eine besondere Rolle im Transformationsprozeß spielen, da sie in der Planwirtschaft weitreichende wohlfahrtsrelevante Vorzüge genossen haben und nun vor gravierenden Wohlfahrtsveränderungen stehen. Damit werden folgende Fragestellungen aufgeworfen:

- Welche Verhaltensweisen sind von Individuen zu erwarten, die als Nutznießer der alten Ordnung nun mit dem Verlust ihrer Privilegien rechnen müssen und
- in welchem Ausmaß besetzen alte Eliten in einem veränderten Handlungsumfeld erneut Elitepositionen?

Der letzte Aspekt gewinnt dadurch an Bedeutung, daß es auch im neuen Umfeld einer einflußnehmenden Elite bedarf, die als Entscheidungsträger in Politik und Wirtschaft die Transformation vorantreibt.

Unter dem Aspekt der individuellen Wohlfahrtsmaximierung ist nicht zu erwarten, daß die sozialistischen Eliten Wohlfahrtsverluste bereitwillig akzeptieren werden. Statt dessen werden sie unter Ausnutzung ihrer spezifischen Fähigkeiten nach Alternativen suchen, um Wohlfahrtsverluste zu verhindern. Dabei ist es naheliegend, daß Handlungsmöglichkeiten wahrgenommen werden, die sie wieder zu Entscheidungsträgern in der neuen Ordnung machen. Es werden situative Entscheidungszustände ehemaliger Eliten betrachtet, die durch den prozessualen Aspekt der Transformation in einem dynamischen Umfeld stattfinden. Dabei zeigt sich, daß in der alten Ordnung erworbene Fähigkeiten die Anpassungsflexibiltät beeinflussen.

Der erste Teil der Arbeit umreißt den Bezugsrahmen, in dessen Kontext die Ausführungen zu stellen sind. Es wird dargelegt, daß das nutzenmaximierende Verhalten einem individuellen Rationalkalkül entspringt, das auch in den Planwirtschaften Osteuropas das Handeln der Menschen dominierte und dem normativen Idealtypus einer sozialistischen Ordnung und eines sozialistischen „neuen“ Menschen widersprach. Die Grundlage für die Erklärung menschlichen Verhaltens in Abhängigkeit von handlungsbeschränkenden Institutionen bildet die ökonomische Institutionentheorie, insbesondere der Property Rights-Ansatz. Durch die Transformation verändert sich die Institutionenstruktur, wodurch die Frage aufgeworfen wird, inwieweit dies die Handlungsrechte der ehemaligen Eliten tangiert.

Die sich anschließende Abgrenzung des Untersuchungsgegenstandes mit dem Instrumentarium der Property Rights-Theorie zeigt, daß die sozialistische Elite als vergleichsweise kleines Bevölkerungssegment über umfangreiche Handlungsrechte verfügte, die es ihr ermöglichten, eine Ordnung auch gegen den Willen der Bevölkerungsmehrheit zumindest zeitweise in einen stabilen Zustand zu versetzen.

Im zweiten Teil erfolgt eine Analyse des Elitehandelns in sozialistischen Ordnungssystemen. Es werden drei Elitesegmente unterschieden, die im Hinblick auf Motivation und Einstellung zur Zentralplanung untersucht werden. Da durch Struktur und Verteilung von Handlungsrechten Anreize für individuelles Verhalten gesetzt werden, ist darüber hinaus der Handlungsraum unter Berücksichtigung formeller und informeller rechtlicher Regelungen zu analysieren. Der dritte Abschnitt beschreibt die Ausgangssituation, von der aus der Transformationsprozeß durch die Eliten bewertet wird.

Auf der Grundlage einer Kosten-Nutzen-Betrachtung leitet die Untersuchung von elitespezifischen Wohlfahrtswirkungen als Folge des institutionellen Wandels den dritten Teil ein. Zu erwarten ist, daß resultierend aus den Wohlfahrtseffekten künftige Handlungsfolgen von subjektspezifischen Restriktionen beeinflußt werden, weshalb in die verhaltensökonomische Analyse neben den objektiven Umfeldbedingungen auch die subjektiven Restriktionen zu integrieren sind.

Da nutzenmaximierendes Verhalten impliziert, daß die alten Eliten wieder nach neuen Elitepositionen streben und ihr Einfluß am größten ist, wenn sie ihr Handlungsumfeld selbst gestalten können, werden unter Berücksichtigung der Anpassungskosten Eliteübergänge auf dem ökonomischen und politischen Markt analysiert. Auf beiden Märkten stellen sich die Eliten dem Wettbewerb und werden hinsichtlich ihres Leistungsangebotes von den Nachfragern bewertet. Sie sind bei zunehmend marktwirtschaftlicheren und demokratischeren Strukturen politische und ökonomische Unternehmer, die institutionelle Regelungen bzw. Güter und Dienstleistungen anbieten. Im wohlfahrtstheoretischen Sinn besteht die Aufgabe des politischen Unternehmers darin, an der Umsetzung stabiler wirtschaftspolitischer Rahmenbedingungen mitzuwirken, die den ökonomischen Unternehmern als Planungsgrundlage für ihre Investitionstätigkeiten dienen. Das Zusammenwirken beider Unternehmertypen trägt zum volkswirtschaftlichen Aufbau von Sach-, Geld- und Humanvermögen bei. Sowohl der politische als auch der ökonomische Unternehmer induziert Neuerungsprozesse, die den sozialen Wandel der Gesellschaft vorantreiben, aber auch die Gefahr des Scheiterns der Transformation in sich bergen. Letzteres ist der Fall, wenn die Bevölkerung die Hauptlast der Änderungskosten zu tragen hat und Umverteilungsprozesse die Unternehmer einseitig begünstigen. Das theoretische Fundament dieser Betrachtung beruht für ökonomische Märkte auf den Theorien findigen und innovativen Unternehmertums von KIRZNER und SCHUMPETER sowie auf Beiträgen der Transaktionskostenökonomik zur Entstehung von Unternehmungen. Die Ausführungen zum politischen Markt basieren dagegen auf DOWNS´ Demokratiemodell sowie auf jüngeren Ansätzen zur Theorie politischer Umstürze.

Für KIRZNER und SCHUMPETER steht der motivationale Aspekt im Vordergrund, wobei findiges Unternehmertum Preisdifferenzen auf Beschaffungs- und Absatzmärkten ausnutzt und dadurch gesamtwirtschaftliche Transaktionskosteneinsparungen induziert. Innovatives Unternehmertum realisiert dagegen Neuerungen innerhalb und außerhalb von Betrieben. „Profit-seeking" ist jedoch nur ein Teil unternehmerischer Handlungsrealität, ebenso werden Ressourcen zum Erhalt von Regulierungsgewinnen durch „rent-seeking" eingesetzt. Auf welche Weise Gewinne realisiert werden, ist dann nicht mehr nur eine Frage der Motivation, sondern ebenso der subjektiven Kompetenz des Unternehmers. Der Transformationsprozeß bestätigt, daß persönliche Kontakte und Erfahrungen im Umgang mit regulierungsgebenden Behörden bzw. Personen eine wichtige Komponente unternehmerischen Erfolgs sind. Motivation und Humankapital stellen somit die beiden wesentlichen Faktoren unternehmerischen Handelns dar, weshalb humankapitaltheoretische Überlegungen in die Analyse zu integrieren sind.

Auch der politische Unternehmer bedarf der notwendigen Kompetenz, um am politischen Markt erfolgreich sein zu können. So begründet der politische Wettbewerb eine Politik der Wählerstimmenmaximierung, die sich von den Methoden der Machterhaltung in autokratischen Systemen der sozialistischen Länder unterscheidet. Der Erfolg eines politischen Unternehmers bestimmt sich dann dadurch, inwiefern es ihm gelingt, auf die Bedürfnisse der Politiknachfrager reagieren zu können.

Wenn nachfolgend auf Beispiele aus der russischen Systemtransformation zurückgegriffen wird, so geschieht dies deshalb, weil hier die Transformationsprobleme besonders deutlich zum Ausdruck kommen. Die theoretischen Ausführungen dieser Arbeit können jedoch generell auf Länder mit Wirtschaftsordnungen bezogen werden, die nach dem planwirtschaftlichen Modell des sowjetischen Typs organisiert waren. Werden grundlegende Strukturelemente wie das Primat der Politik, das Prinzip des demokratischen Zentralismus und die Zentralisierung der Staatsgewalt in den Mittelpunkt gerückt, so gelten die folgenden Überlegungen z.B. auch für die ehemals sozialistischen Länder Polen, Tschechoslowakei und die DDR.

II. Analytischer Bezugsrahmen

1 Institutionentheoretische Aspekte

Im Mittelpunkt der vorliegenden Untersuchung steht das Verhalten von Individuen in einer durch vielfältige Institutionen gekennzeichneten Umwelt.[1] Es wird unterstellt, daß die Menschen sich rational verhalten, indem sie unter dem Aspekt der Knappheit ihre Bedürfnisse bestmöglich zu befriedigen versuchen. Sie sind in ihrem Verhalten durch Restriktionen beschränkt, die in Form von Regeln und Normen auch institutioneller Natur sind und je nach Ausgestaltung unterschiedliche Handlungsspielräume eröffnen. Da die Transformation eines Wirtschafts- und Gesellschaftssystems eine tiefgehende Veränderung des institutionellen Umfeldes bewirkt, sind die nachfolgenden Ausführungen zum individuellen Rationalverhalten in den Kontext des institutionellen Wandels zu stellen.

1.1 Die Rationalität des methodologischen Individualismus

Menschliches Verhalten basiert auf Präferenz-Restriktionen-Konfigurationen, die im neoklassischen Kontext unter Maximierungsgesichtspunkten bestimmte Handlungen auslösen. Das theoretische Fundament zur Analyse individueller Wahlhandlungen ist der rational choice-Ansatz. Danach ist menschliches Verhalten im individuellen Nutzen-Kosten-Kalkül rational begründet. Die Rationalität des Handelns kommt in der relativen Vorteilssuche eines Individuums zum Ausdruck, das nach Maßgabe seiner Präferenzen und unter Berücksichtigung der bestehenden Restriktionen die aus seiner Sicht beste Handlungsalternative auswählt.[2] Wie im Verlauf der Arbeit zu sehen sein wird, ist dieses Verhaltensmuster auf Individuen unterschiedlicher Wirtschafts- und Gesellschaftssysteme übertragbar. Dementsprechend läßt sich auch das Verhalten der Eliten in der sozialistischen Planwirtschaft unter diesem Paradigma analysieren.[3] Das deutet bereits darauf hin, daß durch die Verfolgung individueller Ziele das Individualprinzip menschlichen Verhaltens das Kollektivprinzip sozialistischer Planwirtschaften in seiner Entfaltung beeinträchtigte und der normative Anspruch des Kollektivismus in der Realität keine Entsprechung fand.

Der Idealtypus zentraler Planung erfordert von den Individuen Verhaltensweisen, die sich von marktwirtschaftlichem Verhalten fundamental unterscheiden und den Individuen in der Wertschätzung der kollektiven Ziele die Befriedigung der subjektiven Bedürfnisse offeriert. Kollektivverhalten bezeichnet dann die Identifikation und Verfolgung der ideologisch apostrophierten Werte, die den Gemeinschaftszielen vor

---

[1] Zum Institutionenbegriff siehe Kapitel II.1.2.

[2] Vgl. Kirchgässner, 1991, S. 17.

[3] Siehe Abschnitt II in diesem Buch.

den Individualzielen Priorität einräumen.[4] Dafür ist es aus marxistischer Sicht erforderlich, die Interessen der Menschen durch politisch-moralische Überzeugungsarbeit sowie durch die Schaffung institutioneller Vorkehrungen so zu lenken, daß die Persönlichkeit formell respektiert wird, doch persönliche Interessen ausschließlich im Kontext der durch einen kollektiven Akteur bestimmten Erfordernisse geduldet werden. Im offiziellen Sprachgebrauch der DDR galt diese Interessenkonstellation als objektiv-persönlich.[5] Die Eigenidentifikation des Individuums als Gattungswesen „Mensch" ist die notwendige Bedingung, um gesellschaftliche Entwicklungsprozesse an die kollektiven Ziele kollektiver Akteure zu knüpfen. Der so propagierte „neue Mensch" bedarf lediglich einer Befreiung aus den Zwängen der kapitalistischen Rechtsverhältnisse, um sich gemäß dem marxistischen Entwicklungsgesetz zu verwirklichen. MARX selbst war von der Unumstößlichkeit dieses Prozesses überzeugt, da die zunehmende Entfremdung des Menschen im Arbeitsprozeß zu einer Auflösung der bestehenden Produktionsbedingungen führen muß.[6] Dieser evolutorische Determinismus impliziert die latente Existenz eines auf Klassenkampf ausgerichteten Wertesystems, das sich im Zuge eines Restriktionenumbaus freilegen wird. Erst mit Erreichen des Sozialismus sind eine Ordnungsstruktur sowie ein entsprechendes Wertesystem verankert, die den Klassenkampf beenden. Die marxistische Theorie argumentiert demnach in einem institutionalistischen Gedankengebäude und sieht einen Kausalzusammenhang zwischen den gesellschaftlichen Restriktionen und den individuellen Präferenzen, erklärt letztere aber aus einer dem Liberalismus entgegengesetzten Motivation heraus.[7] Hieraus resultiert für den idealtypischen homo sovieticus eine Präferenzordnung, in der gesellschaftliche Ziele, die aufgrund ihrer fehlenden Exklusivität in Marktwirtschaften nicht individuell verfolgt werden, der Antrieb des menschlichen Handelns sind.

---

[4] Zum Kollektivverhalten von Individuen vgl. Jeitziner, 1989, S. 36ff. In den sozialistischen Ländern existierte das Sanktionsinstrument „Kritik-Selbstkritik". Von Gruppennormen abweichendes Verhalten wurde durch die Selbstläuterung vor dem Kollektiv geahndet. Kirsch spricht auch vom methodologischen Organizismus und meint damit das Verhalten von Organisationen als einheitliches Ganzes, ohne diese als Aggregat von Individualentscheidungen zu betrachten. Vgl. Kirsch, 1993, S. 18.

[5] Vgl. Hahn, 1986, S. 169.

[6] Die sozialistische Arbeitsmoral wird durch das Prinzip der sozialistischen Einstellung zur Arbeit thematisiert. Im Mittelpunkt steht dabei die Definition dessen, was als sozialistische Arbeit zu verstehen ist. „Sozialistisch arbeiten bedeutet auf den einzelnen bezogen, sein Leben und seine Tätigkeit bewußt und zielstrebig so zu organisieren, daß er den größtmöglichen Beitrag zum Aufbau des Sozialismus und dem Kampf um den Frieden leistet..." Boeck, zitiert nach Erpenbeck/Weinberg, 1993, S. 26. Als Ziel der Arbeiterklasse wird diese Aufgabe durch das Prinzip des sozialistischen Internationalismus und Patriotismus internalisiert.

[7] Selbst die Moral ist aus marxistischer Sicht ausschließlich vernunftbegründet, während liberale Paradigmen die Position Humes einnehmen und die Moral als Resultat evolutorisch-spontaner Prozesse interpretieren. Vgl. Hayek, 1994, S. 81.

Im Unterschied zu den Kollektivwirtschaften bedeutet Rationalität im liberal-ökonomischen Verständnis das zielgerichtete, eigennutzorientierte Handeln eines Menschen. Das Eigennutzaxiom bewirkt, daß das Individuum den Belangen und Problemen seiner Artgenossen nur insofern Rechnung trägt, als diese seinen persönlichen Handlungsraum beeinflussen.[8] Diese Disaggregation des sozialen Geschehens auf die individuelle Ebene ist wissenschaftstheoretisch im methodologischen Individualismus verwurzelt.[9]

Im Kontext dieses Paradigmas ist Rationalität kein normativer Anspruch des „Sollens“, sondern eine Randbedingung des positiv definierten individualistischen Menschenbildes. Für die Beurteilung dessen, was unter rationalem Verhalten zu verstehen ist, sind ausschließlich die subjektiv erfaßbaren Handlungsumstände eines Individuums von Bedeutung.[10] Für Individuen in Entscheidungssituationen bedeutet das, daß nicht vollständige Informiertheit über das Verhalten entscheidet, sondern die individuell verfügbaren Informationen. Das Entscheidungshandeln des einzelnen ist dann durch Umweltsituationen geprägt, die das persönliche Umfeld des Entscheidenden darstellen. Aufgrund der begrenzten kognitiven Fähigkeiten der Menschen handelt es sich hierbei immer nur um einen Teilausschnitt der Umwelt. Das Individuum verhält sich rational, wenn es Kosten und Nutzen der zur Wahl stehenden Alternativen vergleicht und sich für jene mit dem größten Nutzengewinn entscheidet.[11] Als kostensenkend im Entscheidungshandeln wirken dabei Wiederholungshandlungen, die als Routinen keine Zufuhr neuer Informationen bedürfen. Den gleichen Effekt erzielt das Individuum durch die Berücksichtigung von Erfahrungen, die Dritte in einer vergleichbaren Entscheidungssituation gemacht haben.[12] Handlungsrationalität

---

[8] Rawls spricht von gegenseitig desinteressierter Vernünftigkeit. Vgl. Rawls, 1978, S. 168ff.

[9] Vgl. Tietzel. 1991, S. 11.

[10] Vgl. Smith, 1991, S. 880. Die Informationsannahme hat das Bild des rational handelnden Individuums, des homo oeconomicus, entscheidend geprägt. So unterscheidet sich die ältere Variante des homo oeconomicus von seinem Nachfolger durch den Umfang der in die Entscheidungsfindung einbezogenen Informationen. Anstelle objektiv vollständiger Informiertheit ist der moderne homo oeconomicus nur noch subjektiv unvollständig informiert. Siehe auch Kirchgässner, 1993.

[11] Vgl. Simon, 1979. Weitere Verhaltensbeschreibungen kommen vor allem aus der Psychologie. Nach der `elimination-by-aspects´-Hypothese von Tversky rufen die Menschen ihre Handlungsalternativen gemäß einem subjektiv definierten Anforderungskatalog ab. Jene Alternative, die den Anforderungen am besten entspricht, wird vom Individuum ausgewählt. Vgl. dazu Tversky, 1972. Nach Thibaut und Kelley beurteilt ein Mensch seine Zufriedenheit nicht anhand eines absoluten Befriedigungsniveaus, sondern vergleicht seine Position mit der seiner Mitmenschen. Sein Ziel ist es, `rankhappiness` zu erreichen. Vgl. dazu Thibaut/Kelley, 1959. Sauermann und Selten formulierten die Anspruchsanpassungstheorie, nach der das Individuum seine Ansprüche an einem Zielerreichungsgrad dem tatsächlich realisierten Niveau anpaßt. Vgl. dazu Selten/Tietz, 1980.

[12] Vgl. Simon, 1993, S. 157.

ist demzufolge keine objektive Rationalität, sondern an die Perspektive des Handelnden gebunden. Die subjektive Wahrnehmung des Handelnden wird durch dessen Erwartungen über die Folgen von Handlungen geprägt, weshalb Informationssammlung und Handlungswahl einem Zukunftsaspekt unterliegen.[13] Wie in Abschnitt IV zu sehen sein wird, ergeben sich daraus im Transformationsprozeß besondere Probleme.

Ein weiterer Aspekt im Kontext individualorientierten Verhaltens ist das Verhältnis von Präferenzen und Restriktionen. Dabei gilt die These, daß das Verhalten von Individuen durch das Zusammenwirken von Präferenzen und Restriktionen erklärt werden kann. Doch zeigen nicht zuletzt die Arbeiten von BECKER und STIGLER, daß die Vorgehensweise über die Präferenzen in einer tautologischen Sackgasse mündet, da radikale Verhaltensänderungen durch Präferenzänderungen erklärt werden könnten, wodurch sich dieser Vorgang einer ökonomischen Analyse entziehen würde. Durch die modelltheoretische Annahme stabiler Präferenzen werden derartige Tautologien ausgeschlossen und können Wirkungsweisen veränderter Umweltbedingungen auf das menschliche Verhalten in das Betrachtungsfeld gerückt werden.[14]

BECKER verweist darauf, daß durch die Kombination von materiellen und immateriellen Gütern sowie Humankapital und der Zeit als weitere Inputfaktoren nutzenstiftende Dinge zu produzieren versucht bzw. Handlungen realisiert werden, die der Erreichung der individuellen Ziele dienen.[15] Unter der Annahme, daß es das Ziel der sozialistischen Eliten ist, keine oder nur möglichst geringe Wohlfahrtsverluste durch die Transformation hinnehmen zu müssen, spielt im übertragenen Sinn das bestehende, noch nutzbare Humankapital sowie Investitionen in neu aufzubauendes Humankapital ebenso eine Rolle, wie die für die Durchführung und Amortisation notwendige Zeit. Wie in jeder Produktionsfunktion richtet sich der Nutzenoutput nach den eingegangenen Inputfaktoren, die ihrerseits durch die Umfeldbedingungen restringiert werden.

Das Verhalten der Menschen resultiert aus Kosten-Nutzen-Überlegungen, wobei eine Änderung im Restriktionenraum die Kosten zur Durchführung einer Handlung beeinflußt.[16] Verhaltensänderungen werden demnach erst durchgeführt, wenn erstens bei einem unveränderten Budget die Preisrelationen der nutzenstiftenden Güter zu einer Reallokation und damit auch zu einer Verschiebung der Nachfragestruktur führen oder, wenn zweitens das Budget selbst Änderungen unterworfen ist, etwa weil

---

[13] Vgl. Frey/Stroebe, 1980, S. 89.

[14] Vgl. Becker/Stigler, 1977; Möller, 1983, S. 91; über die Realitätsnähe von Modellannahmen vgl. Tietzel, 1981a.

[15] Das Humankapital ergibt sich bei Becker hauptsächlich aus der Erziehung sowie durch „on-the-job"-Training und „learning-by-doing". Es basiert damit sehr stark auf Erfahrungskomponenten, die über die Effizienz im Umgang mit einer Sache entscheiden. Vgl. Bekker/Stigler, 1977, S. 78f. Siehe auch Kapitel IV.2.2.3.

[16] Vgl. Vanberg, 1993, S. 96.

das Individuum über weniger Einkommen oder weniger Zeit verfügt.[17] Aus der Sicht eines nutzenmaximierenden Individuums können dann Konsumalternativen interessant werden, die zuvor nicht im Möglichkeitenraum des Individuums enthalten waren oder aufgrund der Kosten nicht realisiert wurden.

Hierbei spielt die Institutionenstruktur eine bedeutsame Rolle, denn wie in Kapitel II.1.2 noch zu sehen sein wird, implizieren Institutionen Sanktionen, die die Befolgung von kollektiven Regeln begünstigen sollen und im oben beschriebenen Sinne den individuellen Restriktionenraum für Handlungen verändern können. Für die Eliten in den sozialistischen Planwirtschaften induzierte die Institutionenstruktur elitespezifische Verhaltensweisen, die gemäß dem Nutzen-Kostenaspekt rational waren. Individuell betrachtet war dieses Verhalten durchaus effizient, doch führte es in der Summe der Handlungen zu Ineffizienz, da die Institutionenstruktur in ihrer Gesamtheit es nicht ermöglichte, diese individuelle Effizienz in eine gesellschaftliche Effizienz umzuleiten.

Diesen vorangestellten Überlegungen folgend werden im zweiten Teil der Untersuchung die Rahmenbedingungen für Individualverhalten in den Mittelpunkt gerückt. Die Stabilität der Präferenzen vorausgesetzt, entscheiden subjektive und objektive Restriktionen darüber, mit welchem Mitteleinsatz der Nutzenmaximierung nachgegangen wird. Subjektiv sind Restriktionen, wenn sie die Handlungsfähigkeit des Individuums begrenzen und ausschließlich individualgebunden sind. Dazu zählen das Sach-, Geld- und Humankapital des einzelnen, aber auch seine Risikobereitschaft und der Zeitfaktor.[18] Objektiv sind Restriktionen dann, wenn sie als formelle Regelungen Dekretrechte oder Reziprozitätsrechte enthalten und für die Gesellschaft als ganzes gelten. Da die subjektiven Restriktionen der Eliten auf das sozialistische Handlungsumfeld ausgerichtet waren, ist zu vermuten, daß ihre restriktive Wirkung bei einem Wechsel des Ordnungssystems das Übergangsverhalten der Eliten besonders beeinflußt. Immerhin müssen Kaderkarrieren aufgegeben werden, die fester Bestandteil der Lebensplanung waren. Die subjektiven Faktoren wirken sich somit auf das Verhalten der Eliten im Übergang von der Plan- zur Marktwirtschaft aus und werden eingehender erläutert, wenn auf die Umwälzungen im Transformationsprozeß eingegangen wird.

1.2 Transformation: Generierung oder Tausch exklusiver Rechtsinstitutionen

Individuelles Rationalverhalten findet im Kontext von Wirtschaftsordnungen statt, die, wie bereits vorangehend angedeutet, unterschiedlicher Natur sein können, jedoch in ihrer inhärenten Logik darauf ausgerichtet sind, zwei zentrale Probleme ökonomi-

---

[17] Vgl. Becker, 1993, S. 4.

[18] Im dritten Teil der Arbeit wird dargestellt, daß der Zeitaspekt für die in Humankapital investierenden Eliten durchaus eine relevante Entscheidungsgröße ist.

schen Handelns zu lösen.[19] Es gilt erstens, ein Koordinationsverfahren zu finden, welches die ökonomischen Handlungen sachlich, räumlich und zeitlich aufeinander abstimmt, so daß die unzähligen Bedürfnisse der Individuen bestmöglich befriedigt werden, und zweitens müssen die individuellen Interessen im arbeitsteiligen Wirtschaftsprozeß so gesteuert werden, daß bei gegebenen Mitteln eine möglichst effiziente Form der Knappheitsminderung erreicht wird.

In der ordoliberalen Dichotomie werden anhand der Kriterien Lenkungsmechanismus und Eigentumsordnung Zentralverwaltungswirtschaften und Marktwirtschaften unterschieden.[20] Die Transformation einer Wirtschaftsordnung manifestiert sich durch den Austausch der ordnungskonstituierenden Merkmale, wobei eine Beschränkung auf bloße Korrekturen im bestehenden Ordnungsrahmen nicht als Transformation, sondern lediglich als Reform anzusehen ist.[21] Reformen beziehen sich somit auf die institutionelle Neuerung innerhalb einer bestehenden Ordnung. Um ordnungs- bzw. transformationsimmanente Problemfelder aufdecken zu können, ist das Wissen über die Wirkungsweise von ordnungsgestaltenden Institutionen von Bedeutung. Daß sich hiermit kein Selbstzweck verbindet, sondern die Erkenntnis, daß Ordnung das Fundament für Erwartungsstabilität ist, dokumentierte bereits EUCKEN in der Festlegung der konstituierenden und regulierenden Prinzipien. Als Rahmenbedingung für Wettbewerb wirken sie handlungsbeschränkend auf die Anzahl der möglichen Handlungsalternativen der Individuen.[22]

Abweichend von der traditionellen Ordnungstheorie stellt die jüngere Ökonomische Theorie des Rechts den prozessualen Aspekt des menschlichen Verhaltens in

---

[19] Vgl. Hensel, 1977, S. 11f, Jeitziner, 1989, S. 17f., Lösch, 1975, S. 96ff.

[20] Vgl. Jeitziner, 1989, S. 17; Lösch, 1975.

[21] Vgl. Kloten, 1989, S. 99; Apolte, 1992, S. 9; Schüller, 1992, S. 40f. Bohnet/Ohly halten diese Transformationsdefinition für zu eng und sehen unter dem Aspekt der evolutorischen Umgestaltung die Transformationsbedingung erfüllt, wenn nur ein ordnungskonstituierendes Merkmal umgewandelt wird und das Ziel „Marktwirtschaft“ dabei erkennbar ist. Vgl. Bohnet/Ohly, 1992, S. 28f.

[22] Vgl. Eucken, 1955, S. 241ff. Pejovich sieht in der ordnungsspezifischen Institutionenbildung den „choice of rules“, der die „rules of the game" wiedergibt und den Euckenschen Prinzipien vergleichbar eine Ordnung charakterisiert. Die Wahlhandlungen der Individuen innerhalb der Ordnung sind dagegen als „choice within rules“ das "game itself", welches nach Eucken die Ordnung bedroht, wenn es zur Herausbildung von Monopolmacht und Interessengruppen führt und der ordnungspolitische Gesamtzusammenhang durch punktuelle Machtgruppenpolitik verloren geht. Vgl. Pejovich, 1990, S. 3; Eucken, 1955, S. 193ff. Buchanan/Tullock sprechen von Entscheidungen auf dem "constitutional level" sowie über Entscheidungen auf dem "action level". Vgl. Buchanan/Tullock, 1962, S. 110f. Auch für Eschenburg ist der Gegenstand des Organisierens die Suche nach Verhaltensregeln, welche auf konstitutioneller Ebene den Handlungsraum abgrenzen und in handlungsbedingten Entscheidungssituationen die subsidiäre Objektebene definieren. Vgl. Eschenburg, 1977, S. 5ff; hierzu auch Haffner, 1992, S. 149; Rose, 1993, S. 419.

den Vordergrund, in dem sie die Wirkung von durch die Ordnung vermittelten Handlungsrechten auf menschliches Verhalten analysiert.[23] Im Mittelpunkt steht die Koordination einer Vielzahl von Handlungen in der Gesellschaft, die durch die Etablierung von Institutionen, welche die grundsätzlichen Verhaltensweisen für das gesellschaftliche Zusammenleben objektivieren, gelöst wird.[24]

Institutionen sind handlungsbeschränkende Regeln, die das Verhalten von Individuen in einer Gesellschaft insofern kalkulierbar machen, als sich wiederholende Handlungsabläufe durch ein gemeinschaftlich akzeptiertes Verhaltensmuster regulieren.[25] Die Akzeptanz von Institutionen kann auf freiwilliger Anerkennung oder auf Zwang basieren.[26] Der Vorgang der kognitiven Implementierung von Institutionen erfolgt in Abhängigkeit von ihrem Inhalt bewußt oder unbewußt.[27] Kommuniziert ein Individuum mit anderen Mitgliedern der Gesellschaft, bildet es bestimmte Erwartungen über das Verhalten des Kommunikationspartners. Die Erwartungen erfüllen sich um so eher, je breiter der gesellschaftliche Konsens über die erwartungsbildenden Institutionen ist und je stärker eine Mißachtung der Institutionen negativ sanktioniert wird. BOLAND bezeichnet diese Form der Erwartungsbildung als „institutionalisiertes soziales Wissen"[28]. Hieraus ergibt sich die mögliche Implikation, daß ein Individuum, welches entgegen den normativen Verhaltenserwartungen handelt, durch Mißfallensbekundungen der anderen Gesellschaftsmitglieder sein Verhalten gesellschaftskonform korrigiert.[29] Aufgrund der Dynamik von Regelentstehung und Regelselektion sind Regelräume keine statischen Gebilde, sondern unterliegen einer evolutorischen Komponente.[30]

In sich wiederholenden Entscheidungssituationen reduzieren sich somit die Kosten der individuellen Entscheidungsfindung, da die Anzahl der möglichen Alternativen durch die verhaltenswirksamen Institutionen begrenzt wird. Die Einschränkung der potentiellen Handlungsmöglichkeiten, der Verlust an Freiheit, ist der Preis, den der Mensch für die Vorzüge der Komplexitätsreduktion in Entscheidungssituationen

---

[23] Vgl. Schenk, 1992; Schulz, 1992; Meyer, 1983; Leipold, 1983; Alchian, 1977.

[24] Vgl. Lachmann, 1963, S. 63. Die Property Rights-Theorie ist somit ein Teilgebiet der Institutionentheorie.

[25] Bush, 1988, S. 126. Siehe auch Richter, 1994, S. 2; Neale, 1988. Regeln schränken individuelles Handeln ein und definieren die gesellschaftlich legitimierten Rechte des einzelnen. Regelräume sind deshalb auch als Rechtsräume zu bezeichnen.

[26] Vgl. Elsner, 1986, S. 200; Bohnet/Reichardt, 1992, S. 4.

[27] Vgl. Bush, 1988, S. 127.

[28] Boland,1979, S. 963.

[29] Vgl. Richter, 1994, S. 2.

[30] Vgl. Dopfer, 1994, S. 704f; Hayek, 1980, S. 41; Radnitzky, 1984.

zu zahlen hat.[31] Die Kosten einer regelbedingten Freiheitsbeschränkung können eingespart werden, wenn das Individuum die institutionellen Rahmenbedingungen ignoriert, indem es seine potentiellen Handlungsmöglichkeiten ausschöpft und Regeln verletzt. Dann werden die Kosten, die durch die Freiheitsbeschränkung entstehen, durch die Kosten ersetzt, die das Risiko der Sanktionierung beinhalten. Die Verletzung der institutionellen Restriktionen unterliegt dem ökonomischen Kalkül und erfordert eine Abwägung zwischen den Kosten der Freiheitsbeschränkung und den mit ihrer Eintrittswahrscheinlichkeit gewichteten Kosten der Sanktionierung. MARCH spricht hier von dem „Problem der optimalen Sünde" und meint damit das bewußte Handeln entgegen gesellschaftlichen Konventionen.[32] Die Übertretung moralischer Grenzen führt bei gleichzeitigem allgemeinen Wunsch nach Einheit von Ethik und Handeln zu einer Verschiebung der moralischen Grenzwerte, wenn sich zunehmend mehr Handlungen dem bestehenden ethischen Normencodex entziehen. Die individuellen Kosten bei Überschreitung der erlaubten Handlungsmöglichkeiten können deshalb auch als langfristige Investitionen in die Erweiterung der moralischen Grenzen interpretiert werden.[33]

Dem Verlust an Freiheit durch eine Regelbindung müssen jedoch Erleichterungen beim Eingehen interindividueller Beziehungen gegenübergestellt werden.[34] Unter der Prämisse, daß sich rationale Individuen opportunistisch verhalten, besteht die Gefahr, daß bei Transaktionen mindestens einer der Transaktionspartner von einer zuvor vereinbarten Verhaltensweise abweicht, sofern der Nutzen aus dieser Verhaltensopportunität größer ist als die Kosten. Existieren keine verbindlichen Regeln, die den Abweichler sanktionieren, kommen Transaktionen auf kooperativer Basis nur zustande, wenn die beteiligten Transaktionspartner Vertrauen hinsichtlich der Erfüllung des der

---

[31] Vgl. Leipold, 1991, S. 20; Hayek, 1994, S. 82. Der Möglichkeitenraum individueller Handlungen ist für die Wirtschaftssubjekte kein Fixum, sondern differiert je nach subjektiver Wahrnehmung. Von Dritten registrierte Restriktionen können von einem Individuum als nicht relevant erachtet werden, sofern subjektive und objektive Eintrittswahrscheinlichkeiten von Sanktionen unterschiedlich gewichtet werden. Eine Analogie ergibt sich hinsichtlich der Wahrscheinlichkeit, beim Ausüben einer gefährlichen Sportart schwer oder tödlich verletzt zu werden. Sie wird von den Menschen, die solche Sportarten ausüben, als gering eingestuft, da sie sich für besonders vorsichtig halten. Das Auftreten von Unfällen in gefährlichen Sportarten zeigt jedoch, daß vorhandene Gefahren falsch eingeschätzt werden. Vgl. dazu Eichenberger, 1992, S. 13ff.

[32] Vgl. March, 1990, S. 320f; auch Opp, 1982, S. 185.

[33] Vgl. March, J.G., 1990, S. 320f. Kirsch spricht in diesem Zusammenhang von „moral space". Vgl. Kirsch, 1993, S. 97; auch Tietzel/Weber, 1991, S. 113. Der illegale Verkauf von Beständen des Kollektiv- oder Staatsvermögens, die Hinterziehung von Steuern etc. sind Handlungen, die moralische Grenzen hinausschieben, wenn sie nicht durch ein funktionsfähiges Institutionensystem sanktioniert werden. Vgl. Leipold, 1996, S. 6.

[34] Vgl. Güth/Kliemt, 1993, S. 256f; Harsanyi, 1977, S. 110f.

Transaktion zugrundeliegenden Vertrages haben.[35] Die ökonomische Spieltheorie zeigt, daß unter bestimmten Umständen selbst dann, wenn Kooperation für die beteiligten Parteien das beste Ergebnis hervorbringen würde, rationale Individuen zu nicht-kooperativem Verhalten neigen. Zur Verdeutlichung sei auf die kompetetive Spielsituation des Gefangenendilemmas hingewiesen. Hier handeln zwei Spieler jeweils eigennutzorientiert bei Unwissenheit über das Verhalten des anderen (Tab 1).

	C_1	D_1
C_2	6/6	0/10
D_2	10/0	1/1

Tab.1: Gefangenendilemma

Beide wären im Fall einer Kooperation (C_1C_2) bessergestellt, wohingegen die Situation, in der nur einer kooperiert (C_1D_2), von dem nicht kooperierenden Mitspieler ausgenutzt wird, was im Ergebnis eine Schlechterstellung des Kooperationsbereiten darstellt. Da der kooperierende Mitspieler in diesem Fall keine Auszahlung erhält, der nicht kooperiende Mitspieler hingegen die gesamte Auszahlungssumme zugesprochen bekommt, ist für beide Spieler defektierendes Verhalten rational. Vor diesem Hintergrund werden beide Spieler nicht kooperieren und damit ein suboptimales Ergebnis (D_1D_2) realisieren. Für den Fall eines n-fach wiederholten Spiels zeigt die „Tit-for-Tat“-Strategie eine Möglichkeit auf, um auch bei divergierenden Interessenlagen eine gemeinsam vorteilhafte Lösung zu finden. Die Reaktion des Mitspielers wird zu einer entscheidungsrelevanten Größe. Wird nicht kooperatives Verhalten mit Defektieren bestraft, was zu minimalen Auszahlungen führt, und wird ein Kooperationsangebot mit Kooperation beantwortet, dann werden die Spielpartner durch Antizipation ihr Verhalten aufeinander abstimmen. Die Retorsionsmaßnahmen führen somit dazu, daß die Spielpartner ihre Strategien überdenken und die Bereitschaft zu kooperieren steigt. Voraussetzung hierfür ist, daß die gespielten Strategien dem Spielpartner genau zurechenbar sind und ein Ende der Spielrunden nicht absehbar ist.[36] Gilt letzteres nicht, so nimmt die Kooperationsbereitschaft zum Ende hin ab, weil die Androhung einer Bestrafung ihre Wirkung verliert.[37]

Die Dilemmastruktur in der oben aufgezeigten Spielsituation läßt sich auf die Akteure im Transformationsprozeß übertragen. Auch hier ist in Bezug auf das Trans-

---

[35] Williamson weist daraufhin, daß Transaktionen von opportunistischem Verhalten gekennzeichnet sein können, wenn hohe Transaktionkosten eine unvollständige Kontrolle vertraglicher Vereinbarungen bewirken und den Transaktionspartnern die Nutzung asymmetrisch verteilter Informationen im Wege von moral hazard-Verhalten ermöglichen. Vgl. Williamson, 1990, S. 54ff.

[36] Vgl. Axelrod, 1987, S. 90.

[37] Vgl. Rapoport/Dale, 1966.

formationsziel davon auszugehen, daß der erfolgreiche Systemwechsel vom Plan zum Markt am ehesten durch eine gemeinsame Kraftanstrengung aller Gesellschaftsmitglieder bewältigt werden kann. Da dieser Prozeß jedoch durch Rechtsunsicherheit und rechtsfreie Handlungsräume flankiert wird, eröffnen sich für den einzelnen eine Vielzahl von Opportunitäten, um individuell rational nach Vorteilen zu suchen, die gesellschaftlich gesehen zum Schaden aller sein können. Zu denken ist hier etwa an Spekulanten, die an der ökonomischen Krise verdienen, oder an die Gegner der Transformation, die in ihrem unmittelbaren Umfeldsystem den Transformationsprozeß zu bremsen versuchen (z. B. Direktoren in den Staatsbetrieben).

Die Begrenzung der individuellen Handlungsmöglichkeiten durch die Existenz von Institutionen manifestiert die individuellen Handlungsrechte. Ein Individuum, welches isoliert auf einer einsamen Insel lebt, besitzt ein Maximum an Handlungsrechten, da seine Handlungsmöglichkeiten nicht gesellschaftlich sanktioniert werden. Anders ausgedrückt ist dann jede Möglichkeit zugleich auch Recht. Somit definieren sich ökonomische Handlungsrechte als die nicht negativ sanktionierten Handlungsmöglichkeiten, die den individuellen Umgang mit Gütern und Ressourcen gegenüber anderen Personen regeln.[38] Durch Handlungsrechte werden demnach die Beziehungen zwischen Menschen und deren Zugang zu Gütern geregelt; sie spannen gleichsam die rechtliche und soziale Organisation einer Volkswirtschaft auf.

Die ökonomischen Handlungsrechte sind analytischer Gegenstand der Theorie der Property Rights.[39] Die deutsche Übersetzung dieses Begriffs ist wenig einheitlich, sie verdeutlicht aber in jedem Fall, daß es sich um einen Wissenschaftsbereich aus dem sozio-ökonomischen Umfeld handelt.[40] Unabhängig davon, ob Property Rights nun als Eigentums-, Verfügungs- oder ökonomische Handlungsrechte definiert werden, sind sie zugleich auch Menschenrechte, da das durch sie errichtete Regelwerk das Zusammenleben der Individuen in der Gesellschaft bestimmt und jedem einzelnen seine Handlungsspielräume aufzeigt. Die Verbindung von Property Right und Menschenrecht stellen auch FURUBOTN/PEJOVICH heraus, indem sie betonen, daß

> „Property rights assignments specify the norms of behavior with respect to things that each and every person must observe in his interactions with other persons or bear the cost of nonobservance.“[41]

Property Rights sind demnach ein institutionelles Arrangement zur Konstituierung einer Verhaltensordnung, in deren Mittelpunkt das rational handelnde Individuum steht.[42]

---

[38] Vgl. v. Hayek, 1994, S. 115.

[39] Vgl. Demsetz, 1966. Ein weiteres Anwendungsfeld ökonomischer Handlungsrechte ist die Spieltheorie. Vgl. Schotter, 1981; Axelrod, 1987; Wellesen, 1994.

[40] Vgl. Tietzel, 1981, S. 209.

[41] Furobotn/Pejovich, 1972, S. 1139.

Ökonomische Handlungsrechte erreichen höchste Exklusivität, wenn im Umgang mit einer Ressource das Gebrauchsrecht, das Recht auf Nutzung des wirtschaftlichen Ertrages und das Recht auf Übertragung des Handlungsrechts auf Dritte bei einer Person gebündelt sind und die Ausübung des Handlungsrechts nicht hoheitlich beschränkt ist.[43] Dann wächst mit zunehmender individueller Bündelung von Rechten bei einem Individuum die Zahl der Handlungsmöglichkeiten und damit die individuelle Freiheit, da das Individuum das exklusive Recht besitzt, über Güter verfügen und deren Ertrag nutzen zu können und andere Personen von der Verwendung ausschließen kann. Dies ist eine Grundvoraussetzung für die Existenz von Märkten. Über die Frage, wer in den Genuß von Exklusivrechten gelangt, entscheiden allgemeine, durch die Gesellschaft verfaßte Regeln oder die Inhaber von Sanktionsgewalt.[44]

Exklusivität bezieht sich also immer auf den Grad der Exkludierbarkeit anderer Personen.

> „...a property right, (...) means some protection against other peoples' using against my will one of the uses of resources, that are said to be 'mine'."[45]

Analog hierzu gilt, daß Property Rights auf einem niedrigeren Exklusionsniveau verminderte individuelle Handlungsrechte vermitteln, da durch den Öffentlichkeitsgrad das individuelle Recht „verdünnt" wird.[46] Im Kontext zur Theorie der Property Rights kann Exklusivität auch als ein zunehmendes Maß an Konvergenz von Gebrauch, Nutzung und Übertragung dieses Rechts interpretiert werden. Die Verdünnung der Property Rights durch Gebrauchsbeschränkungen erfolgt in jedem Wirtschaftssystem, die Frage ist dabei nur, ob durch gesetzliche Regelung oder durch herrschaftliche Willkür.[47] Die Beschränkung der ökonomischen Handlungsrechte durch Willkür hat zur Folge, daß Regeln ihren objektiven Charakter verlieren und nicht mehr für alle Individuen gleichermaßen gelten. Das bedeutet jedoch, daß die Sanktionierung der „Regelbrechenden" nicht mehr mit Gewißheit erwartet werden kann. Durch Willkür verdünnte Handlungsrechte verlieren damit ihren institutionellen Charakter, da die Erwartbarkeit eines bestimmten Verhaltens nicht mehr sicher ist. Generell ist anzumerken, daß absolute Exklusivität unwahrscheinlich ist, da individuelles Handeln gesellschaftliche Restriktionen zu beachten hat. Wenn also von

---

[42] Die Property Rights-Theorie basiert auf dem methodologischen Individualismus. Vgl. hierzu Kap. II.1.1, Richter, 1994, S. 4.

[43] Vgl. Böbel, 1988, S. 17ff; Leipold, 1983, S. 188f.

[44] Zur Entstehung gesellschaftlich legitimierter Institutionen siehe Hayek, 1971.

[45] Alchian, 1977, S. 130.

[46] Vgl. Bonus, 1980.

[47] Vgl. Böbel, 1988, S. 17.

exklusiven Rechten die Rede ist, ist damit nicht absolute Exklusivität gemeint, sondern das durch soziale Pflichten verdünnte Handlungsrecht.[48]

Aus der Ausgestaltung der individuellen Handlungsrechte entstehen Anreizmechanismen für die Verwendung und Nutzung von Ressourcen. Unter Bezugnahme auf das individuelle Nutzenkalkül sind die Anreizwirkungen von der Exklusivität der Handlungsrechte abhängig. Hieraus resultiert, daß strukturelle Veränderungen auf das Individualverhalten einwirken. Der Logik dieser Überlegung folgend impliziert der Übergang von einer zentral koordinierten Plan- zur dezentralen Marktwirtschaft Verhaltensänderungen aufgrund veränderter individueller Handlungsrechte.

In der Literatur wird der institutionalistische Blickwinkel der Property Rights-Theorie für den konkreten Anwendungsfall der Systemtransformation von hierarchischen in marktliche Wirtschaftsordnungen oft nur sehr vereinfachend und schematisierend zur Erklärung herangezogen.[49] Generalisierend wird von stark verdünnten Handlungsrechten in der Produktionssphäre hierarchischer Wirtschaftsordnungen gesprochen, die daraus resultieren, daß der Erwerb und die Verwendung von Gütern von der Aneignung des Ertrages entkoppelt ist.[50] Die fehlende handlungsrechtliche Exklusivität der Produzenten mindert in Planwirtschaften das Interesse am Produktionsergebnis und führt zu Wohlfahrtsverlusten durch allokative und betriebliche Ineffizienz.[51] Der Übergang vom Plan zum Markt erhöht dann den individuellen Anreiz zu effizientem Wirtschaften durch die spezifische Zuordnung von Handlungsrechten bei den Individuen. Kosten und Nutzen des Umgangs mit knappen Ressourcen werden den Individuen zugerechnet.[52]

Der höhere Exklusivitätsgrad, welcher als qualitatives Kriterium zur Rechtsidentifikation angesehen wird, ist somit sichtbares Zeichen einer Veränderung des bisher gültigen Rechts. Die Wirkung exklusiver Rechte hat DEMSETZ am Beispiel der Festlegung privater Property Rights für die Jagdgebiete der Labrador-Indianer nach Einführung des gewerbsmäßigen Pelztierhandels dargelegt.[53] An diesem Fall zeigt DEMSETZ die Vorzüge einer Privatisierung von vormals kollektiven, sich im Gemeineigentum befindlichen Handlungsrechten. Die Zunahme ökonomischer Effizienz resultiert aus der individuellen Zuordnung von Kosten und Nutzen des menschlichen Handelns.[54]

---

[48] Artikel 14 des Grundgesetzes der Bundesrepublik Deutschland verweist auf die Sozialpflichtigkeit des Eigentums zum Wohl der Allgemeinheit.

[49] Vgl. Böbel, 1988, S. 16.

[50] Vgl. Leipold, 1983, S. 189.

[51] Leipold, 1983, S. 194ff; Furubotn, 1992, S. 201ff.

[52] Vom Problem der externen Effekte wird hier abstrahiert. Siehe dazu Coase, 1960.

[53] Vgl. Demsetz, 1967.

[54] Vgl. auch Field, 1989, S. 320.

Objekte, die sich im Gemeineigentum befinden, zeichnen sich durch ihre fehlende Exklusivität aus, was letztlich dazu führt, daß sie nicht von einem einzelnen transferiert werden können. Durch die Kollektivierung des Rechts vermindert sich die Bereitschaft zur Ressourcenpflege, da die Individuen eine hohe Präferenz für die Nutzung des gemeinschaftlichen Gutes in der Gegenwart besitzen. Individuelle Maximierungsstrategien, die auch zukünftige Kosten und Nutzen erfassen und damit die optimale Nutzung über eine Zeitperiode beinhalten, sind aus der Sicht rational handelnder Individuen wenig attraktiv. Ein einseitiger Verzicht auf eine maximale Nutzung in der Gegenwart würde die Nachteile dieser Selbstbindung beim Individuum internalisieren, während die Vorteile der Gemeinschaft zugute kämen. Hieraus resultiert die Neigung jedes einzelnen zur Übernutzung und Verschwendung von Ressourcen, die sich im Gemeineigentum befinden. Die Kosten dieses Verhaltens werden externalisiert und der Gemeinschaft aufgetragen.[55]

Ressourcenverschwendung und mangelnde Ressourcenpflege kennzeichneten die Situation in den sozialistischen Planwirtschaften Osteuropas. Auch hier war die große Mehrheit der Bevölkerung nicht Eigentümer der Produktionsmittel. Dennoch unterschied sich die eigentumsrechtliche Situation in den sozialistischen Ländern von der oben genannten Rechtsform des Gemeineigentums, da es eine Gruppe von Menschen gab, die in ihrer Eigenschaft als Mitglieder der herrschenden Führungsschicht über ämtergebundene exklusive Property Rights verfügten.[56] Sofern es der herrschenden Führung gelang, politische Konkurrenten zu kontrollieren, waren die mit dem politischen Amt verbundenen Handlungsrechte sicher. Die erwartete Stabilität der exklusiven Handlungsrechte begründete ein Interesse an effizienter Allokation und Distribution von Ressourcen, da auf diese Weise die gesamtwirtschaftlichen Erträge gesteigert und aufgrund der Rechtsexklusivität der politischen Führung der Wohlfahrtsanstieg exklusiv zurechenbar war.[57] Diese Form des Eigentums, hier als Staatseigentum bezeichnet, weist gegenüber dem von DEMSETZ angeführten Gemeineigentum den signifikanten Unterschied auf, daß eine genau definierte Führungsgruppe eine relativ kleine, abgrenzbare Einheit ist, zu der der Zutritt beschränkt ist.[58] Kommt hinzu, daß die Ressourcen knapp sind, lohnt sich für die mit exklusiven Rechten ausgestattete Gruppe die Bewirtschaftung. Beide Aspekte motivieren die Gruppenmitglieder zu effizienter Produktion, so daß trotz einer Mehrzahl unterschiedlicher Einstellungen und Interessen eine gemeinsame Präferenz für die opti-

---

[55] Vgl. Demsetz, 1967, S. 354f; Böbel, 1988, S. 82

[56] Vgl. Murrell/Olson, 1991, S. 251ff.

[57] Dazu auch Olson, 1993. Zu berücksichtigen ist, daß sich ökonomische Effizienz in den sozialistischen Planwirtschaften an den Vorgaben der politischen Führung zu orientieren hatte.

[58] Vgl. auch Demsetz, 1967, S. 354.

male Nutzung der Produktionsfaktoren vorliegt.[59] In Abgrenzung zum Gemeineigentum stellt sich Staatseigentum als eine Art „kollektiv-exklusiver“ Rechtstypus dar, welcher aus Sicht der Property Rights-Theorie keine Effizienznachteile gegenüber privaten Eigentumsrechten aufweisen muß.[60] Ineffizienzen können, unabhängig von systemimmanenten mechanischen Funktionsfehlern, die Folge von principal-agent-Beziehungen sein, wie sie auch in privaten Marktwirtschaften bekannt sind und beispielsweise in der Theorie der Unternehmung diskutiert werden.[61] Mit zunehmender Distanz der Planungs- und Entscheidungsträger von der Ausführungsebene ist mit steigenden Transaktionskosten zu rechnen, die sich beispielsweise aus der Kontrolle der Ausführenden ergeben.

Während der Institutionenwandel vom nicht-exklusiven Gemeineigentum zum exklusiven Privateigentum die ökonomischen Handlungsrechte verändert, also auch tatsächlich eine Rechtsinnovation vorhanden ist, zeigt sich der Übergang vom Staats- zum Privateigentum komplizierter. In beiden Eigentumsformen existieren Eigentümer mit exklusiven Handlungsrechten an der Wertschöpfung, wobei der Grad an Exklusivität in Gesellschaften mit Privateigentum von der Rechtsform des Unternehmens abhängt (Einzelunternehmen - Aktiengesellschaft), in Gesellschaften mit staatlichem Eigentum hingegen von der Herrschaftsstruktur (Despotismus - Autoritarismus) bestimmt wird.[62] Damit entscheidet die Delegationstiefe in der jeweiligen Organisationsstruktur über den Grad der Rechtsverdünnung. Insofern vollzieht sich im Transformationsprozeß eine Art Übergabeprozedur von exklusiven Property Rights unter politischer Trägerschaft in die Hände der Bevölkerungsmitglieder und verbessert damit die Handlungsmöglichkeiten derjenigen, die nicht politisch privilegiert waren. Eine Rechtsänderung im Sinne von Rechtsinnovation findet nicht statt, vielmehr werden vorhandene Rechte neu verteilt. Damit lehnt sich dieser Prozeß an den von HESSE beschriebenen Rechtstausch an, mit dem Unterschied, daß der Tausch von Rechten wechselseitiger Anerkennung bedarf, dies allerdings im konkreten Fall der Systemtransformation nicht zutrifft, da die Transformation ein Umsturz gegen den Willen der politischen Führung ist.[63] Die Neuverteilung der Property Rights führt zu einer Dezentralisierung der zuvor bei staatlichen Organen gebündelten Rechte und

---

[59] Die autokratische Politikstruktur in den sozialistischen Ländern einte die Mitglieder des Politbüros in dem Wissen, daß die Gesellschaft quasi ihnen gehört. Vgl. Pies, 1996, S. 7.

[60] Vgl. Böbel, 1988, S. 78. Organisationstechnisch sind die Handlungsrechte in Zentralverwaltungswirtschaften zentral gebündelt, in kapitalistischen Marktwirtschaften hingegen dezentral verteilt. Vgl. Wegehenkel, 1991, S. 113.

[61] Vgl. zum Principal-Agent-Problem: Pratt/Zeckhauser, 1984; Williamson, 1974.

[62] Despotismus wird im Unterschied zum Autoritarismus als stärker personenzentrierte Diktatur verstanden. Da der Despot allein herrscht, sind seine Entscheidungen von größerer Willkür begleitet als in einer Autokratie, in der der subjektive Faktor durch politische Institutionen reguliert wird.

[63] Vgl. Hesse, 1983, S. 89.

vergrößert den Handlungsmöglichkeitenraum der Bevölkerung. Der Prozeß handlungsrechtlicher Redistribution weist dabei nicht nur für die politische Führungselite Rechts- und Exklusivitätsverluste auf, auch die Mitglieder der untergeordneten Staats- und Parteiorgane müssen Rechtseinbußen hinnehmen, wenngleich ihr Rechtspotential im legalen Restriktionenraum hierarchisch organisierter Staaten weniger durch die Möglichkeit zur formellen Aneignung von Erträgen als durch umfangreiche, an sie delegierte Entscheidungsbefugnisse charakterisiert war.

Die vertikale Lokalisierung, also die Übertragung exklusiver Rechte vom Staat auf die Bevölkerung eröffnet der Bevölkerung neue Handlungsrechte. Sie kann erstmalig Rechtsbeziehungen eingehen, die ihr vorher nicht zugestanden wurden, weil einzig der Staat als übergeordnete Instanz diese Rechte wahrnehmen durfte. Aus der Sicht der Entscheidungstheorie erhalten die privaten Wirtschaftssubjekte neue Entscheidungsregeln für ihre ökonomischen Aktivitäten.

Aus der Einseitigkeit der Akzeptanz des Rechtstausches ergibt sich die eigentliche Problematik der Systemtransformation: Einem Bevölkerungssegment werden die Handlungsmöglichkeiten durch Abbau der Handlungsrechte gekürzt, während ein anderer Bevölkerungsteil eine Ausdehnung seines Möglichkeitenraumes erfährt. Im Gegensatz zum Coase-Theorem, welches in modellierter Form die Vorteile einer Verhandlungslösung auf dem Wege des Rechtstausches beschreibt, zeichnen sich Transformationsprozesse dadurch aus, daß die bislang diskriminierte Mehrheit der Bevölkerung in den Besitz exklusiver Handlungsrechte gelangen will, ohne jedoch den vorherigen Inhabern dieser Rechte eine Entschädigung zukommen lassen zu wollen, die diese zu einer freiwilligen Herausgabe der Rechte bewegen könnte. Hinzu kommt, daß nicht nur ein Teil der ökonomischen Handlungsrechte der Elite zur Disposition steht, sondern das gesamte Rechtsbündel in die Umverteilung eingeht.[64] Der Transformationsprozeß ist deshalb auch kein Verhandlungsforum, sondern eine Entwicklungsphase, in der die bisher diskriminierte Mehrheit durch die Androhung und Ausführung negativer Sanktionen die ökonomischen Handlungsrechte auf neue Eigentümer verteilt. Oder anders formuliert, es kommt zu einer „Neuverteilung der politischen Machtbefugnisse und wirtschaftlichen Vermögenspositionen“[65] .

Durch die Transformation werden Handlungsrechte für ein „Tauschspiel“ neu alloziiert. Die ehemaligen Kader müssen im Wettbewerb mit den „Mitspielern“ die eigenen Handlungsmöglichkeiten neu gestalten, doch sind verschiedene Privilegien unwiderbringlich verloren, weil sie außerhalb des legalen Möglichkeitenraums liegen. Bei liberal-marktwirtschaftlicher Zielsetzung trägt dieses Spiel kattalaktische Züge und bevorteilt jene Mitspieler, die sich dem liberalen Reglement am besten anzupassen vermögen.[66] „Jedermann, ob arm oder reich, erreicht sein Einkommen als

---

[64] Vgl. Röpke, 1983, S. 122.

[65] Schüller, 1992, S. 49.

[66] Vgl. Hayek, 1981, S. 115; Streit, 1993.

Ergebnis eines Spiels, in dem Geschicklichkeit und Chancen kombiniert werden."[67] Eine Ausnahme sieht v. HAYEK bei denjenigen, die „in einer anderen Gesellschaftsform rechtliche Privilegien genossen hätten"[68]. Dieser Personenkreis hat mit überdurchschnittlich hohen Opportunitätskosten zu rechnen. Doch ist hinsichtlich der Systemtransformation in Osteuropa zu vermuten, daß durch die Aufgabe privilegierter Positionen zwar Wohlfahrtseinbußen entstehen, ebenso aber das Privileg in der Vergangenheit zur Akquisition spezifischen Humankapitals und materieller Ressourcen genutzt werden konnte, wodurch zu erwarten ist, daß einem Teil der Privilegierten Ausstattungsvorteile entstehen, die auch im Transformationsprozeß ihre relative Position verbessern. Jedoch lassen sich Wohlfahrtseffekte bei institutionellen Änderungen häufig erst mit einer zeitlichen Verzögerung erkennen, da sie indirekt über Verhaltensänderungen zum Tragen kommen.

1.3 Werte und Handlungsrechte

Die bisherigen Ausführungen bezogen sich einzig auf Institutionen und ihre handlungsbeschränkende Funktion für menschliches Verhalten. Dabei wurde zwar erwähnt, daß Institutionen aus dem bewußten oder unbewußten Schaffen von Menschen resultieren, doch beschreibt dies nur eine vordergründige Entwicklung, ohne die dahinterliegenden Strukturen zu berücksichtigen. Gerade für das Verständnis des menschlichen Verhaltens im Transformationsprozeß ist es allerdings erforderlich, diese tieferliegenden Strukturen aufzudecken. Denn es sind die auf Wertesystemen basierenden Anschauungen der Menschen, die auf das Entscheidungsverhalten einwirken und in Wechselbeziehungen mit den gesellschaftlichen Institutionen treten.

Institutionen und Werte beeinflussen sich gegenseitig, wobei die Gesamtheit der Werte das Wertesystem bildet. Werte stellen den geistig-moralischen Überbau für die institutionalisierten Verhaltensmuster dar.[69] Sie sind Orientierungshilfen für menschliches Handeln. Anders ausgedrückt sind Institutionen als visualisierte Spiegelungen von Werten anzusehen, die einen Wert als Recht manifestieren.[70] Die Institutionali-

---

[67] Hayek, 1994, S. 122.

[68] Hayek, 1994, S. 122.

[69] Wiswede sieht hier einen Konfliktbereich mit den neoklassischen Verhaltensannahmen. Die Vereinheitlichung der Verhaltensmuster durch das Maximierungskalkül und das Rationalitätspostulat in der neoklassischen Theorie widerspricht der Existenz interkulturell differenzierter Wertesysteme. Er verweist auf soziologische und kulturanthropologische Untersuchungen. Vgl. Wiswede, 1981, S. 91.

[70] Die Bedeutung des Wertesystems für die Wirtschaftsgesinnung, aber auch für gesellschaftliche Veränderungen als Ganzes, betont etwa Max Weber in seiner protestantischen Ethik. Für individuelles Verhalten dokumentiert McClelland im Rahmen der Leistungsmotivationstheorie die Auswirkungen bestimmter Anschauungen auf das Handeln einzelner.

sierung eines Wertes ist an dessen Habitualisierung gekoppelt, die einsetzt, wenn bestimmte Handlungsmuster sich verfestigen und in der Gesellschaft diffundieren. Erst dann ist er zu einer sozialen Norm geworden und bildet die Legitimationsgrundlage für spezielle Verhaltensweisen.[71] Der Transformationsprozeß als institutioneller Wandel beinhaltet somit auch immer einen Wertewandel oder wie HILLMANN es ausdrückt, eine „Umwertung der Werte“[72]. Eine Befragung von Führungspersonen in DDR-Betrieben in den Jahren 1986, 1988 und 1990 sieht als ein wesentliches Ergebnis die Tendenz einer zunehmenden Ablehnung von Werten, die das Kollektivverhalten betreffen, bei gleichzeitiger Aufwertung von Individualität, Kreativität und Initiative.[73]

Wertesysteme eruieren aus umweltspezifischen Tatbeständen und bedürfen der kognitiven Fähigkeit, überprüfbare (z.B. Einsichten) wie auch nicht überprüfbare Wissensbestandteile (z.B. Mythen, Traditionen) in einem Orientierungssystem zu verdichten.[74] Implizite Bestandteile von Wertesystemen sind demzufolge historisch gewachsene Werte, die allgemein akzeptiert werden und einem normativen Weltbild entsprechen. Sie unterliegen häufig keiner kritischen Reflexion, sondern rechtfertigen sich vielmehr durch ihre bloße Existenz. BUSH bezeichnet diese Werte als „ceremonial values“, die aufgrund ihrer Dauerhaftigkeit traditionalen Charakter haben und bewahrend im Hinblick auf gesellschaftliche Veränderungen wirken.[75] Demgegenüber existieren Wertefelder, die als „instrumental values“ Erkenntnisobjekte zweckrationaler Problemlösungen sind. Die „instrumental values“ sind auch ein Instrument zur Annäherung an „ceremonial values“, wenn diese im Sinne höchster Werte die normative Handlungsbasis, auf der gesellschaftliches Zusammenleben stattfindet, beschreiben. Wird gesellschaftlicher Fortschritt als evolutorischer Prozeß verstanden, der aus Problemlösungen resultiert, so stehen beide Wertkategorien in einem doppelten Verhältnis zueinander. Sofern die „ceremonial values“ aufgrund

---

Vgl. auch Uhlig/Büscher, 1994, S. 20. Werte „verdinglichen“ durch ihre Institutionalisierung. Vgl. Hillmann, 1989, S. 102.

[71] Vgl. Hillmann, 1989, S. 102.

[72] Hillmann, 1989, S.136. Wertewandel bedeutet nicht zwangsläufig die Herausbildung völlig neuer Werte, sondern kann ebenfalls die Renaissance von historischen Werten beinhalten, die im Zuge der Entwicklungsdynamik von Gesellschaften Generationen später wieder aktuell werden. Vgl. Hillmann, 1989, S. 104. Die Etablierung liberal-marktwirtschaftlicher Werte in den Transformationsländern der Visegradzone ist ein Beispiel dieses Wertezyklus´ nach Jahrzehnten sozialistischer Planwirtschaft. Erpenbeck spricht in diesem Zusammenhang von einem Werteschock und einem Wertewandel, während für Lang die Transformation eine Entwertung des „kulturellen Kapitals" darstellt. Vgl. Erpenbeck/Weinberg, 1993, S. 94; Lang, 1992, S. 139.

[73] Lang, 1992, S. 134.

[74] Vgl. Hillmann, 1989, S.81.

[75] Vgl. Bush, 1988, S.129ff.

ihres traditionalen Charakters gesellschaftlichem Fortschritt entgegenstehen, befinden sie sich in einem konkurrierenden Verhältnis zu den „instrumental values", die versuchen, auf dem Weg zu gesellschaftlichem Fortschritt und Innovation neue Normen zu setzen.[76] Komplementarität besteht hingegen, wenn die „instrumental values" zur Legitimation der existierenden „ceremonial values" beitragen.

Wertbewahrung und Werterneuerung sind gegensätzlich treibende Kräfte mit allerdings stark differierendem Durchsetzungsvermögen. Neuerungsprozesse unterliegen dem erkenntnisleitenden Interesse einzelner, die ihre subjektive Wertschätzung zu objektivieren versuchen. Im Wettbewerb der Werte spielen Selektion, Habitualisierung und Institutionalisierung eine bedeutende Rolle, wenn eine dauerhafte soziokulturelle Wertetablierung als Ziel gesehen wird. Ein Beispiel hierfür ist der technische Fortschritt, der zunächst auf Entdeckungen und Erfindungen einzelner zurückgeht, um dann im Zeitverlauf durch Einsatzmöglichkeiten, etwa am Arbeitsplatz, in die Lebenswelt des Menschen vorzudringen. Bestehende Werte werden dann häufig aus Furcht vor nutzenübersteigenden Anpassungskosten verteidigt. Allgemein kann von einer Dominanz der „ceremonial values" ausgegangen werden, was bedeutet, daß „instrumental values" nur dann eine gesellschaftliche Chance haben, wenn sie mit den bestehenden Werten in Einklang zu bringen sind oder durch ihr allgemeines Nutzenpotential überzeugen.[77] Analog zum betriebswirtschaftlichen Management kann im übertragenen Sinn auch von einem „Wertmanagement"[78] gesprochen werden. Divergierende Wertvorstellungen, die über einen gesellschaftlichen Grundwertekonsens hinausgehen, sind zu harmonisieren.[79] Dies eröffnet Möglichkeiten für eine planmäßige Manipulation des Wertesystems durch die Propagierung ethisch-moralischer, leistungsethischer oder ideologischer Verhaltensmaßstäbe.

In den sozialistischen Zentralverwaltungswirtschaften Osteuropas wurden die ideologischen Prinzipien von den herrschenden Eliten in den Rang allgemein gesellschaftlicher, traditionaler Werte (ceremonial values) erhoben, um so privilegierte Positionen zu legitimieren und durch die Etablierung von höchsten Werten das gesamte System zu stabilisieren.[80] Dahinter stand natürlich die Absicht, die Institutionen des Sozialismus über das Wertesystem abzusichern und sie auf diesem Wege der Kritik zu entziehen. Damit wird Institutionenkonkurrenz ausgeschaltet und ein bestimmtes Institutionensystem fixiert. Beispielhaft sei hier nur die Ritualisierung einzelner Redewendungen angeführt, mit deren Hilfe ideologiekonforme Wertkate-

---

[76] Vgl. North, 1992, S. 107f.

[77] Vgl. Bush, 1988, S. 141.

[78] Klages, 1977, S. 296ff.

[79] Wertmanagement hat sich dabei an den Grenzen eines Kulturraums zu orientieren.

[80] Bernholz untersucht sog. Höchstwertgesellschaften am Beispiel des Islam, des Christentums, des Marxismus und des Nationalsozialismus. Vgl. Bernholz, 1991.

gorien als natürlich (ceremonial) von der Bevölkerung übernommen werden sollten.[81] Dies war eine Strategie zur Überwindung ideologiekritischer Reflexionen. Zu den Eckpfeilern des Wertesystems zählte die marxistisch-leninistische Interpretation von Freiheit, Sicherheit, Gerechtigkeit und gesellschaftlichem Fortschritt.[82] Partiell konnten so sozialistische Regelbindungen in das bis dahin existierende traditionale Wertesystem integriert werden, doch gibt NORTH zu bedenken, daß dieser Einbindungsprozeß einen langen Zeitraum beansprucht und zudem die erfolgreiche Entwurzelung alter Kulturtraditionen voraussetzt.[83]

Werte verändern sich, wenn sich durch die Zunahme von Wissen der Restriktionenraum qualitativ ändert. Das Wertesystem als moralischer Überbau und die Restriktionen als bewußtseinsprägende Umwelt führen somit zu institutionellem Wandel, mithin zur Transformation, sofern drei Bedingungen erfüllt sind:[84]

- Wissen muß vorhanden sein, d.h. es muß neben dem aktuell hinzugekommenen Wissen auch einen Wissensfundus geben, der mit zunehmender Größe das Potential des institutionellen Wandels erhöht. Mit anderen Worten steigt die Bereitschaft zu institutionellem Wandel mit fortschreitender gesellschaftlicher Aufklärung. Alternative Handlungsmöglichkeiten konstituieren sich, wenn durch die Zunahme des Wissens der limitierende Restriktionenraum effizienter genutzt werden kann.[85] Die stärkere Beachtung ökonomischer Notwendigkeiten als Folge der krisenhaften Zuspitzungen in den sozialistischen Planwirtschaften hat zu einer zunehmenden Problemorientierung im Hinblick auf die Bewältigung ökonomischer Krisen geführt und im Gegenzug eine Abschwächung der Ideologieorientierung eingeleitet. Hiermit ging ein Machtzuwachs der ökonomischen Facheliten einher und wurde der sozialistische Werteraum aufgeweicht.
- Ein ausreichendes kognitives und innovatorisches Potential muß vorhanden sein, um Neuerungen zu diffundieren.
- Institutioneller Wandel verursacht immer eine Phase institutioneller Unordnung. Werte müssen adaptiert, Handlungsrechte herausgebildet und „gelebt" werden. Die Herausforderungen des Anpassungsprozesses sind umso leichter zu meistern, je geringfügiger die Anpassungserfordernisse sind. Im Umkehrschluß bedeutet

---

[81] Die wiederholte Betonung des proletarischen Internationalismus, der Existenz objektiver gesellschaftlicher Entwicklungsgesetze oder des Klassenkampfes als logischer Konsequenz im Kontext der marxistischen Ethik und der sozialistischen Moral kennzeichnen den Versuch, das sozialistische Wertesystem als natürlich zu manifestieren. Auf das präsozialistische Wertsystem, seine Analogien zum sozialistischen Wertsystem und seine Folgen für die Etablierung der Marktwirtschaft verweisen auch Uhlig/Büscher, 1994, S. 26ff.

[82] Vgl. Gutmann/Klein, 1984, S. 109f.

[83] Vgl. North, 1992, S. 108.

[84] Vgl. Bush, 1988, S. 155ff.

[85] Vgl. Röpke, 1970, S. 64ff.

das, daß die Neustrukturierung von Verhaltensmustern als Konsequenz aus institutionellen Veränderungen einer zunehmenden Gefahr des Scheiterns unterliegt, wenn die Anpassung zu radikal erfolgt, d. h. traditionale Werte und Institutionen entwertet werden.[86]

Aus alldem läßt sich schlußfolgern, daß Innovationen um so leichter einzuführen sind, wenn das bestehende Wertesystem nicht vollends zerstört wird.[87] Im Transformationsprozeß hingegen erfolgt eine „abrupte Verschiebung von Grundwerten“[88], in der die individuelle Freiheit als höchster liberaler Wert an die Stelle von sozialer Sicherheit und Egalitarismus tritt. Eine Kompensation dieser Werteverluste bei den Individuen durch den Schutz von Erhaltenswertem der alten Ordnung erfolgt kaum, da die alte Gesellschaftsordnung von den Transformationsbefürwortern moralisch-ethisch diskreditiert und ökonomisch als nicht überlebensfähig erachtet wird.[89] Die Situation wird konfliktreicher, wenn jene, die die Transformation ablehnen, gegen eine um sich greifende Entwertung alter ideologischer Anschauungen mit zunehmender Radikalität opponieren.

Die Angst der politischen Elite vor einer unkontrollierbaren Entwicklungsdynamik war auch ein Grund für die nur sehr zögerlich durchgeführten Reformen in den sozialistischen Ländern. Um das institutionell geschützte Wertfundament der offiziellen Ideologie nicht zu beschädigen, wurden ökonomische Reformen nur sehr inkonsequent umgesetzt. Reformen zur Steigerung der betrieblichen Selbstfinanzierung sind eine untaugliche Makulatur, wenn gleichfalls das staatliche Preissystem und die zentrale Allokation von Produktionsmitteln aufrechterhalten werden. Ebenso scheiterten institutionelle Veränderungen an der individuellen Vorteilsmaximierung der Eliten, deren Bemühen zur Privilegiensicherung einer effektiven Krisenbewältigung im Wege stand. Die Zurückhaltung bei der Dezentralisierung von ökonomischen Handlungsrechten erklärt KORNAI mit der den privaten Wirtschaften innewohnenden

---

[86] North weist darauf hin, daß eine zum Teil über Jahrhunderte gewachsene Kultur das Ausmaß gesellschaftlicher Modifikationen relativiert und der Effizienzorientierung wirtschaftlicher Koordinationsmechanismen kontraproduktiv entgegenstehen kann. Dadurch werden Neuerungen in ihrer Radikalität gemäßigt und bleiben vertraute Werte und Institutionen in ihrer Existenz bewahrt. Vgl. North, 1992, S. 108.

[87] Vor dem Hintergrund unvollständiger Informationen und unvollkommenen Wissens finden Problemlösungen auf der Basis von neuen „instrumental values" häufig nur deshalb Anwendung, weil die Auswirkungen auf die „ceremonial values“ sowie die institutionelle Tragweite von den Betroffenen nicht vollständig adaptiert werden. „ Consequently, a new discovery in the arts or science will be incorporated into behavioral patterns only to the extent that the community believes that the previously existing degree of ceremonial dominance can be maintained." Bush, 1988, S.143.

[88] Erpenbeck/Weinberg, 1993, S. 95.

[89] Vgl. Erpenbeck/Weinberg, 1993, S. 96.

Selbstverstärkungstendenz, die auf gestiegene Motivationsanreize infolge der Anreizstrukturen zurückzuführen ist.

> „Usually, after certain prohibitions on private activity are lifted, the private sector begins to grow quite spontaneously with individual enterprises sprouting up like mushrooms in a forest after rainfall."[90]

Institutionelle Veränderungen, die die „ceremonial values" stärken, sozusagen den Besitzstand wahren, sind als regressiv zu bezeichnen. Ein progressiver Wandel findet hingegen statt, wenn „ceremonial values" durch die Implementierung von fortschreitendem Erfahrungswissen und Erkenntnissen (instrumental values) modifiziert werden.[91] Typisch für die sozialistischen Volkswirtschaften Osteuropas war der erste Typus von Reformen. Bereits falsifizierte Theorien wurden aus ideologischer Anschauung heraus als wahr aufrechterhalten und weiterhin vertreten. Diese Praxis wird auch als Lysenkoismus beschrieben, benannt nach dem russischen Agrobiologen Trofim D. Lysenko, dessen Theorie über genetische Manipulation der vorherrschenden internationalen Lehrmeinung diametral entgegenstand, gleichwohl aufgrund seiner ideologischen Bedeutung von Stalin als wegweisende Erkenntnis instrumentalisiert wurde.[92]

Die Entstehung von elitärer Opposition, den Gegeneliten, zeigt jedoch, daß Lysenkoismus konfligierende Wertvorstellungen nicht dauerhaft überdecken kann. Die zunehmende ökonomische Komplexität führte durch den anwachsenden Bedarf an praxisbezogenen Problemlösungen zu einer Destabilisierung des sozialistischen Gesellschaftssystems. Dieser „Intellektualisierungsprozeß"[93] machte von Seiten der politischen Führungsschicht ein vermittelndes Wertmanagement notwendig, um die bestehenden Herrschaftsverhältnisse nicht zu gefährden. Ein Versagen des Wertmanagements konnte je nach Konfliktschärfe das Wertesystem und seine Institutionen transformieren.[94]

Die Ausführungen zeigen, daß die Systemtransformation das Produkt einer kritischen Auseinandersetzung mit den bestehenden gesellschaftlichen Werten ist. Die Transformation von Wirtschaftsordnungen vollzieht sich deshalb auch nicht als kontinuierlich verlaufender, sich selbst inszenierender Prozeß, sondern wird beherrscht

---

[90] Kornai, 1990, S. 36.

[91] Vgl. Bush, 1988, S. 149f.

[92] Vgl. Bush, 1988, S. 148f. In der Geschichte lassen sich viele Beispiele für Lysenko-Verhalten finden, verwiesen sei hier nur auf die mit wissenschaftlichen Zertifikaten gestützte Rassenpropaganda im Nationalsozialismus.

[93] Hillmann, 1989, S. 85.

[94] Vgl. Hillmann, 1989, S. 136.

durch bewußten staatlichen und gesellschaftlichen Gruppeneinfluß.[95] Der ökonomische Transformationsprozeß ist ein raum-zeit-abhängiges Phänomen, der aus ökonomischen Fehlentwicklungen resultiert und Institutionen bedarf, die Ausdruck einer sich verändernden Wirtschaftsgesinnung sind. Die bewußte Kreierung einer Ordnung entsteht durch die Kombination von einzelnen, theoretisch isolierbaren, jedoch interdependenten Teilsystemen. Hieraus ergibt sich erst die Möglichkeit, den Prozeß in diskretionäre Entwicklungsabschnitte zerlegen zu können, die „in einem logischen und graduell zeitlichen (sequentiellen) Verhältnis zueinander stehen."[96]

Die Systemtransformation in Osteuropa substituiert das Wertesystem und setzt Handlungsrechte, die den nicht privilegierten Individuen die sanktionierte Enge des vorangegangenen Handlungsraums nehmen. Für die ökonomische Ordnung bedeutet dies die Implementierung wirtschaftsliberaler Grundsätze und die Verpflichtung für die Wirtschaftssubjekte, im Sinne der aufklärerischen Vernunft einen verantwortungsvollen Umgang mit den neuen Rechten zu pflegen. Wo dies nicht geschieht oder wo ein Erkenntnis-lag Reaktionsverzögerungen hervorruft, besteht die Gefahr, daß individuelles Verhalten zu sozialen Kosten führt, die das Gemeinwesen belasten. Die Gefahr ist dann besonders groß, wenn Menschen, die zuvor durch das institutionell verankerte Sanktionensystem in ihrer Selbständigkeit bevormundet wurden, auf ein noch instabiles Institutionengefüge treffen, welches ihnen weitreichende Handlungsautonomie gewährt.[97] Das ungewohnte Maß individueller Freiheit kann dann bei jenen, die sich in diesem Umfeld schnell zurechtfinden, zu Transformationsgewinnen führen, die auch auf illegalen Wirtschaftsmethoden basieren können.[98] Da auch ein Teil der moralischen Werte in der Transformation neu entsteht, können illegale Transaktionen in einem ungeregelten Grenzbereich institutionellen und wertmäßigen Vakuums stattfinden.

Diejenigen, die sich in den neuen Verhältnissen nur mühsam zurechtfinden, individuelle Wohlfahrtsverluste zu tragen haben und sich als Verlierer des institutionellen Wandels sehen, können dann Entwicklungen befürworten, die die Re-Transformation oder eine radikale Straffung des Ordnungswesens zum Inhalt haben.

> „...when members of a society (...) feel their social identity threatened (...), that is, when the consensual foundations of normative structures are so much impaired that society becomes anomic."[99]

[95] Vgl. Haffner, 1992, S. 145.

[96] Haffner, 1992, S. 149; Vgl. auch Bush, 1988, S. 127.

[97] Dazu auch Kolesnikow/Sidorow, 1994, S. 358.

[98] Hierzu gehört beispielsweise der Schwarzhandel mit Produkten und Ressourcen, die dem staatlichen Sektor entzogen worden sind.

[99] Habermas, 1975, S. 3.

Durch die Interdependenz der Ordnungen schlägt der politische Reaktionismus auf den ökonomischen Liberalismus durch und gefährdet den marktwirtschaftlichen Transformationsprozeß. Vor diesem Hintergrund ist zu vermuten, daß die anfängliche Bewertung des durch die Systemtransformation eingeläuteten progressiven gesellschaftlichen Entwicklungsfortschritts unter Transformationsillusion erfolgt, da die Konsequenzen dieser auf Problemlösung angelegten „instrumental values" und der angeschlossenen institutionellen Veränderungen ungewiß sind.

1.4 Ökonomische und politische Unternehmer als Impulsgeber des institutionellen Wandels

Unter Kapitel II.1.3 wurden transformatorische Anpassungsprobleme nicht nur als institutionelle, sondern auch als wertbezogene Richtungsänderungen dargestellt. Einstellungen und Anschauungen der Menschen bestimmen das Wertesystem, das Institutionen fundiert und stabilisiert. Inwiefern Werte gesellschaftlich adaptiert werden und auf Institutionen einwirken, ist eine Frage der subjektiv empfundenen Wohlfahrtswirkungen. Das Dilemma des Transformationsprozesses ist es, daß hoffnungsfrohe Erwartungen in rasche Wohlfahrtssteigerungen durch weitreichende negative Erfahrungen bei individuellen Übergangsprozessen enttäuscht werden und dadurch kollektive Rückkehrbewegungen auslösen.[100] Diese Gefahr besteht auch deshalb, weil die jahrzehntelange Propagierung eines sozialen Egalitarismus Einstellungen förderte, die in liberal-marktwirtschaftlichen Ordnungen revidiert werden müssen. Der Aufbruch in eine marktwirtschaftliche Leistungsethik erfordert ein neues Denken, das vor allem jenen Chancen eröffnet, die ihre hinzugewonnenen Handlungsrechte offensiv nutzen.

Das Erkennen und Durchsetzen neuer Möglichkeiten auf wirtschaftlichem Gebiet charakterisiert diesen offensiven Geist, der typisch für unternehmerisches Verhalten ist.[101] Der ökonomische Unternehmer nutzt informationelle Vorsprünge, um gewinnmaximierend Nachfrageüberschüsse abzubauen. Er übernimmt damit eine Versorgungsfunktion, die an Bedeutung gewinnt, wenn der Anteil des staatlichen Sektors an der Wertschöpfung gering ist oder zugunsten des Privatsektors substituiert werden soll. Darüber hinaus tragen die Unternehmer zum Aufbau von Geld-, Sach- und Humanvermögen bei, wodurch die künftige Stellung im internationalen Wettbewerb verbessert und mithin Wohlfahrtspotentiale aufgebaut werden.[102] Die Akkumulation von Sachkapital eröffnet einer Volkswirtschaft Wachstumsoptionen, die mit einem Anstieg der Humankapitalinvestitionen einhergehen. Um Wachstumspotentiale nut-

---

[100] Vgl. Krüsselberg, 1994, S. 251.

[101] Schumpeter, 1964.

[102] Vgl. Krüsselberg, 1994, S. 253.

zen zu können, ist eine gleichgerichtete Sach- und Humankapitalbildung notwendig.[103]

> „Capital and educated (skilled) labor (...) are always complements in the machine-maintenance segment of manufacturing (...). Machinists, for example, are needed to install machinery and make it run."[104]

Technischer Fortschritt definiert sich über die Zunahme des Humankapitals pro Kopf, das zunächst exklusiv an das Individuum gekoppelt ist, jedoch in der Gesellschaft diffundiert, wenn es als technisches Wissen Kollektivgutcharakter erhält und z. B. über externe Datenträger nicht-rival abrufbar ist und positive externe Effekte verursacht. Unternehmer induzieren somit wirtschaftliches Wachstum durch den Aufbau von Sach- und Humankapital sowie durch die Diffusion des technischen Wissens.[105] Die Wahrnehmung dieser Unternehmerfunktion stabilisiert im Transformationsprozeß einen Wachstums- und Entwicklungspfad, der den Markt zum Ziel hat. Dies bestätigt sich auch bei der Betrachtung des Entwicklungsstandes der Transformationsländer in Osteuropa, wo jene Staaten am weitesten vorangeschritten sind, deren Sozialprodukt bereits zu großen Teilen im Privatsektor hergestellt wird.[106]

In Tabelle 2 sind die Prozentanteile des Privatsektors am Bruttoinlandsprodukt (BIP) aufgeführt. Polen, Ungarn und die Tschechische Republik sind den Angaben zufolge am weitesten mit der Privatisierung vorangeschritten. Auch in Rußland wurden 1995 55 vH des BIP durch den Privatsektor bestritten, was im Vergleich zu Weißrußland und der Ukraine, zwei ehemaligen sowjetischen Republiken, ein hoher Wert ist. Diesen eher günstigen Werten stehen jedoch verhältnismäßig geringe budgetwirksame Privatisierungseinnahmen der nationalen Regierungen entgegen. Dies läßt die Interpretation zu, daß nach wie vor viele Staatsbetriebe existieren und aus sozialen Gründen oder wegen fehlender Investoren nicht privatisiert worden sind. Zu berücksichtigen ist ebenso, daß Belegschaftsprivatisierungen in vielen Ländern eine Rolle spielen, bei einer kostenlosen Vergabe von Unternehmensanteilen an die Beschäftigten jedoch keine Staatseinnahmen anfallen. Die Zahlen lassen den Rückschluß zu, daß der private Anteil am BIP durch neugegründete kleine Unternehmen

---

[103] In Modellrechnungen geht Homburg von einem konstanten Faktoreinsatzverhältnis zwischen Sachkapital und Humankapital aus. Vgl. Homburg, 1995, S. 347.

[104] Goldin/Katz, 1996. Humankapital wird in diesem Zusammenhang vorwiegend als Wissen dargestellt. Zur Bedeutung von Erfahrungen siehe Kapitel IV.2.2.3.

[105] Die neue Wachstumstheorie stellt den technischen Fortschritt in den Mittelpunkt der Erklärung gesamtwirtschaftlicher Wachstumsprozesse und versucht anhand des Aufbaus von Humankapital (technisches Wissen) das Wachstum von Volkswirtschaften endogen zu erklären. Dazu Romer, 1989; Romer, 1986; Lucas, 1988.

[106] Vgl. dazu Sachs, 1996; Sachs, 1992; Fisher/Frenkel, 1992.

oder durch privatisierte Betriebe, die im Rahmen der durchaus erfolgreichen kleinen Privatisierung umgewandelt wurden, erstellt worden ist.

	Anteil des Privatsektors am BIP (in vH)		Budgetwirksame Privatisierungserlöse (in vH vom BIP)			
	1995	1996	1992	1993	1994	1995
Tschech. Republik	70	75		0,8	1,8	1,1
Ungarn	60		2,3	3,8	0,8	7,9
Polen	60	95	0,4	0,5	0,8	0,8
Rußland	55	70	0,6	0,2	0,1	0,2
Ukraine	15			0,1	0,2	0,1
Weißrußland	35			0,1	0,3	0,2

Tab. 2: Privatisierungsindikatoren in ausgewählten Transformationsländern[107]

Die Stabilisierungsfunktion des Unternehmertums kann in zunehmender Destabilisierung münden, wenn Wohlfahrtsveränderungen einseitig zugunsten der Unternehmer stattfinden und die Mehrzahl der Bevölkerung hieran nicht partizipiert. In den Transformationsländern wächst in dieser Situation die Gefahr, daß die plötzliche Aufgabe gewohnter Verhaltensstereotypen sozialistischer Prägung durch wirtschaftlichen Wohlstand nicht alimentiert werden kann.[108] Das Bekenntnis der privaten Unternehmer zum profit-seeking wird dann als materialistisch, rücksichtslos und elitär stigmatisiert und mit einem Negativimage belegt.[109] Die Transformationsrealität zeigt aber auch, daß mit der Privatisierung der Staatsbetriebe nicht zwangsläufig marktwirtschaftliches Denken in die Betriebe Einzug hält. Nach Expertenmeinung waren in Rußland 1996 bereits 70 vH der Staatsbetriebe privatisiert, doch setzten nur 45 vH der Unternehmen tatsächlich neue erwerbswirtschaftliche Führungs- und Organisationsmethoden um.

Unabhängig davon, ob der Unternehmer stabilisierend oder destabilisierend auf den institutionellen Wandel wirkt, stellt er eine entscheidende subjektive Komponente im Transformationsprozeß dar, die der Entwicklung maßgebliche Impulse verleiht. Dies gilt auch für die politischen Entscheidungsträger, deren Erlasse, Verordnungen und Gesetze regelnd oder steuernd den Transformationsprozeß beeinflussen.

---

[107] Quelle: International Monetary Fund, 1996, S. 84. Die Angaben für 1996 sind entnommen aus: Frankfurter Allgemeine Zeitung/manager magazin, 1997.

[108] Vgl. Svejnar, 1994, S. 134.

[109] Vgl. Hartwig/Staudt/Bestel/Rahe, 1995, S. 59.

Während der oben angeführte ökonomische Unternehmer über Kosten und Umsatz seinen Gewinn maximiert, ist der politische Akteur Unternehmer, wenn er versucht, Wählerstimmen zu maximieren, um in politische Ämter zu gelangen, die mit persönlichen Annehmlichkeiten (Prestige, Einkommen, Macht) verbunden sind.[110] Beide Unternehmertypen sind richtungsweisend für die Transformation, wobei der politische Unternehmer institutionelle Veränderungen zum Gegenstand seines Handelns macht. Für den politischen Unternehmer ist die gesamtwirtschaftliche Wohlfahrt eine wichtige Komponente des Erfolgs, da diese über die Akzeptanz des politischen Programms innerhalb der Bevölkerung entscheidet.[111] Dies bedeutet jedoch nicht, daß die ökonomischen und politischen Unternehmer sich in ihrem Verhalten ergänzen. Die osteuropäische Transformationslandschaft ist stattdessen in weiten Teilen durch hemmende Regulierungen, hohe Unternehmenssteuern, korrupte Bürokraten sowie eine Reihe von Markteintrittshürden zum Schutz der staatlichen Unternehmen gekennzeichnet.[112] Rußland ist ein typisches Beispiel für ein Transformationsland, in dem die einstmals starke staatliche Bürokratie ihren Einfluß gegenüber dem neuen, oftmals sehr erfolgreichem Unternehmertum zu bewahren versucht.[113] Unter der Berücksichtigung des Einflußpotentials beider Gruppen auf den Transformationsprozeß kann mit NORTH geschlußfolgert werden, „the agent of change is the entrepreneur - political or economic."[114]

Der Unternehmer initiiert und managed in der Phase des institutionellen Wandels Neuerungsprozesse, die im historischen Kontext der Transformationsländer innovativ und Ausgangspunkte des sozialen Wandels sind.[115] Als Innovation sind wertfrei alle neuen Produkte oder Prozesse zu verstehen, die im technischen, organisatorischen (z.B. Unternehmen, Staatsgebilde) oder personellen Bereich stattfinden.[116] Der Innovator benötigt die subjektive Eignung (Kompetenz), derartige Prozesse gestalten zu können. Die Bereitschaft zur Innovation setzt eine entsprechende Motivation voraus, die sich aus der Nutzenfunktion des Individuums ergibt. Von der Risikobereitschaft des Individuums hängt dagegen ab, ob eine Idee physisch umgesetzt wird und am Markt diffundieren kann. Als Impulsgeber für die Transformation ist der Unternehmer nicht nur ein berechnender homo oeconomicus, sondern auch jemand, dessen intuitiver Charakter ihn Eingebungen folgen läßt. Rational ist sein Handeln hingegen, wenn es um die Wahl der Mittel zur Zielerreichung geht. Die Intuition, „(...) die Din-

---

[110] Vgl. dazu Downs, 1968, Wellesen, 1994.

[111] Vgl. Kirsch, 1993, S. 222.

[112] Vgl. Svejnar, 1991, S. 131.

[113] Vgl. Eigendorf/Schut, 1994.

[114] North, 1989, S. 666.

[115] Vgl. Vaughn, 1983, S. 117.

[116] Vgl. Domrös, 1994, S. 26.

ge in einer Weise zu sehen, die sich dann hinterher bewährt, auch wenn sie im Moment nicht zu begründen ist (...)"[117], stellt für SCHUMPETER eine unternehmerische Gabe dar.

Der Erfolg des innovativen Unternehmers ist eine Frage der kognitiven Anpassung der Bevölkerung an diese Neuerung und der damit einsetzenden Diffusion. Der Neuigkeitsgrad der Innovation bestimmt dabei Geschwindigkeit und Erfolg der Adaption. Je tiefgreifender alte Gewohnheiten durch die Innovation verändert werden, umso größer ist die Gefahr, daß Innovationswiderstand entsteht. Haben sich Neuerungen durchgesetzt, so beeinflussen sie die relativen Preise im Restriktionenraum der Individuen und führen über subjektive Präferenzverschiebungen zu Verhaltensänderungen und Wertewandel.[118]

2 Eliten als Handlungssubjekte

2.1 Elitedefinition und Elitestruktur

Im Mittelpunkt dieser Untersuchung stehen Eliten. Sie werden allgemein definiert als

> „...eine Gruppe von Menschen, die in der Hierarchie exponierte Stellungen einnehmen..."[119]

Bezugnehmend auf die sozialistischen Eliten kann ergänzt werden, daß sie ihre Entscheidungen eigenmächtig und frei von Kontrollen durch Nicht-Eliten treffen konnten. Im sozialistischen Sprachgebrauch findet sich anstelle des Elitebegriffs der Ausdruck des Kaders. Nach sozialistischer Definition sind Kader Personen,

> „die aufgrund ihrer politischen und fachlichen Fähigkeiten und charakterlichen Eigenschaften geeignet und beauftragt waren, Kollektive von Menschen zur Realisierung gesellschaftlicher Prozesse und Aufgaben zu leiten oder dabei als wissenschaftlich gebildeter Spezialist (Fachkader) mitzuwirken: Leiter, Funktionär, Nachwuchskader, Spezialisten."[120]

In dieser Funktion hatte der Kader seine Arbeitskraft in den Dienst der Gesellschaft zu stellen. Aus liberal-ökonomischer Sicht verdeutlicht dies den normativen Charakter des sozialistischen Menschenbildes und grenzt es vom methodologischen Individualismus ab.

---

[117] Schumpeter, 1964, S. 125; vgl. auch Kirzner, 1983, S. 212f.

[118] Vgl. Hartwig/Staudt/Bestel/Rahe, 1995, S. 58.

[119] Meyer, 1979, S. 127. Siehe auch Skilling, 1974b, S. 31; Endruweit, 1979, S. 30f.

[120] Heyse/Ladensack, 1994, S. 19. Vgl. auch Kullberg, 1994, S. 930.

Der gängige methodische Ansatz in der Eliteforschung ist die empirische Karriereforschung. Sie erweist sich im vorliegenden Anwendungsfall allerdings als methodisch äußerst schwierig, da der Zugriff auf breitangelegtes biographisches Material nicht möglich ist. Die methodische Alternative orientiert sich daher am deskriptiv-funktionalen Ansatz, der beruflich definierte Positionen in der hierarchischen Struktur von Politik und Wirtschaft und die Funktionen von Individuen miteinander verknüpft. Es ist zu vermuten, daß die gesellschaftliche Funktion eines Menschen um so einflußreicher ist, je umfangreicher seine positionsbedingte Entscheidungs- und Sanktionsgewalt ist. Die durch die Position markierte gesellschaftliche Funktion abstrahiert von der Person, da unabhängig vom Individuum, diese Position mit einem Bündel von Handlungsrechten ausgestattet ist.[121] Politische und wirtschaftliche Macht wird dann durch die Verbindung von Person und Amt ausgeübt. Der Amtsinhaber verliert mit seiner Ablösung seine Machtbefugnis. Werden Macht und Einfluß durch die personelle Ausstattung mit exklusiven Handlungsrechten an Ressourcen definiert, läßt sich der Elitebegriff mit dem Ansatz der Property Rights-Theorie konkretisieren, denn je nach Ausgestaltung bestimmen die ökonomischen Handlungsrechte die Position jedes Individuums in bezug auf die Nutzung knapper Ressourcen.[122]

Zu Beginn der Ausführungen in Kapitel II.1.2 wurde bereits darauf hingewiesen, daß der Umfang an individuellen Handlungsmöglichkeiten durch das Bündel an Handlungsrechten festgelegt wird, die ein Individuum auf sich vereinigt. Wenn nun die gesellschaftliche Stellung des einzelnen aus ökonomischer Perspektive durch den Exklusivitätsgrad der dem Individuum zuzurechnenden Handlungsrechte determiniert wird, welche die organisationsspezifisch erlaubten Handlungsmöglichkeiten abgrenzen, so folgt, daß Eliten nicht allein durch das quantitative Volumen an Handlungsrechten typisiert werden können; ausschlaggebend ist ebenso die Qualität ihrer Handlungsrechte. Die Qualität eines Handlungsrechts spiegelt sich dann in dem Grad der handlungsrechtlichen Exklusivität wider. Der elitäre Rang eines Individuums läßt sich somit an der rangspezifischen Ausstattung mit Handlungsrechten erkennen. Demzufolge können Eliten nur im Kontext der Gesellschaft als elitär identifiziert werden.

Unter der Annahme, daß von der Ausstattung mit Handlungsrechten unterschiedliche Handlungsinteressen ausgehen, ist eine segmentierte Untersuchung des Objekt-

---

[121] Dem Abgrenzungstypus entsprechend wird in der Literatur von Funktionseliten gesprochen. Dies sind Personen, die „unter spezifischen Verantwortlichkeiten stehen und bestimmte Aufgaben der Leitung, Koordination, Planung usw. haben." Herzog, 1982, S. 3.

[122] In seiner Untersuchung über die politische Elite in der DDR zeigt Ludz, daß der Zusammenhang von Position und Funktion in hierarchischen Systemen wesentlich stärker ausgeprägt ist als in parlamentarischen Demokratien, es darüber hinaus eine Frage der Machtabsicherung ist, inwiefern Positionsinhaber mit Machtbefugnissen, also mit bestimmten Funktionen, ausgestattet sein müssen. Vgl. Ludz, 1968, S. 39. Siehe auch Ahlberg, 1988, S. 973f; Autorenkollektiv, 1989.

bereichs erforderlich. Der polarisierende Denkansatz klassischer Herrschaftsanalysen mit seiner simplifizierenden Charakterisierung der Elite als herrschend über das beherrschte Volk nivelliert intraelitäre Spannungen und zeichnet die Elite in verklärter Weise als monolithischen Block homogener Interessen aus.[123] In seiner Abhandlung über Interessengruppen in der Sowjetunion weist SKILLING zurecht darauf hin, daß infolge der Einparteienherrschaft ein Konglomerat vielfältigster Interessen zu koordinieren gewesen ist. Zu den einflußreichen Eliten gehörten die Mitglieder der Staats- und Parteibürokratie, der Wirtschaftsnomenklatur sowie der Polizei und Armee.[124] Sie formierten sich fachübergreifend in sporadischen Interessengruppen, die zu häufig wechselnden Bündnissen in der Verfolgung konkreter Ziele führten. Militärisch-industrielle Interessen mündeten so beispielsweise in einer vorübergehenden Zusammenarbeit politischer, ökonomischer und militärischer Eliten.[125] Dieser nur zeitweilige Zusammenhalt unterschiedlicher Eliten in kleineren Gruppen mit einer genauen Zielsetzung führte zu einer hohen Geschlossenheit in bezug auf die Verfolgung eines gemeinsamen Interesses. Adressat der Interessenpolitik war zumeist das Politbüro, da hier über Ressourcenallokation und -distribution entschieden wurde.[126]

Gemäß OLSON's Logik kollektiven Verhaltens waren sie erfolgreicher in ihrem Handeln als die großen, in die offizielle Politik integrierten Massenorganisationen, deren Mitglieder ein Geflecht weitverzweigter Interessen verfolgten und anstatt selbst politischen Druck auszuüben als „Transmissionsriemen" zur Verbreitung der politischen Propaganda fungierten.[127]

In den Zentralverwaltungswirtschaften des sowjetischen Typs konnten parteipolitische und staatliche Funktionsbereiche unterschieden werden. Das Politbüro als oberstes Parteiorgan war auch gleichzeitig das höchste Entscheidungsgremium im Staat.[128] Die Mitglieder des Politbüros waren de facto die Eigner des Staatseigentums, was sich in der Entscheidungsgewalt über Art und Umfang der Güterproduk-

---

[123] Vgl. Skilling 1974a, S. 21.

[124] Vgl. Skilling, 1974b, S. 31; auch Leipold, 1989, S. 116; Gill, 1985, S. 214.

[125] Skilling führt als weiteres Beispiel die Schulreform von 1958 in der Sowjetunion an, als sich Lehrer, Beamte des Unterrichtsministeriums, Wissenschaftler, Fabrikmanager und Parteifunktionäre verbündeten. Vgl. Skilling, 1974c, S. 357.

[126] Vgl. Pejovich, 1990, S. 98. Die hierarchische Konzentration der Entscheidungsbefugnis auf das Politbüro verengte im Unterschied zu dezentralen Marktwirtschaften den potentiellen Adressatenkreis und erschwerte die Möglichkeiten zur Einflußnahme auf höchster Ebene. Koalitionen auf niedrigerer Ebene waren aufgrund der unvollkommenen Kontrollmöglichkeiten vergleichsweise leicht möglich. Dies gilt z. B. für das abgestimmte Verhalten von Unternehmen und Industrieministerium bei der Manipulation von Planbedarfsmeldungen oder Planerfüllungsberichten.

[127] Vgl. Skilling, 1974b, S. 37; Svejnar, 1991, S. 124; Olson, 1982.

[128] Vgl. Skilling, 1974b, S. 46.

tion niederschlug.[129] Ihre herausgehobene Stellung festigten die Mitglieder des Politbüros durch direktive Eingriffe im Bereich der Einkommensverteilung und der Personalentscheidungen.[130] Einzig das Politbüro besaß bei aggregierter Betrachtung exklusive Property Rights über das Produktionspotential und den produzierten Output. Als höchstes wirtschaftliches und politisches Führungsgremium der Partei entschied das Politbüro im Rahmen seiner Richtlinienkompetenz über Produktionsprogramme und über die Verteilung des gesamtwirtschaftlichen Produktionsergebnisses.[131] Es ist sicher richtig, daß das Politbüro in seiner Willensbildung durch zahlreiche Gruppen und Organisationen beeinflußt wurde und aufgrund der Delegation von Handlungsrechten auf niedrigere politische Ebenen seine faktische Entscheidungsmacht verdünnte, doch befand es sich sowohl de jure als auch de facto in der Rolle eines Organs mit dem exklusiven Recht zur letztverantwortlichen Entscheidung. Die Delegation von Aufgabenbereichen an untergeordnete Funktionseinheiten änderte nichts an der rechtlichen Stellung des Politbüros in der Hierarchie. Die Weisungen der Parteispitze hatten den Charakter von direkt wirkenden Verordnungen, die unmittelbar auszuführen waren, oder stellten Anweisungen dar, die durch untergeordnete Stellen zu konkretisieren waren. Die Weisungsflut dokumentiert sich beispielsweise in der Zahl von 2591 Direktiven für die Landwirtschaft zwischen 1921 und 1971 in der Sowjetunion, was etwa einer Weisung pro Woche entspricht.[132] Somit war die staatliche Plankommission zwar der institutionelle Träger, die Stabsstelle des Wirtschaftsplans, maßgeblich „für die Willensbildung und die Planentscheidungen ist (war, d. Verf.) jedoch die politische Führung, das sind die Angehörigen des Politbüros (...).“[133]

Die Handlungsrechte des Politbüros waren konstitutiv abgesichert durch die verfassungsmäßige Institutionalisierung des staatlichen Eigentums an den Produktionsmitteln und der zentralen Planung und wurden darüber hinaus in der politischen Praxis durch informelle Regelungen protektioniert. In den sozialistischen Ländern Osteuropas zeigte sich dies auch darin, daß die Mitglieder des Politibüros offiziell durch

129 „Die Wirtschaft wird von einer Hierarchie verwaltet, an deren Spitze das Politbüro steht." Nove, 1980, S. 24; vgl. dazu auch Grossman, 1974, S. 96ff.

130 Vgl. Klein, 1991, S. 87; Pejovich, 1990, S. 98.

131 „State ownership provides the ruling group with two important sources of utility: the right to appropriate a large share of output for its own consumption, and the right to allocate the remainder:“ Pejovich, 1990, S. 98; Vgl. Touché, 1993, S. 70, 76; Pejovich, 1990, S. 98; Lösch, 1987, S. 255; Kuczynski, 1979, S. 508; Hensel, 1977, S. 126f.

132 Vgl. Eberwein/Tholen, 1994, S. 24f.

133 Vgl. Hensel, 1977, S. 124; Pejovich, 1990, S. 98; Skilling, 1974c, S. 360f.

das Zentralkomitee zu wählen waren, der Zutritt in das oberste politische Gremium tatsächlich jedoch nur durch Patronage ermöglicht wurde.[134]

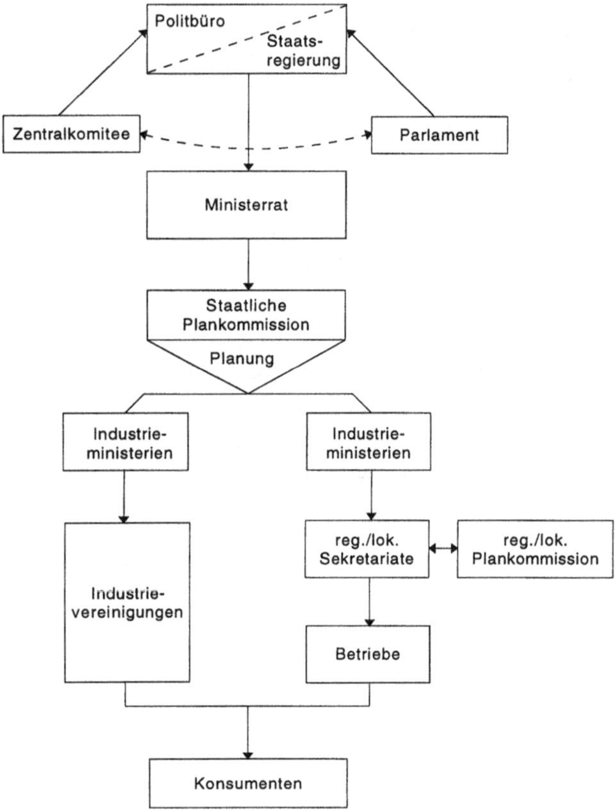

Abb. 1: Leitungssystem in Planwirtschaften des sowjetischen Typs[135]

Organisatorisch rekrutierte sich aus dem Kreis der Politbüromitglieder das Sekretariat des Zentralkomitees (Abb. 1). Ständiges Mitglied in diesem Gremium, welches

[134] „The survival strategy for members of the nomenclatura is, then, to identify and respond to the Politburo´s preference." Pejovich, 1990, S. 98.

[135] In Anlehnung an Leipold, 1989, S. 115.

sich vor allem mit Fragen der Parteipolitik beschäftigte, war der Generalsekretär der herrschenden kommunistischen Einheitspartei. 1986 zählten in der Sowjetunion zu den Mitgliedern des Politbüros zwölf Personen, sieben Deputierte wurden als Politbürokandidaten geführt.[136] Die Mitgliederzahl wurde nach Abschluß des 28. Parteitages 1990 auf 24 Personen verdoppelt.[137]

Den Kern des hauptamtlichen Parteiapparates bildete das Zentralkomitee. Es umfaßte 1986 in der Sowjetunion 309 Mitglieder und 170 Kandidaten; 1990 wurde die Anzahl der Mitglieder auf 398 Personen erhöht, gleichzeitig jedoch die Kandidatenschaft aufgelöst.[138] Der Anstieg der Zahl der Vollmitglieder im Zentralkomitee kann als Anzeichen dafür gewertet, daß zunehmend Fachleute aufgenommen wurden, um bei krisenhaften Zuspitzungen fachliche Kompetenz in die Entscheidungsvorbereitung integrieren zu können.

Das Zentralkomitee repräsentierte 22 Abteilungen aus Partei (z. B. Geschäftsführung des Zentralkomitees, Partei-Organisation-Arbeit), Staat (z. B. Militärabteilung, Verwaltungsorgane) und Wirtschaft (z. B. Leichtindustrie, Schwerindustrie), zuzüglich der regionalen und lokalen Parteiführungen.[139] Formell wählte dieser Kreis aus den Vollmitgliedern und Kandidaten die neuen Mitglieder des Politbüros. Das Zentralkomitee war formal für die Ausarbeitung der wirtschaftlichen und politischen Richtlinien sowie für die Beschlußfassung von Direktiven, die durch das Politbüro und das Sekretariat vorgelegt wurden, zuständig.[140] De facto wurden die Vorgaben des Politbüros per Akklamation bestätigt. Das Zentralkomitee berief darüber hinaus die Parteikonferenzen ein und wurde selbst formal auf den Parteitagen gewählt.[141] Zur Einflußnahme und Kontrolle des politischen Lebens entsandte es Vertreter in die leitenden Organe des Staatsapparates und der Wirtschaft.

Parallel zu den Parteiorganen existierte die staatliche Organisation, an deren Spitze sich die vom Parlament gewählte Regierung befand. Sie war das Vollzugsorgan des Politbüros innerhalb der staatlichen Hierarchie und konstituierte den Ministerrat, der das Versammlungsgremium der Einzelministerien war und die Vorlagen des Zentralkomitees verantwortlich umzusetzen hatte.[142] Der Ministerrat zählte 1986 in der Sowjetunion 111 Mitglieder aus 59 Ministerien.[143]

---

[136] Vgl. Meissner, 1986, S. 920f.

[137] Vgl. Meissner, 1991, S. 41.

[138] Vgl. Meissner, 1991, S. 39.

[139] Meissner bezeichnet das Zentralkomitee als „Ständeversammlung“. Vgl. Meissner, 1991, S. 40.

[140] Vgl. Eberwein/Tholen, 1994, S. 25.

[141] Vgl. Neugebauer, 1978, S. 36ff.

[142] Vgl. Eberwein/Tholen, 1994, S. 25; Nove, 1980, S. 21ff.

[143] Vgl. Meissner, 1986, S. 936.

Eliten in den höheren Hierarchieebenen erfüllten nicht selten eine Doppelfunktion, indem sie sowohl Partei- als auch Staatsämter in ihrer Person vereinigten. Ryshkow ist ein prominenter Vertreter dieser Elitegruppe. Er besaß die Mitgliedschaft des Politbüros und erhielt zusätzlich den Rang eines Ministerpräsidenten im Präsidium des Ministerrats.

Elitepositionen, die sich in der Organisationshierarchie unterhalb der Politbüroebene befanden, waren mit zunehmend verdünnteren Handlungsrechten ausgestattet, weshalb die Politbüromitglieder sowie die Kandidaten als politische Eliten der ersten Reihe eingestuft werden können.[144] Alle nachrangigen Eliten standen in der zweiten Reihe, die Exklusivität ihrer Handlungsrechte war bereits nachhaltig geschwächt. Konkret bedeutete dies, daß eine beträchtliche Aufgabendelegation (Planung, Leitung und Kontrolle) an die politische Elite in der Partei, im staatlich-administrativen Bereich sowie an die Elite der ökonomischen Sphäre erfolgte, ohne daß etwa den verantwortlichen Direktoren der Staatsbetriebe eine äquivalente Partizipationsmöglichkeit am formellen betrieblichen Erfolg zukam.[145]

So sind in den Zentralverwaltungswirtschaften die Leiter der Industrieministerien mit der Ausübung der staatlichen Eigentümerrechte an den Produktionsmitteln betraut worden. Ihnen oblag die Pflicht zur Planung, Leitung und Kontrolle des Produktionsprozesses. Die unterstellten Unternehmensleiter handelten weisungsgebunden und waren in der Wahrnehmung ihrer betrieblichen Aufgaben an die zentralen Vorgaben gebunden. Da die Planauflagen Gesetzescharakter hatten, wurden Planverfehlungen negativ sanktioniert.[146] Das Prinzip der betrieblichen Einzelleitung manifestierte die Handlungsautonomie des Betriebsdirektors. Er leitete und verwaltete den Betrieb in eigener Verantwortung und stand damit hinsichtlich Umsetzung und Durchsetzung der Plandirektiven in der Pflicht des übergeordneten Industrieministeriums bzw. der Planzentrale.

Die ökonomischen Handlungsrechte von Unternehmen und Ministerien wurden formal verwässert durch das fehlende Recht zur Nutzung der Erträge aus dem ökonomischen Handeln. Sie befanden sich in der Hierarchie unterhalb des Politbüros und waren deshalb in ihrem Handeln weisungsgebunden. Die aufgetragenen Pflichten der Industrieministerien konzentrierten sich auf die Planung, Leitung und Kontrolle der ökonomischen Prozesse innerhalb des jeweiligen Wirtschaftszweiges, dem die Ministerien vorstanden. Die Industrieministerien befanden sich in der vorteilhaften Situa-

---

[144] Vgl. Leipold, 1983, S. 194f.; Tietzel, 1981, S. 212.

[145] Die einzige Form der materiellen Partizipation resultiert aus den finanziellen Zuwendungen des Staates bei Planübererfüllung. In den osteuropäischen Staaten gab es dafür verschiedene Betriebsfonds, beispielhaft erwähnt der Prämien-, Investitions-, Reserve-, Leistungs- und Sozialfond. Die Fondszuführungen sind jedoch, da plangebunden, nur sehr eingeschränkt als Nutzungsrecht zu apostrophieren. Vgl. Leipold, 1983, S. 193; Nove, 1980, S. 105.

[146] Vgl. Leipold, 1983, S. 193.

tion, aufgrund ihrer Nähe zu den Unternehmen an den Planungsprozessen beteiligt zu sein und so auf die Ressourcenallokation Einfluß nehmen zu können.[147] Da die zentrale Allokation der Ressourcen in der Planrealität nicht bis in alle Produktionsbeziehungen ex ante geplant werden konnte, ergaben sich für die weisungsabhängigen Organisationen jedoch Handlungsspielräume, die planwidrige, bilaterale bargaining-Prozesse zwischen Unternehmen oder Unternehmen und Ministerien bzw. informelle Marktbeziehungen zwischen Produzenten und Konsumenten eröffneten.[148] Im Unterschied zu dezentral geplanten Marktwirtschaften konnten sich diese Wirtschaftsbeziehungen nur dort entwickeln, wo die Unvollkommenheit des zentralen Planes den Anbietern und Nachfragern Nischen ließ.[149] HAFFNER fragt in diesem Zusammenhang danach, warum die von der politischen Führung beauftragte Planzentrale nicht in der Lage war, die ex ante-Koordinierung vollständig umzusetzen und dadurch marktwirtschaftlichen Elementen und Verhaltensweisen Vorschub leistete. Zwei Gründe stellt er hierfür in den Vordergrund:[150]

1. Planlücken: Sie ergeben sich zum einen aus technischen Unmöglichkeiten, basieren andererseits auf der Tatsache, daß aufgrund von Ungewißheit keine Planungssicherheit existiert. Hieraus ergaben sich für die Betriebe in den sozialistischen Planwirtschaften Handlungsfreiräume, die von den jeweiligen Unternehmensleitern unter Beachtung der eigenen Zielfunktion genutzt wurden. Der Betrieb wurde damit in Teilbereichen ein selbstplanendes Subjekt.[151]
2. Planung nach marktwirtschaftlichen Grundsätzen: Die bewußte Implementierung marktwirtschaftlicher Methoden lag in der Notwendigkeit zur Bestimmung von Aufwand und ökonomischer Effizienz. Um den Grundsatz der Verteilung nach der Arbeitsleistung und die Herstellung eines Gleichgewichts von Angebot und Nachfrage sowohl im Inland als auch im Export befolgen zu können, war eine entsprechende Wertrechnung Voraussetzung, die in der gesamten Distributionssphäre der sozialistischen Planwirtschaft zur Anwendung kam.

2.2 Funktionen sozialistischer Elitetypen

In den sozialistischen Planwirtschaften konnten hinsichtlich ihrer Qualifikation zwei Elitegruppen unterschieden werden, die die konstitutive Ordnung absicherten und das System funktionsfähig hielten:

- die politische Elite, die partei- und staatspolitische Aufgaben übernahm sowie

---

[147] Vgl. Gorllin, 1985, S. 356.

[148] Gorlin, 1985, S. 358.

[149] Vgl. Leipold, 1989, S. 115f.

[150] Vgl. Haffner, 1978, S. 100ff.

[151] Siehe hierzu Kapitel III.1.3.

- die technokratisch ausgerichtete ökonomische Elite, die vorwiegend mit Wirtschaftsfragen betraut war. [152]

Die politische Elite zeichnete sich durch loyale Parteiarbeit aus. Ihr persönlicher Werdegang war eng verknüpft mit der Absolvenz parteiinterner Schulungen. Von offizieller Seite wurde mit diesen Bildungsinvestitionen die Absicht verfolgt, die Klassenkampfideologie im Bewußtsein ausgewählter Eliten zu festigen.[153] Verwurzelt in ideologisch-dogmatischen Normen gehörten die politischen Eliten zu den Vertretern einer wertkonservativen Elitegruppe. In den sozialistischen Ländern Osteuropas besetzten sie alle führenden Kaderpositionen und waren typische Vertreter der Machtelite.[154]

In der westlichen Eliteforschung werden politische Eliten als Personen begriffen, die sich in „Positionen befinden, von denen aus sie Gesetze machen können."[155] Übertragen auf die ehemaligen Planwirtschaften Osteuropas ist die alleinige Fokussierung der Funktion politischer Eliten auf die Gesetzgebungsbefugnis jedoch zu eng. Dies wird deutlich, wenn man Gesetzgebung als Entscheidungshandeln staatlicher Organe interpretiert. Vor dem Hintergrund der Property Rights in den Planwirtschaften wären dann nur die Politbüromitglieder als Inhaber exklusiver Handlungsrechte als politische Elite zu bezeichnen gewesen. Diese Definition grenzt jedoch all jene aus, die zwar nur über verdünnte Handlungsrechte verfügten, jedoch aufgrund der Unvollkommenheit des politischen Kontrollmechanismuses in ihrem beruflichen Umfeld einen eigenen Entscheidungsspielraum besaßen. Neben den tatsächlich Gesetzgebungsbefugten sind auch all jene als politische Eliten zu bezeichnen, die Einfluß- bzw. Lobbyarbeit verrichtet haben sowie jene, die innerhalb ihres Verantwortungsbereichs durch die Zuweisung von Verfügungsrechten über Dispositionsspielräume verfügten, die sie von den anderen Gesellschaftsmitgliedern abgrenzten. Die politischen Eliten sind somit als führende Kader im Staats- und Parteiapparat sowie in den Massenorganisationen zu interpretieren.[156]

Neben den Parteibürokraten existierte eine weitere Elitegruppe, die durch ihre Fachkenntnisse im technischen und/oder wirtschaftlichen Bereich in führende Funktio- närspositionen aufgestiegen war. Dieser Personenkreis hatte sich durch ein Universitätsstudium Fachwissen angeeignet und arbeitete auf administrativer Ebene zumeist in der Wirtschaftsverwaltung der Industrieministerien sowie auf betrieblicher Ebene in den Unternehmensleitungen. Technokratisch-ökonomisch ausgerichtet war

---

[152] Vgl. Ludz, 1968, S. 41ff; Meyer, 1979, S. 154.

[153] Vgl. Meyer, 1979, S. 154. Die biographischen Rückbetrachtungen Leonhardts vermitteln einen Eindruck von der Bedeutung dieser Parteischulen für die Kaderauslese und beschreiben den Alltag der Parteischüler. Vgl. Leonhardt, 1955.

[154] Vgl. Ludz, 1968, S.42.

[155] Zapf, 1965, S. 35.

[156] Vgl. Ludz, 1968, S. 42.

diese Elitegruppe verantwortlich für ein Denken in ökonomischen Zusammenhängen auf operativer Ebene.[157] Ihre Aufgabe bestand in der betrieblichen Umsetzung der Planvorgaben bei Berücksichtigung der restriktiven Umweltbedingungen. Die Hervorhebung der Wachstumsideologie durch die politische Führung legitimierte diese Elitegruppe.[158] Neben ihrer verantwortlichen Tätigkeit im Produktionsprozeß der Betriebe war diese Gruppe in beratender Funktion für die politische Elite tätig. Zwischen beiden Elitegruppen bestand nur eingeschränkte Zielharmonie, da sich die einen eher am ökonomischen Pragmatismus, die anderen am ideologischen Dogmatismus orientierten. Unterschiedliche Auffassungen über die Wahl der Ziele und des Instrumenteneinsatzes konstituierten so ein weites Feld verschiedenartiger Konflikte.[159] Diese dynamisierten den gesellschaftlichen Entwicklungsprozeß, wenn Versorgungskrisen ökonomische Reformen in den Vordergrund rücken ließen und den Betrieben eine größere Handlungsautonomie zuerkannt wurde. Um systemdestabilisierende Effekte aus konfligierenden Interessen zwischen der ökonomischen und politischen Elite zu vermeiden, existierte ein Rotationsprinzip, das die Eliten zwischen verschiedenen Positionen in Politik und Wirtschaft wechseln ließ.[160]

Im Verlauf dieser Untersuchung werden die Kader der Industrieministerien der politischen Elite zugerechnet, da sie letztlich einen politischen Rang bekleideten und das Bindeglied zwischen der operativen Betriebsebene, die Planvorgaben auszuführen hatte, und der planenden Entscheidungsebene waren. Sie versorgten beide Seiten mit Informationen, wobei das politische Gewicht der Industrieministerien durch den „politischen Charakter des Ganzen“[161] bestimmt wurde, das im Primat der Politik Ausdruck fand. Als Wirtschaftseliten soll hingegen das Leitungspersonal in den Betrieben bezeichnet werden, welches mit der betrieblichen Umsetzung der Planauflagen betraut war. Hierzu gehörten der Direktor als auch sein(e) Stellvertreter und die Werkleiter. Nach Einschätzung von EBERWEIN/THOLEN hatte sich der Direktor um das Ansehen des Betriebes im Außenverhältnis zu kümmern und war in Verhandlungen mit den politischen Stellen präsent, während seine Stellvertreter den Kontakt zu den Werkleitern, Vorarbeitern und Brigadeleitern pflegten.[162] Die Werksleiter waren innerhalb des Kombinats einem Betrieb vorgesetzt und fungierten im Innenverhältnis als Funktionsmanager. HEYSE/LADENSACK unterscheiden für die DDR vier Nomenklaturebenen auf betrieblicher Ebene: Auf höchster Ebene zählte der Generaldirektor

---

[157] Vgl. auch Lösch, 1987, S. 261.

[158] Vgl. Meyer, 1979, S. 154. Dahinter verbarg sich das ehrgeizige Ziel der politischen Führung, im Wettbewerb der Systeme den kapitalistischen Westen durch höhere Wachstumsraten des Sozialprodukts wohlfahrtsökonomisch zu überholen.

[159] Vgl. Ludz, 1968, S. 44.

[160] Vgl. Huskey, 1988, S. 539f; Winiecki, 1991, S. 7.

[161] Nove, 1980, S. 24.

[162] Vgl. Eberwein/Tholen, 1994, S. 48.

zur Nomenklatur I, gefolgt von den Fachdirektoren der Kombinate und den Betriebsdirektoren als Nomenklatur II, den Abteilungsleitern als Nomenklatur III und den Meistern als Nomenklatur IV.[163]

Der Nomenklaturabegriff erstreckte sich auch auf die politische Ebene und wird in der englischsprachigen Literatur mit den Attributen „ruling class" oder „ruling stratum" belegt. APOLTE charakterisiert sie als „großen Bürokraten" und „herrschende Schicht".[164] Diese Bezeichnungen verdeutlichen, daß es sich hier um Kader handelte, deren berufliche Positionen in Politik, Verwaltung und Wirtschaft Property Rights vermittelten, die ihnen umfangreiche Privilegien bescherten. Im eigentlichen Sinn handelte es sich bei der Nomenklatura um ein Verzeichnis der Führungspositionen und jener Personen, die diese Positionen bekleideten. Sie deklarierte die dominierende Rolle des Politbüros ebenso wie alle weiteren Hierarchieverhältnisse an der Spitze.

> „The Politburo was not only the top of the nomenklatura's social structure but also its master."[165]

In den 80er Jahren lebten in der Sowjetunion etwa eine Million Nomenklaturisten.[166] Insgesamt waren mehrere Nomenklaturastufen zu differenzieren, wobei die in dieser Untersuchung interessierende Rangstufe durch Leitungskader aus Politik und Wirtschaft besetzt war. Dazu zählten die Mitglieder der höchsten politischen und staatlichen Organe, die Kombinatsdirektoren bzw. die Manager der Staatsbetriebe, die Abteilungsleiter in den Ministerien, wie auch die Minister selbst sowie die Vertreter vergleichbarer Leitungsebenen in parteipolitischen und staatlichen Organisationen.[167]

Ergänzend zu den bisherigen Ausführungen muß an dieser Stelle hinzugefügt werden, daß sich eine Gesellschaft auch dadurch auszeichnet, daß neben den politischen und wirtschaftlichen Eliten ebenso herausgehobene Persönlichkeiten aus anderen gesellschaftlichen Bereichen, die zur Prestigeelite eines Landes zählen, gesellschaftliche Formierungsprozesse mitgestalten. Bezugnehmend auf die sozialistischen Eliten gilt jedoch, daß diese Eliten, sofern sie keine politischen Ämter oder hohe ökonomische Funktionen eingenommen haben, von dem politischen Willensbildungsprozeß weitgehend ausgeschlossen waren und daher in dieser Untersuchung keiner weiteren Betrachtung unterzogen werden. In den Fällen, in denen jedoch von ihnen Doppelfunktionen wahrgenommen wurden, indem sie gleichzeitig Positionen der politischen oder ökonomischen Elite besetzten, werden sie zu dieser einflußrei-

---

[163] Vgl. Heyse/Ladensack, 1994, S. 45.

[164] Vgl. Apolte, 1992, S. 46; Pejovich, 1990, S. 119; Winiecki, 1991, S. 8.

[165] Pejovich, 1990, S. 119.

[166] Vgl. Pejovich, 1990, S. 119.

[167] Vgl. auch Staudt/Schepanski/Leuschner/Engelbracht, 1993, S. 12.

cheren Elitegruppe gezählt und gehören damit zum Untersuchungsobjekt dieser Arbeit.

3 Zusammenfassung

Formal kann die Systemtransformation in Osteuropa als ein Übergang von einer kollektiv-exklusiven zu einer individuell-exklusiven Rechtsordnung bezeichnet werden. Exklusive Handlungsrechte werden durch den Transformationsprozeß nicht geschaffen, stattdessen erfolgt eine Neuverteilung bestehender Rechte. Was vorher als Staatseigentum einer kleinen Führungsgschicht exklusiv zugänglich war, wird durch den institutionellen Wandel für die Bevölkerung privatisiert und im Hinblick auf die Verteilungskonzentration atomisiert. Auch wenn in der planwirtschaftlichen Realität der Idealtypus durch Rechtsdelegation und lückenhafte Kontrolle aufgeweicht wurde, können die Bürger doch erst mit dem Übergang vom Plan zum Markt legal Handlungsrechte nutzen, die vormals dem Staat, insbesondere dem Politbüro, zugeteilt waren. Der ehemals durch die Institutionenstruktur bedingte Ausschluß der Bevölkerungsmehrheit von der Nutzung einer Vielzahl von exklusiven Rechten begründet somit in der postsozialistischen Phase einen Nettozuwachs an handlungsrechtlicher Exklusivität für die vormals nicht privilegierte Bevölkerungsgruppe. Im Gegenzug sind die vormaligen Inhaber dieser Rechte die Verlierer dieser Neuverteilung. Sie verlieren zwar nicht ihre Bürger- bzw. Menschenrechte und können deshalb die gleichen Rechte beanspruchen wie jeder andere auch, doch müssen sie sich nun diese Rechte mit mehreren teilen oder stehen im Wettbewerb um diese Rechte. Einen Verlust erleidet diese Gruppe dadurch, daß systemspezifische Privilegien, die die Handlungsmöglichkeiten erweiterten, durch den Wechsel des Systems wegfallen und somit die Handlungen im Vergleich zur Ausgangssituation zusätzlich restringieren.

Es bleibt somit festzuhalten, daß die Transformation keine neuen Rechte schafft, sondern lediglich bestehende neu verteilt. Eine Umverteilung im Sinne eines Nullsummenspiels findet jedoch nicht statt, da anstelle einer horizontalen Lokalisierung vertikal lokalisiert wird und die handlungsrechtliche Exklusivität einer kleinen staatlichen Machtgruppe auf die vormals Beherrschten ausgedehnt wird. Insgesamt betrachtet, gleicht die Transformation eher einem Positivsummenspiel, jedoch nicht, weil neue Rechte geschaffen werden, sondern weil der Zugang zur Nutzung bestehender Rechte ausgeweitet wird und sich daraus Anreiz- und Wohlfahrtseffekte ergeben.

Das Schicksal der sozialistischen Planwirtschaften Osteuropas veranschaulicht, daß Institutionen eines Wertefundaments bedürfen, das in der Gesellschaft diffundiert ist. Die subjektive Wertschätzung der Gesellschaftsmitglieder stabilisiert eine Ordnung, wenn sie in den Institutionen ihre objektive Entsprechung findet. In den Planwirtschaften existierten hingegen Wertgegensätze, die aus dem normativen Anspruch der Ideologie und dem faktischen Empfinden der Menschen resultierten. Diese Gegensätze manifestierten sich äußerlich sichtbar in gesetzten sozialistischen Institutionen und einem Individualverhalten, das sich außerhalb der Kontrollweite des Staates in gesellschaftlichen Nischen nach eigenen Gesetzmäßigkeiten entwickelte. Selbst der Versuch, den Sozialismus als gleichsam naturgesetzlich zivilisatorische Entwicklungsstufe auf die Ebene der „ceremonial values" zu heben, scheiterte weitgehend.

Die Transformation vom Plan zum Markt ist somit nicht nur ein institutioneller Wandel zur Steigerung der ökonomischen Effizienz eines Wirtschaftssystems, sondern ist ein Entwicklungsschritt zur Konvergenz individueller Wertschätzung und institutioneller Realität. Die Harmonie zwischen dem Werte- und Institutionensystem bildet die Grundlage zur Evolution der „ceremonial values" und damit zur Stabilisierung eines Ordnungswesens. Doch vergegenwärtigt das Beispiel der Transformationsländer auch, daß gesellschaftliche Veränderungen immer erst durch einige wenige induziert werden, deren Aufgabe es dann ist, diese Veränderungen so zu multiplizieren, daß sie von der Gesellschaft akzeptiert werden.

Im Transformationsprozeß sind es die politischen und ökonomischen Unternehmer, die Innovationen hervorbringen und den institutionellen Wandel entscheidend beeinflussen.[168] Während der politische Unternehmer die Rahmenbedingungen des institutionellen Wandels festlegt und prozeßpolitisch eingreift, fördert der ökonomische Unternehmer durch Investitionen den Aufbau von Geld-, Sach- und Humanvermögen, die das volkswirtschaftliche Produktionspotential erhöhen. Dabei wird unterstellt, daß die Unternehmer in Politik und Wirtschaft eigennutzorientiert agieren und Wählerstimmen- bzw. Gewinnmaximierung betreiben. Auf ihren eigenen Vorteil bedacht, können sie so in einem Spannungsverhältnis zu weiten Teilen der Bevölkerung stehen, wenn diese hohe Anpassungskosten zu tragen haben und als potentielle oder tatsächliche Transformationsverlierer Schwierigkeiten bei der Adaption der neuen Werte haben. Während also die reformfreudigen politischen und ökonomischen Unternehmer progressive Vorreiter in der Etablierung neuer Werte sind, rekrutieren sich die Anhänger einer wertbewahrenden Politik in erster Linie aus der Gruppe der Transformationsverlierer. Mit zunehmender Distanz der durch die Unternehmer geschaffenen „instrumental values" von den durch jahrzehntelangen Egalitarismus geprägten „ceremonial values" sinkt die Wahrscheinlichkeit einer breiten Unterstützung des Transformationsprozesses und formiert sich Transformationswiderstand.

Die Ausgangssituation eines Individuums im Transformationsprozeß wird durch dessen subjektive Handlungsrestriktionen bestimmt, die neben der materiellen Vermögensausstattung auch das Humanvermögen und die Risikobereitschaft enthalten. Die subjektiven Restriktionen eröffnen Handlungsmöglichkeiten, die den alten so-

---

[168] Im vierten Teil ist zu sehen, daß bei weiterer Differenzierung der Unternehmerschicht unterschiedliche Typen zu charakterisieren sind, deren Einfluß auf die konkurrenzwirtschaftliche Systembildung durchaus retardierend sein kann. Deshalb sei hier nochmals auf die Wertfreiheit des Innovationsbegriffs hingewiesen.

zialistischen Eliten den Übergangsprozeß vom Plan zum Markt erleichtern, sofern die früheren Privilegien zu einer umfangreichen Vermögensausstattung geführt haben.

Die ehemaligen Kader in den Planwirtschaften besaßen mit umfangreichen Handlungsrechten ausgestattete Einflußpositionen in Partei, Staat und Wirtschaft und zentralisierten die politischen und ökonomischen Entscheidungen in den von ihnen wahrgenommenen Funktionen. Die herausragende Stellung der Partei in der politischen Willensbildung dokumentierte nicht nur die enge Verzahnung mit allen gesellschaftlichen Lebensbereichen, sondern manifestierte sich auch darin, daß die Partei Träger des höchsten politischen Gremiums, des Politbüros, war. Klassifiziert man die Eliten nach ihrer Ausstattung mit Property Rights, so besaßen die Politbüromitglieder die umfangreichsten Handlungsvollmachten. Ihre Entscheidungsgewalt erstreckte sich auf alle Teilbereiche des gesellschaftlichen Leben, weshalb sie als politische Eliten auf höchster Ebene für die Öffentlichkeit sichtbar in der ersten Reihe standen. Ihnen untergeordnet waren die politischen Eliten aus Partei und Staat, die an der Spitze der Verwaltungshierachie verdünnte Handlungsrechte wahrnahmen. Gleiches galt für die ökonomischen Eliten in den Betrieben.

III. Eliteverhalten im sozialistischen Ordnungsrahmen

1 Kollektivplanung und Eliteinteressen

Die neoklassische Mikroökonomie sieht den Ursprung des gesellschaftlichen Wohlstands in der dezentralen Koordination individueller Handlungsziele. Der Marktmechanismus stimmt die ökonomischen Aktivitäten der Nachfrager und Anbieter ab, wobei als Gütemaßstab die allokative Effizienz herangezogen wird. Aus wohlfahrtstheoretischer Sicht ermöglicht dann die pareto-optimale Allokation eines gegebenen Bestandes an Produktionsfaktoren maximalen Wohlstand.[169] Dagegen korreliert aus idealtypischer Perspektive das Gemeinwohl in Zentralverwaltungswirtschaften mit dem Umfang des Kollektivinteresses am plangebundenen Produktionsergebnis. Drei Bedingungen müssen dafür erfüllt sein:

- die vollständige Befolgung der im Plan verabschiedeten Produktionsziele,
- die Verfügbarkeit aller planrelevanten Daten auf der Grundlage wahrheitsgemäßer Produktionsfunktionen, um Effizienzverluste durch suboptimale Volkswirtschaftspläne zu vermeiden und
- die Kenntnis über die Präferenzen der Bevölkerung (Kollektiv) oder die Identität zwischen den Präferenzen der Politbüromitglieder und den Präferenzen der Bevölkerung.

---

[169] Diese Darstellung folgt einer idealtypischen Modellwelt und blendet realtypische Schwächen des Marktmodells aus.

Hiermit sind die wesentlichen motivationsbedingten Problemfelder der zentralen Allokationspolitik umrissen. Einerseits stellt sich die Frage nach den Anreiz- und Kontrollmechanismen in sozialistischen Planwirtschaften, um die Zielvorstellungen der Wirtschaftssubjekte und der Planer zu harmonisieren, andererseits muß das Informationsproblem der Planzentrale berücksichtigt werden, die bei asymmetrisch verteilter Information kaum in der Lage ist, den Wahrheitsgehalt der erhaltenen Daten zu überprüfen.[170]

Gemäß der Konzeption sozialistischer Planwirtschaften verschmelzen subjektive Individualinteressen und objektive Gesellschaftsinteressen, was dazu führt, daß in Erwartung kollektiver Nutzengewinne, die genannten Problemfelder verschwinden. In einer Übergangsphase kann jedoch die Schaffung eines institutionellen Umfeldes notwendig sein, in dessen Rahmen auf die Evolution des „neuen Menschen" beschleunigend und entwicklungsstabilisierend eingegriffen wird. Kontrollsysteme haben diesbezüglich die Funktion, durch quantitative Kennziffern (Bruttoproduktion, Gewinn, Arbeitsproduktivität usw.) planmäßiges Verhalten zu überwachen und in Verbindung mit den Anreizmechanismen (Prämien, Ehrungen usw.) Effizienzsteigerungen zu bewirken.

Die bezweckte Gleichschaltung individueller Ziele mit den aufgestellten Planzielen wurde jedoch nicht erreicht, die häufigen Reformen zeugen vielmehr von Zieldivergenzen. Die ungleiche Verteilung der ökonomischen Handlungsrechte hinsichtlich Umfang und Zuordnung innerhalb der realsozialistischen Gesellschaft sowie das Ausmaß der Identität von Verfügungs- und Nutzungsrechten förderte divergierende Interessenkonstellationen mit inhärenten Auswirkungen auf die individuellen Verhaltensweisen. BATE/CHILD vermuten im Gefolge der Parallelität der politischen und ökonomischen Hierarchie mehrere kleine Machtzentren, die auf den verschiedenen Hierarchieebenen durch das „Primat der Politik" sowie der, durch Patronage hervorgerufenen, personellen Verflechtungen begünstigt wurden.[171] Die Dominanz der Individualziele spiegelte sich in allen horizontalen und vertikalen Hierarchieebenen wider. Als gemeinsames Ziel verfolgten die Eliten in den sozialistischen Planwirtschaften die individuelle Einkommensmaximierung, da hiermit individuelle Wohlfahrtsgewinne verbunden waren. Das Einkommen kann dabei pekuniär oder als Gütereinkommen definiert werden (physisches Einkommen). Ergänzend ist aber auch von einem psychischen Einkommen zu sprechen, das durch die Übereinstimmung der

---

[170] Hierzu auch Levin, 1973; Brus, 1971. Daneben existiert das technisch bedingte Problem der zentralen Informationsverarbeitung. Da jedoch auf divergierende Interessenlagen fokussiert wird, werden die technischen Restriktionen im weiteren Verlauf der Untersuchung vernachlässigt, wenngleich ihre Bedeutung für planerische Ineffizienz evident ist. „Mathematiker in Kiew haben ausgerechnet, daß man, um einen exakten, vollintegrierten Jahresplan für materiell-technische Versorgung nur für die Ukrainische Republik zu erstellen, 10 Millionen Jahre lang die Arbeit der gesamten Weltbevölkerung benötigen würde." Antonov, zitiert nach Nove, 1980, S. 57.

[171] Vgl. dazu Bate/Child, 1987, S. 23.

individuellen mit den, vom Politbüro vorgegebenen, gesellschaftlichen Zielen, also bei kognitiver Konsonanz zwischen Individuum, Ideologie und Institution, entsteht. In diesem Fall wurden die Erwartungen der Individuen bezogen auf die gesellschaftliche Entwicklung erfüllt. Ein zweiter wichtiger Faktor für die Bestimmung des psychischen Einkommens ist die Außenwirkung des Individuums. Die Außenwirkung basiert auf Komponenten wie Ansehen, Macht und Autorität. Sowohl das physische als auch das psychische Einkommen sind in ihren Ausprägungen von der spezifischen Institutionenstruktur abhängig. Dabei können Einkommen realisiert werden, die sich ausschließlich deshalb ergeben, weil ein bestimmtes institutionelles Umfeld Handlungsmöglichkeiten eröffnet, die auf spezifischen, pekuniären Zuwendungen beruhen, die in einer anderen Ordnung nicht existieren. Vor dem Hintergrund, daß die Interessenidentität zwischen Individuum und Kollektiv nicht erreicht wurde, gilt es im folgenden zu klären, inwiefern Elitegruppen identifiziert werden können, die trotz individueller Präferenzstruktur ein Interesse an der effizienten Umsetzung des Volkswirtschaftsplans hatten. Diese Gruppe besäße dann die Motivation, aus freier Erwägung die staatliche Zentralplanung aufrechtzuerhalten und gegen eine Veränderung der bestehenden Rechtsordnung zu opponieren.

1.1 Die politische Führung

Die politische Führungsschicht in den ehemaligen Planwirtschaften Osteuropas war als Besitzerin exklusiver ökonomischer Handlungsrechte Subjekt der Wirtschaftsplanung - alle anderen Gesellschaftsmitglieder waren als Objekte die Adressaten der Planfestlegungen.[172] Die verfassungsmäßig abgesicherten Eigentümerrechte eröffneten der politischen Führung Eingriffsmöglichkeiten in Allokation, Produktion und Distribution des Bruttoinlandsprodukts. Dabei zeigte sich, daß die politische Führung ihr Handeln an individuellen Wohlfahrtszielen ausgerichtet hatte, in ihrem Vorgehen jedoch durch Einflußfaktoren beschränkt wurde, die ihr Maximierungshandeln von dem der politischen Eliten unterhalb der Führungsebene und der ökonomischen Ebene abgrenzte. Da die politische Führung - das Politbüro - die höchste Entscheidungsinstanz in der politischen Sphäre war, nahm sie eine Doppelrolle ein, in der ein eher unternehmerisches Effizienzinteresse auf politische Notwendigkeiten im distributiven Bereich stieß.

Das unternehmerische Interesse dokumentierte sich in den Planzielen. Dabei war der effektive Ressourceneinsatz in den Betrieben für die politische Führung ein Mittel, um durch die effiziente Nutzung vorhandener Faktorbestände die Bruttowertschöpfung und mithin auch den verteilungspolitischen Rahmen zu erhöhen. Die Präferenz für hohe Planauflagen und effizienten Produktionsmitteleinsatz entsprangen

[172] Kuczynski, 1979, S. 506.

jedoch nicht einem uneigennützigen, übergeordneten Interesse an gesamtwirtschaftlicher Wohlfahrt, sondern waren ausschließlich individuell motiviert.

Als Vorteil erwies sich, daß das Politbüro als exklusives Führungsgremium in der Festsetzung der Investitions- und Konsumquote autonom entscheiden konnte und langfristige Zielvorgaben per Dekret transaktionskostenminimal umsetzen konnte.[173] Die politische Führung, allen voran Stalin, herrschte über die Volkswirtschaft, als wäre sie ihr Eigentum. Die Wachstumsraten der sozialistischen Länder waren demgemäß in den ersten Jahren nach 1945 entsprechend hoch, da die Politbüros der verschiedenen Länder das Wachstumsziel rigoros, ohne Rücksicht auf die Wohlfahrt einzelner Gruppen oder der Bevölkerung verfolgten. Erst mit der Komplexitätszunahme der Wirtschaft, der Delegation zusätzlicher Verfügungsrechte an untergeordnete Hierarchieebenen und der Zunahme informeller Beziehungen wurden immer mehr Ressourcen zur Erreichung oder zum Erhalt von individuellen Wohlfahrtspositionen eingesetzt, die der Produktionssphäre fehlten.[174]

Im Mittelpunkt stand die Steigerung der individuellen Wohlfahrt durch Aneignung von Teilen der Bruttowertschöpfung, ein Privileg, das die politische Führung, von der Masse der Bevölkerung abhob.[175] LEIPOLD definiert die Privilegien als Positionsrenten, die ein Zusatzeinkommen nur deshalb gewähren, weil man als Kader spezifische Positionen besetzt.[176] Kennzeichnend für diese Rente in den sozialistischen Planwirtschaften war, daß die Bezieher der Positionsrenten auf Politbüroebene „Quasi-Unternehmer" und Politiker in Personalunion waren. Sie waren zugleich Absender und Adressaten rentensuchender Maßnahmen. Dies unterscheidet die Positionsrente vom rent-seeking in Marktwirtschaften, wo die Politiker Adressaten rentensuchender Unternehmer sind und die Unternehmen auf diese Weise versuchen, ihre Produzentenrente staatlich abzusichern. Für sich genommen, ist die Aneignung von Teilen der Wertschöpfung als privilegierte Handlung ein rein distributiver Vorgang, der die Konsummöglichkeiten der nicht-privilegierten Individuen in dem Maße einschränkt, wie die Produzentenrente der politischen Führung ansteigt.[177] Die Rente besteht dann aus staatlichen Transfers an die politische Führungsschicht.[178] Gesamtwirtschaftlich

---

[173] Von den Aufwendungen zur Kontrolle wird hier abgesehen, da dies Folgekosten einer bereits durchgesetzten Maßnahme sind.

[174] Vgl. Murrell/Olson, 1991, S. 251ff.

[175] Neben der politischen Führung besaß auch die untergeordnete Nomenklatura privilegierte Zugriffsmöglichkeiten, doch waren sie hierbei abhängig von dem Wohlwollen der politischen Führung oder waren gezwungen, sich auf die informelle Appropriation von Zusatzeinkommen zu verlegen. Vgl. Kap. III.1.2.

[176] Vgl. Kapitel II.2.2. Siehe auch Leipold, 1992, S. 218.

[177] Vgl. Vieler, 1986, S. 70; Woll, 1984, S. 52

[178] Transfers sind Staatsausgaben zum Zweck der Umverteilung. Vgl. Stiglitz/Schönfelder, 1989, S. 40.

wohlfahrtsmindernd wirken sich hingegen die aufgewendeten Ressourcen zur Erlangung der Privilegien aus, da sie dem Produktionsprozeß verlorengehen.[179] Auf den ersten Blick scheinen diese Aufwendungen unverständlich, sind doch die Politbüromitglieder an der Hierachiespitze selbst keiner Kontrollinstanz unterworfen und damit weitgehend frei in der Wahl ihrer Handlungsmöglichkeiten. Zudem galt für die Planwirtschaften des sowjetischen Typs, daß viele Privilegien bereits aus der sowjetischen Frühphase historisch überliefert und damit tradiertes, gesetztes Recht waren. PEJOVICH bemerkt in diesem Zusammenhang jedoch, daß das Politbüro seinen eigenen Präferenzen nur solange nachgehen konnte, wie es glaubte, gesellschaftliche Belange zugunsten eigener Interessen unterdrücken zu können.[180] Diese gesellschaftlichen Belange manifestierten sich in den Ansprüchen der untergeordneten Nomenklatura und der nicht-privilegierten Bevölkerung. Beide Gruppen waren Adressaten von „rent protection“, dem Einsatz von Ressourcen zur Absicherung der eigenen Macht gegen Konkurrenten.[181] In bezug auf untergeordnete Nomenklaturebenen waren interne Allianzen, Stellenbesetzungen mit Personen, deren Vertrauen man besaß, sowie Sonderzahlungen und Kontaktpflege Möglichkeiten der politischen Führung, Machtsicherung zu betreiben.[182] Für die politische Führung handelte es sich hierbei um einen Zielkonflikt zwischen der „Akkumulation von Sachvermögen und der Akkumulation von Macht“[183], der zugunsten der Machtsicherung entschieden wurde.

Ein besonderer Aspekt ist in diesem Zusammenhang die Einbindung von Gremien und Fachkommissionen in den politischen Willensbildungsprozeß. Hierdurch wurde zumindest formal auf Expertenmeinungen Rücksicht genommen, wodurch der Einfluß der ökonomischen Eliten stieg.[184] Diese vorsichtige Öffnung im Willensbildungsprozeß überführte Teile der Nomenklatura in eine größere Entscheidungsverantwortung und koppelte sie an die Politik des Politbüros.[185] Diese Einbindung in den politischen Prozeß war eine Form der Machtsicherung, die jedoch aufgrund des Zugriffs auf Expertenmeinungen durchaus positive Wohlfahrtseffekte haben konnte.

Sofern die Bevölkerung Adressat von rent-protection war, handelte es sich bei den Maßnahmen i. d. R. um vorübergehende Anhebungen des Versorgungsniveaus, z. B.

---

[179] Vgl. Tullock, 1971a.

[180] Vgl. Pejovich, 1990, S. 115.

[181] Zu rent-protection siehe Tullock, 1980. Tollison, 1987.

[182] Auch Säuberungsaktionen gehörten hierzu, die sicherlich zu den kostspieligeren Varianten des rent-protection zählten.

[183] Krüsselberg, 1994, S. 257.

[184] Vgl. Neugebauer, 1978, S. 43.

[185] Die Etablierung der Industrieministerien sowie die Einführung ökonomischer Hebel auf betrieblicher Ebene sind Beispiele für eine stärkere Einbindung der ökonomischen Elite und der politischen Elite unterhalb der Führungsebene in die politische Verantwortung. Vgl. Gregory, 1989; Gorlin, 1988.

durch Importe oder durch eine stärkere Gewichtung der konsumtiven im Verhältnis zu den investiven Ausgaben. Auch Reformen auf betrieblicher Ebene, deren Zweck Produktivitätssteigerungen waren, sind als Maßnahmen im Sinne des rent-protection zu verstehen, wenn sie das Ziel einer höheren materiellen Grundversorgung zum Ziel hatten und dadurch auf die Loyalität der Bevölkerung zur politischen Führung einwirkten. In diesem Fall ist das Interesse des Politbüros auf Effizienzsteigerungen und positive Produktivitätseffekte ausgerichtet, was - im Unterschied zur rent-protection-Definition in der Literatur - Rentensicherung auch durch Maßnahmen mit positiver Wohlfahrtswirkung ermöglicht. Aus der Sicht des Politbüros waren alle Aktivitäten zur Machtsicherung Opportunitätskosten, die als Schattenpreis für den Machterhalt zu zahlen waren.[186]

1.2 Die politische Elite unterhalb der Führungsebene

Da die politischen Eliten, die nicht der Führungsschicht angehörten, hierarchieabwärts über zunehmend verdünntere Handlungsrechte verfügten und in bezug auf die Allokation und Distribution von Ressourcen weisungsabhängig waren, existierten anstelle von effizienzgeleiteten Eigentümerinteressen alternative Handlungsziele. Die Festigung von Positionen und damit verbundenen Rechten sowie die Erzielung von Zusatzeinkommen (residual claiments) aus illegaler Tätigkeit standen im Mittelpunkt ihrer Interessen und leiteten sich aus dem Oberziel „Budgetmaximierung“ ab, das den Einflußbereich des Bürokraten durch die Zuweisung von Finanzmitteln und Sachkapital determinierte.[187] Zum Kreis dieser Eliten zählten die Mitglieder der großen sozialen Organisationen (Gewerkschaften, Jugendbewegungen), aber ebenso Leitungskader in der staatlichen Verwaltung und ihre direkten Untergebenen auf nationaler und regionaler Ebene.[188] Der „Apparatschik“ besetzte typischerweise leitende Positionen in ministerialen Abteilungen oder staatlichen Komitees und war im Verwaltungsstab mit bürokratischen Aufgaben betraut. „His instructions give a deadline for completion of the task and supply a general description of work to be done.“[189] Sein offizielles Einkommen war, unabhängig von betrieblichen Planerfüllungsquoten, fixiert und an formalisierte Karrierewege gekoppelt. Auch war seine Position verhältnismäßg sicher, da ein quantitativer Bewertungsmaßstab zur Messung von Leistungen der Verwaltungsnomenklatura nicht existierte und eine Ablösung i. d. R. nur dann erfolgte, wenn personeller Wechsel in der politischen Führung die neue Führung veranlaßte, ihre Macht durch eigene Vertrauensleute zu protektionieren. Das

---

[186] Vgl. Pejovich, 1990, S. 115.

[187] Vgl. auch Voslensky, 1980.

[188] Vgl. Pejovich, 1990, S.119.

[189] Gregory, 1989, S.519.

Verhalten der Apparatschiks entsprach jenem Verhalten, welches die westliche Bürokratietheorie dem Bürokraten zuschreibt.[190] Denn auch die Nomenklatura unterhalb der Führungsebene besaß durch die selektive Weitergabe von Informationen informelle Handlungsmöglichkeiten zur Budgetmaximierung. Dabei war es vorteilhaft, politische Mentoren auf höheren Eliterängen bevorzugt mit Informationen zu versorgen.[191] Die Größe des Verwaltungsapparates sowie fehlendes Einzelinteresse an Kontrollen führten dazu, daß effektive Kontrollen nicht erfolgten. Ebenso war der Nomenklatura bekannt, daß die Qualität ihrer Leistungen nur schwer zu beurteilen war und qualitative und quantitative Interpretations- und Handlungsspielräume zuließ.[192]

Die Nomenklaturisten unterhalb der Führungsebene hatten ihr Handeln ausschließlich dem jeweiligen Vorgesetzten gegenüber zu rechtfertigen, wobei sie zwecks Absicherung ihrer Position die Strategie des Nicht-Auffallens praktizierten und den Anweisungen von oben kritiklos Folge leisteten.[193] Es ging dabei nicht so sehr darum, die Anweisungen auch tatsächlich so auszuführen, wie sie vorgegeben wurden, wichtig war lediglich, daß der Vorgesetzte glaubte, daß seine Anweisungen seinen Vorstellungen entsprechend ausgeführt worden waren. Dem allgemeinen Begriffsverständnis folgend, war der Nomenklaturist auch immer Opportunist, da er demjenigen seine Unterstützung anbot, der die umfangreichsten Wohlfahrtswirkungen versprach. In politischen Führungskämpfen wirkte sich das dahingehend aus, daß die Mitglieder der politischen Führung interne Allianzen aufbauten und durch die Besetzung wichtiger Stellen mit Vertrauenspersonen ihre Machtbasis vergrößerten, wohingegen die Nomenklatura auf untergeordneten Hierarchieebenen die Nähe einflußreicher Patrone suchte, um sich protegieren zu lassen. So betonen BREZINSKI/HUNTINGTON, daß der „Apparatschik Meister des Geheimkabinetts"[194] war und es immer wieder geschickt verstand, sich in Positionen zu manövrieren, von denen aus er Einfluß geltend machen konnte.

Im Unterschied zur ökonomischen Elite enthielt das Einkommen der Nomenklaturisten in der Verwaltung keinen leistungsabhängigen Bestandteil. Als Festeinkommen bezogen die Mitglieder der Nomenklatura neben dem Bürokratengehalt positionsbedingte Privilegien; anzuführen ist hier beispielsweise der Zutritt zu spezi-

---

[190] Zur Bürokratietheorie siehe Niskanen, 1971; Roppel, 1979; Apolte, 1992. Nach Nove ist der administrative Wettbewerb unter den Bürokraten in den sozialistischen Ländern mit weitreichenden Konsequenzen verbunden, da er die Wirtschaft als Ganzes, die sich im Staatseigentum befindet, betrifft. Hierzu Nove, 1980, S. 40.

[191] Vgl. Pejovich, 1990, S. 118.

[192] Vgl. Gregory, 1989, S.519f.

[193] Vgl. Gregory, 1989, S.519.

[194] Brzezinski/Huntington, 1966, S. 169.

ellen Geschäften, Krankenhäusern, Restaurants usw.[195] Variabel war hingegen der Einkommensanteil, der in der informellen Sphäre durch die Nutzung spezifischer Kontakte oder den privaten Verkauf von Verwaltungsleistungen zustande gekommen war. Die Nomenklatura nutzte ihre Handlungsspielräume, indem sie ihr primäres Handlungsinteresse in den Bereich der informellen Privilegiensuche verlegte. Vor allem dort, wo sie als Mittlerin zwischen Politbüro und den Betrieben zentrale Positionen besetzte, konnte sie durch informelle Abkommen mit den Betrieben in den Wertschöpfungsprozeß eingreifen und institutionell bedingte „side-payments" von der ökonomischen Elite beziehen.[196] Eine Steigerung der individuellen Wohlfahrt konnte somit hauptsächlich durch informelle Aktivitäten herbeigeführt werden.

Die Suche nach Zusatzeinkommen war oftmals mit Bestechung, Veruntreuung, Spekulation, Erpressung, Steuerhinterziehung, Wucher, illegalen Devisengeschäften sowie dem Betreiben eigener kleiner Handelsfirmen im Untergrund verbunden und als „corruption for private gain" das rent-seeking der bürokratischen Elite.[197] Diese Form der persönlichen Bereicherung resultierte aus den Kontrolldefiziten und Informationsmängeln der politischen Führung sowie der Planzentrale und fand vorwiegend dort statt, wo die Versorgungsengpässe am größten waren und Seitenzahlungen an die Bürokratie Engpaßsituationen zu überwinden halfen, etwa um die Planerfüllung nicht zu gefährden.

Eine exponierte Stellung in der staatlichen Hierarchie nahmen die Industrieministerien ein. Zwischen der Planzentrale einerseits und den Betrieben andererseits waren die Industrieministerien eine Schnittstelle im Informations- und Materialfluß. Hier sammelten sich Informationen, die die Verhandlungsmacht der Industrieministerien im Planabstimmungsverfahren mit der Planzentrale stärkten.[198] Der Zwang zur Übereinkunft innerhalb eines vorgegebenen Planungszeitraums sowie die Gefahr für die verantwortliche Planzentrale, durch die politische Führung bei Mißerfolg sanktioniert zu werden, führten dazu, daß Pläne vereinbart wurden, in denen die Ministerien ihre Verhandlungsstärke zum Ausdruck bringen konnten. Hinsichtlich ihrer Handlungsziele befanden sie sich in Übereinkunft mit den Betrieben. Primär galt es, „weiche Pläne" durchzusetzen, um die Planerfüllung nicht zu gefährden und die Betriebe an Prämienfonds partizipieren zu lassen. Die Leitung der Industrieministerien konnte auf diese Weise die Gefahr verringern, bei Untererfüllung der Plannormen zur Verantwortung gezogen zu werden.[199]

---

[195] Vgl. Pejovich, 1990, S. 119.

[196] Vgl. Winiecki, 1991, S. 5.

[197] Vgl. Kramer, 1977, S. 214.

[198] Der Bedeutungszuwachs der Industrieministerien zeigt sich auch in der quantitativen Zunahme der Ministerien von drei, eher kommissarisch geführten, Organisationen 1932 auf 36 Ministerien 1980. Vgl. Gorlin, 1985, S. 354.

[199] Vgl. Gorlin, 1985, S. 358

Das Verhältnis zwischen den Ministerien und den Betrieben wurde durch das Ausmaß der Abhängigkeit der Betriebe von den zentralen Ressourcenzuteilungen geprägt. Sofern Alternativen, etwa durch Ressourcenbeschaffung auf informellem Wege, zur Verfügung standen, ergaben sich für die Betriebe zusätzliche Handlungsmöglichkeiten, die den Einfluß der Industrieministerien schwächten. Dennoch waren sich Ministerien und Betriebe einig, wenn es um die Wahl der Mittel zur Erreichung gemeinsamer Ziele ging. Neben der Verheimlichung und Verfälschung von Daten zur Erzielung weicher Pläne zählten dazu auch Verlagerungen der Produktion auf Güter, deren Preise im Verhältnis zu den Inputkosten hoch waren. In diesem Fall konnte die Planunterdeckung verhindert werden, wenn z. B. Wertgrößen als Planziele festgelegt waren.[200] War das Verfehlen der Plannormen nicht mehr abzuwenden, konnte als letzte Möglichkeit die Planerfüllung vorgetäuscht werden, indem unter Hinzurechnung fiktiver Produktionsmengen das Produktionsergebnis bewußt verfälscht wurde.[201] Betriebe und Industrieministerien konnten sich hierbei relativ sicher sein, aufgrund der Kontrolldefizite der Planzentrale sowie der Divergenz von Kontrollkosten und Kontrollnutzen bei diesem Vorgehen nicht entdeckt zu werden.

1.3 Die ökonomische Elite

Zum Kreis der ökonomischen Eliten gehörten die Mitglieder der betrieblichen Leitungsebene - die Betriebsdirektoren und ihre Stellvertreter sowie die Werksleiter einzelner Betriebsteile.[202] Sie bildeten das Management, wobei ihr Aufgabenbereich eng gesteckt war und sich formal auf die betriebliche Umsetzung der Plananweisungen erstreckte. Das Verhalten der ökonomischen Elite wurde wesentlich durch das Rechtsverhältnis zur politischen Führung als Eigentümerin des Produktivkapitals bzw. der von ihr beauftragten Planzentrale bestimmt. Analog zu westlichen Managementtheorien traten auch in sozialistischen Betrieben Zieldivergenzen auf, die in Verbindung mit einer unvollständigen Eigentümerkontrolle den ökonomischen Eliten Spielraum für die Verfolgung eigener Interessen eröffneten. Diese konnten Outputmaximierung, Planerfüllung, das persönliche Einkommen u.a. zum Inhalt haben. Die

---

[200] Dieses Verhalten konnte ebenso bei quantitativ festgelegten Produktionsnormen (z. B. Gewichtsnormen, „Tonnen-Kriterien") beobachtet werden, allerdings dann mit einer internen Produktionsverschiebung auf schwere Güter.

[201] Vgl. Voslensky, 1980, S. 242ff.

[202] In der DDR setzte sich ein Kombinat (Großbetrieb) aus durchschnittlich 20 bis 30 Kombinatsbetrieben zusammen. Ein Kombinatsbetrieb war Betriebsteil des, bezugnehmend auf die Wertschöpfungskette, vertikal zusammengefügten Großbetriebs. An oberster Stelle eines Kombinats stand der Generaldirektor, dem nachgeordnet die Direktoren für einzelne betriebliche Abteilungen folgten (Direktor für Rechnungsführung, für Kultur und Sozialwesen, für Kader und Bildung, für Beschaffung und Absatz, für Produktion etc.). Vgl. Elle/Thom, 1989, S. 37; Schönknecht/Klimenko, 1983, S. 163.

Planerfüllung war gleichzeitig die relevante Mindestbedingung der Planzentrale, um an den Prämienzahlungen partizipieren zu können.[203] Das Kriterium der Planerfüllung definierte das formelle Unternehmensziel, das durch staatlich festgesetzte Preise und staatliche Ressourcenzuteilungen flankiert wurde.[204] Die Planerfüllung wirkte sich dabei nicht nur auf das Einkommen, sondern ebenfalls auf das Ansehen und die Reputation der ökonomischen Elite bei der Planzentrale aus. Für die Betriebe konzentrierte sich das Planerfüllungsmotiv im Kern auf zwei Aspekte:

1. auf die Zuweisung möglichst niedriger Plannormen und
2. auf den Bezug möglichst großer Ressourceninputs.[205]

Der zweite Aspekt sollte verhindern, daß Faktorlags die Planerfüllung gefährdeten.[206] Zudem erleichterte die Hortung von Faktorinputs die Erfüllung künftiger Auflagensteigerungen, die im Rahmen der adaptiven Planung neue Planauflagen an den Produktionsergebnissen der vorangegangenen Planperiode festlegte.

Das Interesse der Betriebe an umfangreichen Produktionsmittelzuweisungen war ein Grund für eine selektive Informationspolitik von Seiten der ökonomischen Elite.[207] Vorausgesetzt, die tatsächliche Produktionsfunktion war den Direktoren und Managern der Staatsbetriebe bekannt, konnten sie ihre einseitigen Informationsvorteile dazu nutzen, Effizienzparameter an die zentrale Planbehörde weiterzuleiten, die unterhalb der tatsächlich erreichbaren Effizienz lagen. Der ergebnisorientierte Einbau einer betrieblichen Ineffizienz (X-Ineffizienz) war die logische Konsequenz einer an Planerfüllung ausgerichteten, rationalen Verhaltensstrategie und Ausdruck divergierender Interessen zwischen Manager und Zentralplaner.[208] Durch die Abweichung der angeforderten von den für die Planerfüllung tatsächlich notwendigen Ressourcenmengen konnten die Planvorgaben auch dann erreicht werden, wenn die Faktorlieferungen nicht dem geplanten Umfang entsprachen. In dieser Situation konnten die Fehlmengen durch die tatsächlich höhere X-Effizienz kompensiert werden. Dieses Verhalten eröffnete den Entscheidungsträgern in den Betrieben zusätzliche informelle Handlungsspielräume, sofern sie über die tatsächliche Effizienz informiert waren.[209] Auf der Ausbringungsseite war eine Abweichung des realisierten vom maxi-

---

[203] Vgl. Elle/Thom, 1989, S. 69f; Knauff, 1983, S. 167ff.

[204] Vgl. Nove, 1962, S. 435.

[205] Vgl. Kemme, 1989, S. 352ff.

[206] „If I failed to fullfill the plan, they would not keep me as a director." Zitiert nach Linz, 1988, S. 189.

[207] Vgl. Kuczynski, 1979, S. 510.

[208] Zur X-Effizienz Theorie vgl. Leibenstein, 1968; vgl. auch Steffen, 1991, S. 650. Zur X-Effizienz in sozialistischen Betrieben vgl. Winiecki, 1989, S. 28ff; Leipold, 1981; Knauff, 1977, S. 145f; Hamel, 1981; Schenk, 1981.

[209] Im Unterschied zur mikroökonomischen Theorie der X-Effizienz wird an dieser Stelle davon ausgegangen, daß die Betriebsleitung über das Effizienzpotential des Betriebes in-

mal möglichen Output nach unten zu registrieren, wodurch die Erfüllung der proklamierten Wachstumsziele auch bei schlechter Faktorversorgung möglich blieb.[210] „Organizational slacks" waren somit ein Mittel, um unter Maßgabe der jeweiligen Planauflagen Planerfüllungsprämien zu beziehen und damit die Anreiz-Beitragsstruktur im Betrieb stabil halten zu können.[211]

Auch wenn schematische Verhaltensbeschreibungen organisatorische Ablaufprozesse nur unzureichend wiedergeben können, sollen an dieser Stelle vier diskretionäre Handlungsoptionen hervorgehoben werden, die Managerverhalten spezifizieren und trotz zentraler Planung faktische Handlungsspielräume der Manager aufzeigen.[212] Dazu soll zunächst die Annahme gelten, daß die ökonomischen Eliten die potentielle Produktionsmenge bei effizienter Produktion kennen und somit über jene Produktionsfunktion informiert sind, die einen optimalen Faktoreinsatz bei Abwesenheit von organizational slacks gewährleistet. Die Betriebsleitung weiß somit über die Produktionsreserven im Betrieb, die sie den Unternehmenseignern, also dem Politbüro bzw. der im Auftrag dieses Gremiums handelnden zentralen Planbehörde aus opportunistischen Erwägungen nicht mitteilt. Das Wissen über die „effiziente" Produktionsfunktion eröffnet den ökonomischen Eliten informelle Handlungsmöglichkeiten zur unmittelbaren Einflußnahme auf betriebliche Produktionsprozesse.[213] Als Datum sind die planverbindlich zugeteilten Produktionsinputs zu akzeptieren. Zwar kann ein Manager durch eine selektive Informationspolitik im Planerstellungsprozeß seinen begrenzten Einfluß geltend machen, jedoch liegt die abschließende Entscheidung über die Ressourcenallokation in den Händen der Planzentrale.[214] Die Zuteilungsmenge der Ressourcen soll durch zwei Zustände charakterisiert werden:

- die tatsächlich erhaltenen Inputlieferungen einer Periode (V_t) entsprechen den geplanten Inputlieferungen (Q_t); $V_t = Q_t$;
- die tatsächlich erhaltenen Inputlieferungen sind geringer als die geplanten, so daß $V_t < Q_t$.

Anhand der Inputlieferungen und der Produktionsfunktion können vier Handlungszustände skizziert werden.

---

formiert ist und zwischen den Beschäftigten und der Unternehmensleitung keine diesbezüglichen Informationsasymmetrien bestehen.

[210] Vgl. Linz, 1988, S. 179.

[211] Als Beiträge sind die abgegebenen Faktorleistungen der Beschäftigten zu bezeichnen. Vgl. Leipold/Schüller, 1986, S. 30.

[212] Vgl. auch Nove, 1980, S. 109.

[213] Eine Produktionsfunktion impliziert ex definitione den technisch effizienten Einsatz von fixen und variablen Produktionsfaktoren bei einem gegebenen Stand der Technik. Vgl. Schumann, 1987, S. 105. Die folgenden Ausführungen basieren auf Furubotn/Pejovich, 1974, S.210ff.

[214] Vgl. dazu Yavlinski/Braguinsky, 1994, S. 91ff.

	$V_t = Q_t$	$V_t < Q_t$
„effiziente" Produktionsfunktion	Idealfall	individuelles Rationalverhalten
„ineffiziente" Produktionsfunktion	individuelles Rationalverhalten	Spezialfall individuellen Rationalverhaltens

Tab. 3: Rationalverhalten der Manager bei asymmetrischer Informationsverteilung

Die Situation, in der die „effiziente" Produktionsfunktion unter Hinzuziehung aller geplanten Produktionsfaktoren realisiert wird, kann als Idealfall klassifiziert werden und kennzeichnet die Situation optimaler Planung. Dies läßt sich damit begründen, daß eine Offenlegung der „effizienten" Produktionsfunktion dem Betrieb die langfristige Planerfüllung erschwert. Ressourcen werden auf Basis der veröffentlichten Produktionsfunktion zugeteilt, so daß im Ideallfall eine Hortung von Faktorbeständen ebensowenig möglich ist, wie eine Leistungssteigerung durch Annäherung manipulierter Produktivitätsgrade an die tatsächliche Produktivität. Unter Berücksichtigung des Eigennutzaxioms rational handelnder Individuen ist daher davon auszugehen, daß anstelle des Idealfalls Verhaltensweisen dominieren, in denen die Manager bei gesicherten Faktorlieferungen in Höhe der Planmengen ($V_t = Q_t$) die tatsächliche Produktionsfunktion verschleiern. Unter Angabe einer manipulierten Produktionsfunktion werden sie mehr Produktionsfaktoren anfordern als für die geplante Outputmenge tatsächlich erforderlich sind. Erhalten sie die angeforderte Menge, besteht keine Notwendigkeit, die Produktionsbedingungen in Richtung höherer Effizienz zu verschärfen. Im Hinblick auf die zukünftige Planerfüllung sind die Ausgangsbedingungen ideal, wenn von den bezogenen Inputfaktoren eine Teilmenge gehortet werden kann. Dann setzen sich die betrieblichen Produktionsreserven aus mengenmäßigen Kapazitätsvorhaltungen zusammen.

Unter den beobachteten realsozialistischen Bedingungen ist die Produktion auf der Grundlage der „effiziente" Produktionsfunktion nur dann individuell rational, wenn die erhaltenen Faktorleistungen nicht den im Plan zugesagten Mengen entsprechen ($V_t < Q_t$) und die Gefahr einer Verfehlung der betrieblichen Planziele besteht.[215] Sofern die Haftung für die Planverfehlung bei der Betriebsleitung liegt, reizen die Manager den Produktivitätsspielraum aus und versuchen, quantitative Engpässe durch Leistungssteigerungen zu kompensieren, um die damit verbundenen negativen Sanktionen zu vermeiden.[216] Hierbei haben sie jedoch zu bedenken, daß die tatsächlichen Produktionsbedingungen durch die Planzentrale bemerkt und zur Grundlage für zu-

[215] Von qualitativen Mängeln wird an dieser Stelle abstrahiert.

[216] Daß Produktivitätssteigerungen bei unverändertem Anreizsystem eine Erhöhung des Kontroll-aufwandes bei dann zunehmenden Transaktionskosten zur Folge haben, soll hier nur erwähnt, unter dem Aspekt der inhaltlichen Relevanz jedoch nicht weiter diskutiert werden.

künftige Planungen gemacht werden können. Damit ergibt sich das bereits oben geschilderte Problem der erschwerten Planerfüllung in der Zukunft. Um sich wieder einseitige Informationsvorsprünge zu sichern, sind die Manager deshalb daran interessiert, durch technische Änderungen im Unternehmen (Modernisierung) die Produktionsbedingungen umzugestalten.[217] Voraussetzung hierfür ist, daß es dem Betrieb gelingt, die Innovation vor der Planzentrale zu verbergen. Alternative Verhaltensstrategien ergeben sich dann, wenn aus früheren Planzuweisungen Produktionsfaktormengen gehortet wurden, deren Überschuß nun abgebaut wird, oder wenn Möglichkeiten der informellen Ressourcenakquisition über Parallelmärkte existieren.

Die Produktion auf Basis einer „ineffizienten" Produktionsfunktion bei gleichzeitig auftretenden Fehlmengen in der Faktorzuteilung ist nur dann rational, wenn Faktorengpässe durch eigene Lagerbestände überwunden werden können und die Zielerreichung auch bei manipulierter Produktionsfunktion möglich ist. Gleichzeitig hält sich das Unternehmen die Option für erleichterte Planerfüllungen in Zukunft offen, da die Manager ihren Handlungspielraum nicht preisgeben. Es widerspricht hingegen der individuellen Rationalität, wenn durch Ressourcenknappheit die Planerfüllung nicht mehr gewährleistet ist und durch das Verharren auf ineffizienten Produktionsbedingungen individuelle Nutzeneinbußen durch staatliche Sanktionierungen zu befürchten sind.[218] Neben eines Prestigeverlusts bei der Planzentrale kann auch die Position der verantwortlichen betrieblichen Eliten zur Disposition gestellt werden. Der Versuch, Plannormen nachträglich nach unten zu korrigieren, ist für die Manager wenig opportun. In diesem Fall müssen sie eine große Menge an Informationen bereitstellen, ohne eine Erfolgsgewähr zu besitzen.[219] Ganz im Gegenteil verlieren sie stattdessen ihren Informationsvorteil, da die Betriebe zusätzlich einer intensiven Prüfung unterzogen werden.

Das Interesse der ökonomischen Elite an weichen Plänen, Horten von Ressourceninputs und einer damit verbundenen fehlenden Effizienz- und Innovationsorientierung reduzierte in den sozialistischen Planwirtschaften gesamtwirtschaftliche zugunsten einzelwirtschaftlicher Wohlfahrtswirkungen. Die Manipulation der Ressourcenzuteilung senkte die betriebliche Produktivität, erhöhte das persönliche Einkommen der ökonomischen Elite und kennzeichnet eine weitere Variante der Positionsrente. Der Ressourcenaufwand zum Erhalt der Rente war für die ökonomische Elite gering, sofern die „effiziente" Produktionsfunktion des Betriebes der Planzentrale unbekannt blieb. Auch die Verhaltenskoordinierung zwischen Betrieben und Industrieministerien erforderte keinen wesentlichen Ressourceneinsatz, da beide in dieser Hinsicht gleichartige Interessen verfügten. Der unfreiwillige Adressat dieser Aktivi-

---

[217] Furubotn/Pejovich nehmen diese Verhaltensstrategie zum Anlaß, um technischen Fortschritt in Zentralverwaltungswirtschaften zu begründen. Vgl. Furubotn/Pejovich, 1974, S. 215.

[218] Vgl. Grossman/Hart, 1982.

[219] Vgl. Linz, 1988, S.186.

täten war die Planzentrale, die zwar andere Interessen verfolgte und durchaus Kenntnis über die Existenz weicher Pläne besaß, doch verhinderte die asymmetrische Informationsverteilung zugunsten der Betriebe eine effektive Kontrolle der Ressourcenverwendung. Selbstverständlich war auch die Bevölkerung durch die Rentensuche der Betriebe betroffen, da auf diese Weise Teile des Sozialprodukts verlorengingen.

Kontrolldefizite und Versorgungsengpässe in der offiziellen Wirtschaft führten darüber hinaus zu Schattenmarktaktivitäten der Betriebe, die das Interesse der ökonomischen Elite an der Erzielung von informellen Zusatzeinkommen widerspiegelten.[220] Zu diesem Zweck wurden die durch Hortung aufgebauten Lagerbestände zum Teil aufgelöst und gewinnorientiert verkauft bzw. gegen andere, dringend benötigte Faktorinputs getauscht. Die Möglichkeit, ein illegales Zusatzeinkommen zu erzielen, förderte maximierendes, effizienzorientiertes Verhalten in diesem Bereich.

Diese Ausführungen unterstreichen das Interesse der Manager, sich strategisch zu verhalten und durch organizational slacks manageriale Freiräume zu schaffen. Die Debatte um den ratchet-Effekt zeigt jedoch auch, daß dieses Verhalten dahingehend verändert werden kann, daß Manager die „effiziente" Produktionsfunktion, also die tatsächliche Produktivität, bekanntgeben, wenn entsprechende Anreize gesetzt werden. Der ratchet-Effekt beschreibt das Problem der verzögerten Anpassung der staatlichen Planauflagen an das Betriebsergebnis der vorangegangenen Planperiode, wobei die ex-post-Verwertung der erzielten Produktionsergebnisse zu einer suboptimalen ex-ante-Planung in der Gegenwart führt. Aus dem Unvermögen der Planzentrale, die technologische Effizienz bis auf die unterste Ebene der Produktionseinheiten zu kennen und kontrollieren zu können, resultierte die Notwendigkeit, die Plannormen an vergangene Outputmengen sowie an den Erfahrungen aus früheren Planabstimmungen auszurichten. Die Überwindung dieses time-lags im realsozialistischen Planungsprozeß wird bei entsprechender Modifikation der betrieblichen Anreizstruktur für möglich gehalten.[221] Die in der Literatur gemachten Vorschläge zu diesem Problemkomplex konzentrieren sich im wesentlichen auf die Ausweitung der Entscheidungs- und Handlungsspielräume der Betriebe, um die Ziele der Betriebsleitung mit den Zielen der Wirtschaftspolitik in Übereinstimmung zu bringen.[222] Zu diesem Zweck

- muß auf der betrieblichen Ebene die Unternehmensautonomie erhöht werden, vor allem im Hinblick auf die unternehmerische Freiheit in der Verwendung erzielter Überschüsse;
- darf die Übererfüllung der Pläne nicht zu einer Bestrafung der Betriebe durch verschärfte Planauflagen führen. Langfristig wirkende, verbindliche Regelungen sol-

---

[220] Dieser Aspekt wird in den nachfolgenden Kapiteln vertiefend betrachtet.

[221] Vgl. Litwack, 1990; Weitzman, 1976; Bonin, 1979.

[222] Vgl. Nove, 1980, S. 64.

len das Vertrauen der Betriebe in die handlungsrechtliche Eigenständigkeit stärken;[223]

- muß die Planung von unten Vorrang vor der Planung von oben haben.

In der Realität wurden den Betrieben derart weitreichende Freiheiten jedoch nicht zugestanden, da mit jedem Schritt zu verstärkter Dezentralisierung der Anteil ungeplanten Angebots und unglanter Nachfrage zunahmen. Dies hätte die Allokationsaufgabe der Zentralplaner durch den Anstieg spontaner Transaktionen erschwert und die Unsicherheit über die Verteilung der erwirtschafteten Mittel auf die verschiedenen Anreizfonds erhöht.[224] Letzten Endes wäre hiermit eine Herabstufung des zentralen Planungsamtes hinsichtlich seiner Bedeutung für die Wirtschaft verbunden gewesen, der sich nicht nur die Zentralplaner selbst, sondern auch die in ihrer Mehrzahl konservativ denkenden Eliten im übergeordneten Zentralkomitee widersetzten.

2 Der Handlungsraum

2.1 Institutionenspezifische und subjektspezifische Restriktionen

Die Verfolgung der individuellen Handlungsziele bedeutete für die Eliten in den ehemaligen sozialistischen Planwirtschaften die Beachtung handlungsbeschränkender Restriktionen, die das Ergebnis verhaltenswirksamer Institutionen waren. Generell gilt, daß der Handlungsraum sich aus einem Bündel von Handlungsmöglichkeiten zusammensetzt, zu denen als Teilmenge die identifizierten und durch eine Instanz legitimierten Handlungsrechte zu zählen sind. Da ein Individuum im allgemeinen nicht alle Handlungsmöglichkeiten kennt, sind Entscheidungssituationen durch einen subjektiv unvollkommenen Wissensstand gekennzeichnet, der jedoch durch die Zufuhr von Informationen auf ein höheres Wissensniveau gehoben werden kann.[225] Menschliches Handeln unterliegt somit einer zweifachen Restriktion, die auf der institutionellen Ebene die objektiven Rahmenfaktoren des Individualverhaltens und auf der individuellen Ebene die subjektiven Fähigkeiten und Möglichkeiten betrifft.

Am Beispiel der Zentralplanung in den sozialistischen Ländern wird dieser Aspekt deutlich. Die gesamtwirtschaftliche Steuerung litt unter Informationsdefiziten, die sich im Durchlauf durch die Instanzen des Steuerungssystems ergaben. Die Planungs-, Entscheidungs- und Leitungsorgane auf den verschiedenen Ebenen des Planungsprozesses beförderten Anweisungen bis hinunter zu den Betrieben und leiteten die Informationen an die Hierarchiespitze bzw. die beauftragte Planzentrale zurück.

---

223 „As an alternative, attempts to eliminate the ratchet effect in the USSR through commitment have typically taken the form of binding ministries to the use of linear or linearized reward schemes, with strict regulations on revision producers.“ Litwack, 1990, S. 264.

224 Vgl. Nove, 1980, S. 107f.

225 Vgl. Tietzel, 1985, S.75.

Dabei existierten neben vertikalen auch horizontale Kommunikationsbeziehungen auf formeller und informeller Basis. Aufgrund des iterativen Vorgangs gab es mehrere Informationsdurchläufe innerhalb eines Planungsprozesses. Die durch zeitliche und technische Beschränkungen gekennzeichnete Informationsbeschaffungs- und -verarbeitungskapazität führte aufgrund des arbeitsteiligen Informationsaustauschs im Prozeß der Mehrebenensteuerung zu Allokationsproblemen mit dem Ergebnis gesamtwirtschaftlicher Ineffizienzen.[226] Die Folge waren inkonsistente und damit suboptimale Pläne sowie ein güterwirtschaftliches Ungleichgewicht zwischen Angebot und Nachfrage.[227] Die durch die Ordnungspolitik induzierten institutionellen Handlungsbeschränkungen wirkten somit über Versorgungsengpässe direkt auf materielle Beschränkungen. Die Handlungsräume der Individuen wurden damit durch institutionell-objektive und subjektive, hier materielle, Restriktionen begrenzt.[228] Während die institutionellen Restriktionen ordnungspolitisch dekretiert oder evolutorisch begründet sind und durch gesellschaftliche Werte und Normen fundiert werden, weshalb sie auch als objektive Restriktionen zu bezeichnen sind, gehören materielle Ausstattungsmerkmale zu den subjektspezifischen Restriktionen.

Die Bedeutung institutioneller Restriktionen manifestiert sich generell darin, daß je nach Ausgestaltung der Handlungsrechte bei gleichen Zielen ein unterschiedliches Verhalten resultiert. Hinsichtlich der segmentierten Elitegruppen zeigt sich, daß individuell-rationales Handeln durch die Struktur der Handlungsrechte unterschiedlich motiviert ist und einzelwirtschaftlichen Erfolgsinteressen unterliegt. Um individuelles Erfolgsstreben mit den zentral vorgegebenen Planaufgaben zu koordinieren, wurde als Eckpfeiler des betrieblichen Anreizsystems in den Planwirtschaften ein Prämienfonds eingerichtet, der die Erfüllung der Planauflagen belohnte.[229] Das Prämiensystem appellierte an das Gewinnstreben der Betriebe, in dem der erwirtschaftete Nettogewinn, der sich nach Abzug von Steuern und Planverpflichtungen ergab, auf diverse betriebliche Fonds aufgeschlüsselt wurde. Da mit der Höhe der Planübererfüllung die Zuführungen zum Prämienfonds zunahmen, war es das Bestreben der Betriebe, leicht zu erfüllende Pläne zu erhalten. Zur Vermeidung dieses Verhaltens wurde ab 1965 die Erfüllung eines Plans, der mit hohen Auflagen verbunden war (angespannter Plan), stärker prämiert, als die Planübererfüllung eines mit niedrigeren

---

[226] Vgl. Dobias, 1977, S. 76ff.

[227] Diese Planungssituation fand eine fortwährende Verschärfung durch die steigende Komplexität der Volkswirtschaft, die den Informationsbedarf, damit auch den Informationsaufwand, erhöhte und den iterativen Planungsprozeß zunehmend komplizierte. Der Planungsprozeß selbst war mit einem ansteigenden Ressourcenaufwand verbunden, da die Vielzahl der Produktionsverflechtungen den materiellen und personellen Aufwand erhöhten. Vgl. Dobias, 1977, S. 188, 195.

[228] Zu den subjektiven Restriktionen auch Kapitel II.2.1.

[229] Vgl. Dobias, 1977, S. 182ff.

Normen versehenen Produktionsplans.[230] Die Unsicherheit auf der Beschaffungsseite über die qualitativ und quantitativ korrekte Lieferung der Produktionsfaktoren bewirkte jedoch weiterhin ein Festhalten an „weichen“ Plänen. Das Prämiensystem diente der politischen Führung auch als Instrument, um anhand eines Verteilungsschlüssels politisch prioritäre Wirtschaftszweige begünstigen zu können und somit auf die Motivation der Beschäftigten Einfluß zu nehmen. Prämienfonds fungierten demgemäß als „ökonomische Hebel“, denen die Kennziffern als technische Meßgrößen der Planerfüllung zugrunde lagen. Die institutionellen Restriktionen determinierten auf diese Weise die Primärverteilung und markierten so Einkommens- und Lebenschancen.[231] Durch die Ausgestaltung der institutionellen Restriktionen wurde verteilungspolitisch Einfluß auf die materiellen Entscheidungsfreiräume genommen.[232]

Subjektive Restriktionen werden generell durch die Verfügbarkeit über Ressourcen definiert und beeinflussen individuelle Wohlfahrtspositionen. Neben den materiellen zählen hierzu auch die immateriellen Ressourcen. Im weitesten Sinn können die pekuniären Einkommen, das Geldvermögen, Gebrauchs-, Verbrauchsgüter, Produktionsfaktoren sowie die subjektspezifischen Fähigkeiten, die im Humankapital verankert sind, und, in Anlehnung an BECKER, die individuell zur Verfügung stehende Zeit, die für nutzenstiftende Aktivitäten aufgewendet wird, als subjektive Restriktionen charakterisiert werden.[233]

Die institutionellen Restriktionen korrelieren positiv mit den subjektiven Restriktionen, da die Nutzung bzw. Erweiterung der Handlungsrechte mit Ressourcenaufwand verbunden ist, der knappheitsbedingt Kosten verursacht. Mit zunehmender Größe des materiellen und immateriellen Spielraums steigen daher die Alternativen individuellen Handelns, vorausgesetzt, den Handelnden sind die Alternativen bekannt. Die subjektspezifischen Restriktionen konkretisieren die Handlungsmöglichkeiten eines individuellen Entscheidungsträgers, sie entscheiden darüber, was der einzelne im Kontext der institutionellen Rahmenbedingungen tatsächlich umsetzen kann. Im Fall der Gütertransaktion verschafft das institutionelle Recht, diese Transaktion legitimiert durchführen zu können solange keinen positiven Nutzen, wie auf materieller Seite diese Handlungsalternative als Folge einer engen Budgetrestriktion nicht genutzt werden kann. In den Planwirtschaften Osteuropas besaß jedermann das Recht zum Erwerb genehmigter Luxusartikel in speziellen Geschäften, dieses Handlungsrecht blieb für viele Menschen allerdings solange eine Option, wie die materielle Ausstattung eine tatsächliche Inanspruchnahme des Rechts verhindert hat. Andererseits kann ein Individuum ebenso über Geldeinkommen verfügen, das es aber

---

[230] Vgl. Nove, 1980, S. 123f.

[231] Vgl. Jeitziner, 1989, S. 56.

[232] Vgl. Jeitziner, 1989, S.57. Vgl. auch Gill, 1985, S. 214. Dieser Aspekt gilt ordnungsübergreifend für jegliches Individualverhalten im Kontext eines Umfeldsystems.

[233] Vgl. Becker, 1974; Becker, 1993.

aufgrund der Knappheit des Warenangebots auf legaler Weise nicht nutzenstiftend umsetzen kann. Es besteht keine Möglichkeit, sein durch das Geld institutionalisierte Recht im Rahmen eines Güterkaufs transformieren zu können. Die freie Konsumgüterwahl fundierte in den Planwirtschaften einen Konflikt zwischen den Nachfrageinteressen der Konsumenten und den zentral geplanten und bereitgestellten Gütern und Dienstleistungen. Der Zusammenhang von objektiven bzw. institutionellen und subjektiven, hier besonders den materiellen Restriktionen deutet bei jenen auf hohe Wohlfahrtspotentiale hin, die institutionell und materiell besonders begünstigt sind und aufgrund ihrer Position aus der Masse der Bevölkerung herausragen. Dies waren in den Planwirtschaften Osteuropas die sozialistischen Eliten in Politik und Wirtschaft, die über den bevorzugten Zugriff auf Teile des Sozialprodukts verfügten, da ihr Kadereinkommen das Durchschnittseinkommen überragte und ihre Position mit institutionalisierten Zugriffsmöglichkeiten ausgestattet war.[234]

Die materiellen Restriktionen sind auf zwei Ebenen zu betrachten, einerseits gesamtwirtschaftlich als die insgesamt verfügbare Menge an Ressourcen und andererseits als die individuelle Ressourcenausstattung. Beide Betrachtungsebenen sind interdependent, ihr Zusammenspiel und die von ihnen ausgehenden Anreizwirkungen können am folgenden Beispiel veranschaulicht werden.

In der Sowjetunion vollzog sich seit Mitte der sechziger Jahre ein dramatischer Rückgang des Wirtschaftswachstums (vgl. Tab. 4). Sowohl die offizielle Statistik des sowjetischen Statistikamtes Goskomstat als auch alternative Berechnungen, hier von CHANIN, weisen im Trend rückläufige Wachstumszahlen aus.

Fünfjahrplan	produziertes Nationaleinkommen		Arbeitsproduktivität	Kapitalproduktivität
	Goskomstat	nach Chanin		
1966-1970	7,7	4,1	6,8	-0,5
1971-1975	5,7	3,2	4,8	-2,8
1976-1980	4,2	1,0	3,2	-2,8
1981-1985	3,5	0,6	3,1	-2,8

Tab. 4: Wachstumsraten der sowjetischen Wirtschaft (Jahresdurchschnitte in vH)[235]

Eine sich verschlechternde Arbeitsproduktivität und zunehmende Qualitätsmängel bei den produzierten Gütern öffneten die Schere zwischen Angebot und Nachfrage immer mehr. Es wurde deutlich, daß der extensive Einsatz von Arbeit und Kapital in einer komplexer werdenden Wirtschaft nicht mehr aufrecht zu halten war und das

[234] Vgl. auch Kapitel III.2.2.

[235] Quelle: Touché, 1993, S. 87. Die Statistik des sowjetischen Ökonomen Chanin basiert im Unterschied zur offiziellen Statistik auf Naturalgrößen, um inflationäre Preisentwicklungen herauszurechnen. Vgl. Touché, 1993, S. 88f.

Ziel, den Westen wirtschaftlich zu überholen, revidiert werden mußte.[236] Eine Verstärkung dieser Abwärtstendenz in der offiziellen Wirtschaft erfolgte zusätzlich durch die monetäre Überversorgung der Wirtschaft. Der Kaufkraftüberhang in der Sowjetunion betrug im Jahr 1990, also ein Jahr vor der politischen Wende, geschätzte 150 Mrd. Rubel.[237] Die Konsequenz war ein Zwangssparen der Konsumenten, deren Guthaben ein großes Potential an Forderungen an das Sozialprodukt darstellten, das jedoch aufgrund der Güterknappheit in der offiziellen Wirtschaft nicht umgesetzt werden konnte.[238] Die Dispositionsspielräume der Konsumenten förderten die Umlenkung der Konsumnachfrage in die Schattenwirtschaft, in der Bauernmärkte, private Dienstleistungsanbieter sowie second-hand-Märkte einen Teil der Kassenhaltung absorbierten. Die gesamtwirtschaftliche Güterknappheit verhinderte somit die Wahrnehmung institutionalisierter Rechte und reduzierte damit gleichzeitig die Anreiz- und Motivationswirkung von monetären Einkommen. Im Gegenzug stieg die Bedeutung des bilateralen Warentauschs, der unmittelbare Nutzenwirkungen erzielte.

2.2 Die Privilegien der Eliten

Materielle und rechtliche Vergünstigungen sind in den Zentralverwaltungswirtschaften des sowjetischen Typs Ausdruck von politischer Macht gewesen. Die Vergabe von Privilegien an leitende Kader in Partei, Staat, Wirtschaft und Armee verfolgte den Zweck der individuellen Wohlfahrtssteigerung und war seit jeher ein Instrument der Personalpolitik.[239] Bereits Stalin versuchte, sich durch eine großzügige Verteilung von Privilegien der Loyalität der Parteielite zu versichern.[240] Die Verteilung erfolgte selektiv nach Eliterang und Ausstattung mit individuellen Handlungsrechten, orientierte sich also an dem persönlichen Verantwortungsbereich, wobei Parteikader bevorzugt behandelt worden sind. Der Grund hierfür lag in der gesellschaftspolitischen Dominanz der Kommunistischen Partei, deren Parteiführung gemäß der Parteisatzung das Informations- und Wissensmonopol besaß und damit den Wahrheitsanspruch der Partei dokumentierte.[241] Ebenso besaß die Parteispitze de

---

[236] Die jährlichen Wachstumsraten im Zeitraum 1958 bis 1965 lagen mit durchschnittlich 5,3 vH unter denen der westlichen Industrieländer. Vgl. Touché, 1993, S. 60.

[237] Vgl. Holtbrügge, 1991, S.46; siehe auch Hartwig, 1987; Thieme, 1980.

[238] Vgl. Kemme, 1989, S. 347.

[239] Der individuelle Nutzen der Vergünstigungen erfuhr für die Eliten dadurch eine Steigerung, daß die charakteristischen Versorgungsengpässe einer „shortage economy" durch die Ausnutzung spezifischer Kanäle oder Verbindungen umgangen werden konnten.

[240] Ahlberg skizziert das sowjetische Privilegiensystem im Kontext seiner historischen Entstehung. Vgl. Ahlberg, 1991.

[241] Vgl. Touché, 1993, S.107.

facto das Monopol der Kaderpolitik, da eine Mitsprache der Mitglieder des Zentralkomitees in personalpolitischen Fragen nicht existierte oder lediglich Makulatur war.

Nach der Wahl Stalins zum Generalsekretär des Zentralkomitees wurde die Abteilung für Organisation und Instruktion mit der Ausarbeitung allgemeiner Richtlinien „Über die Verbesserung der Lebensbedingungen der Parteiarbeiter" betraut.[242] Die Verabschiedung der Richtlinien im August 1922 auf dem 12. Parteitag der Kommunistischen Partei hatte ein formell legitimiertes Privilegiensystem gesellschaftlich konstituiert. Die politische Resistenz der Vergünstigungen dokumentiert die Tatsache, daß erstmals im Juli 1989 ein Untersuchungsausschuß zur Aufdeckung des Privilegiensystems aus den Reihen des Obersten Sowjets institutionalisiert worden ist.[243] Im Laufe dieser Untersuchungen kamen verschiedene Formen von Privilegien zum Vorschein.[244]

• Exklusive Tarifordnung

Die Exklusivität des Kadereinkommens spiegelte sich in der Differenz zum durchschnittlichen Bevölkerungseinkommen wider. Nach Erlaß der oben genannten Richtlinie im August 1922 übertraf das durchschnittliche Monatsgehalt eines Kaders das Einkommen eines Industriearbeiters um mehr als das Dreißigfache. Die genaue Höhe des Kadereinkommens richtete sich dabei nach dem jeweiligen Eliterang in der Hierarchie. Das Grundgehalt wurde durch Zuschläge zusätzlich aufgebessert, wobei beispielsweise die Versorgung eines Haushalts mit mindestens vier Personen einen Gehaltsbonus von 50 vH einbrachte. Ebenso wurden Überstunden generös honoriert, indem der Stundenlohnzuschlag auf 50 vH festgesetzt wurde.

• Güter und Dienstleistungen

Herausragendes Privileg neben einem weit überdurchschnittlichen Einkommen war die reichhaltige Versorgung der Parteielite mit Gütern und Dienstleistungen, was sich vor allem vor dem Hintergrund sich entwertender nominaler Einkommen im Zuge der zunehmenden Versorgungsengpässe als besonders vorteilhaft erwies. So erhielten die Parteikader im Sommer 1922 kostenlos Lebensmittelpakete, die, in dem durch Mißernten gekennzeichneten Jahr, die Lebensumstände der Parteielite im Vergleich zur Bevölkerung drastisch verbesserten. Auch in späteren Jahren genossen die Eliten Privilegien, die die Zweiklassenstruktur der sowjetischen Gesellschaft zementierte. Der ungarische Ökonom VARGA beschrieb 1964 die Vorzugsbehandlung der Parteielite wie folgt:

> „Jeder weiß, daß in der Nähe Moskaus Landhäuser liegen - natürlich staatliche; sie werden ständig von 10 bis 20 Personen bewacht. Dort arbeiten Gärtner, Köche,

---

[242] Vgl. Ahlberg, 1991, S.1138.

[243] Vgl. Ahlberg, 1991, S.1136.

[244] Vgl. im folgenden Ahlberg, 1991.

Zimmermädchen, Fachärzte, Schwestern, und Chauffeure usw., insgesamt 40 bis 50 Dienstboten. Das alles wird vom Staat bezahlt. Außerdem besitzen sie auch noch Stadtwohnungen mit einer entsprechenden Bedienung und schließlich noch mindestens eine Villa im Süden. Sie verfügen über eigene spezielle Züge und Flugzeuge, die mit Küchen und Köchen ausgestattet sind; sie haben persönliche Jachten und selbstverständlich viele Autos mit Chauffeuren, die sie und ihre Familienangehörigen Tag und Nacht bedienen."[245]

Der Kreis der solchermaßen privilegierten Gruppe rekrutierte sich aus hauptamtlichen Parteifunktionären sowie Parteimitgliedern in leitenden Positionen von Staat und Wirtschaft. Das undurchsichtige Privilegiensystem begünstigte die Kader in Abhängigkeit von ihrer Stellung in der Hierarchie sowie ihres Tätigkeitsfeldes. So wurden politische Eliten in Partei und Staat häufig deshalb zuvorkommender behandelt als die ökonomischen Eliten, weil das Primat der Politik eine größere Wertschätzung politischer Zielvorstellungen begründete.[246]

- Medizinische Versorgung

Im Bereich der medizinischen Versorgung genoß die Elite eine Vorzugsbehandlung, die für hohe Funktionäre in der Option mündete, auf Staatskosten Erholungsreisen bis zu dreimonatiger Länge im Ausland durchführen zu können oder sich in eigens errichtete Elitekrankenhäusern zu begeben, die mit ihrer aufwendigen Ausstattung die Hospitäler, die der Bevölkerung zugänglich waren, bei weitem übertrafen.[247] Der zentrale Rechenschaftsbericht der Geschäftsführung des Zentralkomitees der KPdSU wies noch für 1990 23 luxuriöse Sanatorien aus, die für die politische und ökonomische Elite des Landes reserviert waren. Hinzuzurechnen sind hier noch jene medizinischen Einrichtungen, die den Unionsrepubliken unterstanden und nicht im zentralen Rechenschaftsbericht aufgeführt wurden.

- Altersversorgung

Ein weiterer Eckpfeiler des Privilegiensystems wurde durch die Altersversorgung der Kader in Partei, Staat, Wirtschaft und Militär markiert. Das Recht auf eine personengebundene Rente wurde am 16. Juli 1920 erlassen und sollte allen Menschen, die sich „um die Revolution der Arbeiter und Bauern verdient gemacht haben"[248] gewährt werden. Vereinzelt zählten auch bedeutende Persönlichkeiten des öffentlichen Lebens, die sich beim Aufbau des Sozialismus hervorgetan hatten, zu den

---

[245] Varga, zitiert nach Ahlberg, 1991, S. 1140f.

[246] Vgl. Saslawskaja, 1989, S. 61.

[247] Primakov beschreibt die Einrichtung vieler Elitekrankenhäuser als luxuriös. „So wird von Kronleuchtern, auffallenden Möbeln, Vasen, Teppichen und Wandbespannungen aus Seide berichtet." Primakov, zitiert nach Ahlberg, 1991, S. 1143.

[248] Ahlberg, 1991, S. 1144.

„persönlichen Rentnern". Die personengebundene Rente lag oberhalb der allgemeinen Durchschnittsrente, sie wurde bis zur Rentenreform 1990 von rund 600.000 Altersrentnern, die dem oben beschriebenen Personenkreis zugehörig waren, empfangen.[249] Aufgewertet wurde diese Leistung durch staatliche und kommunale Sonderleistungen, etwa 50-prozentige Mietvergünstigungen, die lebenslange Nutzung des Dienstwagens inklusive Chauffeur, die jährliche Auszahlung einer Treueprämie, gebunden an den Zeitraum der Mitgliedschaft in der Partei. Ebenso bestand die Möglichkeit zu kostenlosen Kuraufenthalten sowie zur kostenlosen Nutzung der öffentlichen Personennahverkehrsmittel.

2.3 Veränderungen im Möglichkeitenraum

Die Handlungsmöglichkeiten der Eliten waren auf zweifache Weise Veränderungen unterworfen. Einerseits konnte eine durch Reformen induzierte offizielle Änderung der Handlungsrechte die Handlungsmöglichkeiten variieren, andererseits bestand inoffiziell die Möglichkeit, durch Schattenmarkttransaktionen Handlungsmöglichkeiten außerhalb legitimierter Rechte wahrzunehmen. Hierbei ist zwischen einer stillen Duldung durch die politische Führung bzw. einer Ablehnung und Kriminalisierung von Schattenmarktaktivitäten zu unterscheiden. Die stillschweigende Tolerierung hing davon ab, ob durch die Schattenmarktaktivitäten Mängel in der staatlichen Verteilungspolitik kompensiert wurden oder nur eine individuelle Bereicherung zu Lasten des Volkswirtschaftsplans stattfand. Darüber hinaus war der Umfang der Schattenmarktaktivitäten von Bedeutung, hier vor allem die Menge von Ressourcen, die aus der offiziellen Wirtschaft abgezogen wurde, sowie die Stellung des in der Schattenwirtschaft tätigen Akteurs in der politischen Hierarchie.[250]

2.3.1 Reformen

Zweck aller sozialistischen Wirtschaftsreformen war die faktische Überwindung der systemimmanenten Widersprüche zwischen gesellschaftlichen und individuellen Interessen in Produktion und Distribution, um qualitative und quantitative Produktionsverbesserungen zu erreichen.[251] Als Mittel der Wirtschaftspolitik wurden Reformen eingeführt, wenn der Erhalt der ordnungspolitischen Stabilität durch politischen Druck höhere Kosten verursachte als die Einführung alternativer Wirtschaftsmethoden. Die Entscheidung über Reformen traf das Politibüro. Reformpolitische Maßnahmen zielten vor allem auf die Anreizstruktur, um Motivationsdefizite

---

[249] Vgl. Ahlberg, 1991, S. 1144.

[250] Vgl. Feldbrugge, 1984; Wiegand, 1987, S. 62.

[251] Vgl. Cichy, 1990, S. 38; Bornstein, 1985; Abouchar, 1973.

der betrieblichen Leistungsträger abzubauen.[252] Im Mittelpunkt der Reformen stand daher die Erreichung eines vorteilhafteren institutionellen Arrangements zur Steigerung der gesamtwirtschaftlichen Leistungsfähigkeit unter der Maßgabe der politischen Restriktionen.[253]

Aus der Perspektive der Property Rights ist ein Vorteilhaftigkeitsvergleich zwischen alternativen Institutionenbündeln am Kriterium der institutionellen Effizienz zu bewerten. Als Indikator fungieren die Transaktionskosten, die den Ressourcenverzehr enthalten, der durch Anbahnung, Durchführung, Kontrolle und Durchsetzung von Transaktionen entsteht.[254] Vorteile weist dann jenes institutionelle Arrangement auf, das durch die Einsparung von Transaktionskosten den Nutzen einer Transaktion am stärksten erhöht. Für die politische Führung in den sozialistischen Ländern verband sich mit höherer institutioneller Effizienz i. d. R. die begrenzte Erweiterung der Handlungsautonomie der Betriebe, um über zusätzliche individuelle Dispositionsspielräume Leistungsanreize zu vermitteln.[255] Dies war eine Strategie, mit der die informellen, auf die eigenen Interessen ausgerichteten Aktivitäten durch eine Änderung der Rahmenbedingungen plankonform internalisiert werden sollten. Die politische Führung versuchte auf diese Weise den Ressourcenverzehr infolge hoher Durchsetzungs- und Kontrollaufwendungen zu reduzieren und Transaktionskosteneinsparungen zu realisieren.

Das Prinzip der wirtschaftlichen Rechnungsführung sowie das Prinzip der Einzelleitung waren bedeutsame Reformmaßnahmen in der Sowjetunion, die bereits während der Phase der Neuen Ökonomischen Politik zu Beginn der zwanziger Jahren eingeführt wurden. Beide Prinzipien erweiterten die Handlungsmöglichkeiten der ökonomischen Elite dahingehend, daß der Betrieb eine eigenständige juristische Person wurde, die im Rahmen der Planerfüllung operative Tätigkeiten selbständig verrichten durfte.[256] Dazu gehörte auch die begrenzt eigenverantwortliche Entscheidung über die Verwendung von finanziellen Mitteln aus den Finanzfonds. Die rechtliche Selbständigkeit der Betriebe bedeutete für den Betriebsdirektor die Verpflichtung zur

---

[252] Vgl. Apolte/Cassel, 1994, S. 24; Svejnar, 1991, S. 126.

[253] Vgl. Whitesell, 1990. Whitesell unterscheidet hinsichtlich der Leistungsfähigkeit zwischen dynamisch-allokativer und statisch-allokativer Effizienz, wobei nach seiner Ansicht die technologische Stagnation dazu führte, daß die statische Effizienz im Vergleich zu Marktwirtschaften relativ hoch war, da die Anpassung der Ressourceninputs an die technologischen Standards auf einer festen Berechnungsgrundlage basierte. Diese Sichtweise vernachlässigt jedoch die organisatorisch-technischen Schwierigkeiten von Planwirtschaften. So waren Reformen nicht nur Maßnahmen zur Erhöhung der dynamischen Effizienz (Innovationen), sondern ebenso zur Verbesserung bestehender Verteilungsprobleme und zur Verringerung von X-Ineffizienz.

[254] Vgl. Frambach, 1992, S. 231; Tietzel, 1991, S. 17.

[255] Vgl. Nove, 1987, S. 452. Leipold, 1988, S. 237f.

[256] Vgl. Dobias, 1977, S. 133f.

Übernahme zusätzlicher Verantwortung gemäß dem Prinzip der Einzelleitung. Bei Unterschreiten der Planziele war er der Adressat von Sanktionierungsmaßnahmen.[257] Die Implementation von betrieblichen Erfolgsindikatoren und eine größere Eigenverantwortlichkeit der Betriebe waren in der sowjetischen Geschichte häufig wiederkehrende Elemente der Reformen.[258]

Dennoch läßt die Chronologie der sowjetischen Reformen einen konsequenten Reformkurs vermissen und ist durch sich abwechselnde Zentralisierungs- und Dezentralisierungstendenzen gekennzeichnet. Im Mittelpunkt standen jedoch immer Maßnahmen zur Steigerung der Rentabilität der Betriebe durch organisatorische Strukturveränderungen und/oder durch eine Reform des Kennziffernsystems. Die Reformen wurden sehr oft durch eine theoretisch geführte Reformdiskussion begleitet, wie die Debatte um den Liberman-Vorschlag zur Implementation von Rentabilitätskennziffern in die sowjetische Planung beispielhaft zeigt.[259] Im Kern ging es LIBERMAN um die Steigerung der betrieblichen Effizienz unter Zugrundelegung des Verhältnisses von Gerwinn zu Betriebskapital. Zwei Aufsätze LIBERMANS aus den Jahren 1956 und 1959 entfachten 1962 die Diskussion über sein Reformkonzept, nachdem in einem Prawda-Artikel der konzeptionelle Inhalt dieses Vorschlages einem größeren Publikum zugänglich gemacht wurde. Die Verfechter einer weitreichenden Delegation von Entscheidungsbefugnissen auf die betriebliche Ebene vollzogen eine schmale Gratwanderung, da sie stets der Gefahr unterstanden, als Revisionisten stigmatisiert zu werden.[260]

Betrachtet man die hohe Reformfrequenz in der Sowjetunion nach 1945, so dokumentiert sich hier deutlich die Suche nach institutionellen Anreizstrukturen, um Ineffizienzen zu beheben:[261] Im Vordergrund stand die Erhöhung der Arbeits- und Kapitalproduktivität zur Eindämmung der Ressourcenverschwendung und zur Anhebung der Produktqualität:

- Reform von 1957: Es galt Chruschtschows Losung, die USA in der Pro-Kopf-Produktion bis zum Jahr 1970 überholen zu wollen. Zu diesem Zweck wurden ökonomische und politische Macht dezentralisiert. Dies geschah im wesentlichen durch die Delegierung vormals zentraler Kompetenzen auf lokale Parteisekretäre sowie eine Rückführung der überzentralisierten Wirtschaftsadministration auf

---

[257] Vgl. Dobias, 1977, S. 133.

[258] Vgl. Goldberg, 1992, S. 114.

[259] Vgl. dazu Liberman, 1974; Dobias, 1977, S. 221; Autorenkollektiv, 1973; Neuberger, 1966.

[260] Die DDR-Ökonomen Behrens und Benary stehen beispielhaft für die schwierige Lage, in der sich die Befürworter weitreichender Reformen befunden haben. Ihrer Kritik an der Überzentralisierung der Wirtschaft folgten Sanktionierungsmaßnahmen bis hin zum Positionsverlust der politischen Führung sowie der Zwang zur öffentlichen Selbstkritik. Vgl. Dobias, 1977, S. 216f; Lösch, 1987, S. 286.

[261] Vgl. im folgenden Touché, 1993, S. 58ff; Lösch, 1987, S. 277ff; Dobias, 1977, S. 196f.

untergeordnete Hierarchieebenen. Ein wesentlicher Einschnitt war in diesem Zusammenhang die Einführung regionaler Volkswirtschaftsräte und die Auflösung der Industrieministerien. Die Delegation von Planungs- und Kontrollaufgaben auf regionale Organe war ein Versuch, dem komplexer werdenden Wirtschaftssystem gerecht zu werden, ohne an den Kompetenzen der Betriebe etwas wesentliches zu ändern.

- Reform von 1965: Eine „Re-Reform" der Organisationsstruktur erfolgte unter Breschnjew. Auslöser waren intransparente Kompetenzverteilungen und Ineffizienzen durch schlecht abgestimmte Produktionspläne. Der Einfluß der politischen Führung wurde durch die Wiedereinführung der Industrieministerien sowie des Amts für Materialversorgung und des Amts für Preise wieder gestärkt. Gleichzeitig wurden Produktivitätssteigerungen in den Betrieben durch eine Reform der Kennziffernsystems angestrebt. In Anlehnung an die Liberman-Diskussion erfolgte die Reduktion einer Vielzahl obligatorischer Planindikatoren, um den Handlungsspielraum der Betriebe zu erhöhen. So wurde der bis dahin bedeutsame, jedoch aufgrund der fehlenden Erfassung der auf den einzelnen Produktionsebenen erzielten Nettowertschöpfung oft kritisierte Planindikator „Bruttoproduktion" zugunsten rentabilitätsorientierterer Kennziffern, z. B. „Gewinn", ausgetauscht. Einen weiteren Ansatzpunkt zur Steigerung der betrieblichen Effizienz stellte die Einführung der sogenannten „ökonomischen Hebel" dar. Basierend auf Prämienfonds, Produktionsfondsabgaben und Kreditzinsen sollte das materielle Interesse an der Planerfüllung bei gleichzeitigem Produktivitätsanstieg durch einen sparsameren Umgang mit dem Faktor Kapital gestärkt werden. Durch die Reduzierung der Kennziffern sollten die Betriebe die dafür notwendige Handlungsflexibilität auf horizontaler Ebene auf der Grundlage zwischenbetrieblicher Verträge erhalten. Doch zeigten diese Teilreformen nicht die erhoffte Wirkung, da das starre Preissystem eine effiziente horizontale Abstimmung zwischen den Betrieben verhinderte.
- Reform von 1973: Diese Reform sah eine zunehmende Zentralisierung der ökonomischen Produktionseinheiten vor, indem kleinere Betriebseinheiten zu Industrievereinigungen zusammengelegt wurden. Das Ziel war die Ausnutzung von Größenvorteilen in der Produktion sowie Einsparungen in der Verwaltung auf betrieblicher und administrativer Ebene. Der hohe Grad an wirtschaftlicher Zentralisierung war jedoch mit steigendem Kontrollaufwand und lückenhaften Kontrollen verbunden, so daß die von der politischen Führung erwarteten Effizienzverbesserungen nicht eintraten.
- Reform von 1979: Im Mittelpunkt der Reform stand die Stabilisierung des Wirtschaftsprozesses durch das System der Gegenplanung und den Aufbau überbetrieblicher, disponibler Faktorreserven zur Vermeidung von Plananspannungen. Um die tatsächliche Wertschöpfung eines Betriebes ermitteln zu können, wurde als neue Kennziffer die „normative Nettoproduktion" eingeführt, in der alle Vorleistungen fremder Betriebe herausgerechnet wurden.
- Reform von 1985: Unter der Regierung Gorbatschow wurde ein wirtschaftspolitischer Zielwandel eingeleitet, der der konsumtiven Komponente des Volkswirt-

schaftsplans Vorrang vor wachstumspolitischen Maßnahmen einräumte. Die schlechte Konsumgüterversorgung und der Druck auf die politische Führung durch eine stärker werdende politische Unzufriedenheit innerhalb der Bevölkerung veranlaßte das Politbüro zu einer stärkeren Gewichtung der Konsumquote im Verhältnis zur Investitionsquote. Die strukturbedingten Versorgungsengpässe sollten darüber hinaus durch eine Ausweitung des privaten Konsumgüterangebots kompensiert werden. Zu diesem Zweck wurde die Gesetzgebung im Genossenschaftswesen und im landwirtschaftlichen Sektor in der Hoffnung liberalisiert, auf diese Weise die private Wirtschaftstätigkeit stimulieren zu können. An die Stelle des Oberziels „Aufbau des Kommunismus“ trat das gesellschaftliche Ziel eines „humanen demokratischen Sozialismus“, der wirtschaftspolitische Stabilität bei marktlicher Koordination und Beibehaltung einzelner planwirtschaftlicher Elemente zum Inhalt hatte. Neben einer Verbesserung der Möglichkeiten zur freivertraglichen Güterverteilung über Großhandelsorganisationen wurden unternehmerische Freiräume geschaffen, die auf der Grundlage der Selbstverwaltung, Selbstfinanzierung, Selbstversorgung und Selbstplanung Anreize zu gewinnorientiertem Verhalten vermitteln sollten. Im Zuge dieser Liberalisierung wurde die individuelle Arbeitstätigkeit neu geregelt, wodurch erwerbswirtschaftliche Nebentätigkeiten zum Zweck der Waren- und Dienstleistungsproduktion möglich wurden. Ab August 1990 wurde die Aufnahme der privaten Kleingewerbeproduktion in einer frei zu wählenden Rechtsform möglich.

Die Reformmaßnahmen in den sozialistischen Ländern besaßen Gesetzeskraft und waren für jedermann verbindlich. Reformverstöße wurden demnach negativ sanktioniert. Als politisch gesetztes Recht konfligierten Reformen häufig mit systemgewachsenen Ritualen. Die Ablehnung von Reformmaßnahmen resultierte dann aus erwarteten Einbußen in der individuellen Wohlfahrt. Für gewöhnlich waren Reformen Gegenstand widerstreitender Interessen und lagen im Spannungsfeld der Meinungen zwischen technokratischen Facheliten, der politischen Elite der zweiten Reihe sowie den Mitgliedern der politischen Führung. So rief die Zusammenlegung kleiner Betriebseinheiten während der Reform von 1973 den Widerstand der politischen Elite in den Industrieministerien hervor, die durch die Übertragungen von Kompetenzen an die Industrievereinigungen tiefe Einschnitte in ihren bisherigen Entscheidungsspielraum befürchtete, womit Nutzeneinbußen durch Budgetkürzungen und Ansehensverluste verbunden sein konnten.[262] Zudem resultierte aus dieser Unternehmenskonzentration eine Reduktion der Anzahl eigenständiger Betriebe und die Ausdünnung des bisherigen Beziehungsnetzes, wodurch bei quantitativer Betrachtung Einflußpotentiale und Handlungsmöglichkeiten verlorengingen.

Die Reformgegner rekrutierten sich zumeist aus den Reihen der politischen Nomenklatura unterhalb der Führungsebene, was aus individueller Sicht verständlich ist, da das Wohlbefinden dieser Bürokraten vom Umfang der ihnen zugewiesenen Kompetenzen und der Wahrnehmung formeller und informeller Handlungsmöglichkeiten

[262] Vgl. Touché, 1993, S. 65.

abhing. Jede Reform, die die Autonomie der Betriebe zu Lasten der Nomenklatura stärkte, wurde deshalb als Angriff auf die individuelle Wohlfahrt gewertet und dementsprechend von der Nomenklatura abgelehnt. Vor allem die Beschäftigten in den verschiedenen sektorspezifischen Fachministerien und der zentralen Planbehörde waren durch die Reformen betroffen. Hatten sie ursprünglich die Aufgabe, die Direktiven der politischen Führung ressourcensparend an die Betriebe weiterzuleiten, verstanden sie es im Laufe der Zeit geschickt, ihre Position zu nutzen, um auf betriebliche Entscheidungen Einfluß zu nehmen und Korruption und Patronage als zwei Stützen dieses Beziehungsnetzwerks zu implementieren. Die Folge waren oftmals verlängerte Entscheidungswege, die Auslagerung betrieblicher Entscheidungen in Gremien außerhalb des Betriebes und eine Zunahme der Inflexibilität in der Entscheidungsfindung.[263] Derartige Entscheidungsprozesse ließen die Transaktionskosten zwischen Betrieb und Planzentrale ansteigen und eröffneten der politischen Elite unterhalb der Führungsebene Möglichkeiten, spezifische Informationen und bürokratische Leistungen informell zu bewirtschaften. Auch die Abkehr von der strikten Zentralisierung durch die Implementierung der Mehrebenenplanung als informationsdezentralisierendes und arbeitsteiliges Planungsverfahren auf zentraler und sektoraler Ebene löste die Planungsprobleme nicht, da einerseits die Zahl der abstimmungsbedürftigen Schnittstellen zunahm und andererseits die involvierten Akteure mit ihren jeweils eigenen Zielfunktionen die Realisierung der zentralen Zielfunktion erschwerten.[264]

Die politische Nomenklatura reagierte auf einschneidende Änderungen ihres Wirkungsbereichs äußerst kreativ. So führte die Reduzierung verbindlicher Planindikatoren in der CSSR in den sechziger Jahren dazu, daß neue Indikatorengruppen (die Neben- bzw. Orientierungsindikatoren) geschaffen wurden, die den Verlust alter Planindikatoren kompensieren sollten. In Polen demonstrierte die politische Elite 1982 ihren Einfluß, indem sie auf Beschränkungen ihres Handlungsraums mit einer verstärkten Rationierung von Produktionsfaktoren reagierte.[265] Das Eigeninteresse der politischen Elite unterhalb der Führungsebene wirkte dem Kollektivgedanken des sozialistischen Idealtypus entgegen. Die Reformen standen aufgrund dieser Widerstände in der Gefahr, in wirkungslosen Kompromissen aufzugehen.[266]

Das Politbüro als Initiator der Reformen erfuhr durch die wirtschaftspolitischen Modifikationen keine Verengung seines Handlungsraums, da sich lediglich auf untergeordneter Ebene die Verfügungsrechte verschoben, das exklusive Nutzungsprivileg jedoch nicht in Frage gestellt wurde. Das Politbüro befürwortete auch deshalb die Reformen, um den Übergang von der extensiven zu einer intensiven Wachstumsstrategie bewältigen zu können. Hiermit war die Absicht verbunden, die

---

[263] Vgl. auch Nove, 1987.

[264] Vgl. Dobias, 1977, S. 211.

[265] Vgl. Winiecki, 1991, S. 16.

[266] Vgl. Kornai, 1990, S. 34.

durch Ineffizienzen im herkömmlichen Planungsverfahren entstandenen Versorgungsmängel zu beheben, um die Wirtschaftskrise für die politische Führung nicht in eine politische Legitimationskrise münden zu lassen. [267]

Für gewöhnlich standen Versuche der Anpassung einzelwirtschaftlicher Motivstrukturen in der Produktionssphäre an die gesamtwirtschaftlichen Planziele im Zentrum der Reformansätze. Eine Ausnahme war die Verwaltungsreform von 1962 in der Sowjetunion, die 1963 auch auf die DDR übertragen wurde. Die Reform sah vor, daß ergänzend zu der Gliederung des Parteiapparates nach dem Territorialprinzip eine Organisationsstruktur nach dem Produktionsprinzip eingeführt werden sollte. In Industrie und Landwirtschaft wurden zu diesem Zweck Parteikomitees gebildet, die direkt der Parteileitung unterstellt waren und den Informationsfluß zwischen Parteispitze und Wirtschaft verbessern sollten. Durch das Produktionsprinzip erfolgte eine stärkere Verzahnung des Parteiapparats mit den einzelnen Produktionsbereichen und erhielten ökonomische Belange ein größeres Gewicht. Für die damalige Parteiführung der DDR galt es, mit Hilfe des Produktionsprinzips vier Probleme zu lösen:[268]

- erstens die Berücksichtigung der zunehmenden Komplexität des wirtschaftlichen Geschehens,
- zweitens die Angleichung des Arbeitsstils in der Verwaltung an die dynamischere ökonomische Umwelt,
- drittens die Effizienzsteigerung des ökonomischen Datenflusses und
- viertens die Integration fachlich geschulten Personals in den Verwaltungsstab.

Diese Reform markierte in der DDR den Beginn elitärer Konkurrenzbeziehungen zwischen der ideologisch geschulten „strategischen Clique“ und der Fachelite. Die Aufwertung des Expertenwissens resultierte aus der Einsicht der politischen Führung, daß die zentrale Organisation eines zunehmend komplexer werdenden, arbeitsteiligen Wirtschafts- und Gesellschaftssystems nur möglich ist, wenn innerhalb der Parteispitze selbst arbeitsteilig verfahren wird. Der Größe der Organisationsaufgabe entsprechend reichte das Herrschaftswissen der Parteibürokraten nicht mehr aus, um die ökonomischen Sachzwänge bewältigen zu können. Während die politischen Eliten einen Autoritätsverlust zu befürchten hatten, eröffneten sich für die Facheliten neue Möglichkeiten zur Einflußnahme auf politische Entscheidungen.

---

[267] „There is nobody else to whom to pass the buck.“ Winiecki, 1991, S. 8. In den fünfziger Jahren wuchs in den sozialistischen Ländern die Anzahl der wissenschaftlichen Publikationen, die sich mit der Implementierung neuer Planungsmethoden beschäftigten. Im Mittelpunkt standen immer wieder Diskussionsbeiträge, die sich mit der Verbesserung der Input-Output-Analyse zur Unterstützung der Planabstimmungsverfahren beschäftigten. Befreiend wirkte sich hierbei die umfassende Entdogmatisierung der Wirtschaftspolitik nach dem Tode Stalins aus. Ausführlich bei Dobias, 1977, S. 198ff.

[268] Vgl. Ludz, 1968, S. 74ff.

„Die Anerkennung der fachlich-funktionalen gegenüber der ideologisch-funktionalen Autorität stellt den Einbruch einer `fremden´ Ordnung in die `gewachsene´ Ordnung einer Großorganisation dar."[269]

2.3.2 Schattenwirtschaft

Die Unvollständigkeit des zentralen Planungssystems sowie das lückenhafte Anreiz- und Kontrollsystem markierten ein ökonomisches Umfeld, das immer wieder Möglichkeiten zu eigenwirtschaftlichen Aktivitäten der Wirtschaftssubjekte schuf.[270] Im Kern handelte es sich hierbei um verschiedene Erscheinungsformen der Privatwirtschaft, die zwar politisch-ideologisch unerwünscht war, jedoch abhängig von ihrer kurzfristigen ökonomischen Wirkung teilweise geduldet wurde:

- Die offizielle Privatproduktion umfaßte Wirtschaftsaktivitäten, die von Privaten auf Vertragsbasis bei frei vereinbartem Entgelt für sozialistische Betriebe und Einrichtungen ausgeführt wurden. Sofern der private Unternehmer eine staatliche Lizenz vorweisen konnte, besaß er zudem die Möglichkeit, die Nachfrage privater Endverbraucher bedienen zu können. Diese Form der Privatproduktion wurde vor allem von den „Freiberuflern" bevorzugt, die im Gesundheits-, Rechts- und Erziehungswesen tätig waren.[271] Die politische Führung versuchte diese privatwirtschaftlichen Aktivitäten in das System staatlicher Kontrolle einzubinden und ihre In- und Outputmengen im Zentralplan zu berücksichtigen.
- Die inoffizielle Privatproduktion wurde sowohl von den privaten Haushalten als auch von den staatlichen Unternehmen und Genossenschaften betrieben. Es handelte sich hierbei um Aktivitäten, die außerhalb der offiziellen Wirtschaft lagen und dem System staatlicher Planung und Kontrolle entzogen waren. Sie tauchten in keiner offiziellen Statistik auf und waren auch nicht in das zentrale Planungssystem eingebunden. Zu unterscheiden sind hier auf der einen Seite informelle Transaktionen im Rahmen der Selbstversorgungswirtschaft, die zur Deckung des Eigenbedarfs der privaten Haushalte durchgeführt wurden. Über den Eigenbedarf hinausgehende Mengen konnten darüber hinaus auch auf den privaten Bauernmärkten angeboten werden. Diese kommerziellen Transaktionen innerhalb des Privatsektors wurden von den staatlichen Behörden geduldet und gefährdeten die

---

[269] Ludz, 1968, S. 77.

[270] Auf unterschiedliche Ursachen für die Entstehung von Schattenwirtschaft in Markt- und Plansystemen haben Laski und Kornai hingewiesen. Während in kapitalistischen Marktsystemen die Knappheit der Geldeinkommen dazu führt, auf informellem Wege das verfügbare Realeinkommen zu erhöhen, dominiert in sozialistischen Planwirtschaften die Knappheit der Güter, mithin das Problem, Geldeinkommen in Güter und Dienstleistungen zu transferieren. Vgl. Kornai, 1979; Laski, 1983.

[271] Vgl. Wiegand, 1987, S. 31.

Planerfüllung solange nicht, wie keine staatlich bilanzierten Faktorinputs in den Privatsektor umgeleitet wurden. Auf der anderen Seite existierten die privaten und krypto-privaten Tätigkeiten mit Erwerbscharakter. Sie umfaßten einerseits die Schwarzarbeit und den Schwarzhandel der privaten Haushalte und andererseits die verheimlichten privaten Produktions- und Handelsaktivitäten von Belegschaftsmitgliedern und Managern in den staatlichen Betrieben unter Verwendung staatlicher Ressourcen. Firmendiebstahl und Unterschlagung waren gängig Methoden der illegalen Aneignung staatlichen Eigentums.[272] Oftmals wurde hinter der Fassade des Staatsbetriebs eine eigenständige private Vertriebs- und Handelsorganisationen aufgebaut. Die Zweckentfremdung staatlichen Eigentums sowie die Offensichtlichkeit des privatwirtschaftlichen Erwerbscharakters führten zu einer scharfen Verurteilung dieser Aktivitäten durch die offizielle Politik.

Alle Aktivitäten, die im Schatten der offiziellen Wirtschaft lagen und dem Selbstversorgungs- oder Erwerbsaspekt dienten, sind der Schattenwirtschaft zuzurechnen. Der erstgenannte Punkt kennzeichnet dagegen ein privatwirtschaftliches Handeln, das nicht zur Schattenwirtschaft zu zählen ist, jedoch als Alternative zum staatlichen Wirtschaftsplan dem Bereich der Alternativökonomie bzw. second economy angehört.[273]

2.3.2.1 Charakteristik und Formen der sozialistischen Schattenwirtschaft

Die informellen Transaktionen, im folgenden als Schattenwirtschaft bezeichnet, weisen fünf charakteristische Merkmale auf:[274]

- Das Kriterium der Legalität orientiert sich daran, inwiefern die Aktivitäten gegen gesetztes Recht verstoßen. Illegale Transaktionen werden bei Entdeckung durch das staatliche Gewaltmonopol sanktioniert. Mit Blick auf die ehemaligen sozialistischen Planwirtschaften Osteuropas zeigt sich jedoch, daß nicht jede Schattenmarktaktivität, die außerhalb der handlungsrechtlichenVerhaltensspielräume des zentralen Lenkungsmechanismusses lag, strafrechtlich verfolgt wurde (Selbstversorgungs-wirtschaft)
- Schattenmarkttransaktionen sind nicht statistisch erfaßbar, ihr Ausmaß kann lediglich näherungsweise geschätzt werden.
- Aus einzelwirtschaftlicher Sicht sind Schattenmarktaktivitäten erwerbswirtschaftlich mit dem Motiv der Einkommenserzielung bzw. Nutzenstiftung verknüpft. In der legalen Wirtschaft der sozialistischen Planwirtschaften drückte sich das Einkommensmotiv im Streben nach Prämienerzielung und der Erzielung von Positi-

---

[272] Vgl. Cassel, 1989, S. 51.

[273] Einen Überblick über die Vielzahl der marktlichen Aktivitäten in Planwirtschaften des sowjetischen Typs geben Katsenelinboigen, 1977; Wiegand, 1987; Cassel, 1989, S. 46ff.

[274] Zum folgenden vgl. Wiegand, 1987, S. 21f; Schrage, 1984.

onsrenten aus, während in der Schattenwirtschaft informelle Zusatzeinkommen bestehend aus Sach- oder Geldleistungen erwirtschaftet werden konnten.

- Schattenmarktaktivitäten stehen i. d. R. in einem substitutiven Verhältnis zu Transaktionen in der offiziellen Wirtschaft.[275] Wie im weiteren Verlauf dieses Kapitels zu sehen sein wird, gilt dieser Sachverhalt in Planwirtschaften nur eingeschränkt, da aufgrund von Versorgungsengpässen in der offiziellen Wirtschaft bestimmte Transaktionen zwar theoretisch möglich, faktisch aber gar nicht durchführbar waren. Das Ausweichen auf den Schattenmarkt war somit häufig die letzte Möglichkeit, um den Produktionsapparat aufrecht erhalten zu können. In dieser Situation kann eher von einem komplementären Charakter der Schattenmarkttransaktionen gesprochen werden. Dies kann als Indiz für den quantitativen Nutzen der Schattenwirtschaft gewertet werden.[276]
- Das Kriterium der Systemwidrigkeit stellt die Aktivitäten in der Schattenwirtschaft in den Kontext des durch die Wirtschaftsverfassung vorgegebenen dominierenden Lenkungsmechanismusses. In Planwirtschaften wurde die Privatwirtschaft als systemwidrig angesehen, da sie die Durchsetzung der staatlichen Planung behinderte. Mit Ausnahme der offiziellen Privatproduktion wurden alle anderen privaten Wirtschaftsaktivitäten als illegal klassifiziert, jedoch in Abhängigkeit ihrer Duldung durch die staatlichen Organe mehr oder minder intensiv strafrechtllich verfolgt.

Eine häufig vorzufindende Variante der schattenwirtschaftlichen Aktivitäten stellte der Handel mit Gebrauchtgütern dar, der unter staatlicher Aufsicht für jedermann offen stand. Offiziell wurden die Preise der gehandelten Güter durch den Staat festgesetzt, inoffiziell konnten sie jedoch durchaus den Festpreis überschreiten.[277] Dabei stand häufig die Arbitrageabsicht im Vordergrund, wenn dem Kauf ein rascher Verkauf folgte. Obwohl diese Arbitragegeschäfte staatlicherseits untersagt waren, boten sie doch aufgrund ineffektiver Kontrollen erste Möglichkeiten eines rudimentären gewerbsmäßigen Handels. In diese Marktkategorie fällt auch der private Verkauf von Lebensmitteln auf den Bauernmärkten. Staatlich restringiert wurde der Handel mit gebrauchten Gütern dadurch, daß keine neuen Produkte verkauft werden durften.

---

275 Vgl. Welfens, 1989, S. 390.

276 Vgl. Cassel, 1989, S. 63f. Cassel betont dagegen die destabilisierenden Eigenschaften der sozia- listischen Schattenwirtschaft, indem er darauf verweist, daß der Abzug von Ressourcen aus der offiziellen in die inoffizielle Wirtschaft die Versorgungsengpässe und die Kassenhaltungsinflation weiter verschärft. Der einzelwirtschaftliche Nutzen einer Schattenmarkttransaktion wiegt dann gesamtwirtschaftlich als Verlust. Haffner sieht in Marktbeziehungen ein regressives Element innerhalb der planwirtschaftlichen Ordnung, das immer dann zum Tragen kommt, wenn die zentrale Planung versagt. Ware-Geld-Beziehungen sind bei Dominanz eines planwirtschaftlichen Lenkungsmechanismusses ein notwendiges, wenn auch nicht unbedingt erwünschtes, Element zur Absicherung der zentralen Planungsordnung. Siehe auch Haffner, 1989, S. 257.

277 Vgl. Wiegand, 1987, S. 31; Katsenelinboigen, 1977, S. 65f.

Hierdurch sollte auch vermieden werden, daß die second-hand-Märkte zum Umschlagplatz für entwendete Güter aus der staatlichen Produktion wurden. Diese Varianten sozialistischer Schattenwirtschaft wurden vorwiegend von den privaten Haushalten getätigt. Der „gutartige Planverstoß“ stellte dagegen ein Verhalten dar, welches vorwiegend von der ökonomischen Elite zur Sicherung der Planerfüllung realisiert wurde.[278] Da die Erfüllung der Planauflagen Antrieb für dieses Verhalten war, wurde es von der politischen Führung als plankonform geduldet.

Nicht geduldet, da nicht plankonform, waren hingegen alle privaten und kryptoprivaten Aktivitäten, die ohne Planerfüllungsnot getätigt wurden. Hierzu zählten die Schwarzarbeit (z. B. Handwerksleistungen) und der Schwarzhandel. Der nicht geduldete Schwarzhandel umfaßte spekulative Transaktionen, die oftmals mit staatlichen Produktionsfaktoren und Gütern (z. B. Ersatzteile, die aus den Staatsbetrieben entwendet wurden) durchgeführt wurden. Diese Form der Schattenwirtschaft minderte den Umfang der offiziellen Wertschöpfung, indem Produktionsergebnisse nicht erfaßt und knappe Faktorinputs und Produktionsgüter aus der legalen offiziellen in die illegale Wirtschaft abgezogen wurden. Vor allem der politischen Führung entgingen damit potentielle Wertschöpfungsanteile, die der eigenen Bereicherung oder einer erleichterten Distributionspolitik hätten dienen können.

Die Akteure auf den Schattenmärkten kriminalisierten sich durch die Tatsache, daß der Tausch solcher Rechte erfolgte, die den Individuen gar nicht exklusiv zugeordnet waren. Selbst wenn von Seiten der Parteiführung dieser Markt toleriert wurde, so konnten sich die Schattenwirtschaft betreibenden Eliten nie ganz sicher fühlen: „Sie riskierten, aus dem luxuriösen Chefzimmer auf die Anklagebank und anschließend hinter Gitter gebracht zu werden."[279] Dieses Zitat belegt, daß trotz einer lückenhaften, oft nur sporadischen Kontrolle, die politisch Verantwortlichen jederzeit die Handlungsmöglichkeit besaßen, durch Intervention die Schattenwirtschaftsaktivitäten zu sanktionieren.[280] Angesichts dieser Rahmenbedingungen des informellen Faktorhandels enthielten die Verkaufspreise eine Risikoprämie, die mit zunehmender Gefahr staatlicher Sanktionierung anstieg.

Neben den Risikokosten existierte noch eine Reihe weiterer Anforderungen, die von den Schattenmarktakteuren zu tragen waren:[281]

- Investitionsaufwendungen in Humankapital, um sich informelle Transaktionsmöglichkeiten zu erschließen,
- Aufwendungen durch Bestechung, um informelle Gelegenheiten wahrzunehmen und abzusichern,
- Aufwendungen für die Suche nach potentiellen Tauschpartnern,

---

[278] Vgl. Wiegand, 1987, S. 32; Katsenelinboigen, 1977, S. 74.

[279] Saslawskaja, 1989, S.66.

[280] Vgl. Hoffer, 1992, S.57.

[281] Zum folgenden Wiegand, 1987, S. 59f.

- Transaktionskosten für die Zwischenschaltung anderer Güter als Tauschmedien,
- Aufwendungen im Güter- und Ressourcenerwerb durch die negative Preisdifferenz zwischen der offiziellen und der Schattenwirtschaft sowie
- Opportunitätskosten durch die Umschichtung des Zeitbudgets. Wurde zusätzlich Freizeit zur Realisierung von Schattenmarkttransaktionen eingesetzt, so war der Freizeitentgang, bewertet mit dem Lohnsatz, ebenfalls den Opportunitätskosten zuzurechnen.

Unter Einbindung der Ökonomischen Theorie des Rechts lassen sich einige vertiefende Aussagen schlußfolgern, die kriminelles Verhalten mit dem Rationalkalkül von Individuen begründen. BECKER folgend, hängt die Wahrscheinlichkeit, eine Straftat zu begehen, von der Höhe des zu erwartenden Strafmaßes bei Aufdeckung, der Wahrscheinlichkeit der Aufdeckung sowie einer Reihe subjektspezifischer Faktoren ab, zu denen auch die Risikopräferenz des Individuums zählt.[282] Ein Anstieg des Strafmaßes oder der Aufdeckungsquote hat dann je nach Risikopräferenz unterschiedliche Wirkung auf das Aktivitätsniveau im illegalen Bereich zur Folge. Für risikofreudige Individuen stellt eine Strafmaßverschärfung keine einschneidende Nutzeneinbuße aus illegaler Tätigkeit dar, da die Wahrscheinlichkeit des Entdecktwerdens nicht höher geworden ist. Dies erklärt beispielsweise, warum trotz Einführung der Todestrafe für schwerwiegende Wirtschaftsverbrechen im Jahr 1961 nach wie vor Verbrechen dieser Art zu registrieren waren. Risikoscheue Individuen, die bereits bei einer geringeren Aufklärungsquote abgeschreckt werden, erfahren durch eine Verschärfung des Strafmaßes hingegen eine zusätzliche Verengung ihres Restriktionenraums und werden ihre illegalen Handlungsabsichten neu bewerten.

In diesem Zusammenhang ist zu fragen, wie effektiv Kontrollen sein konnten, wenn es sich bei den Kontrolleuren um Nomenklaturamitglieder handelte, deren Nutzen durch erfolgreiche Kontrollen kaum oder nur marginal berührt wurde, die jedoch die Anstrengungen der Kontrolle zu tragen hatten. Mit dem Wissen, daß die Korruption in großem Stil sowohl in der politischen als auch in der ökonomischen Elite virulent war, bot die verhältnismäßig risikolose Teilnahme an der Korruption einen größeren Anreiz als die Durchführung effektiver Kontrollen. Die positiven externen Effekte erfolgreicher Kontrollen wurden staatlicherseits nicht internalisiert und machten diese daher zu einem öffentlichen Gut. Dagegen waren die Einnahmen im informellen Bereich, z. B. Schmiergelder, exklusiv zurechenbar, mithin einzelwirtschaftlich wohlfahrtssteigernd.

Die fehlende Motivation zur Durchführung effektiver staatlicher Kontrollen sowie die intransparente Verteilung von Zuständigkeiten innerhalb des Staatsapparates, haben aus der Sicht Schattenwirtschaft betreibender Wirtschaftssubjekte in den ehemaligen sozialistischen Planwirtschaften Osteuropas zu keiner ernsthaften Abschrekkung geführt.[283] Durch die stille Duldung einer Vielzahl plankonformer bzw. planer-

[282] Vgl. Becker, 1993, S. 47 ff.

[283] Vgl. Kierczynski, 1989; Welfens, 1989, S. 387f.

füllungsgeleiteter Schattenmarktaktivitäten entstanden Unschärferelationen zwischen Tolerierung und Sanktionierung und wurden selbst eher risikoscheue Individuen zur Schattenwirtschaft verleitet. Jedoch gilt für letztere, daß das abgestufte Strafmaß in Abhängigkeit von der Art der schattenwirtschaftlichen Aktivität als Preisdifferenzierung zu werten ist, die für risikoscheue Individuen das Interesse an illegalen Tätigkeiten dorthin lenkte, wo die zu tragenden Sanktionierungskosten bei Aufdeckung geringer waren.

2.3.2.2 Der informelle Faktorhandel der ökonomischen Elite

Eine bedeutende Form der inoffiziellen Erwerbswirtschaft war sicherlich der Schwarzhandel der ökonomischen Elite mit staatlichen Gütern und Faktorinputs. Wird dieser Vorgang interaktiv als transaktionale Beziehung zwischen Nachfrager und Anbieter gesehen, so ist eine eindeutige Beurteilung hinsichtlich plankonformer und nicht plankonformer Schattenwirtschaft nicht möglich, solange auf die Schattentransaktion fokussiert wird, denn in diesem Fall werden die unterschiedlichen Interessen der transaktionsbeteiligten Akteure vernachlässigt. Die Interessen sind jedoch ausschlaggebend für die Beurteilung des Verhaltens, da sie individuelle Absichten verdeutlichen. Der Bezug von Faktorinputs über den Schattenmarkt zum Zweck der Planerfüllung ist zwar systemstabilisierend und daher plankonform, doch steht dem Nachfrager ein Anbieter gegenüber, der sich über weiche Pläne die Möglichkeit zum Schwarzhandel eingeräumt hat und diese dann entgegen staatlicher Zielvorstellungen in die Schattenwirtschaft verschiebt.[284] Der Anbieter strebt die Erzielung eines Schatteneinkommens an, wobei seine Motivation zu diesem planinkonformen Verhalten mit der Höhe des erwarteten Einkommens korreliert. Der gesamtwirtschaftliche Nettoeffekt ist die Differenz aus dem gesamtwirtschaftlichen Verlust infolge weicher Pläne und dem gesamtwirtschaftlichen Nutzen als Resultat der gesicherten Planerfüllung.

Aus einzelwirtschaftlicher Perspektive ist für Anbieter und Nachfrager von einem Nutzengewinn auszugehen, sobald die Transaktion zustandekommt.[285] Die überschüssigen Produktionsfaktoren motivierten die Betriebsleiter zur Aufnahme informeller Beziehungen im zwischenbetrieblichen Faktorhandel, da die nicht benötigten Produktionsfaktoren gegen andere Ressourcen, deren Grenzertrag höher war, eingetauscht werden konnten.[286] Die informelle Suche des Nachfragers nach Produktionsfaktoren zur Schließung plangebundener Koordinationslücken sowie des Anbieters

[284] Vgl. Welfens, 1989, S. 377ff.

[285] Die Diskrepanz zwischen einzelwirtschaftlicher und gesamtwirtschaftlicher Rationalität wird von Wiegand als Rationalitätenfalle sozialistischer Wirtschaftssysteme bezeichnet. Vgl. Wiegand, 1987, S. 35.

[286] Vgl. Katsenelinboigen, 1977, S. 73.

nach Verwendungsmöglichkeiten überschüssiger Produktionsfaktoren, in denen ein höherer Grenzertrag erwartet wurde, ließen einen informellen Markt für Produktionsfaktoren entstehen.[287] Die Angebots- oder Nachfrageüberschüsse im informellen Bereich begründeten ein eigenständiges Faktorpreisverhältnis, welches von dem offiziell geplanten Preisverhältnis durch die in den Schattenmarktpreisen zum Ausdruck kommende Knappheit abweichen mußte. Der informelle Faktorhandel wurde durch Austauschverhältnisse begleitet, die den zu zahlenden Preis über den staatlich festgesetzten Höchstpreis ansteigen ließen.

Wenn es in den sozialistischen Planwirtschaften zu Schattentransaktionen kam, so deshalb, weil der Nachfrager die sofortige Verfügbarkeit des Gutes sowie die oftmals bessere Qualität der schwarz erworbenen Produkte höher einschätzte als den Nutzenverlust durch den Anstieg der Kosten infolge des höheren Preises.[288] Sofern über den Schattenmarkt die offizielle Mengenrationierung umgangen werden konnte, dokumentierte die Preisspanne zwischen dem formellen und dem informellen Preis den Schattenpreis des Zeitgewinns. Im Schattenbereich dokumentierte sich somit ein Marktsystem, in dem Angebot und Nachfrage frei von Preisrigiditäten koordiniert werden konnten.[289] Aus der Perspektive der Gleichgewichtstheorie fungiert der Schattensektor als „buffer stock", indem planinduzierte Ungleichgewichte im informellen Schattenhandel absorbiert werden.[290]

Je nach Preiselastizität der Nachfrage sowie Anbieterstruktur ermöglichte der Faktorhandel die Erzielung von Gewinneinkünften, die im Falle eines einzelnen Anbieters vollständig Monopolrenten waren.[291] Zu den Aktivitäten der Anbieter in diesem bargaining-Prozeß schreibt GORLIN:

> „...the task of a bargaining party is to convince its opponents that it controls resources, that the opponent needs the resources, and that it is willing to use power."[292]

Im Gegensatz zu den staatlichen Planverhandlungen, welche als „oktroyiertes bargaining" bezeichnet werden können, ist das Interesse der Verhandlungsparteien zur Einhaltung der erreichten Ergebnisse im „free bargaining"[293] wesentlich höher, da per-

---

[287] Vgl. Furobotn/Pejovich, 1974, S. 206.

[288] Vgl. Wiegand, 1987, S. 58.

[289] Vgl. Schäfer, 1984, S. 40.

[290] Vgl. Schäfer, 1984, S. 43.

[291] In der Sowjetunion wurden z. B. 30 bis 40 Prozent der industriellen Fertigung von Monopolbetrieben hergestellt. Vgl. OECD, IMF, World Bank, et al., 1991, S. 16.

[292] Zitiert nach Gorlin, 1985, S. 357.

[293] Gorlin, 1985, S. 357.

sönliche Einkommensrelationen berührt werden. Im Unterschied zu institutionell geschützten Märkten sind Kontrakte auf Schattenmärkten Verhandlungssache eines bilateralen Monopols. Sowohl Anbieter als auch Nachfrager sind außerstande, über Marktinstitutionen routinemäßig Informationen abzufragen, so daß beide Seiten nur ein Minimum an Informationen zur Verfügung haben. Sofern zwischen den Tauschpartnern keine vertrauenswürdigen Bindungen existieren und eine effektive Kontrolle der Einhaltung von Vertragsbedingungen nur unter unverhältnismäßig hohen Transaktionskosten möglich ist, besteht die Gefahr, daß das zu tauschende Gut nicht in der vereinbarten Menge oder Qualität bereitgestellt wird. Die gesamte Transaktion wird damit zum Risiko.[294] In diesem embryonalen Marktzustand sind die Marktteilnehmer zwar durch die formale Rechtsstruktur in ihrem Wirken behindert, informell sind die Grenzen jedoch sehr weit gezogen, da ein Rechtsschutz für Schattenmarktakteure nicht existiert.

Restringierend wirkte in sozialistischen Planwirtschaften die Tatsache, daß die Betriebe nicht die Möglichkeit hatten, auf legalem Weg Güter gegen Geld nachzufragen, da eine autonome Verwendung des betriebliches Buchgeldes die zentrale monetäre Planung, die die Güterplanung ergänzte, konterkarriert hätte. Die außerplanmäßige Verwendung pekuniärer Mittel war somit stark eingeschränkt, weshalb die Attraktivität von Geldgewinnen nicht sonderlich hoch war und der informelle Faktorhandel auf dem Realtausch von Gütern basierte. Die Liquidität eines Betriebes zeigte sich dann in der Höhe der freien Disponierbarkeit von Gütern. Vermögenspositionen konnten also durch Materialhortung aufgebaut werden.[295] Diese stellte dann die Kaufkraft des Betriebes dar, die allerdings durch schlechte Lagerhaltung der Gefahr der Entwertung unterlag.

2.3.2.3 Transaktionskosten und informeller Handel

Der bilaterale Gütertausch ist mit erheblichen Transaktionskosten verbunden, da sich jeweils zwei Tauschpartner auf dem Schattenmarkt finden müssen, deren Tauschwünsche unmittelbar deckungsgleich sind. Funktioniert dieser direkte Tausch nicht, dann muß ein Gut gefunden werden, welches die Tauschmittelfunktion übernehmen kann. Während jedoch auf Punktmärkten die Sondierung von Angebot und Nachfrage durch die Transparenz des Marktes und die Verkürzung der Tauschwege unter geringen Kosten erfolgen kann, galt dies für die regional entlegenen, nach politischem Kalkül anstelle ökonomischer Rationalität gewählten Standorte in den Zentralverwaltungswirtschaften Osteuropas nicht. Ebenso verminderten die Geheimhaltung der informellen Transaktionen, der geringe Organisationsgrad sowie fehlende zentrale Informationsdatenbanken die Markttransparenz. Hohe Transaktionskosten

[294] Vgl. hierzu Kapitel III.2.3.2.3.

[295] Vgl. Hoffer, 1992, S. 72f.

infolge einer geringeren Informationsdiffusion erhöhten somit die Grenzkosten der Informationsbeschaffung.[296]

Das Problem, den geeigneten Tauschpartner zu finden, wurde durch die Schwierigkeit begleitet, Einigung über die zu tauschenden Mengen herzustellen. Versorgungsengpässe in der Faktorausstattung der Betriebe konnten dazu führen, daß ein Tauschgeschäft daran scheiterte, daß die Liefermengen des Anbieters nicht dem Bedarf des Nachfragers entsprachen. Dies war vor allem dann der Fall, wenn der Nachfrager ein spezifisches Gut zu beschaffen hatte und die Zeit hierfür knapp war. Für die Betriebsleitung war es in solchen Fällen vorteilhaft, über ein stabiles Netz informeller Beziehungen und Kontakte zu verfügen, wobei mit zunehmender Transaktionsspezifität der Koordinationsaufwand im informellen Sektor anstieg.

Die auf dem Schattenmarkt wirkenden Restriktionen induzierten Strategien zur Senkung der Transaktionskosten des Schattenmarkttausches. Diese Maßnahmen dokumentieren die Fähigkeit der ökonomischen Elite, sich den unterentwickelten Marktbedingungen flexibel anzupassen. Es bildeten sich zwei wesentliche institutionelle Vorkehrungen heraus: „Credible commitments“ [297] sowie das „Tolkatsch-System“.[298]

Bei den „credible commitments“ ging es im Kern um die Frage, wie die Verhandlungspartner über einen längeren Zeitraum an Vereinbarungen gebunden werden konnten, so daß den informellen Transaktionen Stabilität verliehen werden konnte und die Bildung von Verhaltenserwartungen sowie Glaubwürdigkeit und Vertrauen möglich wurden. Eine offizielle Sanktionierung Vertragsbrüchiger per Gesetz war wenig opportun, da der Anzeigende selbst Teilnehmer an einer ungesetzlichen Handlung war und damit ebenfalls von einer Bestrafung betroffen sein konnte.[299]

Zwei Gründe sind denkbar, die die Einhaltung von Vereinbarungen begünstigen.[300] Einerseits ist das eigene Interesse an der Realisierung von Verträgen zu nennen. Dahinter verbirgt sich der motivationale Aspekt, der zu einer Handlung veranlaßt, weil sie mit Vorteilen für den Akteur verbunden ist. Unterstellt man als Handlungsziele für die ökonomische Elite die Erzielung von Planerfüllungsprämien sowie die Festigung erreichter Positionen mit Aussicht auf Beförderung, so ist hierin durchaus ein Anreiz für vertragskonformes Verhalten zu sehen. Vertragliche Bindungen werden somit glaubhaft und stabil durch den Nutzengewinn der Tauschpartner aus

---

[296] Vgl. Schäfer, 1984, S. 41.

[297] „Credible commitments“ sind glaubhafte Bindungen, die die Vertragspartner zu einer vertragsgemäßen Ausführung der vereinbarten Transaktionen bewegen sollen. Der Grund für die freiwillige Einhaltung dieser Vereinbarungen sind Transaktionskostenersparnisse. Vgl. Schumann, 1987, S. 399.

[298] Die deutsche Übersetzung von Tolkatsch: Anstifter, Antreiber.

[299] Vgl. Wiegand, 1987, S. 63.

[300] Vgl. North, 1993, S. 13.

dem Tauschgeschäft. Ein zweiter Grund liegt in dem beiderseitigen Interesse, glaubwürdig zu sein, um die Transaktionskosten der Durchführungskontrolle zu sparen. „Credible commitments", wie auch immer herbeigeführt, fixieren sich erst über einen langen Zeitraum, nachdem Kontakte aufgebaut und eine häufige Wiederholungsfrequenz informeller Transaktionen über einen längeren Zeitraum abzusehen ist. Die Situation in Zentralverwaltungswirtschaften war für dauerhafte informelle Geschäftsverbindungen günstig, da die permanenten Allokationsmängel der zentralen Planbehörde die Schattenwirtschaft unterstützten.

Eine Folgeerscheinung der schattenwirtschaftlichen Aktivitäten war die Herausbildung eines Tätigkeitsfeldes, das sich inhaltlich mit der Beobachtung des Schattenmarktes, der Kontaktpflege und dem Kauf oder Verkauf von Gütern auseinandersetzte. Der „Tolkatsch“ ist in sozialistischen Wirtschaftssystemen ein Organisator, der auf den informellen Produktionsgütermärkten illegale Geschäfte anbahnt.[301] Formal gehört er einem Betrieb an, für den er im Land herumreist und Güter anbietet oder Güter fremder Betriebe nachfragt. Im „Tolkatsch-System“ werden Spezialisierungsvorteile institutionalisiert, da durch die häufige Wiederholung dieser Tätigkeit Routinen herausgebildet werden. Der Vorteil sind Transaktionskostenersparnisse, die sich daraus ergeben, daß der Tolkatsch seine Verhandlungspartner nach mehrmaligen Treffen kennt und einzuschätzen weiß. Ebenso erwirbt der „Tolkatsch“ durch seine Tätigkeit Erfahrungen im Führen von Verhandlungen. Es sind die Häufigkeit dieser Schattenmarktgeschäfte und die Spezifität des dafür notwendigen Wissens, die es für den Betrieb interessant werden lassen, dauerhaft den „Tolkatsch“ in das Unternehmen einzubinden.[302] Denn wechseln die Akteure in den Verhandlungsrunden, müssen jedesmal aufs Neue Informationen über die Gegenseite beschafft werden. Insofern ist das „Tolkatsch-System“ auch ein Beitrag zur Förderung von „credible commitments“.[303]

2.4 Verteilungswirkungen

Die Schattenwirtschaft in den sozialistischen Planwirtschaften basierte auf der Grundlage allokativer Ineffizienz und befriedigte die Nachfrage dort, wo der Plan an seine starren Grenzen stieß. In den Zentralverwaltungswirtschaften Osteuropas waren güterwirtschaftliche Ungleichgewichte äußerlich an der Existenz von Warteschlangen im Konsumgüterbereich auf der Stufe der Endverbraucher sowie an Qualitätsmängeln, Materialsubstitutionen, quantitativen Planverfehlungen und der Hortung von Ressourcen im Produktionsbereich erkennbar. Als Rationierungsinstrument

---

[301] Vgl. Kochevrin/Filatotchev/Bradshaw, 1994, S. 377.

[302] Vgl. Williamson, 1990, S. 59ff.

[303] „The experienced people who know who has what, and a barter is arranged through these unofficial channels.“ Katsenelinboigen, 1977, S. 73. Vgl. auch Wiegand, 1987, S. 32.

im Konsumgütersektor zur Regulierung von Nachfrageüberschüssen koordinierten Warteschlangen Angebot und Nachfrage. Statt einer Marktpreiskoordination waren Zeit und Informationen entscheidende Koordinationsparameter im offiziellen Sektor.[304] Wer über ein flexibles Zeitbudget verfügte, war in der Lage, Transaktionen dann zu tätigen, wenn das Angebot dies zuließ. Die Nutzung des Zeitbudgets hing von alternativen Verwendungsmöglichkeiten ab und war eine Frage der Zeitopportunitätskosten bei der Realisierung der einen oder anderen Transaktion. Die Preisfixierung der Güter führte vor allem im subventionierten Grundnahrungsmittelbereich zu einem relativen Bedeutungsanstieg des Zeitfaktors im Vergleich zur Verteilung nach der Höhe des Arbeitseinkommens. Gerade Bezieher niedriger Einkommen kompensierten einkommensbedingte Verteilungsnachteile durch eine Intensivierung des Zeitaufwandes. Auf informeller Ebene erfolgte die Verteilung durch den Preismechanismus der Schattenwirtschaft sowie durch Bestechung, Macht und Einfluß.[305]

Die sich in den Warteschlangen dokumentierende Nachfragekonkurrenz im offiziellen Sektor konnte somit umgangen werden, wenn Einkommen oder Beziehungen und Kontakte die Nutzung des Schwarzmarktangebots ermöglichten. Da die alten Eliten i. d. R. über Informationsvorsprünge, nutzbringende Kontakte und hohe Einkommen, die zum Teil in der Schattenwirtschaft erzielt wurden, verfügten, konnte sie sich der Nachfragekonkurrenz in der offiziellen Wirtschaft leichter entziehen als andere Bevölkerungsteile und ihre Nachfrage auf den Schattenmarkt umlenken.[306]

Die Beschränkung der Güterkäufe im offiziellen Sektor durch den Umfang an frei verwendbaren Zeitressourcen und des inflationsbedingten Verlusts an Realeinkommen wird deutlich, wenn man den Konsumenten ein festes Zeitbudget unterstellt, das sich aus der Gesamtzeit (Arbeitszeit und Freizeit) abzüglich der Arbeitszeit ergibt und sich proportional zur Höhe des Nachfrageüberschusses nach Konsumgütern verbraucht. Die Warteschlangen, die sich bei einem Güterkauf bilden, sind dann als sichtbarer Ausdruck des Zeitaufwandes zu interpretieren. Mit zunehmender Nachfrage werden diese Warteschlangen länger, wodurch die Wartezeit ansteigt.[307] Die Zeit für alternative Wahlhandlungen wird knapper, so daß bei konstantem Zeitbudget ein Verlust an Handlungsmöglichkeiten zu verzeichnen ist.[308] Da mehr Zeiteinheiten für die Durchführung einer Transaktion aufgewendet werden müssen, nimmt die Kaufkraft einer Zeiteinheit ab. Aufgrund der Versorgungsengpässe im Gütersektor inflationiert neben der Kassenhaltung auch der Zeitaufwand je Transaktion. Der Wert

---

[304] Mit der Verteilungspolitik beschäftigen sich u. a. Mochalov, 1974; Anan'eva, 1974.

[305] Vgl. Gorski, 1989.

[306] Vgl. Gorski, 1989, S. 524.

[307] Es gilt die Annahme, daß kurzfristig keine Mengeneffekte die Nachfrage beeinflussen. Die Wartenden gehen davon aus, daß sie ihre Nachfrage decken können, unabhängig von den Konsumkäufen derjenigen, die vor ihnen an der Reihe sind.

[308] Vgl. hierzu Kapitel III.2.1.

einer Zeiteinheit drückt sich dann in ihrem Schattenpreis aus, der die Opportunitätskosten des Verzichts auf die nächstbeste Verwendungsalternative zum Ausdruck bringt. Ein Gleichgewicht kann in diesem Fall erreicht werden, wenn die Summe aus Abgabepreis und Schattenpreis dem Preis entspricht, der sich ohne Preiskontrolle frei gebildet hätte.

Die Argumentation kann weitergeführt werden, wenn nicht nur die reine Wartezeit als Zeitaufwand interpretiert wird, sondern zusätzlich die Zeit, die aufgewendet wird, um Daten zu sammeln und zu Informationen zu verdichten. Diese Informationen bilden für das Individuum erst die Entscheidungsgrundlage dafür, sich in eine Warteschlange einzureihen oder nicht. Die unternommenen Anstrengungen zum Abbau von Informationsdefiziten über die Qualität des Gutes, die zur Verteilung vorliegende Menge sowie den Ort der Verteilung sind von Bedeutung, wenn, wie in den sozialistischen Planwirtschaften, das Versorgungssystem intransparent ist und einzelne Güter nur sporadisch erhältlich sind. Zudem ist zu berücksichtigen, daß es für die erfolgreiche Umsetzung einer Kaufabsicht vorteilhaft sein kann, wenn der Konsument Informationen zeitlich früher zur Verfügung hat als die Konsumrivalen. Dieses Unterfangen erwies sich in den Planwirtschaften Osteuropas jedoch als schwierig, da keine transaktionskostensenkenden Informationsmedien zur Datenbeschaffung, wie z. B. Werbeanzeigen in Tageszeitungen, existierten und somit die Warteschlange selbst häufig die einzige Informationsquelle war, wenn man nicht Zugang zu informellen Informationsstrukturen hatte. Im Unterschied zu Wettbewerbsmärkten trägt in Planwirtschaften der Konsument die Kosten der Informationsversorgung. Nach STIGLER sind die Kosten der Informationsbeschaffung auch als Transportkosten von der Unwissenheit zur „Allwissenheit" zu bezeichnen.[309] Um die knappe Ressource Zeit in dieser Situation effizienter zu bewirtschaften, formierten sich einzelne Kaufinteressenten zu einer vorübergehenden Interessengemeinschaft, die das Ziel verfolgte, den Güterkauf bei möglichst geringen Zeitkosten zu realisieren.[310] Die Mitglieder dieser zeitlich befristeten Interessengruppe wechselten im Anstehen einander ab, wodurch die nicht wartenden Mitglieder mehr Zeit für alternative Tätigkeiten aufwenden konnten. Die Gruppe steigerte damit ihre Produktivität in der Bewirtschaftung der Zeit. Bei fixiertem Zeitbudget konnte auf diese Weise ein Kaufkraftanstieg realisiert werden. Alternativ wurden Personen als „Schlangesteher" engagiert, die geringere Zeitopportunitätskosten aufwiesen (z. B. Rentner) und damit die individuelle Nutzungseffizienz des Zeitbudgets erhöht haben, da nun Zeitressourcen frei wurden, die in produktivere Verwendungsrichtungen eingesetzt werden konnten. Der Grenzertrag bzw. Grenznutzen einer Zeiteinheit in der neuen Verwendungsrichtung mußte dabei so hoch sein, daß auch nach Entlohnung des „Schlangestehers" ein positiver Nettonutzen bzw. Nettoertrag zu verzeichnen war.

---

[309] Vgl. Stigler, 1967, S. 291.

[310] Vgl. Wiegand, 1987, S. 97f.

Parallel zur Produktivitätssteigerung bestand die Möglichkeit, durch Umwandlung eines Teils der Arbeitszeit in Wartezeit das Zeitbudget für Konsumkäufe auszuweiten. Dies setzte allerdings voraus, daß das Entfernen vom Arbeitsplatz während der Arbeitszeit ohne Folgen blieb, da sonst die Kosten durch Sanktionierung den Zeitvorteil kompensieren konnten.

In der Schattenwirtschaft wurden Angebot und Nachfrage dagegen über vereinbarte Austauschrelationen zusammengebracht. Die Folge war eine duale Preisentwicklung zwischen dem staatlichen legalen Transaktionsbereich und den Schattenaktivitäten.[311] Für die Konsumenten änderten sich damit die Restriktionen, denn während in der offiziellen Wirtschaft die Preise konstant blieben und die Nachfrage, wie gesehen, über die Zeit selektiert wurde, entschied bei schattenwirtschaftlichen Transaktionen die monetäre Budgetrestriktion der Nachfrager über die Marktchancen. Vor allem die leitenden Kader in den staatlichen Handelsorganisationen waren Nutznießer der Existenz der auf den Konsumgüterbereich ausgerichteten Schattenmärkte, da sie die Produkte, über die sie verfügten, dem legalen Verkauf entziehen und der Schattenwirtschaft zuführen konnten. Im vorgeschalteten Faktorhandel war der Verkauf von Inputreserven möglich, wobei Geldzahlungen über private Konten abgewickelt wurden, da die Betriebe Budgetrestriktionen ausgesetzt waren und die Verwendung monetärer Mittel der staatlichen Kontrolle unterlag. Nutznießer aus dem Verkauf von Produktionsmitteln war die ökonomische Elite sowie jeder Betriebsangehörige, der die Möglichkeit zur Entwendung staatlicher Inputfaktoren besaß. Darüber hinaus existierte zwischen zwei Betrieben der „Ringtausch von Inputreserven“[312]. Die auf Naturaltausch basierenden Transaktionen schränkten die Verwendungsmöglichkeiten des Schatteneinkommens ein, da die Betriebsleitung Abnehmer im Tausch gegen von ihr präferierte Ressourcen finden mußte, sofern die Inputfaktoren nicht selbst benötigt wurden. Den größten Vorteil aus dem Tausch von Faktorreserven hatte dementsprechend der nachfragende Betrieb, wenn der Erhalt der Ressourcen die Planerfüllung sicherstellte.

Die Gewinnaussichten führten in der Produktions- und Konsumsphäre zu einem Abfluß von Gütern aus dem staatlichen Handel in die Schattenwirtschaft mit der Konsequenz, daß sich die Geldeinkommen der Konsumenten weiter entwerteten, weil Kaufkraft nicht nur durch den Mangel an Gütern verlorenging, sondern auch durch die Verlagerung großer Teile des Angebots in die Schattenwirtschaft mit hohen Knappheitspreisen. Aus der Perspektive der klassischen Wohlfahrtstheorie erhöhten diese Märkte die Allokationseffizienz, da sich neben der dirigistischen Verteilung von Gütern unter politisch-normativen Gesichtpunkten mit der Schattenwirtschaft ein

---

[311] Vgl. Hoffer, 1992, S.173.

[312] Welfens, 1989, S. 381.

weiterer Koordinationsmechanismus etablierte, dessen Instrumentarium an Marktgesetzen ausgerichtet war.[313]

Parallel dazu entstanden neue Einkommenserzielungsmöglichkeiten, wodurch sich die relativen Einkommens- und Vermögenspositionen der Individuen veränderten. Zu den Nutznießern zählten all jene, die über eine Zugriffsmöglichkeit auf solche Güter verfügten, für die eine Nachfrage in der Schattenwirtschaft bestand. Neben den in der Subsistenzwirtschaft für die Bauernmärkte produzierenden Besitzern kleiner Landparzellen waren dies vor allem die ökonomischen Eliten in den Betrieben. Diese Elitegruppe besaß ein hohes schattenwirtschaftliches Potential, da sie Zugriff auf erstklassige Marktinformationen hatte, sich in bevorzugter Weise illegal Ressourceninputs aneignen konnte sowie Möglichkeiten zur Durchführung von Spekulationsgeschäften und der Beschäftigung von Schwarzarbeitern zur Privatproduktion innerhalb der Staatsbetriebe hatte.[314]

Die Gewinne in der Schattenökonomie widersprachen den offiziellen Verteilungsnormen und führten auf staatlicher Seite zu Anpassungsreaktionen.[315] Zwei Möglichkeiten standen offen: Erstens die Verschärfung von Kontroll- und Sanktionsmechanismen zur Vermeidung schattenwirtschaftlich bedingter Einkommensdisparitäten, was jedoch aufgrund der bereits diskutierten Umsetzungsschwierigkeiten nur begrenzten Erfolg hervorrief. Zweitens konnte aus pragmatischen Erwägungen ein Einkommensausgleich gewährt werden, indem auch der politischen Nomenklatura informelle Einkommen zugestanden wurden. Die tatsächlich erfolgte stille Duldung der Partizipation der politischen Elite an der Schattenwirtschaft verfolgte gleichzeitig das Ziel, die Loyalität der untergeordneten politischen Elite zur Führung nicht in Gefahr zu bringen. Die Existenz der Schattenökonomie hatte für die Nomenklaturisten in bedeutenden Entscheidungspositionen einen doppelten Vorteil, sie konnten nicht nur ihre offiziellen Privilegien aufbessern, sondern zusätzlich durch „kickbacks" der Betriebe ein inoffizielles Einkommen beziehen. Dies waren überwiegend Güterleistungen der Betriebe, mit denen sie wohlfeiles Verhalten in der Verwaltung, wie den Verzicht auf Kontrollen, vergüteten.

Die Risiken einer schattenwirtschaftlichen Betätigung waren entsprechend niedrig, da die Stellung der Elite in der Hierarchie und das Beziehungsnetzwerk zu anderen Kadern den einzelnen vor Aufdeckung schützten und zudem die Gefahr für die politische Führung bestand, bei Aufdecken einer Korruptionslawine selbst in die Nähe illegaler Handlungen gerückt zu werden.

---

[313] Schäfer skizziert die Problematik der Schattenwirtschaft für Marktwirtschaften und verweist auf Ausweichreaktionen vor dem Hintergrund eines stark regulierten, sozialen Sicherungssystems in der Bundesrepublik Deutschland. Vgl. Schäfer, 1992.

[314] Vgl. Gorski, 1989, S. 530f.

[315] Vgl. Welfens, 1988, S. 13f.

2.5 Zur Bedeutung parteiloyalen Verhaltens

Wenngleich im offiziellen Sprachgebrauch Karrierismus mit ausschließlich negativen Attributen belegt wurde, so wurde der Aufstieg in höherrangige Positionen doch immer wieder als Instrument der Führung zur Systemstabilisierung genutzt. Die Kaderpolitik war ein Baustein im „Prinzip des demokratischen Zentralismus". Im Unterschied zu den beiden formellen Aspekten dieses Prinzips, dem parteiinternen Fraktionsverbot und der einheitlichen Direktivleitung, erfolgten Stellenbesetzungen nicht nach einem formell institutionalisierten Verfahren.[316] Politisch legitimiert durch den Leninschen Grundsatz, daß wichtiger als die fachliche Eignung das politische Vertrauen des Kandidaten sei, wurde die Personalpolitik als Herrschaftsinstrument in der Kaderpolitik eingesetzt.[317] Die Ernennung von Führungskräften unterlag jeweils der individuellen Motivation desjenigen, der ernennen durfte. Nach außen wurde der Schein gewahrt, indem das Politbüro dem Zentralkomitee und dem Parlament einen Kandidaten für einen politischen Posten empfahl, der anschließend per Akklamation von den Mitgliedern des Parlaments bestätigt wurde. Das Ernennungssystem verhinderte die Etablierung ideologiefeindlicher Opponenten in elitären Positionen und sicherte die Amtsinhaber vor dem Risiko des Machtverlusts ab.[318]

Das von Lenin stärker präferierte Vertrauenskriterium im Auswahlprozeß ist in einer Zeit politischer Instabilität und einer noch wenig komplexen, schwach organisierten, Wirtschaftsgesellschaft notwendig zur Verstetigung politischer Prozesse.[319] Durch die Komplexitätszunahme des ökonomischen Systems erfolgte jedoch ein neues Qualifikationserfordernis, welches die fachlichen Fertigkeiten vor allem der ökonomischen Eliten zum Inhalt hatte. Als Aufstiegskriterium war die berufliche Qualifikation nur von minderem Interesse gewesen, da die ideologische Vorfahrtregelung des Primats der Politik im Entscheidungsfall den Kandidaten bevorzugte, den es aufgrund seiner politischen Arbeit zu belohnen galt. Die Kaderpolitik bewirkte ein äußerst geringes Interesse der fachlichen Eliten in der Wirtschaftsverwaltung und im Betrieb an berufsqualifizierenden Weiterbildungsmaßnahmen.[320] Die geringen Anreize zur beruflichen Weiterbildung wurden häufig noch dadurch verstärkt, daß Schulungen zentral, unter Umständen weit entfernt vom Wohnort, durchgeführt wurden und eine zeitlich determinierte Entkoppelung von privaten Bindungen bedeutete. Das geringe Interesse von Seiten der potentiellen Nachfrager an Wei-

---

[316] Vgl. Touché, 1993, S. 106.

[317] Vgl Ludz, 1968, S. 125.

[318] Gill bezieht sich in seiner Analyse auch auf die Nachfolgeregelung des Genelralsekretärs der kommunistischen Partei in der Sowjetunion. In dem Fehlen formeller Regeln sieht er die machtvolle Position Stalins begründet. Vgl. Gill, 1985, S. 218ff.

[319] Vgl. Hoffer, 1992, S. 78.

[320] Vgl. Ahlberg, 1988, S. 969.

terbildungsmaßnahmen wurde ergänzt durch ein qualitativ mäßiges Angebot an Schulungsmaßnahmen. Die Einbindung der Schulungsinstitute in den zentralen Volkswirtschaftsplan und die Plankontrolle durch quantitative Kennziffern konzentrierte die Bemühungen der Bildungsanbieter auf die Erfüllung der Durchlaufquote an Seminarteilnehmern und minderte den qualitativen Anspruch.[321]

Eine zumindest offizielle Gewichtsverlagerung in der Bedeutung der Selektionskriterien erfolgte durch die Festschreibung der Auswahlkriterien für die Kaderbildung auf dem 27.Parteitag der KPDSU 1986. Entscheidungsrelevant waren nun das berufliche Wissen, die politisch-moralischen Eigenschaften, die Fähigkeit zur partnerschaftlichen Menschenführung und die praktische Berufserfahrung.[322] Wichtigstes Merkmal sollte die berufliche Eignung sein, was als Resonanz auf die Qualifikationsdefizite in der Verwaltungselite zu sehen ist, deren Karriere sich bis dahin „unabhängig von einer objektiven Leistungskontrolle oder einer beruflichen Qualifizierung"[323] vollzog. Eine 1987 in die Wege geleitete Studie über Karrieremuster und Qualifikationsniveaus von 828 Mitgliedern der Wirtschaftselite brachte zum Vorschein, daß die moralisch-politischen Eigenschaften für den Einstieg in Eliteränge Bedeutung erlangten, im weiteren beruflichen Verlauf jedoch an Bedeutung verloren.[324] Loyalitätsbeweise verkamen deshalb zu ritualisierten gesellschaftspolitischen Aktivitäten, die die Bewerber als Formalität routinemäßig zu verrichten versuchten, ohne sich ihrer normativen Bedeutung im Sinne der Ideologie bewußt zu sein. Die Studie kommt zu dem Schluß, daß in der Praxis technokratisches „Herrschaftswissen und die individuelle Durchsetzungsfähigkeit"[325] die Garanten für Karrieren in der Wirtschaftsverwaltung waren und die modifizierten Kriterien der Kadertheorie nur geringe praktische Relevanz besaßen.

3 Zusammenfassung

Auch in sozialistischen Planwirtschaften waren die Handlungsmotive der politischen und ökonomischen Eliten durch Eigennutz geprägt. Das idealtypische Menschenbild sozialistischer Gesellschaften wurde in der Realität nicht erreicht, weil der normative

---

[321] Vgl. Ahlberg, 1988, S. 969.

[322] Vgl. Ahlberg, 1988, S. 970f.

[323] Ahlberg, 1988, S. 969.

[324] Die 1987 in Auftrag gegebene Studie sah eine Befragung von 828 Teilnehmern einer Fortbildungsmaßnahme an der Akademie für Volkswirtschaft beim Ministerrat der UdSSR vor. Die Teilnehmer hatten in den Jahren 1980 bis 1986 dort studiert und wurden zu Karriere- und Qualifikationsmerkmalen aus der Zeit vor ihrem Eintritt in die Akademie befragt. Erste Ergebnisse sind publiziert worden von I.F. Sokolowa und M.A. Manuilskij. Dazu Ahlberg, 1988, S. 966.

[325] Ahlberg, 1988, S. 978.

Anspruch des Sollens die Menschen nicht dahingehend motivierte, altruistisch das Kollektiv in den Vordergrund zu stellen. Auch unter den Kadern galten die Steigerung des individuellen Einkommens sowie die Erlangung und Sicherung von Ansehen, Macht und Prestige als die vordringlichen Interessen. In der Verfolgung dieser Interessen wurden sie durch Rahmenbedingungen restringiert, die unterschiedliche Verhaltenswirkungen induzierten. Hinsichtlich Einstellungen und Verhaltensweisen können drei Elitegruppen unterschieden werden:

- Die politische Führung: Organisiert im Politbüro sowie dem dazugehörigen Sekretariat trugen diese politischen Eliten die letztinstanzliche Entscheidungsverantwortung in Politik und Wirtschaft. Die Exklusivität ihrer Handlungsrechte machte sie zu Eigentümern des volkswirtschaftlichen Produktionspotentials und letztlich ebenso, da auch der Mensch als Produktionsfaktor der zentralen Planung unterzogen wurde, zu Eigentümern an der Gesellschaft. Die Mitglieder des Politbüros besaßen ein quasi-unternehmerisches Interesse am effizienten Ressourceneinsatz im Produktionsprozeß sowie an dynamischer Effizienz, da hierdurch der Spielraum für verteilungspolitische Maßnahmen größer wurde und Investitionsziele wie auch Konsumentenbedürfnisse gleichzeitig berücksichtigt werden konnten. Eine solchermaßen erfolgreiche Politik stärkte die Macht der politischen Führung. Die Durchsetzung des unternehmerischen Interesses wurde jedoch durch die notwendige Delegation von Handlungsrechten auf untergeordnete Hierachieebenen verwässert. Die Politbüromitglieder fungierten als Prinzipale einer volkswirtschaftlichen Organisation, in der die Vielschichtigkeit der Hierarchieebenen den ausführenden Agenten unkontrollierbare Handlungsfreiheiten beließ (z. B. weiche Pläne). Diese Handlungsfreiheiten verminderten den potentiell möglichen Output, sofern die Ziele der untergeordneten Eliten nicht mit denen der politischen Führung übereinstimmten. Die Politbüromitglieder verfügten somit nur über einen unteroptimalen Produktionsoutput, wodurch der Rahmen für die eigene Aneignung von Wertschöpfungsanteilen eingeschränkt wurde. Dennoch waren sie in der Lage, kraft ihrer Position jederzeit unter Aufbringung geringer Kosten auf formellem Wege Güter und Dienstleistungen beziehen zu können, die der Bevölkerung vorenthalten wurden oder nur unter größerem Aufwand von ihr akquiriert werden konnten. Die Nutzung dieses dauerhaften Privilegs verursachte Kosten durch „rent-protection", um den Machterhalt zu sichern.
- Die politische Elite unterhalb der Führungsebene: Die weisungsgebundene politische Elite der zweiten Ebene war in ihrer rechtlichen Eigenständigkeit bis auf die an sie delegierten Kompetenzen unselbständig. Die Verbesserung der individuellen materiellen Vermögensbestände konnte nur auf informellem Wege erfolgen, bevorzugt dort, wo die Eigentümerkontrolle der staatlichen Organe versagte. Ihr eigennutzorientiertes Interesse deckte sich nicht mit den Unternehmerinteressen der politischen Führungselite und verlagerte sich deshalb auf Aktivitäten im informellen Sektor. Da die politische Elite der zweiten Reihe lediglich einen delegierten Zugriff auf Güter oder Produktionsfaktoren hatte, lagen ihre Aktivitäten mehrheitlich im Verkauf selektiver Informationen und in einer preisdifferenzierten

Bearbeitung bürokratischer Vorgänge. Sofern informationsrelevante Schnittstellenpositionen in der Verwaltung besetzt wurden, handelte diese politische Elite unternehmerisch hinsichtlich der Bewirtschaftung von Informationen.

- Die ökonomische Elite: Vergleichbar der politischen Elite der zweiten Reihe, war auch die ökonomische Elite weisungsabhängig. Auch ihre Interessen divergierten mit den Zielen der politischen Führung und richteten sich auf eigenwirtschaftliche Aktivitäten im informellen Sektor. Das delegierte Verfügungsrecht zum Gebrauch von Ressourcen eröffnete den ökonomischen Eliten Zugriffsmöglichkeiten auf Güter und Produktionsfaktoren, die bei unvollständiger Kontrolle durch die Implementation weicher Pläne einen informellen Ressourcenhandel begründeten. Die private Ressourcenbewirtschaftung kennzeichnete die informelle Erweiterung formeller Handlungsrechte. Damit waren die ökonomischen Eliten Beteiligte in der Schattenwirtschaft. Diese zusätzliche Einkommensquelle war auch ein Ausgleich für Benachteiligungen in der offiziellen Privilegienausstattung der ökonomischen Eliten gegenüber der politischen Elite. Abhängig von der Risikobereitschaft standen unterschiedliche Schattenmarktaktivitäten zur Verfügung. Der Schwarzhandel mit Gütern aus der staatlichen Produktion zum Zweck der eigenen Bereicherung wurde staatlicherseits besonders streng sanktioniert, während der informelle Faktorhandel toleriert wurde, wenn er dem Ziel der Planerfüllung diente. Zu bemerken ist allerdings, daß auch die Planerfüllung dem individuellen materielle Interesse diente und der Übergang von der staatlichen Duldung zur Nichtduldung fließend war. Die wenig abschreckende Wirkung hoher Strafandrohungen läßt den Rückschluß zu, daß die Bestrafung selbst einem weiten Ermessensspielraum unterlag, der vielfältigen Einflüssen (Beziehungsnetzwerke, Korruption) unterlag.

  Unternehmerische Kreativität in der Schattenwirtschaft wurde durch die Etablierung des „Tolkatsch-Systems" dokumentiert, das zu Transaktionskosteneinsparungen bei Verhandlungen über informelle Faktorlieferungen führte. Damit entwickelte sich eine Tätigkeit heraus, die die Intransparenz des Schattenmarktes, basierend auf Informationsunvollkommenheiten, nutzte und zu Budgeteinsparungen bei den informell agierenden Betrieben beitrug.

Abschließend bleibt festzuhalten, daß die politischen Eliten im Politbüro zwar als einzige eine Art unternehmerisches Interesse am Produktionsergebnis der Betriebe hatten, doch aufgrund ihrer Distanz zu den ausführenden Organen die Produktionseffizienz nicht wirkungsvoll überwachen konnten. Die politische Elite der zweiten Reihe war mit verdünnten Handlungsrechten ausgestattet, der Zugriff auf Ressourcen aus der Produktionssphäre war nur eingeschränkt möglich, weshalb diese Eliten unternehmerische Kreativität in der Bewirtschaftung ihres Wissens entfalteten und ihre exponierte Position entgegen den Zielen des Politbüros eigennützig vermarkteten. Die unternehmerische Kreativität der ökonomischen Eliten lag dagegen in schattenwirtschaftlichen Ressourcentransaktionen, wodurch ein zweiter ökonomischer Lenkungsmechnismus zur zentralen Planung eingeführt wurde.

IV. Eliteverhalten im institutionellen Übergang

1 Elitespezifische Wohlfahrtswirkungen der Transformation

Mit dem Übergang vom Plan zum Markt wird ein Anstieg der Nettowohlfahrt in den Transformationsländern erwartet. Diese Erwartungshaltung basiert auf institutionellen Effizienzvorteilen, die einer privatrechtlichen Marktwirtschaft gegenüber einer Planwirtschaft zuerkannt werden.[326] Hervorgehoben werden vor allem die Anreizwirkungen aus der individuellen Zuordnung exklusiver ökonomischer Handlungsrechte und den Ressourceneinsparungen durch die transaktionskostenreduzierenden dezentralen Tauschvorgänge zwischen den am Markt operierenden Wirtschaftssubjekten.

Aus einzelwirtschaftlicher Sicht erwachsen aus den neuen Institutionen für jedes Individuum neue Anforderungen. Durch die Substitution der konstitutiven Ordnungsmerkmale ändert sich der Handlungsraum und ziehen marktwirtschaftliche Attribute in das ökonomische Denken und Handeln ein. Leistungsorientierte Erfolgskennziffern, Marktkontrolle, Wettbewerb, Vertragsfreiheit und das Haftungsprinzip sind nur einige Determinanten, die es im Zuge der Transformation zu etablieren und zu akzeptieren gilt. Es erfolgt ein Übergang in einen Nichtroutineprozeß, der durch die Umverteilung von Vermögenspositionen begleitet wird und aus dem die Begünstigten als Transformationsgewinner hervorgehen. Ebenso werden Kosten induziert, die der Volkswirtschaft als Ganzes, aber auch einzelnen Wirtschaftssubjekten entstehen.[327]

Individuelle Kosten sind einem Individuum zuzurechnen, wenn es durch die Änderung der institutionellen Restriktionen seine Handlungsziele oder seine Handlungsstrategien reformieren muß. Dann sind Verhaltensänderungen wahrscheinlich, um erwartete individuelle Wohlfahrtsverluste kompensieren zu können.

Der hier verwendete individuelle Kostenbegriff wird für den Zweck der Analyse sehr weit definiert. So sind Kosten nicht nur pagatorisch als tatsächliche Auszahlungen infolge von Umstellungen zu verstehen, ebenso zählen zu ihnen auch alle pekuniären und nicht-pekuniären Einkommensverluste, die sich als Folgekosten aus der Umstellung ergeben und die Handlungsmöglichkeiten eines Wirtschaftssubjektes beeinträchtigen. Nicht-pekuniäre Einkommensverluste sind das Resultat einer sich

---

[326] Vgl. Alchian, 1977.

[327] Vgl. Apolte/Cassel, 1994. Gesamtwirtschaftliche Kosten entstehen durch Ineffizienzen des institutionellen Rahmens und signalisieren, daß die bewußte Konstruktion einer neuer Ordnung aufgrund der Unvorhersehbarkeit menschlichen Verhaltens nur unvollkommen ist. Zu den Kosten, die der Allgemeinheit entstehen, können auch alle Aufwendungen gezählt werden, die für die politische Umsetzung eines Ordnungskonzepts getätigt werden müssen. Als administrative Transaktionskosten entstehen sie im politischen Willensbildungsprozeß aus der Selektion, Umsetzung und Kontrolle ordnungspolitischer Institutionen. Vgl. Bohnet/Reichhardt, 1992.

ändernden Geisteshaltung (Wertetransformation), die bei einzelnen Wirtschaftssubjekten zu psychologischen Kosten, z. B. Frustrationen, führen kann.

Sieht man in den politischen und ökonomischen Eliten Produktionsfaktoren zur Produktion staatlicher Verwaltungsleistungen sowie betrieblicher Güter und Dienstleistungen, so stellen die Kosten der Transformation eine Wertminderung dieser Faktoren dar, die, bei gesunkenem Grenzertrag, den „Faktorbesitzern" (Eliten in Politik, Staat und Wirtschaft) die Abgabe von Faktorleistungen nur zu geringeren Faktorvergütungen ermöglichen. Für die Eliten bedeutet dies Einkommensverzicht. Der Ausdruck „Wert" ist in diesem Zusammenhang als Vermögenswert zu verstehen. Das Vermögen der Eliten liegt in ihrem spezifischen Fähigkeitspotential, dem Humanvermögen, das einer Abwertung unterzogen wird.[328] In der Abwertung spiegeln sich die Kosten des Transformationsprozesses für die Eliten wider. Die Etablierung marktwirtschaftlicher Werte und Normen trübt die Aussichten auf Umsetzung einer kommunistischen Gesellschaft. Mit zunehmender Festigung des Marktes steigen dann auch die nicht-pekuniären Kosten des Ideologieverzichts bei den Anhängern der alten Ideologie.

In den nachfolgenden Kapiteln ist zu untersuchen, welche Auswirkungen die Transformation auf die Wohlfahrt der Eliten hat. Ihre Anpassungskosten sowie ihre Erträge sind vor dem Hintergrund ihrer exponierten Stellung im früheren System zu spezifizieren. Dabei ist auch zu fragen, ob Eliten mit Schattenmarkterfahrung oder mit einer profunden fachlichen Qualifikation Anpassungsvorteile besitzen. Betrachtet man die ideologische Verbundenheit als ein Persönlichkeitsmerkmal, so stellt auch die kognitive Konsonanz mit den ethischen Ansprüchen der sozialistischen Ideologie einen Faktor dar, der die Anpassungskosten beeinflußt. Ein „Mitläufer" wird den Verlust eines Wertesystems unter Umständen leicht verschmerzen können, da er seine kognitive Anbindung an die alte Ideologie in Grenzen gehalten hat. Zudem bietet sich ihm eine ideologische Alternative, die von der Mehrheit präferiert wird.

1.1 Pekuniäre Kosten der Transformation

Durch die Transformation vom Plan zum Markt verlieren ehemals verhaltensdeterminierende Institutionen ihre Bedeutung oder werden in Gestalt von Nutzungs- und Verfügungsrechten neu definiert und zugeteilt. Als Ergebnis dieser gewandelten Umweltbedingungen entstehen Verhaltensunsicherheiten, da Regelbindungen noch im Aufbau begriffen und neue Verhaltensweisen erst in der Erprobung sind.[329] Diese Anpassung an ein neues institutionelles Umfeld verursacht Reaktionen, die je nach

---

[328] Vgl. Gutmann/Hamacher, 1994, S. 228. Materielle Vermögenspositionen (z.B. Immobilienbesitz) werden nicht betrachtet, da sie nicht unmittelbar die individuellen Fähigkeiten charakterisieren, sondern höchstens mittelbar aus der Umsetzung der eigenen Handlungsfähigkeit resultieren.

[329] Vgl. Kapitel IV. 2.1.

Umfang des erforderlichen Maßnahmenaufwandes unterschiedlich hohe Kosten induzieren. Handelt es sich dabei um Kosten der Alternativensuche, -beurteilung und -auswahl, so kann auch von individuellen Informationskosten gesprochen werden.[330] Zusätzlich zu den individuellen Transaktionskosten existieren zu erwartende Folgekosten, die Zukunftsbezug haben, aber die Entscheidungsfindung in der Gegenwart beeinflussen. Sie sind als Investitionskosten in den Neuaufbau von Humankapital zu verstehen, mit dem langfristig Handlungsrechte auch im neuen institutionellen Umfeld erworben werden sollen. Das grundlegende Handlungsmotiv war die Sicherung der individuellen Wohlfahrt auch in der Zukunft. Die Anpassungskosten sind abhängig von der system- und berufsspezifischen Humankapitalausstattung der Elite und begründen in Relation zu den Nutzenerwartungen die Handlungsentscheidungen.[331]

Die individuellen humanvermögensbedingten Kosten, die einem Wirtschaftssubjekt durch die Umstellung entstehen, hängen von der tatsächlich erreichten berufsspezifischen Situation sowie von zukünftig geplanten beruflichen Entwicklungswegen ab. Von wesentlicher Bedeutung ist das Maß der Abweichung eines neu zu bildenden individuellen Zielsystems von den alten Zielvorstellungen, da hiermit auch eine Abwertung bisher gebildeten Humanvermögens einhergeht, das auf die nun zu revidierenden Zielvorstellungen aufgebaut hatte. Wenn Ziele Langfristvorgaben für das individuelle Handeln sind und sich an den Präferenzordnungen der Wirtschaftssubjekte orientieren, dann steigen die Kosten der Alternativensuche, -beurteilung und -auswahl umso stärker, je mehr frühere Zielsetzungen aufgegeben werden müssen. Eine große Bedeutung muß in diesem Fall der Spezifität des Humankapitals zugemessen werden. Dabei sind sowohl systemspezifische als auch berufsspezifische Komponenten zu berücksichtigen, die allerdings nicht trennscharf voneinander abzugrenzen sind, da die Ausübung eines Berufs oftmals an systemspezifischen Determinanten ausgerichtet war. So war die berufliche Position der politischen Elite an die Voraussetzung geknüpft, ideologisch-politische Kenntnisse zu besitzen. Viele ihrer berufsbedingten Verwaltungstätigkeiten waren nur unter Hinzufügung ideologischen Inputs zu verrichten, was natürlich besonders für die Aufgaben der Parteifunktionäre galt.[332] Ein nahtloser Übergang zwischen system- und berufsspezifischem Humankapital ist auch bei den ökonomischen Eliten zu konstatieren, wenn z. B zur Sicherstellung der Planerfüllung schattenwirtschaftliche Transaktionen durchgeführt wurden. GUTMANN/HAMACHER sehen in Tauschhandel, Planmanipulation sowie „Warteschlangen-know-how“ typische systemspezifische Komponenten des Hu-

[330] Vgl. Bohnet/Reichhardt, 1992.

[331] Systemspezifität wird analog zu Williamson als eine Faktoreigenschaft definiert, die den Wert bzw. die Produktivität eines Faktors von seinem institutionellen Umfeld abhängig macht. In Planwirtschaften erworbenes systemspezifisches Wissen erwirtschaftet eine höhere Produktivität in entsprechenden Wirtschaftssystemen als in seiner Alternativverwendung in Marktwirtschaften. Vgl. Gutmann/Hamacher, 1994.

[332] Vgl. Gutmann/Hamacher, 1994, S. 234.

mankapitals.[333] Spezifisches Humankapital bezieht sich somit auf formelle und informelle Wissens- und Erfahrungskomponenten, die streng an bestimmte Vertrags- bzw. Transaktionsbeziehungen gebunden sind.

Im Transformationsprozeß wirken nun eine Reihe neuer Handlungsrestriktionen (faktischer Entscheidungsprämissen) auf das individuell neu zu definierende Zielsystem ein.[334] Zu den faktischen Entscheidungsprämissen zählt auch die Ablehnung, die einzelnen oder allen ehemaligen sozialistischen Eliten, sofern sie als solche identifiziert werden, entgegenschlägt. In einzelnen Fällen, so zum Beispiel bei hochrangigen Persönlichkeiten der politischen Elite, kann sich die Anzahl der gesellschaftlich legitimierten Alternativen auf Null reduzieren und entstehen statt der Kosten aus Alternativensuche Kosten durch Strafverfolgung.[335] Im Fall einer Verurteilung sind neben den Kosten zur Verteidigung Folgekosten zu kalkulieren, die bei einer Inhaftierung durch das diskontierte entgangene Einkommen und den, durch Schattenpreise bewerteten, Verlust an Freiheit quantifiziert werden können.[336]

Die politische und ökonomische Nomenklatura, besonders die vormalige politische Führung, gilt als Nutznießer des abgelösten Systems. Ihre negative Sanktionierung durch Entzug der reichhaltigen Nutzungs- und Verfügungsrechte, die institutionell und ideologisch bedingte Entwertung ihres Humankapitals sowie die Verhinderung eines Wiederaufstiegs in eine reformierte Eliteschaft sind die Hauptansatzpunkte zur Beurteilung elitespezifischer Wohlfahrtswirkungen. Hieraus entstehen den alten Eliten Hürden im neuen System, die die Anpassungskosten erhöhen. Da es sich hierbei letztendlich um Kosten handelt, die durch den Entzug von Property Rights im institutionellen Wandel entstehen, soll dieser Aspekt im folgenden genauer erläutert werden.

Mit der Verteilung der Handlungsrechte in den Zentralverwaltungswirtschaften Osteuropas waren Vergünstigungen verbunden, die einen Anreiz zum Aufstieg in die Eliteschaft darstellten.[337] Durch die Umverteilung der Rechte im Zuge der Transformation erodieren diese Privilegien und führen zu Einkommens- und Vermögensverlusten bei den Eliten. Um die Situation der sozialistischen Eliten beurteilen zu können, muß man sich vor Augen führen, daß der Aufstieg in Eliteränge mit hohem Investitionsaufwand vollzogen wurde. Es waren Aufwendungen zu tätigen, die die Loyalität gegenüber der herrschenden Führung sowie dem unmittelbaren Vor-

---

[333] Vgl. Gutmann/Hamacher, 1994, S. 232.

[334] Zur Bedeutung von Zielsystem und Restriktionenraum in der Entscheidungstheorie vgl. Pfohl/Braun, 1981.

[335] In fast allen osteuropäischen Ländern mußte sich die oberste politische Führung einem Strafverfahren aussetzen, das im Extremfall, wie das Beispiel Rumänien zeigt, mit der Liquidation des/der Angeklagten enden konnte. Ausnahmen bildeten Rußland und Ungarn.

[336] Vgl. Becker. 1993, S. 51.

[337] Vgl. Abschnitt III.

gesetzten bekundeten, wie Aufwendungen für spezifische Bildungsmaßnahmen, z. B. der Besuch von Parteischulen oder die Übernahme von Funktionen, an die bestimmte Verpflichtungen geknüpft waren.[338] Hierdurch entstanden nicht nur unmittelbar Kosten, etwa durch Reise- oder Materialaufwendungen, sondern auch Opportunitätskosten der Zeit. Die Alternativkosten resultierten beispielsweise aus einer Freizeitreduktion, die den Zeitanteil für nebenerwerbswirtschaftliche Tätigkeiten in der Schatten- oder Selbstversorgungswirtschaft reduzierte. Es war zudem opportun, durch zweckorientiertes angepaßtes Verhalten alle Aktivitäten einzuschränken oder zumindest zu reduzieren, die der herrschenden offiziellen Werthaltung widersprachen und der Karriere hinderlich sein konnten. Die Investitionen in die eigene Karriere versprachen im Erfolgsfall eine beträchtliche Rendite in Form positionsabhängiger Einkommen und Privilegien. Das System der sozialistischen Privilegien hat, wie in Kapitel III.2.2 zu sehen war, dazu beigetragen, daß die Investitionsrückflüsse nicht mit der Beendigung der Erwerbstätigkeit zum Stillstand kamen, sondern auch im Rentenalter noch wohlfahrtssteigernde Vergünstigungen gewährten. Demgemäß umfaßte der zu planende Investitionszeitraum den Lebensabschnitt vom Zeitpunkt der Investitionsausgabe bis zum Tod des Investors. Die über das Erwerbsleben hinausgehende Verschiebung des Nutzungshorizontes der Investition erhöhte die Gesamtsumme der zu erwartenden Investitionsrückflüsse und verstärkte die Motivation zur Investitionstätigkeit. Die enge Verquickung von Partei, Staat und Wirtschaft sicherte den Investoren darüber hinaus vielfältige Einsatzmöglichkeiten und garantierte eine rasche Amortisation der Humankapitalinvestition mit hohen Renditen in der Folgezeit.[339] Die pekuniären und nicht-pekuniären Einkommensverzichte wurden somit vor dem Hintergrund einer dauerhaften Einkommensmaximierung, dem Lebenszeiteinkommen, getätigt.[340]

Mit der Transformation werden Teile der Investitionen in das Humankapital entwertet, die, sofern systemspezifisch, als Fehlinvestitionen unter neuen institutionellen Ordnungsbedingungen keine Rendite mehr erwirtschaften, da das Angebot mit zunehmender Transformationsentwicklung seine Nachfrage verliert.[341] Die Investitionen werden zu Abschreibungsobjekten für die Investoren.

Aus kostentheoretischer Sicht sind die spezifischen Ausbildungsinvestitionen eines Parteikaders bei Systemwechsel als versunken zu betrachten. Durch den institutionellen Wandel können die Investitionsausgaben kaum mehr „zurückgeholt" werden, da diese Investitionen ihre Bedeutung als Hauptvoraussetzung für die berufliche Karriere verloren haben. Dies gilt besonders für Investitionsausgaben in die ideologi-

---

[338] Siehe hierzu auch Kapitel III. 2.3.

[339] Vgl. Winiecki, 1991, S. 7.

[340] Vgl. Kapitel IV. 2.2.1.

[341] Vgl. dazu Lang, 1992, S. 139; Marz, 1991, S. 118ff; Gutmann/Hamacher, 1994, S. 233.

sche Qualifizierung.[342] Für die Eliten hat dies zur Konsequenz, daß, hinsichtlich ihrer Positionsbewertung und ihrer zukünftigen Aktivitäten, die spezifischen Ausbildungsinvestitionen sowie die positionsbedingten Privilegien durch die Transformation verloren und in beruflichen Entscheidungssituationen nicht mehr zu berücksichtigen sind.

1.2 Nicht-pekuniäre Kosten der Transformation

Individuen können durch den Systemwandel Verluste erleiden, die nicht in monetären Dimensionen zu bewerten sind, gleichwohl zu verminderter Wohlfahrt bei den Geschädigten führen. Hierbei stehen jene Eliten im Mittelpunkt, die als idealistische Anhänger des Systems ihre Präferenzordnung an das staatliche Wertesystem angepaßt haben und eine hohe emotionale und kognitive Bindung an das herrschende Wertesystem des Sozialismus besaßen.[343] Sie haben den Änderungsprozeß psychologisch zu verkraften und müssen Nutzenverluste durch die Entwertung ihrer Ideale hinnehmen, an denen sie ihre Präferenzen ausgerichtet haben, wobei die Ziele der vorherrschenden Ideologie allen anderen Zielen übergeordnet waren.[344] Diese Gruppe von Menschen hält also nicht aus materiellen Gründen am alten System fest, sondern handelt aus einer inneren Überzeugung heraus. Sie unterliegt der Gefahr, sich von der alltäglichen Realität zu entfernen. Die Ideale sind der Maßstab des eigenen Handelns und generieren eine Weltanschauung, die ihren Bezug zur Wirklichkeit verloren hat. Als Anhänger des sozialistischen Systems müssen sie einen Ideologieverlust hinnehmen, der als motivationale Sperre Zukunftsinvestitionen verhindern kann, wodurch die anfänglich nicht-pekuniären Kosten materielle Bedeutung erlangen. Im Extremfall können fundamentalistische Anhänger die Existenz bestimmter Ideale mit ihrem eigenen Schicksal so eng in Zusammenhang bringen, daß auf die Ablösung der individuell päferierten Werte mit physischer Vernichtung geantwortet wird. Die „emotionale Bindung an ihre Weltanschauung"[345] führt dazu, daß Menschen durchaus bereit sind, große Opfer auf sich zu nehmen.[346]

---

[342]Kantzenbach/Kruse sprechen von irreversiblen Kosten, die mit einer geplanten Verwendung eng verbunden sind. Vgl. Kantzenbach/ Kruse, 1989, S. 60. Dazu auch Thomas, 1995, S. 127.

[343] Vgl. Kratz/Thieme, 1992, S. 418.

[344] Vgl. Bernholz, 1991, S. 245.

[345] North, 1992, S. 101.

[346] Nach North haben diese Opfer eine bedeutende Rolle in der Geschichte gespielt. Er bemerkt, daß institutionelle Änderungen eine Frage des Preises sind und die Bereitschaft von der individuellen Kostenbelastung abhängt. Vgl. North, 1992, S. 101. Bernholz vermutet, daß sich in totalitären Gesellschaften aus dem Kreis der Idealisten jene Personen rekrutieren, die Führungsaufgaben in der Partei und im Staat übernehmen. Ebenso werden alle

Jenseits dieses Extrems entstehen gerade für die politischen Eliten, die im sowjetischen Staatswesen gearbeitet hat, Wohlfahrtsverluste, die aus einem Auseinanderbrechen stabiler hierarchischer Beziehungen resultieren. Aus der sozialen und beruflichen Sicherheit eines schwerfälligen bürokratischen Apparates, der für die Nomenklatura sorgte und ihren Mitgliedern je nach Funktion mehr oder minder umfangreiche Privilegien zugestand, geraten sie in ein System, in der das „Recht des Stärkeren“ die Einkommensverteilung dominiert.[347] Dies wirkt sich dann besonders gravierend aus, wenn das Verständnis für die eigenständige Nutzung wirtschaftlicher und gesellschaftlicher Gestaltungsräume fehlt.

Anpassungsvorteile besitzen dagegen jene, die ihr Handeln am Verhalten ihrer Mitmenschen ausrichten. VEBLEN und LEIBENSTEIN haben darauf hingewiesen, daß Individuen ein Gut um so höher bewerten, je größer die Nachfrage nach diesem Gut ist.[348] Während in der traditionellen Mikroökonomie die Kaufentscheidung die isolierte Handlung eines autonomen Individuums ist, betrachten VEBLEN/LEIBENSTEIN das Individuum als soziales Wesen, welches durch Kommunikation mit seiner Umwelt in Beziehung steht. Diese Kontakte beeinflussen die Nachfragementalität der Menschen, da häufig erst durch die Nachfrage der Umwelt nach einem bestimmten Gut ein Individuum zu Eigennachfrage angeregt wird. Somit sind für eine Kaufentscheidung nicht nur die Qualität und der Preis eines Gutes sowie das Einkommen relevant, sondern ebenso das Nachfrageverhalten der Umwelt. In der Literatur wird in diesem Zusammenhang vom Mitläufer-Effekt gesprochen, der die individuelle Nachfragefunktion um die Gesamtnachfragekomponente erweitert.

Überträgt man diesen Ansatz auf die Systemtransformation und wird anstelle der Kaufentscheidung für ein Gut das Einverständnis für ein System in den Mittelpunkt gerückt, so ist vorstellbar, daß es Individuen gibt, die ein System dann akzeptieren, wenn es allgemeinen Zuspruch für dieses System gibt. Bei der Transformation handelt es sich um eine Richtungsentscheidung, wobei Qualität, Preis und Verteilungswirkungen von unsicheren Erwartungen begleitet werden, weshalb das Verhalten der anderen Subjekte auch ein Indikator für das eigene Handeln darstellt. Die „Mitläufer“ sind Personen, die ihre „Fahne nach dem Wind hängen". Sie brauchen das Gefühl der Sicherheit und sind keine „Vortester" irgendwelcher Moden.[349] „Außerdem ist es viel einfacher zu glauben, was alle glauben."[350] Die Mitläufer hängen keinen überhöhten Idealen an und ihre Einstellungen wechseln, sofern dies indi-

---

Schaltstellen der totalitären Propaganda mit systemtreuen Anhängern besetzt, „um die Reinheit des geistigen Gutes zu bewahren." Vgl. Bernholz, 1991, S. 264.

[347] Vgl. Peterhoff, 1994, S. 397.

[348] Vgl. Leibenstein, 1950; Veblen, 1924.

[349] Vgl. Koch, 1991, S. 133.

[350] Bernholz, 1991, S. 263.

viduelle Nutzenvorteile verschafft.[351] Humankapitalinvestitionen tätigen sie nicht aus innerer ideologischer Überzeugung, sondern aus dem Wissen, ausschließlich durch Vorleistungen dieser Art Aufstiegsmöglichkeiten in hochrangige Elitepositionen zu besitzen. Verwiesen sei in diesem Zusammenhang auf die Auswahlkriterien für Kaderpositionen. Handlungsleitend ist also die Karriereabsicht.[352]

1.3 Transformationserträge und Rationalkalkül

Im Folgenden werden ausschließlich pekuniär definierte Erträge betrachtet, die aufgrund ihrer monetären Dimension das Entscheidungsproblem formal strukturierbar machen. Der Ertrag kann sowohl das Ergebnis einer einzelnen Transaktion sein, die zu einer Einzahlung geführt hat, er kann aber ebenso auf die Lebenszeit als Lebenszeiteinkommen berechnet werden, wobei dann zusätzlich ein Diskontierungsfaktor zu berücksichtigen ist. Diese Betrachtungsweise setzt voraus, daß halbwegs genaue Kenntnis über die pekuniären Wirkungen der Transformation besteht. Dies ist um so schwieriger, als sich anfängliche Vor- oder Nachteile im Verlauf der Transformation umkehren können, was unter anderem davon abhängt, in welchem Maße sich die makroökonomischen Daten verändern. So können anfängliche Vorteile verlorengehen, wenn durch das Aufkommen von Arbeitslosigkeit oder Inflation erwartete Einkommenszahlungen ganz ausfallen oder Finanzvermögen durch die Inflation entwertet wird.

Eliteerträge in einem neuen institutionellen Umfeld können erzielt werden, wenn das Individuum kompetent genug ist, um vom Arbeitsmarkt durch eine abhängige Beschäftigung absorbiert zu werden oder einer beruflichen Selbständigkeit nachzugehen. Müssen dafür Kompetenzen durch individuelle Investitionen erworben werden, so sind auf den Investitionszeitpunkt bezogen die Erträge auf den Kapitalwert V_0 des Investitionsobjekts zu diskontieren, um den individuellen Nutzen der Investition beurteilen zu können

$$V_0 = \sum_{t=1}^{n} b_t (1+i)^{-t}.$$

Formal werden die laufenden Erträge abzüglich laufender Kosten zur Anpassung an die institutionellen Veränderungen b_t mit dem Faktor $(1+i)^{-t}$ abgezinst. Im übertragenen Sinn sind die laufenden Kosten der Humankapitalinvestitionen Betriebskosten der investiven Eliten, die aus strukturellen Neuerungen in ihrem Umfeld resultieren. Ein Beispiel ist etwa die um sich greifende Privatisierung, die altbekannte Ansprech-

---

351 Siehe auch Williamson, 1985, S. 73.

352 Vgl. Bernholz, 1991, S. 263.

partner in den Betrieben durch neue austauscht, wodurch Gesprächstaktiken angepaßt werden müssen. Zu den laufenden Kosten zählen aber auch alle Anpassungsmaßnahmen an neue Gesetze, Erlasse und Richtlinien, die zunehmend mehr marktwirtschaftliche Rahmenbedingungen implementieren und deren Handhabung durch Marktwissen und Markterfahrung erleichtert wird. Die Kosten dieser Kategorie können in Abhängigkeit von der Transformationspolitik inkremental oder aber, bei schockartigen Veränderungen, umfangreich dimensioniert sein. Die Einnahmeüberschüsse je Periode stellen dann die Residualgröße zwischen investitionsbedingten Einnahmen und Ausgaben dar.[353] Der Einnahmeüberschuß einer Periode kann negativ sein, wenn das Transformationstempo in dieser Periode erhöht wird und den einzelnen zu weitreichenden Anpassungsmaßnahmen zwingt. Die Laufzeit des individuellen Investitionsplans orientiert sich an der noch zu verbleibenden Lebenszeit.[354]

Bei diesen Überlegungen ist zu berücksichtigen, daß die Kausalität zwischen Humankapitalinvestitionen und Einnahmeüberschüssen eher heuristischer Natur ist, da zusätzliche Einflußfaktoren existieren, die den Erfolg einer solchen Investition determinieren, jedoch nicht empirisch isoliert werden können.[355] Dies können, wie anschließend zu sehen sein wird, individuelle Fähigkeiten und Erfahrungen sein sowie das Niveau und der volkswirtschaftliche Verbreitungsgrad technischen Wissens oder die Ausstattung mit Sachkapital. Auch Investitionen, die in der Vergangenheit getätigt worden sind, beeinflussen die aktuellen Humankapitalinvestitionen. Hat ein Kader bereits in der Vorphase der Transformation erste Investitionsanstrengungen unternommen, um in Erwartung der Transformation rechtzeitig gerüstet zu sein, so sind die zu tätigenden Umstellungsinvestitionen im Transformationsprozeß niedrigerer als bei jenen, die unvorbereitet getroffen wurden.

Eine zweite Ertragsmöglichkeit ergibt sich aus der Verwertung spezifischer Wissensbestandteile, die für den Verlauf des Transformationsprozesses von Bedeutung sind.[356] Hierbei kann es sich um politische oder ökonomische Eliten handeln, die aufgrund ihrer Ausbildung und ihrer beruflichen Praxis Insiderwissen über Produktions- oder Verwaltungsabläufe gesammelt haben.[357] Dieser spezifische Teil des Humankapitals zeichnet sich durch seine Exklusivität aus, die es zum privaten Wis-

---

[353] Vgl. Becker, 1974, S. 52.

[354] Vgl. Becker, 1974, S. 38, 49.

[355] Vgl. Becker, 1974, S. 58.

[356] Vgl. Kratz/Thieme, 1992, S. 415ff.

[357] Für Albach sind Ordnungen Beziehungsnetzwerke, die durch netzwerkspezifische Investitionen der Individuen aufgespannt und entwickelt werden. Durch den Zusammenbruch der Zentralverwaltungswirtschaften in Osteuropa sind auch diese Netzwerke zerbrochen und die spezifischen Investitionen entwertet worden. Der Erwerb spezifischer Wissenskomponenten planwirtschaftlicher Systeme, etwa durch westdeutsche Unternehmen in Ostdeutschland, hat sich häufig als Fehlinvestition erwiesen, da die Strukturen zur Anwendung dieses Wissens nicht mehr existierten. Vgl. Albach, 1993, S. 32.

sen werden läßt. Erst durch diese Konstellation von spezifischem und privatem Wissen wird Wissen ökonomisch verwertbar und transferierbar.[358] In diesem Fall sind die Eliten ökonomisch als spezifische Produktionsfaktoren zu bezeichnen, deren spezifischer Nutzen für die Produktion des Gutes Transformation jedoch einer zeitlichen Restriktion unterliegt. Mit erfolgreicher Beendigung der Transformation oder eines Transformationsabschnitts fällt die Nachfrage gegen Null und sinkt aufgrund nachlassender Grenzerträge des Faktoreinsatzes der Preis des Faktors, also die Faktorentlohnung. Zudem diffundiert das spezifische Wissen bei Preisgabe durch die Eliten und verliert dadurch seine verwertbare handlungsrechtliche Exklusivität.

In Rußland zeigte sich, daß die Verabschiedung des Präsidialdekrets "Über Maßnahmen zur Unterstützung und Gesundung der zahlungsunfähigen staatlichen Betriebe (Bankrotteure) und die Anwendung von Spezialverfahren" sowie des Konkursgesetzes am 1. März 1992 die Manager der Staatsbetriebe in die Lage versetzte, vorsätzlich Bankrottbedingungen schaffen zu können, die sie in den Genuß staatlicher Hilfen im Rahmen des Präsidentenerlasses brachten. Sofern der Betrieb der Privatisierung zugeführt werden sollte, konnte das Management Einfluß auf potentielle Interessenten nehmen, indem es die Kaufattraktivität des Betriebes für externe Käufer schmälerte und die Betriebsdaten und Erfolgskennziffern nach unten manipulierte. Andererseits war das Management jederzeit in der Lage, durch die Preisgabe spezifischer Wissenskomponenten potentielle Interessenten bzw. sich selbst zu privilegieren.[359]

In der ökonomischen Rententheorie werden Erträge, die über die Opportunitätskosten hinausgehen, als Quasi-Rente bezeichnet. Für Faktoranbieter ist dann die Differenz zwischen dem tatsächlich erzielten Faktornutzungspreis und jenem, der in der nächstbesten Verwendung zu erzielen gewesen wäre, die Verkäuferrente. Gilt nun die Hypothese, daß das Humankapital der alten Eliten zum größten Teil aus spezifischem Wissen besteht, das nach einer Übergangsphase im Transformationsprozeß vollkommen obsolet sein wird, so ist jedes Faktornutzungsentgelt, das sie als Anbieter dieses Wissens erhalten, vollständig Faktorrente, wenn sie über keine alternativen Faktoreinsatzmöglichkeiten verfügen. Das Fehlen einer adäquaten Alternative reduziert die Opportunitätskosten des Produktionsfaktors auf Null, was bedeutet, daß die nächstbeste Verwendungsmöglichkeit darin besteht, zwischen Arbeitslosigkeit oder einer Beschäftigung zu jedem Faktorpreis zu wählen. Zumindest theoretisch werden die Eliten ihr spezifisches Wissen daher auch zum Nullpreis bereitstellen. Ihr Wissensangebot ist in dieser Situation vollkommen preisunelastisch. Die Faktorangebotskurve r_{F0} in Abbildung 2 drückt diesen Sachverhalt aus, sie verläuft senkrecht zur Abszisse. Wird nun während einer Übergangsphase im Transformationsprozeß systemspezifisches privates Wissen - z. B. über informelle Beziehungsnetzwerke - nachgefragt, so markiert der Schnittpunkt von Angebot und Nachfrage die Höhe des

[358] Vgl. Domrös, 1994, S. 28.

[359] Vgl. Kolesnikow/Sidorow, 1994, S. 357; Holtbrügge, 1996, S. 14.

Faktornutzungspreises q_{F0} bei konstantem Angebot r_{F0}. Das erzielte Einkommen $r_{F0}q_{F0}$ ist dann vollständig Renteneinkommen. In der Rententheorie wird geschlußfolgert, daß der Rentenbestandteil des Einkommens langfristig abgebaut wird, wenn sich das Faktorangebot erhöht und der Faktornutzungspreis für eine marginale Faktoreinheit auf das Opportunitätskostenniveau sinkt. Die Rente verschwindet.[360] Für die Einkommenssituation der Kadereliten im Transformationsprozeß müssen diese Überlegungen dahingehend modifiziert werden, daß der Abbau der ökonomischen Rente eine Folgeerscheinung der zurückgehenden Nachfrage auf N_1 ist, die bei weiterhin unelastischem Angebot zu einem vollständigen Abbau der Rente und zu einem Nulleinkommen aus dem Faktorangebot führt.

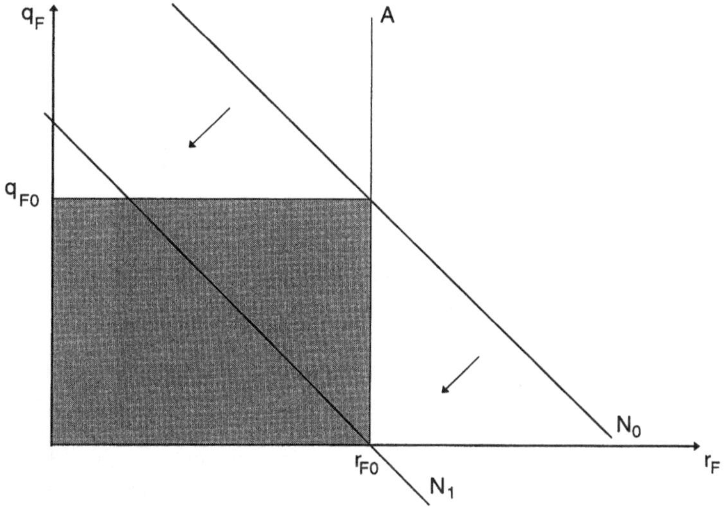

Abb. 2: Renteneinkommen der Eliten

Es ist davon auszugehen, daß die alternativen Verwendungsmöglichkeiten umso geringer sind, je stärker in den sozialistischen Ländern die Fachqualifikation zugunsten einer ideologischen Qualifikation eingeschränkt worden ist. Dies betrifft besonders die Eliten des Partei- und Staatsapparates. Werden vereinzelt Leistungen der alten Elite nachgefragt, stehen sie vor dem Problem, daß sie durch den Nachfrager opportunistisch ausbeutbar sind, sofern dieser die Situation der Eliten erkennt und sich selbst in einer Situation befindet, in der er nicht unbedingt auf dieses Wissen angewiesen ist. Der Markt für Leistungen der alten Elite ist ein reiner Käufermarkt, auf dem die Eliten ihr spezifisches Wissen anbieten. Die Marktposition des Käufers wird

360 Vgl. Marshall, 1920, S. 74; Märtz, 1990, S. 13; Thomas, 1995, S. 131.

auch dann gestärkt, wenn mindestens zwei ehemalige Kader über das gleiche spezifische Wissen verfügen und eine Kooperation bezüglich der Vermarktung des Wissens auf Seiten der Eliten nicht existiert. In diesem Fall ist es für jeden einzelnen der Wissensanbieter rational, sein Wissen möglichst unverzüglich dem Interessenten zu verkaufen, um dem Konkurrenten zuvorzukommen. Dies ist deshalb von Bedeutung, weil mit jeder Preisgabe einer spezifischen Wissenseinheit diese ökonomisch entwertet ist und damit nachfolgend keine Erlöse mehr erzielt. Der Nachfrager dieses Wissens ist damit in der bevorzugten Situation, aufgrund der Anbieterkonkurrenz und der speziellen Nutzungscharakteristik des Gutes „spezifisches Wissen" den Preis für die Abgabe einer Wissenseinheit zu determinieren. In dieser Situation realisieren die Eliten ein schlechteres Ergebnis, als wenn sie sich zur Kooperation entschlossen hätten.

Die vereinfachende Annahme eines starren Faktorangebots, das durch die Nachfrager ausbeutbar ist, wird nun zugunsten der Hypothese aufgegeben, daß ein differenzierter Ressourcenabbau im Zeitverlauf möglich ist und der über das spezifische Wissen verfügende Kader Angebotsmonopolist ist. Die Monopolstellung kann sich dabei aufgrund

- der Spezifik des Humankapitals ergeben, indem z. B. subjektgebundene Erfahrungen nachgefragt werden,
- einer intransparenten Angebotsseite ergeben, die den Nachfrager in Ungewißheit über konkurrierende Anbieter läßt.

Darüber hinaus ist zu berücksichtigen, daß lokal oder regional eine Monopolstellung bestehen kann, auf nationaler Ebene jedoch durchaus spezifische Wissensanbieter mit vergleichbarem Angebot existieren.

Je nach Verlauf der politischen und ökonomischen Transformation kann das spezifische Wissen der alten Elite für die Reformer erfolgsnotwendig werden. Dieses Wissen wird dann Engpaßfaktor einer erfolgreichen Transformation und somit durch die Eliten bewirtschaftbar. Sie wechseln von einer passiven in eine aktive Transformationsrolle. Dabei ist nochmals zu berücksichtigen, daß dieses spezifische Humankapital zwar nicht unwiederbringlich, im Sinne eines Ressourcenverzehrs, verbraucht werden kann, doch nimmt die ökonomische Verwertbarkeit des Wissens mit fortschreitender Marktreife ab. Um über Handlungsspielraum in der Wissensabgabe zu verfügen, ist deshalb die Existenz eines individuellen Wissensmonopols Voraussetzung. Die Bewirtschaftung des spezifischen Wissens durch die Faktorbesitzer, die Eliten, läßt sich in weiten Teilen mit der wirtschaftlichen Nutzung von erschöpfbaren Ressourcen vergleichen - in beiden Fällen wird die Optimierung der Zielgröße (Gewinn) über die Zeit angestrebt.

> „Das Grundsatzproblem bei erschöpfbaren Ressourcen besteht darin, den Abbau eines Vorrates über die Zeit hinweg, seine zeitliche Allokation, nach einem näher zu definierenden Kriterium zu gestalten."[361]

---

[361] Schumann, 1987, S. 353.

Im folgenden soll die weitere Annahme gelten, daß Eliten, die über transformationsrelevantes, spezifisches Wissen verfügen, auf eine Nachfrage treffen, die bereit ist, für dieses Wissen einen Preis zu zahlen. Als Nachfrager können Politiker auftreten, die auf diese Weise versuchen, Transformationswiderstände aufzuspüren und abzubauen. Ebenso bestehen für Unternehmer, Spekulanten oder kriminelle Organisationen Möglichkeiten, unter Zuhilfenahme dieses Wissens Gewinne im legalen oder illegalen Bereich zu realisieren. Die Preisgabe spezifischen Wissens wird im Kalkül der Eliten neben monetären Anreizen durch folgende Überlegungen flankiert:

- Zwar ist mit der Wissensvermittlung die Aufgabe einer exponierten Position verbunden, da die bis dahin existierende Informationsasymmetrie durch die Wissensdiffusion aufgehoben wird, doch muß berücksichtigt werden, daß dieses Wissen mit fortschreitender Transformation an zahlungsbereiter Nachfrage verliert und zweitens keine Sicherheit besteht, daß ein anderer Kader, der ebenfalls über dieses oder ähnlich gelagertes Wissen verfügt, sein Wissen nicht doch zeitlich früher anbietet und so die Zahlungsbereitschaft der Nachfrager auf sich zieht.
- Ein über spezifisches Humankapital verfügender Kader kann sich nicht sicher sein, genügend unternehmerische Kreativität zu besitzen, um in einem neuen Handlungsumfeld die Informationsasymmetrie aufrechterhalten und Vorsprungsgewinne durch die eigenständige Nutzung des Humankapitals erzielen zu können. Kontakte und alte Beziehungen können diesbezüglich ein förderliches Umfeld sein, doch entscheiden letztendlich Risikobereitschaft und Motivation über die Art der Verwertung des Wissens (z. B. Erzielung von Spekulationsgewinnen auf der Grundlage von Insiderwissen).

Sofern ein ehemaliger Kader sich dazu entschlossen hat, sein systemspezifisches Wissen zu verkaufen, stellt sich die Frage, wie dies einkommensmaximal erfolgen kann. Die Preisgabe von Wissen gleicht dann einem Vorratsabbau, der zu Einkommen führt, solange Wissensvorrat an Nachfrager verkauft werden kann. Jede veräußerte Wisseneinheit mindert dann den Bestand des potentiell verwertbaren, systemspezifischen Wissens.[362]

Kader mit einem verwertbaren Wissenspotential sehen sich nun einer Allokationsentscheidung gegenüber, die im Grunde durch drei Handlungsalternativen charakterisiert werden kann:

- Das spezifische Wissen kann gleich zu Transformationsbeginn vollständig preisgegeben werden, allerdings mit dem Nachteil, bereits frühzeitig eine langfristige Option zur Einkommenserzielung verloren zu haben (Handlungsalternative 1).

---

[362] Es wird unterstellt, daß nur ein Nachfrager existiert und der Verkauf derselben Wisseneinheit nicht mehrmals möglich ist. Diese Annahme ist plausibel, wenn hierdurch Politiker in die Lage versetzt werden, Transformationswiderstände abzubauen, wodurch dann das Wissen über diese Widerstände an Wert verliert. Auch scheint es aus Gründen der Sanktionierungsgefahr wenig opportun, sein spezifisches Wissen mehreren kriminellen Organisationen zur Verfügung zu stellen und diese dadurch gegeneinander auszuspielen.

- Als Quelle zur Erzielung von stetigen Einkommenszahlungen kann das Wissen sequentiell in Teileinheiten im Transformationsverlauf bereitgestellt werden (Handlungsalternative 2).
- Die Preisgabe des spezifischen Wissens kann in der Hoffnung auf künftige Wertsteigerungen möglichst lange zurückgehalten werden. Diese können eintreten, wenn krisenhafte Zuspitzungen den Rückgriff auf Insiderwissen notwendig machen und die Nachfrage zunehmend preisunelastischer wird. Preissteigerungen sind die logische Konsequenz einer Maximierungsstrategie (Handlungsalternative 3).

Der zeitlich begrenzte Abbau des Ressourcenbestandes „Wissen" stellt letztlich ein Kapitalwertmaximierungsproblem dar, das die institutionelle Entwicklung als Nebenbedingung in das Kalkül miteinzubeziehen hat, da bei fortschreitender Marktentwicklung dieses Wissen an Bedeutung verliert. Entscheidungsrelevant sind die Einnahmen aus dem Verkauf der abgebauten Mengen, also der Wissensbestandteile, die Ausgaben für die Bereitstellung des Wissens und der Marktzins zur Diskontierung der Einnahmen. Ergänzend hierzu gilt, daß die Ausgaben für die Wissensbereitstellung vom institutionellen Wandel abhängig sind. Nimmt der Transformationsprozeß einen Verlauf, in dem zunehmend auf dieses spezifische Wissen verzichtet werden kann, wird es für die Eliten schwieriger, als Wissensanbieter erfolgreich zu sein. Da aus subjektiver Sicht der Nutzungszeitraum des spezifischen Wissens durch die Unmöglichkeit einer zeitlichen Bestimmung des erfolgreichen Transformationsendes nicht vorhersehbar ist, wird das individuelle Kalkül als ein im Zeitverlauf nicht terminiertes Integral formalisiert. In Analogie zu HOTELLING ist V_{w0} dann der Kapitalwert des Ressourcenbestandes „systemspezifisches, transformationsrelevantes Wissen" im Zeitpunkt t_0, der sich folgendermaßen präzisieren läßt:[363]

$$V_{w0} = \int_0^\infty e^{-it} \left[q(v(t)) - k(t)\right] v(t)dt\,.$$

Dabei bedeutet:

q(t)	den Verkaufspreis je abgebauter Mengeneinheit pro Zeiteinheit;
t	eine Zeitperiode vorgegebener Länge;
k(t)	die Stückkosten je Zeiteinheit, die im Transformationsverlauf mit zunehmender Marktreifung steigen;
v(t)	die Abbaumengenrate, also die mengenmäßige Preisgabe von Wissen pro Zeiteinheit;
e	eine Wachstumsreihe, deren Endpunkt nicht termimiert ist und die durch den Ausdruck $\lim_{n\to\infty}(1+\frac{1}{n})^n$ definiert wird.

[363] Vgl. Hotelling, 1931; Schumann, 1987, S. 353ff.

Die periodischen Einnahmenüberschüsse $\mu(t)$ der Elite drücken sich in dem Term $\mu(t) = E'(v(t)) - c(t)$ aus, wobei c(t) die Grenzkosten und E'(v(t))die Grenzerlöse einer abgegebenen Wisseneinheit darstellen. Individuell zu maximieren ist V unter der Bedingung, daß

$$v(t) \geq 0$$

und

$$\int_0^\infty v(t)d(t) \leq z,$$

wobei z den gesamten Ressourcenbestand bezeichnet und die Summe der Abbaumengen z nicht übersteigen kann.

Bezogen auf den zu erzielenden Abgabepreis und die Abbaumenge können folgende Überlegungen abgeleitet werden.[364] Unter der Annahme eines konstanten Preises für eine definierte Ressourceneinheit ist die Freigabe des gesamten Wissens gleich zu Beginn lohnenswert, da der erzielte Ertrag zum Marktzins i angelegt werden kann (Handlungsalternative 1). Gleiches gilt, wenn q(t) zwar im Zeitablauf ansteigt, dieser Anstieg jedoch geringer ist als der mit dem Zinssatz multiplizierte Einnahmeüberschuß aus einem kompletten Verkauf bereits zu Beginn. Ist demgegenüber mit einem starken Anstieg von q(t) im Verlauf der Transformationsperiode zu rechnen, lohnt es sich, den Ressourcenabbau zeitlich zu verzögern (Handlungsalternative 3). Dies ist der Fall, wenn Transformationskrisen durch retardierende Elemente der alten Ordnung hervorgerufen werden und nur durch spezifisches Wissen über Mechanismen und Zusammenhänge der alten Ordnung überwunden werden können. Die Preiselastizität der Nachfrage sinkt und erhöht bei steigenden Abgabepreisen die Erträge der Eliten. Soll ein kontinuierlicher Ressourcenabbau über die Zeit hinweg erfolgen und sollen stetige Einkommensströme erzielt werden, muß der Erlös einer abgebauten Einheit in t_n gleich dem Erlös einer bereits abgebauten Einheit in t_0 zuzüglich ihrer Anlage zum Zinssatz i sein (Handlungsalternative 2).

Während die Möglichkeit des Einkommenserwerbs durch den Verkauf spezifischen Wissens eng verknüpft ist mit der Transformation selbst und in der Post-Transformationszeit ohne Bedeutung ist, eröffnet der Erwerb oder der Besitz von in der Marktwirtschaft zu verwertenden Kompetenzen langfristige Einkommenschancen, die für zukunftsgerichtete Entscheidungen von stärkerem Gewicht sind. Das transformationsrelevante Insiderwissen erfordert von den Eliten ein taktierendes Verhalten innerhalb eines limitierten Zeitraums. Handlungsstrategien werden notwendig, wenn im Anschluß an die Transformation Langfristplanungen zur Einkommenssicherung erfolgen müssen. Durch Addition des Kapitalwerts eines Investitionsob-

[364] Im folgenden Schumann, 1987, S. 356.

jekts mit dem Kapitalwert für den zeitlichen Abbau des systemspezifischen Wissens ergibt sich für die Eliten die spezifische Ertragssituation zum Zeitpunkt t_0:

$$V_{WOgesamt} = \sum_{t=1}^{n} b_t (1+i)^{-t} + \int_{0}^{\infty} e^{-it} \left[q(v(t)) - k(t) \right] v(t) d(t) .$$

Die pekuniäre Wohlfahrt einer Elite ist somit transformationsspezifisch abhängig von der Höhe der Einnahmen aus der Investition in Humankapital, der zeitlichen Verteilung der Nutzung systemspezifischer Wissenskomponenten und der Faktorpreisentwicklung für spezifisches Wissen. Dabei zeigt sich jedoch, daß eine Zunahme der Abbaukosten (steigende Grenzkosten) die Überschüsse aus der Bewirtschaftung systemspezifischen Wissens schwinden läßt. Da dies nachfragebedingt vor allem in späteren Transformationsphasen bei gefestigten Marktstrukturen eintreten wird, sind sinkende Einnahmeüberschüsse aus dem zweiten Term der Gleichung im Transformationsverlauf zu erwarten.

2 Strategischer Entscheidungsbedarf sozialistischer Eliten

Revolutionen bzw. die Transformation von Gesellschaftssystemen sind diskontinuierliche Strukturbrüche. Sie zeichnen sich dadurch aus, daß ihnen zunächst der institutionelle Rahmen fehlt, um Umverteilungskonflikte regeln zu können.[365] Durch den Übergang von einer Plan- zu einer Marktwirtschaft findet eine Dezentralisierung der Entscheidungsprozesse statt, die vormals grundlegende Systembeziehungen ökonomischer und politischer Art neu bewertet oder entwertet.[366] Für das Individuum im allgemeinen und für die alten Eliten im besonderen ist damit eine vorausschauende Standortbestimmung notwendig, die aufgrund der Tragweite der zu treffenden Entscheidungen von strategischer Bedeutung ist, da die Eliten ihre institutionengebundenen Privilegien und damit auch ihre Position verlieren. Generell sind zwei Verhaltensstrategien denkbar. Zum einen kann das Individuum eine systembezogene aktive Verhaltensweise verfolgen, zum anderen kann es eine reaktive Anpassungsstrategie umsetzen.[367]

Unabhängig vom individuellen Verhalten sieht sich das Individuum im Transformationsprozeß einer strategischen Handlungslücke ausgesetzt, die sich aus dem Umstand einer mehr oder weniger adaptierten Umweltveränderung ergibt und Handlungsentscheidungen erzwingt, die zu einer umfassenden Revision der bisherigen Zielplanungen führen. Um strategische Entscheidungen treffen zu können, ist die

---

[365] Vgl. North, 1992, S. 106.

[366] Vgl. Sugar, 1992, S. 42.

[367] Vgl. Elle/Thom, 1989, S. 39.

Fähigkeit zur Wahrnehmung einer strategischen Handlungslücke erforderlich. Wahrnehmung ist dabei als Prozeß der bewußten Aufnahme und Verarbeitung von Umwelteinflüssen zu definieren. Dieser Prozeß wird durch Erwartungen flankiert, die in „Hoffnungen, Wünschen und Bedürfnissen"[368] ihren Ausdruck finden. Wahrnehmung ist somit immer eine Kognition und bestimmt den subjektiv empfundenen Restriktionenraum.[369] Ob ein nicht näher definiertes Transformationsereignis eine Handlung hervorruft, hängt davon ab, ob sich der einzelne zu einer Handlung provoziert fühlt. Die Stimulierung eines bestimmten Verhaltens bei den Eliten erfolgt durch existentiellen Druck seitens einzelner Gruppen (Bürgerbewegungen, neue Parteien, Journalisten etc.), deren Interesse es ist, Wirkungsweisen und Zusammenhänge des alten Systems transparent zu machen. Der äußere Stimulus wird in einem inneren Prüfverfahren auf Handlungsbedarf hin untersucht, was bei positivem Ergebnis (Existenz und Erkennen einer strategischen Lücke) strategischen Entscheidungsbedarf induziert.[370] Dem strategischen Management eines Unternehmens vergleichbar, hat sich das Individuum mit seiner subjektiven Erfolgsposition zu befassen. Im Mittelpunkt steht dabei die Konzentration auf subjektspezifische Fähigkeiten, die das Individuum von den Konkurrenten abheben und das Einkommen langfristig sichern.[371]

2.1 Ungewißheit als Umfeldbedingung

Der institutionelle Wandel impliziert eine inhärente Dynamik, die erhöhte Anforderungen an individuelles Handeln stellt, da einzelne Umweltzustände weniger erwartbar und damit weniger planbar werden. Die ökonomische und politische Entwicklungsrichtung einer Gesellschaft im Umbruch wird von der Suche nach neuen Organisationsstrukturen, Prozessen und Produkten begleitet, weshalb die Systemtransfor-

---

[368] Pfohl/Braun, 1981, S. 84. Oesterdiekhoff spricht von der „Subjektkonstitution der Objekterkenntnis". Oesterdiekhoff, 1993, S. 11.

[369] „'Kognition' ist ein spezifischer Terminus, der verwendet wird, um all die verschiedenen Aspekte des Wissens zu bezeichnen. Er schließt Wahrnehmen, Urteilen, Schließen und Erinnern, Denken und Vorstellen ein." Price-Williams, zitiert nach Kirsch, 1977, S. 68. Dazu auch Streit/Wegener, 1989, S. 184.

[370] Heckhausen ist der Auffassung, daß die Intention einer Handlung ein „Akt der inneren Zustimmung" sei, der an Wünschen und Realisationsmöglichkeiten ausgerichtet ist und Handeln damit vom Instinkt abgrenzt. Kirchgässner sieht das Individuum internen Entscheidungsregeln folgen, die von ihm nicht näher beschrieben werden. Da Regeln jedoch Routinehandlungen fördern, ist Verhalten bei Kirchgässner nicht nur die bewußte Reflexion einer Entscheidungssituation, sondern auch Handeln aus einer bestimmten Gewohnheit. Vgl. Heckhausen, 1989, S. 12; Kirchgässner, 1993, S. 183; Kirsch, 1977, S, 77.

[371] Unternehmensentwicklungsprozesse als strategische Managementaufgabe beschreiben Pümpin/ Prange, 1991, S. 19.

mation eine gesellschaftliche Innovation ist, die durch die Entdeckung, Entwicklung, Verbesserung sowie Einführung und Durchsetzung ökonomischer und politischer Güter am Markt beschrieben werden kann.

> „Die erstmalige Einführung eines neuen Produkts oder eines neuen Prozesses in den Markt, wie auch das neue Produkt bzw. der neue Prozeß selbst wird (...) als Innovation bezeichnet."[372]

Bezugnehmend auf die subjektive Perspektive werden Innovationen durch individuelle Anpassungsprozesse begleitet, deren Umfang Ausdruck der persönlichen Herausforderung zur Bewältigung des Neuen ist.[373] Der Innovationsbegriff ist deshalb nicht auf gesellschaftlich-objektiver Ebene zu analysieren und schon gar nicht als normativ, im Sinn wohlfahrtssteigernder Effekte zu verstehen. Werden Invention und Diffusion in die Betrachtung einbezogen, ist von einem Innovationsprozeß zu sprechen.

Sind komplexe Systeme innerhalb eines bestehenden Ordnungsgefüges an sich bereits mit Problemen der Unvorhersehbarkeit des Handelns Dritter ausgestattet, so sind in Transformationsgesellschaften die Möglichkeiten der Planung und Erwartungsbildung weitaus geringer.[374] Der Grund hierfür liegt in der institutionellen Instabilität, durch die den Individuen kein festumrissener Handlungsrahmen vorgegeben wird.[375] In Kapitel II.1.2 wurde deutlich, daß stabile Ordnungen Verhaltensweisen kanalisieren und damit zu einer begrenzten Erwartbarkeit des Handelns im sozialen Kontext führen. Im Transformationsprozeß ändern sich die Institutionen und rufen vielfältige, parallel stattfindende Anpassungsprozesse im Zuge des evolutorischen Werdens und Vergehens von Institutionen hervor. Die Individuen durchlaufen in einem durch Ungewißheit geprägten Handlungsumfeld Lernprozesse, die durch Erkenntnisfortschritt, Änderungen in der Bedürfnisstruktur der Nachfrager etc. ausgelöst werden und Anpassungsprozesse induzieren.[376] Da wohl einzelne Entwicklungsrichtungen, nicht jedoch die Gesamtheit der Anpassungsprozesse, vorhersehbar sind, nimmt die Ungewißheit des individuellen Handelns mit dem Umfang der Transformation zu.[377] Die Ungewißheit wächst gerade dadurch, daß nicht mehr die gemeinsame Verfolgung der Ziele der Hierachiespitze Programm ist, sondern statt dessen ein Vektor von Einzelzielen existiert, die von den Individuen als erstrebenswert angesehen werden. Der Wechsel von der Plan- zur Marktwirtschaft mit all ihren po-

---

[372] Vgl. Domrös, 1994, S. 26.

[373] Vgl. Elle/Thom, 1989, S. 50ff; Staudt, 1993.

[374] Zur Unvorhersehbarkeit des Handelns vgl. Kirsch, 1992.

[375] Vgl. Denzau/North, 1994, S. 9ff.

[376] Vgl. Domrös, 1994, S. 32.

[377] Das Individuum unterliegt einer konstitutionellen Unwissenheit, die „Tatsache unabänderlichen Unwissens konkreter Umstände..." ist. Hayek, 1994, S. 171.

litischen, ökonomischen und sozialen Implikationen erfordert damit die Tolerierung der differierenden Individualziele.[378] Zeichnet sich ab, daß Individuen ihre Ziele verfehlen oder nur Teilziele erreichen, kann die Bereitschaft zur Anpassung an die institutionellen Neuerungen sinken. Wohlfahrtsverluste führen dann zu Transformationswiderstand, wenn materielle Ziele nicht erreicht werden und durch die Unsicherheit der Gegenwartskonsum zukünftigen Konsummöglichkeiten vorgezogen wird. Das geringe Interesse an langfristigen Verbesserungen dokumentiert sich in dieser Situation auch darin, daß die Budgets aus Einkommen und Zeit primär für die Befriedigung des Gegenwartskonsums eingesetzt werden, während Investitionsaufwendungen in Humankapital lediglich als Residualausgaben im Budget verankert sind. Die Individuen erkennen in der Transformation somit ein individuelles Problem, sobald sie feststellen, daß sie ihre Ziele nicht erreichen können, oder wenn sie in der Erwartung einer Zielverfehlung leben.[379]

Eine stabilere Planungsgrundlage kann durch eine konsistente Transformationspolitik erzielt werden, die entlang eines Zeitpfades die konzipierten institutionellen Transformationsschritte umsetzt.[380] Formal betrachtet, kann die Transformation als eine Abfolge linearer Gleichungen dargestellt werden, in der jede für sich eine institutionelle Realisationsphase beschreibt, die auf das Oberziel "Marktwirtschaft" hinwirkt.[381] Realistisch ist jedoch davon auszugehen, daß bei zunehmender Dezentralisierung der individuellen Handlungen die Planbarkeit des Verhaltens nachläßt und iterative Anpassungsprozesse der Individuen Transformationsgesellschaften in erratische Schwingungen hinsichtlich ihrer institutionellen Entwicklung versetzen.[382] Der Transformationsprozeß wird im Hinblick auf das Ergebnis und die zeitliche Dauer ungewiß. Für die Führungseliten im Transformationsprozeß bedeutet das im Unterschied zu monozentrischen Planungssystemen ein komplexeres Handlungs- und Entscheidungsumfeld. Überraschungen werden zum Wesensmerkmal einer institutionellen Entwicklung, in der die Unvorhersehbarkeit individueller Handlungen zum Charakteristikum individueller Freiheit wird.[383]

---

[378] Vgl. Radnitzky, 1984, S. 20.

[379] Vgl. Kunz, 1985, S. 72.

[380] Vgl. v. Delhaes/Fehl, 1992; Svindtland, 1992. Politische Konsistenz bezieht sich auf die Identität von angekündigten und durchgeführten politischen Maßnahmen. Vgl. dazu Kapitel IV.3.2.5.2.

[381] In Abwandlung hierzu vgl. Kopel/Feichtinger, 1995, S. 546ff.

[382] Vgl. auch Vanberg, 1981, S. 7. Dies ist auch ein typisches Kennzeichen von betrieblichen Innovationsprozessen, deren Ergebnisungewißheit durch das Zusammenspiel arbeitsteiliger Produktionsprozesse wächst und nicht „chronologisch-linear" geplant werden kann. Vgl. Kinze, 1982, S. 6; Maier, 1983, S. 101.

[383] Vgl. Kirsch, 1992, S. 17.

Institutionen schränken in dieser Situation die Unvorhersehbarkeit ein und verhindern, daß unbegrenzte Freiheit in Anarchie mündet und jeglichen gesellschaftlichen Fortschritt blockiert. Jedoch gilt auch, daß ein Übermaß an institutionellen Regelungen die Freiheit soweit einschränkt, daß zwischen den Individuen bloß noch eine „lückenlose Beziehungsmechanik"[384] existiert. Die Integration in eine Befehlskette bedeutet für das Individuum den Verzicht auf Teile seiner individuellen Autonomie. Andershandeln führt zum Bruch des Informationsflusses und stört die Kommunikationshierarchie nachhaltig. In hierarchisch organisierten Wirtschaftsgesellschaften gilt die existentielle Vorschrift, daß autonomes individuelles Entscheidungshandeln, das nicht zentral planbar und damit unvorhersehbar ist, aufgrund plangefährdender ex-post-Überraschungen zu vermeiden ist.[385] In den Planwirtschaften Osteuropas wurden diese Überraschungen als Ungehorsam stigmatisiert, sofern ein Untergebener den Anweisungen des Vorgesetzten nicht Folge leistete, und als Willkür, sofern der Vorgesetzte in nicht vorhersehbarer Weise das Anweisungssystem durchbrach.[386]

Um den Begriff der Ungewißheit genauer zu spezifizieren, lohnt ein Blick in die Entscheidungstheorie. Hier taucht die Ungewißheit als Oberbegriff auf, der durch das Begriffspaar Unsicherheit und Risiko charakterisiert wird.

2.1.1 Unsicherheit

In Anlehnung an KNIGHT ist das Risiko von der Unsicherheit durch die Möglichkeit der Wahrscheinlichkeitsbildung abzugrenzen.[387] Unsicherheit im Entscheidungsprozeß existiert immer dann, wenn einzelne Daten, die einen Umweltzustand beschreiben, nicht berücksichtigt werden, weil sie gar nicht erkannt, also auch nicht

---

[384] Vgl. Kirsch, 1992, S. 17.

[385] Eine ex-post-Überraschung ist somit Resultante eines Informationsmangels. Die Gefahr von ex-post-Überraschungen nimmt zu, wenn der Entscheider vor einer offenen Menge von „Zukunftslagen" steht, deshalb auch nur eine Teilmenge künftiger Umweltsituationen simuliert. Würden dagegen unerwartete Handlungsfolgen antizipiert werden können, wäre nicht mehr von ex-post-Überraschungen zu sprechen, da das Wissen über das Eintreten potentieller Handlungsfolgen im Entscheidungskalkül berücksichtigt wird. Was für eine geschlossene Menge möglicher Zukunftslagen bei hinreichend großer Informationsverarbeitungskapazität noch denkbar erscheint, wird durch die Dynamik der institutionellen Veränderungen im Transformationsprozeß vollständig unmöglich. Hier wird die Vorhersehbarkeit von Handlungsfolgen zunehmend schwieriger, da die Komplexität des institutionellen Wandels die Erfassung aller denkbaren, für das Entscheidungshandeln relevanten Umweltsituationen erschwert. Vgl. Schneider, 1995, S. 40ff.

[386] Vgl. Kirsch, 1992, S. 20.

[387] Vgl. Knight, 1971. Knight spricht von „uncertainty", deren Absorption Teil der Unternehmerfunktion ist und die Legitimation zur Erzielung von Unternehmergewinnen darstellt. Vgl. auch Windsperger, 1988, S. 29.

wahrgenommen, werden.[388] Ebenso ist denkbar, daß keine Erfahrungen im Umgang mit einzelnen Umweltdaten bestehen, weshalb Prognosen über die Wahrscheinlichkeit des Eintretens bestimmter Handlungsfolgen nicht getroffen werden können. Hat ein Individuum keine Informationen über Wahrscheinlichkeiten des Eintretens der einen oder anderen Handlungsfolge, so ist es nach LAPLACE rational, alle erwarteten n Handlungsfolgen mit der gleichen Wahrscheinlichkeit $\frac{1}{n}$ zu gewichten.[389]

Entscheidungsunsicherheit impliziert die Tatsache, daß ein Individuum informationsbedingt nur einen Teilausschnitt des Beziehungsgeflechts zwischen ihm selbst und der Umwelt registriert.[390] Bestimmte Umweltzustände sind im Kalkül des Individuums deshalb wahrscheinlichkeitstheoretisch nicht meßbar.

> „Der Entscheidende muß damit rechnen, daß eine Zukunftslage eintritt, die er nicht in seinen Planungen berücksichtigt. Er kennt nicht alle denkbaren künftigen Zustände der Welt."[391]

Sieht man von dem abstrakten Fall des vollständig informierten homo oeconomicus ab, so ist jede Entscheidungssituation von einem mehr oder minder großen Nichtwissen geprägt. Aus der Unsicherheit entstehen Institutionen, die zu Standardisierungen des individuellen Verhaltens führen und den Entscheidungsaufwand reduzieren. Bricht das institutionelle Arrangement, wie in den Transformationsländern, sehr rasch zusammen und sind Substitute noch nicht etabliert, so wird die Entscheidungsungewißheit weder aufgefangen noch institutionell kanalisiert.[392]

Transformationsländer stellen für die Bevölkerung ein in hohem Maße unsicheres Entscheidungsumfeld dar, weil die innovatorische Dynamik des institutionellen Umbruchs Entscheidungssituationen hervorruft, die nicht mit den bekannten Verhaltensmustern bewältigt werden können. Zudem zeigt die Komplexität dieses Vorgangs, daß sich eben nicht nur einzelne Daten in einem sonst stabilen Umfeld ändern, sondern ganze Handlungsräume durch die weitreichende Änderung der relativen Preise institutionell neu aufgespannt werden. Dies gilt um so mehr, als neben den dekretierten Regeln auch traditionale Werte, als formlose Regeln gelebt, beeinflußt werden.[393]

---

[388] Vgl. Schneider, 1995, S. 27.

[389] Vgl. Schumann, 1987, S. 71.

[390] Vgl. Heiner,1990; Heiner, 1983.

[391] Schneider, 1986, S. 51.

[392] Vgl. Heiner, 1983.

[393] Formlose Regeln sind nach North alle schriftlich nicht verfaßten Regeln. Vgl. dazu North, 1992.

2.1.2 Risiko

Ungewißheit, oder auch Nichtroutine, subsumiert ebenfalls den Risikobegriff. Das Risiko deutet darauf hin, daß das Eintreffen einer bestimmten Situation nicht sicher ist, jedoch Wahrscheinlichkeiten gebildet werden können, die zumindest Einschätzungen bezüglich des Eintretens einer Situation erlauben.[394] Risiken entstehen im Zusammenhang mit der Wahl einer bestimmten Handlungsalternative, deren Handlungsfolgen durch die Umweltsituation beeinflußt werden und die im Vorfeld nicht genau bestimmbar sind. Da das Risiko erst mit Eintreten einer Handlungsfolge verhaltenswirksam wird, ist es dem post-dezisionalen Bereich zuzuordnen.[395] Es hängt von der Risikobereitschaft des Individuums ab, inwiefern risikobehaftete Handlungen realisiert werden. Wenn Risiko die Wahrscheinlichkeit ausdrückt, ein angestrebtes Ergebnis zu erreichen oder es zu verfehlen, so ist die Erwartung über das Eintreffen eines angestrebten Ergebnisses einer risikobehafteten Alternative als Risikonutzen zu verstehen.[396] Ein abnehmender Risikogrenznutzen bedeutet dann zunehmende Nutzenverluste pro infinitesimaler Risikosteigerung im Hinblick auf das Eintreffen einer Ergebnisalternative. Analog bedeutet risikofreudiges Verhalten, daß der Risikogrenznutzen mit wachsendem Risiko einer Ergebnischance steigt.[397]

Zwei Kategorisierungen des Risikobegriffs können an dieser Stelle vorgenommen werden. Wird das Risiko anhand seiner Möglichkeit überprüft, positive oder negative Zielbeiträge, also Ergebnisoptionen, zu realisieren, so kann zwischen reinen und spekulativen Risiken unterschieden werden.[398] Reine Risiken zeichnen sich für den Risikoträger dadurch aus, daß er im günstigsten Fall den aktuellen status quo beibehalten wird, eine Wohlfahrtsverbesserung jedoch nicht eintritt. Abweichungen von der gegenwärtigen Lage sind dann dadurch bestimmt, daß sie dem Individuum eine schlechtere Lösung bieten. Das typische Beispiel eines reinen Risikos stellt das Haftungs- und Eigentumsrisiko dar. Positive Zielbeiträge sind hier nicht zu erwarten. Tritt ein Schadensfall ein, für den das Individuum haftbar gemacht werden kann, verursacht dies bei finanzieller Schadensregulierung negative Zielbeiträge. Im Gegensatz dazu führt die Schadensvermeidung nicht zu Einnahmen. Ein Instrument zur Minderung des reinen Risikos sind Fremdversicherungen, deren Aufgabe die Übernahme des Haftungsrisikos im Schadensfall ist. Das Individuum wird somit vor dem

---

[394] Vgl. Schneider, 1995, S. 27.

[395] Vgl. Callies, 1991, S. 44.

[396] „Sind quantitative Wahrscheinlichkeiten für Geldbeträge oder andere Zielgrößen gegeben, so wird nicht das mit den Wahrscheinlichkeiten gewichtete arithmetische Mittel (der Erwartungswert) der Zielbeiträge der Entscheidung unter Ungewißheit zugrundegelegt, sondern der Erwartungswert einer persönlichen Einschätzung von Chancen für das Erwerben von ewiger Seligkeit, Geldbeträgen oder anderen Sachzielen." Schneider, 1995, S. 100.

[397] Vgl. Schneider, 1995, S. 110.

[398] Vgl. Callies, 1991, S. 45ff, auch Seifert, 1980, S. 90ff.

Risiko hoher Auszahlungsverpflichtungen geschützt. Dagegen sind spekulative Risiken hinsichtlich ihrer Ausprägung in zwei Richtungen offen. Abweichungen von der Ausgangssituation implizieren Gewinne oder Verluste, d. h. die Risikosituation ermöglicht positive und negative Zielbeiträge. Die Übernahme eines spekulativen Risikos erfolgt freiwillig, als Anreiz fungieren die Gewinnoptionen gewichtet mit dem Erwartungswert ihrer Eintrittswahrscheinlichkeit. Investitionsentscheidungen sind typische Beispiele für spekulative Risiken.

Die alten Eliten im Transformationsprozeß befinden sich in einer risikobehafteten Ungewißheitssituation, in der das spekulative Risiko eine bedeutsame Rolle spielt. Bezogen auf ihre Wohlfahrtsposition können sowohl positive als auch negative oder gar keine Änderungen eintreten. Die Eintrittswahrscheinlichkeit künftiger Wohlfahrtspositionen ist von einer Reihe von Umweltfaktoren sowie dem Elitetypus und der rangspezifischen Position der Elite abhängig.[399] Somit können zwar Erwartungen gebildet werden, doch kann ein Kader aufgrund der Komplexität des Systemwandels nicht sicher sein, tatsächlich alle relevanten Faktoren in seinem Kalkül berücksichtigt zu haben. Die Unsicherheit ist demnach ein Teilaspekt des Risikohandelns bei unvollkommener Information. Zieht man in Betracht, daß die soziale Sicherheit das Oberziel sozialistischer Gesellschaften war, so ist der Umgang mit vielen Entscheidungssituationen mit ungewissem Ausgang im täglichen Leben eine Erfahrung, die in der Form nicht gemacht wurde. Sofern durch das institutionelle Umfeld eher risikoaverses Verhalten induziert wurde, wird die Zunahme der individuellen Freiheit als Belastung empfunden, wenn dadurch der Umfang an risikobehafteten Entscheidungssituationen ansteigt.[400] Das negative Erleben der Transformation ist dann zum großen Teil auf eine geringe Risikoneigung der Individuen in Transformationsgesellschaften zurückzuführen. Das Fehlen institutioneller Sicherungen läßt alltägliche Entscheidungssituationen ungewiß werden, die in der Planwirtschaft sicher waren. Bei abnehmendem Risikogrenznutzen werden Risikoentscheidungen als Wohlfahrtsverlust bewertet. Netzwerkanalytisch kann auch von Instabilitäten im Beziehungsnetz gesprochen werden.[401] Einflußreiche Positionen von Individuen und Gruppen gehen verloren, und Transaktionen verändern ihren Charakter durch ihre Häufigkeit, ihre Verschiedenheit, ihre Stabilität und ihre Dauer.[402]

Für Eliten, die sich mit dem alten System ideologisch identifiziert haben, ist die Transformation ein reines Risiko, da bei erfolgreichem Prozeßverlauf vom Plan zum Markt nur negative Zielbeiträge realisiert werden, bei einer Retransformation hingegen das ursprüngliche Nutzenniveau wieder erreicht wird. Psychische Nutzenverluste können ein retardierendes Verhalten begründen, um die alten Elemente des Systems

---

399 Vgl. dazu Kapitel IV.1.

400 Vgl auch Kirsch, 1992, S. 22.

401 Vgl. Albach, 1993, S. 29f.

402 Dauer von Informationsnetzwerken z.B. in Bezug auf das spezifische Wissen alter Eliten.

aufrechtzuerhalten.[403] Das reine Risiko führt im Ergebnis bei erfolgreicher Transformation zu einem sicheren Verlust von Wohlfahrtspositionen, was die Radikalität in der Ablehnung der Transformation steigert und den Preis, den diese Eliten für eine Umkehrung des Prozesses zu zahlen bereit sind, in die Höhe treibt.[404] Eliten, die sich über ihre materielle Wohlfahrt im jeweiligen System definieren, werden ihr Verhalten danach ausrichten, welche Wohlfahrtspositionen sowohl im Vergleich zu früher als auch im Vergleich zu anderen Gesellschaftsmitgliedern erreicht werden können. Für sie ist der Übergang vom Plan zum Markt ein spekulatives Risiko, das unter Ausnutzung subjektspezifischer Fähigkeiten beeinflußbar ist.

2.1.3 Zusammenfassung

Der institutionelle Wandel vom Plan zum Markt beschreibt einen gesellschaftlichen Innovationsprozeß. Ehemals zentralisierte staatliche Handlungsrechte werden durch die Ausweitung des individuellen Handlungsraums unwirksam oder in ihrer Wirkung eingeschränkt. Der Transformationsprozeß wird individuell erlebt und ist demzufolge auch eine durch das Handlungssubjekt bewertete individuelle Innovation. Da Innovationsprozesse bisherige Handlungsroutinen aufbrechen, erhöhen sie die Ungewißheit für den Handelnden im Hinblick auf die Erreichung eines Handlungsziels. Die Einstellung eines Individuums zum Transformationsprozeß hängt dann davon ab, inwieweit es ihm gelingt, in einer durch Nichtroutinen gekennzeichneten Situation die individuellen Zielvorstellungen realisieren zu können.

Die Abschätzung der Folgen individuellen Handelns werden für den einzelnen durch Unsicherheit und Risiko beeinflußt. Im Transformationsprozeß treten diese Varianten der Ungewißheit besonders deutlich hervor, wobei in Abhängigkeit von der Radikalität des Übergangs vom Plan zum Markt das Ausmaß beider Formen variiert. Während Entscheidungen unter Unsicherheit für den oder die Beteiligten zu einem reinen Glücksspiel werden, da die Eintrittswahrscheinlichkeiten der verschiedenen Alternativen nicht bekannt sind, basieren risikobehaftete Entscheidungen auf einem mit der jeweiligen subjektiven Wahrscheinlichkeit gewichteten Risikokalkül. Für die Mehrzahl der Individuen im Transformationsprozeß ergeben sich Handlungsmöglichkeiten, die auf spekulativen Risiken begründet sind und einen entsprechenden Risikonutzen erwarten lassen. Vor allem für die ehemaligen sozialistischen Kader existieren in der Umbruchphase aufgrund instabiler Institutionen und intransparenter Verantwortungsbereiche bevorzugte Möglichkeiten, durch die Nutzung von Kontakten und Beziehungen risikobehaftete Nutzengewinne zu erzielen.

Die Aussicht auf diese Gewinnchancen erhöht die Bereitschaft, den Systemwechsel zu akzeptieren. Dagegen erzielt ein politischer Kader, der aufgrund seiner Positi-

---

[403] Siehe Kapitel IV.2.1.2.

[404] Vgl. North, 1992, S. 107.

on in der Partei über ein sicheres Einkommen verfügte, keinen Risikonutzen, wenn sich für ihn aufgrund seines Alters, seiner Überzeugung oder fehlender Kontakte keine alternativen Möglichkeiten zur Einkommenserzielung ergeben. Durch die Freisetzung seiner Arbeitskraft wird die Transformation für ihn ein reines Risiko, das die Bereitschaft zum Transformationswiderstand erhöht. Letztlich ist die Einstellung zur Transformation eine Frage der Ausprägung subjektiver Faktoren, die das Handeln determinieren. Aufbauend auf diesen Überlegungen werden nachfolgend die drei wesentlichen subjektspezifischen Verhaltensdeterminanten, die in diesem Kontext von Bedeutung sind, analysiert.

2.2 Subjektspezifische Determinanten des Entscheidungsverhaltens

Zusätzlich zu den objektiven Rahmenbedingungen des institutionellen Wandels existieren subjektive Faktoren individuellen Verhaltens, die je nach Ausprägung zu einer unterschiedlichen Handlungsreaktion des Individuums bei Unsicherheit und Risiko führen. Der Motivation als Leistungsanreiz werden die handlungsbeschränkenden Faktoren Risikobereitschaft und Humankapital gegenübergestellt. Während durch den Umfang der individuellen Humankapitalausstattung Ungewißheitssituationen in ihrer Vorhersehbarkeit und ihrer Anzahl beeinflußt werden können, wird durch die Risikobereitschaft die Einstellung des Individuums zum Entscheidungshandeln unter Ungewißheit beeinflußt.

2.2.1 Motivation

Das Motiv zu einer Handlung ist in den Zielen des Individuums angelegt.[405] Motivationsgeleitetes Handeln grenzt sich vom instinktgeleiteten Handeln dadurch ab, daß ersteres ein Akt des Bewußtseins ist, der aus dem Ergebnis eines Entscheidungsprozesses resultiert.[406] Während Ziele immer auch eine Kontrolle der angestrebten Folgen des eigenen Handelns ermöglichen und unabhängig von ihrer tatsächlichen Verfolgung existieren, sind Motive auf die vorwärtsgerichtete Handlungsauslösung fixiert. Das Motiv selbst kann nur darüber aufklären, warum eine Handlung initiiert wird. Die Zielwirksamkeit des Handelns ist umso größer, je effektiver die relevanten Handlungsrestriktionen und die erwarteten Handlungsfolgen durch Antizipation berücksichtigt werden können.[407] Bezogen auf die reine Handlungsauslösung enthalten

[405] Vgl. Heckhausen, 1989, S. 9.

[406] Vgl. Heckhausen, 1989.

[407] Vgl. auch Zohlnhöfer, 1994; Praag/Ophem, 1995, S. 515ff.

Motive eine aktivierende Komponente, die kognitiv verstärkt wird, wenn das Handeln auf Zielerreichung ausgerichtet ist.[408]

Motivationen werden durch Anreize ausgelöst, die einen Nutzen versprechen und als extrinsisch bzw. intrinsisch klassifiziert werden können. Ein Motiv ist dann als extrinsisch einzustufen, wenn das Individuum mit Aussicht auf externe Belohnung handelt. Intrinsität spiegelt hingegen ein inhärentes Bedürfnis wider, das zwar extrinsisch unterstützt werden kann, jedoch auch für sich selbst stehend Handlungen auslöst. Werden die Impulsgeber der Transformation als politische bzw. ökonomische Unternehmer bezeichnet, so ist zunächst festzuhalten, daß die mikroökonomische Theorie der Unternehmung das Unternehmerverhalten ausschließlich über die Gewinnmaximierung definiert und dadurch extrinsische Faktoren in den Mittelpunkt rückt, ohne dabei intrinsische Motivlagen wie die Befriedigung des eigenen Leistungsanspruchs, auch Ehrgeiz, zu berücksichtigen.[409] Im Kontext des ökonomischen Individualmodells maximiert der Unternehmer seinen Nutzen, indem er den pekuniär meßbaren Gewinn zur Bezugsgröße individueller Wohlfahrt macht.[410] Die Annahme, daß extrinsische Motivlagen im Transformationsprozeß überwiegen, ist plausibel, weil eine Verzinsung der marktorientierten Humankapitalinvestitionen angestrebt wird und neue Einkommensquellen erschlossen werden müssen, um die früheren Investitionen nicht völlig wertlos werden zu lassen. Das Einkommensmotiv, welches dem Eliteverhalten im sozialistischen Ordnungsrahmen zugrundegelegt wurde, ist somit auf die post-sozialistische Phase übertragbar.

Gerade bei den jüngeren Mitgliedern der alten Elite, denen die Partizipation an Privilegien und Wohlstand durch die Transformation versagt blieb, die gleichwohl Investitionen in ihr Humankapital getätigt haben, ist ein starker Wille zur Erzielung eines Einkommens zu vermuten, daß die ursprünglich erwartete Rendite der Investitionen auch unter veränderten ordnungspolitischen Rahmenbedingungen realisiert. Dazu ist zunächst auf die Dualität des Humankapitalaufbaus in sozialistischen Planwirtschaften hinzuweisen, die einerseits durch eine berufsspezifische Ausbildung und andererseits durch Erfahrungssammlung in der Parteiarbeit gekennzeichnet war. Legte die Parteiarbeit den Grundstein für zahlreiche Karrierewege, engte die Berufsausbildung Karrieremöglichkeiten fachbezogen ein.[411] Unter Bezugnahme auf ihr Lebenszeiteinkommen haben die jüngeren Eliten einen Großteil ihres Einkommens unter den neuen Bedingungen zu erzielen. Ausgehend von der beruflichen Position

---

[408] Vgl. Heckhausen, 1989, S. 9; Kroeber-Riel, 1984, S. 130.

[409] In der empirischen Gründerforschung wird demgegenüber versucht, eine breitere Palette an Motiven zu hinterfragen, wobei der Einbezug intrinsischer Motive über die Erfassung des Wunsches nach Unabhängigkeit, Selbstverwirklichung oder der Durchsetzung eigener Ideen sowie der Machtausübung erfolgt. Vgl. dazu auch Klandt, 1984, S. 120ff; Kirschbaum, 1990; Bögenhold, 1987.

[410] Von anderen Nutzenfaktoren soll hier abgesehen werden.

[411] Vgl. Huskey, 1988, S. 539f; Ivanov, 1973.

im veränderten institutionellen Umfeld hängt die Einkommenssumme davon ab, ob und wie schnell sich die Humankapitalinvestitionen in Relation zum Einkommen mit fortschreitendem Alter amortisieren und sich nach Erreichen des Amortisationszeitpunktes zu rentieren beginnen.[412] Graphisch kann dieser Zusammenhang in einem Koordinatensystem verdeutlicht werden, welches an der Ordinate Einkommen aus der getätigten Investition abträgt sowie die Kosten der Humankapitalinvestition, die im Zeitablauf auch die Anpassungskosten durch Kaderschulung und karriereförderliche Parteiarbeit enthielten, wiedergibt (Abb. 3). Die Aufwendungen in Humankapital sollten dem Vorgesetzten Loyalität und Konformität signalisieren. An der Abszisse ist die Zeitdimension vermerkt.[413]

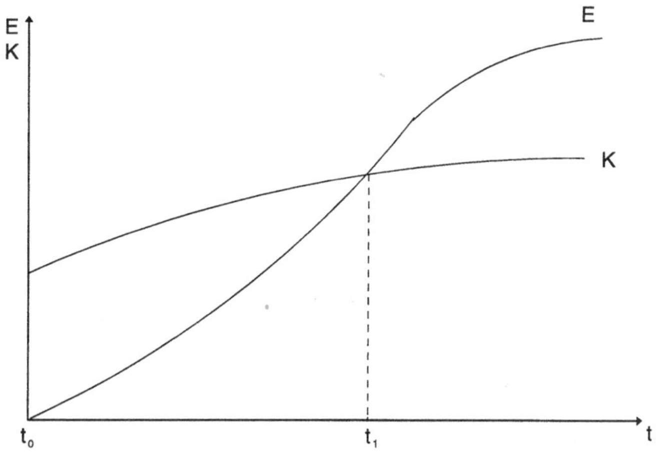

Abb. 3: Amortisation von Humankapitalinvestitionen

Der Punkt t_0 markiert die individuelle Situation zu Beginn des beruflichen Einstiegs, in der bereits Investitionsausgaben angefallen sind, ohne daß bis dahin investitionsbezogene Einnahmen zu verzeichnen gewesen sind. Die Ausgaben resultieren beispielsweise aus dem Besuch von Parteischulungen, der Übernahme eines Ehrenamtes in der Partei oder der Vergabe von Geschenken an Vorgesetzte. Im Zeitpunkt t_1 haben sich die Humankapitalinvestitionen amortisiert und werden nach dem Amortisa-

[412] Vgl. Rosen, 1976.

[413] Einkommen und Ausgaben beziehen sich ausschließlich auf pekuniäre Wirkungen von Humankapitalinvestitionen in den Eliteaufstieg. Daneben existiert jedoch auch Einkommen, das aufgrund einer beruflichen Ausbildung erzielt wird. Berufseinkommen und elitespezifisches Einkommen würden bei aggregierter Betrachtung die Kurve nach oben verschieben.

tionszeitpunkt „Gewinne" erwirtschaftet. Die Einkommenskurve steigt dabei zunächst überproportional, da durch die wachsende Anzahl von Beziehungen und Kontakten bei zunehmendem Lebensalter neue Einkommensquellen genutzt werden können. Im Fall des Aufstiegs in höhere Eliteränge kann beispielsweise das Interesse einer aktiven Beteiligung an der Korruption steigen, wenn einflußreiche Schnittstellenpositionen besetzt werden. Von Bedeutung für das materielle Einkommen der Eliten war ebenso die Zunahme des Privilegienpools bei Karrieren in der Elitehierachie. Auch wenn dieser Aspekt für sozialistische Länder eine geringere Rolle spielte, so ist doch zu erwähnen, daß durch die Ansammlung von Geldvermögen zusätzliche Kapitaleinkünfte das Gesamteinkommen ansteigen ließen. Ein Wendepunkt wird erreicht, wenn Beziehungspotentiale weitestgehend ausgeschöpft sind und neue Einkommensquellen nicht mehr erschlossen werden. Die Gesamtkostenkurve besitzt abnehmende Steigung, da sowohl die Kosten für Schulung und Weiterbildung mit zunehmendem Alter sinken, als auch der zu tätigende Aufwand zur Aufnahme und Aufrechterhaltung informeller Kontakte abnimmt, wenn erst einmal der Eintritt in das Patronagesystem geschafft ist.

Die Existenz von Einkommensdifferentialen durch zusätzlich zu erzielende informelle Einkommen förderte Humankapitalinvestitionen, die das Sprungbrett in höhere Einkommensregionen waren. Hieraus resultierte ein Verzicht auf Teile des Gegenwartskonsums zugunsten verbesserter Konsummöglichkeiten in späteren Jahren.[414] Der Nutzen aus einer Humankapitalinvestition wurde dann durch die erwartete Lebensdauer des Investors determiniert, wobei ein hohes Alter die Nutzung der Investitionserträge über einen längeren Zeitraum ermöglicht und die Nutzensumme höher ist als bei Investoren mit niedriger Lebenserwartung. Betrachtet man das in der früheren Sowjetunion existierende Privileg der persönlichen Altersrente, so profitierten die Kader über die berufliche Lebensarbeitszeit hinaus von Humankapitalinvestitionen in die individuelle Karriere. Die Aussicht auf eine langfristige Rendite ist dann vor allem bei jungen Kadern handlungsmotivierend und erhöht die Bereitschaft zu Investitionen in die eigene Karriere als Kader.[415] Anhand des mikroökonomischen Optimierungsansatzes formuliert BECKER ein Entscheidungskalkül für die Höhe der Humankapitalinvestitionen. Danach muß der Gegenwartswert der Grenzkosten einer Humankapitalinvestition dem Gegenwartswert der künftigen Grenzerträge aus der Investition entsprechen.[416] Da mit höherem Alter die Summe der diskontierten Erträge geringer wird, sinken auch tendenziell die Ausgaben für den Aufbau von Humankapital mit zunehmendem Alter.

Führt nun die Transformation des Systems zu einem Bruch in der Planung des Lebenszeiteinkommens und setzt dieser Bruch noch vor dem Amortisationszeitpunkt t_2

[414] Vgl. Becker, 1974, S. 59. Der Güterverzicht in der Gegenwart basiert nach Becker auf einer Umschichtung des pekuniären und des zeitbezogenen Budgets.

[415] Vgl. Becker, 1974, S. 50; Gutmann/Hamacher, 1994, S. 230.

[416] Vgl. Becker, 1993, S. 138.

ein, so überwiegt die Summe der Investitionsausgaben. Abbildung 4 verdeutlicht den Sachverhalt grafisch. In t_1 werden die individuellen Wohlfahrtswirkungen durch das Wegbrechen der individuellen Karriere- und Einkommenspfade subjektiv spürbar. Der Investitionsplan des Individuums kann nicht mehr wie geplant realisiert werden, da der Kapitalwert der erwarteten Erträge auf dem Fundament einer sozialistischen Ordnung mit den dazugehörigen Vergünstigungen - dargestellt durch die gestrichelten Kurvenverlängerungen von E und K - gebildet wurde. Alternativ wird nach Gelegenheiten gesucht, die, wenn schon nicht den geplanten Einkommensanstieg, so doch zumindest eine Stabilisierung des bestehenden Einkommensniveaus herbeiführen. Aus der Suche resultiert ein Kostensprung, der umso größer ist, je intensiver die Elite in marktwirtschaftliches Know-how investiert. Die Kostenkurve verschiebt sich nach oben (K_1). Da gleichfalls erwartete Einnahmeströme verlorengehen, sinkt dic Einkommenskurve auf E_1. Aus diesen Veränderungen resultiert eine Verschiebung des Amortisationszeitpunktes nach hinten, d. h. Nettoerträge aus Humankapitalinvestitionen werden erst später realisiert.

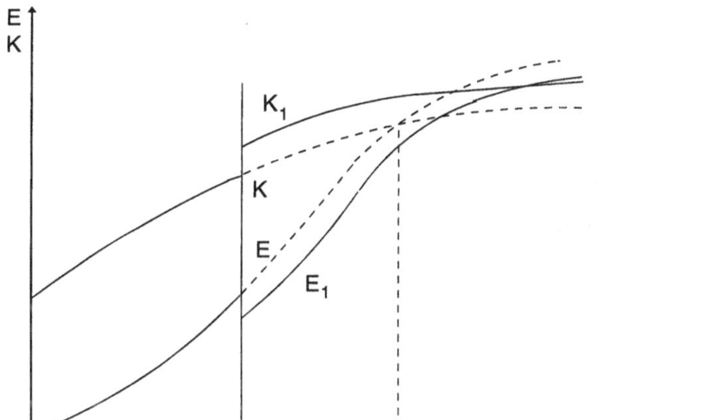

Abb. 4: Ertragswirkungen von Humankapitalinvestitionen bei Transformationen

Liegen die aus den ordnungspolitischen Veränderungen resultierenden Wohlfahrtswirkungen aus Sicht des Individuums hinter dem Amortisationszeitpunkt, so sinken die Suchaktivitäten nach alternativen Einkommensmöglichkeiten, da die verbleibende Lebensarbeitszeit nur noch geringe Auswirkungen auf das Gesamtvermögen des Individuums hat. Zu bedenken ist auch, daß durch die Suche nach Alternativen Anpassungskosten entstehen, die bei Neubeschäftigung der älteren Ex-Kader durch das dann zu erwartende Einkommen nicht mehr kompensiert werden könnten. Jüngere

Kader werden deshalb eher als ältere zur Umstellung ihres Zielsystems auf das neue institutionelle Umfeld bereit sein.[417] Aktiver und passiver Transformationswiderstand sind dann vor allem Erscheinungen unter Angehörigen der älteren Generation, die konkrete pekuniäre Verluste hinzunehmen haben. Die Bewältigung einer zunehmenden Anzahl von Nichtroutinehandlungen wird durch Ignoranz, Rückzug ins Private oder durch das Aufleben lassen alter Netzwerke angegangen.

2.2.2 Risikobereitschaft

Die Risikobereitschaft kennzeichnet die Einstellung eines Individuums zur Durchführung von Aktivitäten, deren Handlungsfolgen ungewiß sind. Mithin impliziert Risikobereitschaft die Gefahr von Fehlentscheidungen.[418] Während institutionelle Stabilität zu größerer Erwartungssicherheit beiträgt, somit die Zweifel am Eintreten eines Ergebnisses reduziert, stellt sich die Situation in den Transformationsländern ganz anders dar. Aufgrund des institutionellen Risikos werden die Individuen mit Einkommens- sowie, im Hinblick auf den Aufbau ihres Humankapitals, mit Investitionsrisiken konfrontiert. Inkonsistenzen und Instabilität führen dazu, daß die für die Individuen handlungsrelevanten Faktoren nur unter einem höheren Grad von Ungewißheit geplant werden können als in stabilen Marktwirtschaften. Handlungsfolgen sind nicht mehr in dem Maße von der persönlichen Leistung abhängig, sie werden mit steigendem Risiko durch Zufälle beeinflußt. Es ist eine Frage der individuellen Risikobereitschaft, inwiefern Zufälle in Entscheidungssituationen toleriert werden.

Zwischen Handlungserfolg und Risikoeinstellung kann ein Kausalzusammenhang hergestellt werden, wenn man berücksichtigt, daß die Erwartungssicherheit über das Eintreten einer geplanten Handlungsfolge umso höher ist, je intensiver für diese Handlung Informationen recherchiert wurden, die die Aktivität auf eine sichere Entscheidungsgrundlage stellen. Eine risikoaverse Person wird versuchen, durch Informationssammlung die Ungewißheit in einer Entscheidungssituation möglichst gering zu halten, um die Wahrscheinlichkeit des Eintretens eines Zufallsergebnisses weitestgehend zu reduzieren. Die gewonnene Erwartungssicherheit verhindert eine größere Abweichung des tatsächlichen vom erwarteten Zustand, die Gefahr negativer ex-post-Überraschungen wird verringert. Aus der Leistungsmotivationstheorie ist bekannt, daß risikoscheue Personen deshalb erfolgreicher sind als risikofreudigere, weil Handlungsentscheidungen besser vorbereitet werden und weniger dem Zufall, denn der persönlichen Leistung zuzurechnen sind. Die Rationalität ihres Handelns liegt dann darin, daß Geschicklichkeit und Fähigkeit ihr Handlungsergebnis bestimmen. Ein risikofreudiger Spieler sieht seine Entscheidungen dagegen als Teil eines Glücksspiels, weshalb die Berücksichtigung des Zufalls eine Komponente im rationalen

---

[417] Vgl. Gutmann/Hamacher, 1994, S. 234.

[418] Vgl. Wittmann, 1959.

Entscheidungshandeln risikofreudiger Individuen ist.[419] Vor diesem Hintergrund unterliegt auch das individuelle Humankapitalkalkül der Risikoneigung des Investors.[420] Werden die erwarteten Einnahmenüberschüsse aus der Investition mit alternativen Vermögensanlagen verglichen, so impliziert der Erwartungswert der Investition Unsicherheit, die je nach Risikoeinstellung über- oder unterschätzt wird. Das gilt z. B. für die Beurteilung der eigenen Fähigkeiten, aber auch für die Einschätzung von Einflußpotentialen karriereförderlicher Machtpromotoren im Beziehungsnetzwerk.

Die gesetzliche Verbindlichkeit des zentralen Plans förderte in den Zentralverwaltungswirtschaften Osteuropas risikoaverses Verhalten, da jedes Risiko den Plan gefährdete und dementsprechend sanktioniert wurde.[421] Vier Gründe können hierfür angeführt werden:[422]

- Risikosituationen waren in ihrem Ausgang ungewiß und deshalb nicht ex ante planbar. Um die Planerfüllung nicht zu gefährden, wurde versucht, das Risiko weitestgehend zu minimieren, was zu einer Ablehnung innovativer Entwicklungsschritte führte.
- Bei negativem Ausgang einer risikobehafteten Aktivität konnten unmittelbar Konsequenzen durch Sanktionierung erfolgen.
- Riskante Innovationen mit längerfristigem Amortisationszeitraum deckten sich nicht mit dem kurzfristigen Erfolgshorizont der Betriebsleiter, die ihr Handeln schematisch an den Jahresplänen ausrichteten.
- Während bei erfolgreichem Verlauf einer riskanten Aktion (z. B. Innovation) der Nutzen über eine Vielzahl von Personen und Institutionen streute, mußte bei negativem Ausgang mit einer exklusiven Zuordnung der Schuld bei der Betriebsleitung gerechnet werden.

2.2.3 Kompetenz

In den vorangegangenen Kapiteln wurde das Humankapital als Ansatzpunkt für die Existenz individueller Kosten der persönlichen Entwicklung gewählt. Diese Kosten werden sowohl innerhalb einer Ordnung, zur Realisierung individueller Karrierepfade, als auch beim Übergang vom Plan zum Markt attestiert. Dabei wurde der Ausdruck Humankapital vorwiegend als Wissen bezeichnet und der Eindruck vermittelt, daß das Humankapital als Bestandsgröße durch rational begründete Investitionen oder Desinvestitionen im Umfang variiert. Im folgenden soll nun das Humankapital als bedeutende subjektive Restriktion genauer charakterisiert werden. Dazu wird der

---

[419] Vgl. Oesterdiekhoff, 1993, S. 147; Klebelsberg, 1969, S. 27.

[420] Vgl. Becker, 1974, S. 55.

[421] Vgl. Leipold, 1989, S. 150.

[422] Vgl Heyse/Ladensack, 1994, S. 118f.

aus der betriebswirtschaftlichen Literatur bekannte Ausdruck der individuellen Kompetenz verwendet, um die weitverzweigten Facetten des individuellen Humankapitals aufzuzeigen. Jedoch sollen im Verlauf dieser Arbeit die Begriffe Kompetenz und Humankapital als synonym interpretiert werden, um definitorische Mißverständnisse bzw. überflüssige Differenzierungen zu vermeiden.[423]

Die zunehmende Exklusivität der Handlungsrechte durch die Transformation steigert die Verantwortung der politischen und ökonomischen Eliten für ihr Entscheidungshandeln und definiert deren persönliches Haftungsrisiko neu.[424] Die individuelle Zuordnung der Konsequenzen des eigenen Handelns erfordert entsprechende Fähigkeiten, um risikovolle Aktivitäten erkennen und gleichzeitig die individuelle Anpassung aktiv mitgestalten zu können. Die neuen Handlungsanforderungen markieren die notwendige Kompetenz, um in einem Nichtroutineprozeß, der durch Überraschungen gekennzeichnet ist, bestehen zu können.

Kompetenz ergibt sich als die Gesamtheit aller Kenntnisse aus Erfahrung, Wissen und Fertigkeiten, die ein Individuum in die Lage versetzen, problemorientiert eine Aufgabe lösen zu können. In der Kompetenz drückt sich mithin die zweckgebundene handlungsorientierte Fähigkeit eines Individuums aus. Kompetentes Verhalten äußert sich in der Übernahme von Verantwortung sowie in der beruflichen Planung und Umsetzung von Konzepten, die einem definierten Anspruch genügen.[425] Die Kompetenz setzt sich aus einem Konglomerat verschiedener Teilkompetenzen zusammen, die zueinander komplementär sind und im Kern

- das fachliche Wissen über berufsspezifische Inhalte (Fachkompetenz),
- die Kenntnis über das methodische Herangehen an Problemstellungen (Methodenkompetenz),
- das kommunikative Verhalten von Individuen (Sozialkompetenz) und
- die kreative Mitgestaltung von Arbeitsfeldern (Mitwirkungskompetenz) beinhalten.[426]

Während die Fachkompetenz als beruflich gebundene Kompetenz auf den Arbeitsplatz ausgerichtet ist und Handlungsinflexibilität durch die Kompetenzbindung involviert, sind die anderen Teilkompetenzen tätigkeitsunabhängig. Sie bewirken Sozialität, Flexibilität und die Fähigkeit zu partizipativem Verhalten und sind be-

---

[423] Beide Begriffe beziehen sich auf das Leistungspotential der Arbeitskräfte, das durch Einsatz finanzieller Aufwendungen sowie durch Erfahrungen erweiterbar ist. In der Literatur wird die Kompetenz je nach inhaltlichem Schwerpunkt unterschiedlich definiert, jedoch besteht Konsens, daß Wissen und Erfahrungen die grundlegenden Komponenten der Kompetenz sind. Vgl. Bunk, 1994, S. 9; Erpenbeck, 1996, S. 11; Pautzke, 1989, S. 64ff.; Weinberg, 1996, S. 3ff; Wiegand, 1996, S. 162ff; Homburg, 1995, S. 347.

[424] Vgl. Eberwein/Tholen, 1994, S. 84ff.

[425] Vgl. Alaluf/Stroobants, 1994, S. 50.

[426] Vgl. Bunk, 1994, S. 11.

rufsübergreifende Schlüsselkompetenzen.[427] Anpassungsprozesse können daher gerade durch die Sozial-, Methoden- und Mitwirkungskompetenz erleichtert werden, da bestimmte Grundfertigkeiten im problemlösungsorientierten Handeln vorliegen. Wissen ist dabei jener Teil der Kompetenz, der über externe Datenträger vermittelbar ist und nachgefragt werden kann, während Erfahrungen subjektgebunden sind und nur durch das Individuum selbst gemacht werden können. Das spezifische bzw. Insiderwissen kann dabei aus persönlichen Erfahrungen sowie erworbener Wissensbestandteile resultieren, wobei jedoch gilt, daß die erworbenen Wissensbestandteile personenunabhängig abgerufen werden können und damit umso schwieriger ökonomisch verwertbar sind, je größer die Zahl der alternativen Anbieter dieses Wissens ist. Anzumerken ist allerdings, daß gerade im Übergang vom Plan zum Markt viele Datenträger und Dokumente, die subjektunabhängige Informationen gespeichert haben, vernichtet werden oder verlorengehen, weshalb zuvor relativ leicht zugängliches Wissen durch die Umfeldbedingungen verknappt wird und zu einem Anstieg des Faktornutzungspreises führt. Informationen beziehen sich in diesem Zusammenhang auf jene Teile des spezifischen Wissens, die aus einer zweckgerichteten Datenabfrage resultieren.[428] Bezüglich der Erfahrungen ist festzuhalten, daß mit zunehmendem Anteil der subjektgebundenen Erfahrungen am spezifischen Wissen die Verhandlungsposition des Wissensanbieters gestärkt wird und der Faktorgrenzertrag ansteigt.

Die Qualifizierungsmaßnahmen in den früheren Zentralverwaltungswirtschaften Osteuropas wurden im wesentlichen durch systemspezifische Karrierebausteine charakterisiert, die den Pragmatismus in der Personalentwicklung dokumentierten. Die Wissensvermittlung durch schulische Aus- und Weiterbildungsmaßnahmen wurde nur insofern wahrgenommen, als sie zentral delegiert keine andere Wahl als die Teilnahme beließ. Weitaus effektiver für das Karriereziel waren jedoch an den Vorgesetzten adressierte Loyalitätsbeweise, die Angepaßtheit an soziale Normen mit ideologischer Ausrichtung und die Beziehung zu bedeutenden Personen in machtpolitischen Schnittstellen.[429] Durch diese Karrieremechanismen wurden Grundfertigkeiten entwickelt, die dem Individuum ein flexibles Umgehen mit den Institutionen ermöglichten. Gerade im Bereich der Methoden- und Sozialkompetenz lag der Schlüssel zum Aufstieg in die Eliteränge. Die Sozialkompetenz sicherte die Kontakte, während die Methodenkompetenz die Bewältigung von Problemstellungen im Kontext der marxistisch-leninistischen Ideologie implizierte. Staatliche Unterstützung fand diese Form der Kompetenzentwicklung durch die enge Verknüpfung von Politik und Wirt-

[427] Vgl. Marsden, 1994, S. 17; Bunk, 1994, S. 11; Gutmann/Hamacher, 1994, S. 233.

[428] Vgl. Wiegand, 1996, S. 163ff. Auf die gesamtwirtschaftliche Bedeutung des Humankapitals wurde bereits in Kapitel II.1.4 hingewiesen. Für tiefergehende Betrachtungen sei hier auf die Literatur zur neuen Wachstumstheorie verwiesen. Vgl. Caballé/Santos, 1993.

[429] Die Bedeutung dieser Karrierebausteine führte zu einer Vernachlässigung beruflicher Leistungskriterien. Vgl. Ahlberg, 1988, S. 973f; Linz, 1987, S. 7; Winiecki, 1991, S. 5; Staudt/Leuschner/ Schepanski/Engelbracht, 1993, S. 21.

schaft, was dazu führte, daß Berufswechsel zwischen diesen beiden Bereichen karrierefördernde Wirkung entfalteten.[430] Gefördert wurde der Generalist, der zwar eine fachspezifische Ausbildung erhalten hatte, jedoch nicht damit rechnen konnte, auch tatsächlich gemäß seiner Fachausbildung eingesetzt zu werden.[431]

Der durch ideologischen Formalismus und Pragmatismus gekennzeichnete Kompetenzerwerb erschwert der Elite den Übergang in eine zunehmend komplexer werdende Gesellschaft, in der die Handlungsautonomie des einzelnen an Bedeutung gewinnt.[432] So haben sich die Bewerber um politische Ämter internen und externen Abstimmungsverfahren zu stellen, wobei das Ziel der Stimmenmaximierung das Politikverhalten bestimmt. Der nach außen getragene Wettbewerb um eine politische Position auf staatlicher, regionaler und kommunaler Ebene fand in der hierarchischen Kommandowirtschaft nicht statt, weshalb Erfahrungen im Umgang mit demokratischen Abstimmungsmechanismen nicht gemacht werden konnten. Der Aufstieg an die politische Macht war statt dessen mit den informellen Mechanismen der Korruption und der Patronage am wirkungsvollsten zu realisieren. WOLFF-POWESKA sieht hier das Problem, daß trotz einer Demokratisierung der politischen Institutionen das politische System an mangelnder Effizienz leidet, wenn die Kompetenz der politischen Akteure dem neuen Umfeld nicht angepaßt wird und dabei nicht bedacht wird, daß die Anpassung der Kompetenz Zeit bedarf. Reibungsverluste durch soziale und moralische Kosten sind dann die Konsequenz und können zu einer Ignoranz des Individuums gegenüber kompetenzverändernden Maßnahmen führen.[433]

Auch in den Unternehmen verursacht die Transformation neue Anforderungen an die Leitungsebene, da Netzwerke auf den entstehenden Märkten aufgebaut werden müssen. Hierzu sind Kenntnisse in Disziplinen (Marketing, Vertrieb) notwendig, die unter den Rahmenbedingungen der Planwirtschaft bedeutungslos waren. Erst die Übereinstimmung der Personalkompetenz in den Betrieben mit den Anforderungen des Marktes hinsichtlich Produkt- und Leistungsangebot sichert dem Unternehmen das Überleben im Wettbewerb. Für das Personalmanagement entsteht hieraus die Aufgabe der Schaffung und Erhaltung einer den Erfordernissen entsprechenden qualitativen Personalkapazität.[434] Die Aufgabenvielfalt nimmt zu und erfordert ein Umdenken in der Betriebsführung. Die Zentralisierung der Entscheidungsgewalt und die Umsetzung eines autoritären Führungsstils, wie er in den Staatsbetrieben gepflegt wurde und für die reibungslose Delegation der Direktiven hilfreich war, ist bei zunehmender Komplexität entwicklungshemmend.[435] Das bedeutet aber auch, daß neue

---

[430] Vgl. Winiecki, 1991, S. 6f.

[431] Vgl. Eberwein/Tholen, 1994, S. 104

[432] Vgl. auch Liutho, 1996, S. 8.

[433] Vgl. Wolff-Poweska, 1994, S. 217. Hierzu auch Staudt, 1993; Peterhoff, 1994.

[434] Vgl. auch Gaugler, 1994, S. 94.

[435] Vgl. Krüger/Salzmann, 1994, S. 1032.

soziale Kompetenzen im Umgang mit der Belegschaft erworben werden müssen (Konzepte der Mitarbeitermotivation) und Konflikte nicht durch einseitige Machtverhältnisse zwangsharmonisiert werden.[436]

Eine zumindest ansatzweise Kompensation des Kompetenzdefizits der ökonomischen Elite ist durch die Erfahrungen aus der Schattenwirtschaft möglich, in der extra-funktionale Fähigkeiten erworben wurden, die das institutionalisierte Bildungssystem nicht vermittelte.[437] Diese Erfahrungen sind es auch, die die Ausbeutbarkeit der ehemaligen Kader durch die neuen Eliten verhindert, wenn berufliche Alternativen aufgrund der Schattenmarkterfahrung wahrgenommen werden können und Möglichkeiten der Einkommenserzielung bestehen, die nicht den Verkauf spezifischen Wissens an Nachfrager beinhalten.

2.2.4 Zusammenfassung

An ordnungsspezifische Institutionen gebundene Verhaltensroutinen werden durch die Transformation nivelliert und zwingen das Individuum zu bewußten Verhaltensänderungen unter Hinzuziehung neu erfaßter Informationen. Durch den institutionellen Wandel müssen sich die Fähigkeiten des Individuums bewähren, wobei die zentralisierte Zuteilung und Sicherung von Handlungszuständigkeiten durch den Wettbewerb ersetzt wird, in dem die Individuen sich die Zuständigkeiten erkämpfen müssen. So wird einem ökonomischen Unternehmer Kompetenz attestiert, wenn er Gewinne erzielt und einem politischen Unternehmer, wenn er Wählermehrheiten erreicht. Handlungszuständigkeit definiert sich deshalb im ökonomischen und sozialen Kontext. Die Eliten werden dabei die Präferenz für eine Alternative besitzen, die im Kontext zur bisherigen beruflichen Entwicklung steht, wodurch die individuellen Kosten, mithin die negativen Wohlfahrtswirkungen, reduziert werden können. Der Entwicklungsweg von Eliten im Transformationsverlauf ist deshalb auch als pfadabhängig zu bezeichnen, radikale Schnitte finden nicht statt, sondern es werden individuelle Anpassungsprozesse dem subjektiven Fähigkeitspotential angelehnt.[438] Dies kann jedoch auch dazu führen, daß bestimmte Anpassungserfordernisse ignoriert werden, wenn durch die selektive Wahrnehmung nur die vermeintlich naheliegenden Anpassungsschritte erfolgen.

Inwiefern durch Anpassung ein Individuum in bezug auf einen definierten Zweck handlungsfähig geworden ist, beweist sich dann, wenn es unter den Rahmenbedingungen der Transformation handelt. Aufgrund der Zunahme an Ungewißheit ist die Risikobereitschaft ein zusätzlicher verhaltensdeterminierender Aspekt. Als risikofreudig sind beispielsweise jene Eliten einzustufen, deren Zielgröße nicht das Le-

---

436 Vgl. auch Lohr, 1992, S. 160; Edeling, 1992, S. 52f.

437 Vgl. Eberwein/Tholen, 1994, S. 135.

438 Vgl. Apolte, 1992, S. 21; Wagener, 1994, S. 645.

benszeiteinkommen, sondern der kurzfristige Transformationsgewinn als Folge der institutionellen Unsicherheit ist. Sie begreifen die Erwartungsunsicherheit als Chance zur Abschöpfung hoher Arbitragen.[439] Die Gewinnaussichten schwinden mit zunehmender Stabilisierung der marktwirtschaftlichen Institutionen, weshalb ihre auf die Erzielung von Arbitrage ausgerichtete Tätigkeit zum Zeitpunkt der Aufnahme bereits den Ausstieg implementiert.

Das Lebenszeiteinkommen in Verbindung mit dem Alter entscheidet darüber, wie intensiv die Eliten Aktivitäten zur neuerlichen Einkommenssuche aufnehmen. Kompetenz und Risikobereitschaft induzieren noch keine Handlung, wenn der Wille dazu nicht vorhanden ist. Dabei ist zu erwarten, daß Erwerbsmöglichkeiten präferiert werden, die mit den bestehenden Fähigkeiten realisiert werden können. Die Möglichkeit zur Adaption künftiger Umweltsituationen entscheidet zusätzlich über die Fristigkeit der Aktivitäten. Sofern nur ein kurzer Zeithorizont besteht, konzentriert sich die Maximierung des Einkommens über die Zeit auf diese Zeitspanne und werden Spekulationsgeschäfte realisiert, die in kurzer Zeit hohe Renditen versprechen.

2.3 Entscheidungsfindung und beruflicher Übergang

Im Zuge des „rational choice" wird das Informationsverhalten durch die Wahrnehmungsselektivität beeinflußt. Dies geschieht jedoch nicht erst bei der Alternativensuche, sondern bereits bei der Bedürfnisformulierung. Um Bedürfnisse erkennen zu können, ist es nach KIRSCH notwendig, ein spürbares Unbehagen in ein Bedürfnis transformieren zu können, was erst möglich ist, wenn auch die Instrumente hierzu bekannt sind. Das bedeutet im konkreten Fall, daß das Bedürfnis nach Behebung materiellen Verzichts, etwa durch Einkommenserzielung zu Konsumzwecken auf dem Wege politischer Arbeit, nur realisierbar ist, wenn die Eliten über das Instrumentalwissen „politische Arbeit" verfügen. Gleiches gilt für die marktwirtschaftliche Führung eines Betriebes, die um so schwieriger ist, je stärker man in idealtypischer Weise den zentralen Anweisungen gehorchte und die eigene Handlungsautonomie zugunsten der Diktatur des Zentralplans aufgab. Je schmaler die Basis des Instrumentalwissens ist, um so schwieriger wird es, „ein vages Unbehagen in ein konkretes Bedürfnis zu transformieren."[440] Das Instrumentalwissen ist somit nicht nur Restriktion für die individuellen Fähigkeiten, sondern auf einer vorgelagerten Ebene auch für die Bedürfnisformulierung und deshalb im Unterschied zum Humankapital nicht bloß „handwerklich" ausführungsbezogen zu definieren.[441] Das heißt aber auch, daß die Alternativensuche der Eliten nicht nur durch ihr Können,

---

[439] Vgl. Kirzner, 1978; Schneider, 1993, S. 33ff.

[440] Kirsch, 1993, S.181.

[441] Vgl. Marz, 1991, S. 120.

sondern bereits durch die Wahrnehmung, Selektion und Konkretisierung der Bedürfnisse definiert ist.[442]

Der Verlust systembedingter Routinehandlungen führt nun dazu, daß Bedürfnisse aufgrund fehlenden instrumentellen Wissens nicht konkretisiert werden können oder daß die Individuen zur Beschaffung und Auswertung von zusätzlichen Informationen gezwungen sind.[443] In das Kalkül der Entscheidungsvorbereitung sind dann die Kosten der Informationsbeschaffung und -verwertung zu integrieren, die als Opportunitätskosten der Zeit vor allem den Zeitaufwand enthalten. Das Optimum der Informationsbeschaffung ist nach neoklassischer Diktion erreicht, wenn die Grenzkosten dem Grenznutzen entsprechen.[444] Die Existenz von Informationskosten hat zur Folge, daß Entscheidungen hinausgezögert werden oder der Suchaufwand in Entscheidungssituationen nicht entsprechend ausgedehnt wird, um zu fundierten Ergebnissen zu gelangen. Das Einsparen von Ressourcen beim Suchaufwand in transformationsspezifischen Entscheidungssituationen fördert inkrementales Entscheidungsverhalten, was als "Durchwurstelei" eher taktierend denn strategisch ausgerichtet ist.

Für die Individuen im Transformationsprozeß entsteht das Problem, daß sie die neuen Umfeldbedingungen mit den in der Zentralverwaltungswirtschaft erlernten Mechanismen subjektspezifisch wahrnehmen und neue Handlungsalternativen oftmals gar nicht erst abfragen, da das Bedürfnis nach dieser Abfrage durch das fehlende Instrumentalwissen nicht existiert.[445] Wissen wird damit zur Kompetenzbarriere für individuelle Übergangsprozesse in der Transformation auf der frühestmöglichen Ebene kognitiver Prozesse. Durch nicht vorhandenes Wissen fehlt die Handlungsorientierung zur Wahrnehmung des Alternativenpools.

Unterstellt man den Eliten primär ein Interesse an der Sicherung ihres Wohlfahrtsniveaus, das, an sozialistische Positionen gekoppelt, der Erosionsgefahr unterliegt, so ist im folgenden eine differenzierte Betrachtung der beruflichen Übergänge von poli-

[442] Wenn künftig von Humankapital bzw. Kompetenz die Rede ist, impliziert dies auch die Fähigkeit zur Bedürfniswahrnehmung und -befriedigung im oben definierten Sinn. Vgl. Daumann, 1995, S. 79.

[443] Vgl. Kirsch, 1977, S. 66; Kunz, 1985, S. 66.

[444] Vgl. Stigler, 1961. Die neoklassische Entscheidungsvorschrift hinsichtlich der effizienten Beschaffung von Informationen ist jedoch insofern entscheidungslogisch eine Tautologie, als der Nutzen einer Informationseinheit immer erst dann beurteilt werden kann, wenn die Information verwertet, also in Bezug auf ihre Produktivität im Lösungsschema getestet worden ist. Da jedoch die Optimalbedingung die Informationsbeschaffung anspricht, diese der Verwertung allerdings vorgeschaltet ist, kann es sich bei der Marginalbetrachtung nur um eine modellhafte Analyse handeln. Vgl. Schneider, 1995, S. 50; Wellesen, 1994, S. 91, 136.

[445] Schneider sieht die Nutzung der Vielfalt an Handlungsmöglichkeiten als individuelle Neigung im Sinne einer psychischen Veranlagung. Vgl. Schneider, 1995, S. 47.

tischen und ökonomischen Eliten erforderlich, da von einer unterschiedlichen Ausprägung der subjektiven und objektiven Restriktionen ausgegangen werden kann.[446]

Im Verständnis der mikroökonomischen Theorie entscheidet das Individuum bei Vorliegen von mindestens zwei Handlungsalternativen danach, welche den höchsten Nutzen verspricht. Die Entscheidungsregel orientiert sich am Maximierungsansatz. Richtig ist es in diesem Zusammenhang, von erwarteten Nutzenwerten zu sprechen, da tatsächliche Nutzengrößen erst aus einer Handlungsfolge resultieren, die zum gegenwärtigen Zeitpunkt noch nicht realisiert ist. Aufgrund der Subjektivität der Wahrnehmung und der Existenz subjektiver Restriktionen sind Nutzenschätzungen immer subjektspezifisch, weshalb Entscheidungen aus einer subjektiven Psycho-Logik resultieren.[447] Das Individuum ist gleichzeitig ein Element des gesellschaftlichen Handlungsraums und als solches mit einer Reihe von kognitiven Restriktionen ausgestattet.[448] Wird der eher abstrakte Nutzenbegriff durch die ausschließliche Betrachtung der Einnahmenströme konkretisiert, so kann bei Maximierungsverhalten der Kapitalwert künftiger erwarteter Erträge als Entscheidungsgröße herangezogen werden.[449] Die Höhe des Kapitalwertes entscheidet dann über Ablehnung ($V_0 < 0$), Zustimmung ($V_0 > 0$) oder Indifferenz ($V_0 = 0$) in bezug auf die Transformation.[450]

Diese formalisierende Betrachtungsweise ermöglicht es, die beiden Hauptprobleme in der Entscheidungsfindung alter Eliten herauszustellen. Einerseits muß der Risikonutzen künftiger Einnahmen geschätzt werden und andererseits ist ein Diskontierungsfaktor zu bestimmen, der Vermögenswertbetrachtungen als Resultat einer Auszahlungsreihe erlaubt. Die Wahrscheinlichkeiten künftiger Einnahmen basieren auf dem Verlauf des Transformationsprozesses und sind von exogenen Entwicklungsfaktoren abhängig. Restringiert wird die Entscheidungsfindung durch den Umfang des entwerteten Humankapitals und der zu verbleibenden Lebensarbeitszeit. Durch die transformationsinduzierte Umweltdynamik entstehen jedoch neue Kompetenzanforderungen, die mit den bereits erworbenen Kompetenzen abgeglichen werden müssen. Zu berücksichtigen ist dabei der prozessuale Charakter des Kompetenzerwerbs, der neben der reinen Wissensvermittlung auch Erfahrungen beinhaltet, die jedoch dem Zeitfaktor unterliegen und deshalb zum Zeitpunkt der Entscheidung gar nicht oder nur fragmentarisch existieren. Berufliche Übergänge erfolgen i. d. R. dort, wo die Kompetenzlücke am geringsten ist (vgl. Abb. 5).

---

[446] Vgl. Marz, 1991, S. 105.

[447] Vgl. Gäfgen, 1963, S. 36ff.

[448] Vgl. Kirsch, 1978, S. 6. Vanberg unterscheidet zwischen subjektiven und objektiven Entscheidungsmodellen und gibt zu bedenken, daß die objektive Sichtweise unter einem Realitätsdefizit leidet, während die subjektiven Modelle zur Tautologie neigen, wenn jegliches Handeln mit individuellen Präferenzen erklärt wird. Vgl. Vanberg, 1993, S. 95.

[449] Vgl. Schneider, 1995, S. 107f. Die Definition individueller Wohlfahrtspositionen über pekuniäre Ertragswerte erfolgte ausführlich in Kapitel IV.1.

[450] Vgl. hierzu Kapitel IV.2.3.

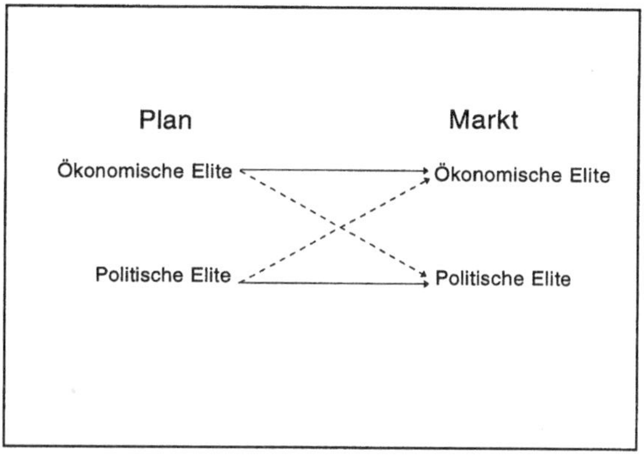

Abb. 5: Übergangsverhalten

Ausnahmen sind jedoch zu erwarten, wenn durch externe Einflußfaktoren die Anpassungskosten zum Kompetenzerwerb oder das Risiko des Fehlschlagens reduziert werden können. Solche externen Faktoren sind beispielsweise transformationsbedingte Zugänge zu liquiden Mitteln (Parteivermögen) oder Möglichkeiten zur Risikoteilung in einem Team. Die gestrichelten Linien in der Abbildung stellen diese Form des Übergangsverhaltens dar.[451]

Auf der Grundlage des durch das Einkommensmotiv geprägten Rationalkalküls sind Aussagen über die Nutzenwirkungen der Transformation auf die Eliten möglich. Zu diesem Zweck wird in Anlehnung an BECKER unterstellt, daß Individuen Nutzen durch die Kombination verschiedener Faktoren produzieren, weshalb anstelle von Nutzenfunktionen treffender von Nutzenproduktionsfunktionen gesprochen werden kann. Das pekuniäre Einkommen ist dann bei harten Budgetrestriktionen so auf den Erwerb von nutzenstiftenden Gütern und Leistungen zu verteilen, daß der individuelle Nutzen maximiert wird. Somit kann nachfolgend eine gleichgerichtete Kausalität zwischen Einkommen und Nutzen unterstellt werden. Konkret heißt dies, daß ein Individuum, das einen Einkommenszuwachs verzeichnet, auch einen Nutzenzuwachs verspürt. Sicherlich ist kritisch anzumerken, daß pekuniäres Einkommen durch seine Bestimmung, Budgetrestriktion beim Erwerb von Gütern zu sein, nur indirekt Nutzen stiftet, doch ist motivgeleitetes Handeln mit Nutzenerwartungen verknüpft und somit das Einkommen selbst als Ausgangspunkt für die Bedürfnisbefriedigung zu sehen.

In Kapitel IV.1.3 wurden die Nettoerträge der Eliten aus den Überschüssen durch Verkauf spezifischen Wissens und der wirtschaftlichen Nutzung von Humankapitalinvestitionen in der Transformationsphase abgeleitet. Die periodisch anfallenden Einnahmen aus beiden Einkommensarten ergeben in der Summe das Gesamtein-

[451] Vgl. auch Winden/ Witt, 1993, S. 577.

kommen, das zum Gütererwerb genutzt werden kann.[452] Zur näheren Erläuterung dieses Sachverhalts soll zunächst die einschränkende Bedingung gelten, daß die Einkommen aus dem Verkauf bzw. der eigenständigen Nutzung spezifischen Wissens mit voranschreitender Transformation negative Grenzerträge beschreiben. Plausibel ist diese Annahme, wenn vorausgesetzt wird, daß das Interesse der Transformationspolitiker an diesem Wissen nachläßt, sobald sich die wirtschaftliche und politische Entwicklung beim Übergang vom Plan zum Markt stabilisiert hat und Transformationswiderstände aus alten Seilschaften abnehmenden Einfluß auf die Marktentwicklung entfalten. Die Tschechische Republik, Slowenien oder Polen sind Beispiele einer vorangeschrittenen Marktreifung, in denen das Hintergrundwissen über alte Beziehungsnetzwerke, selbst wenn sie noch existieren, bestenfalls journalistischen Nachrichtenwert hat, jedoch keine ernsthafte Gefährdung des Transformationsprozesses mehr darstellt. Diese Einschätzung wird zudem durch die Akzeptanz der Transformationspolitik in der Bevölkerung gestützt. Anders mag sich die Situation in Rußland darstellen, wo eine inkonsequente Transformationspolitik den Marktreifungsprozeß verzögert und verschiedensten Einflußgruppen Handlungsmöglichkeiten zur Intervention in den Transformationsprozeß eröffnet werden. Das spezifische Wissen über informelle Aktivitäten und Beziehungsnetzwerke kann hier noch immer zu hohen Grenzerträgen führen, so daß nicht zwangsläufig von einer monoton fallenden Grenzertragskurve im Transformationsverlauf ausgegangen werden muß. Politische oder ökonomische Krisen können zu Einkommenssprüngen und zu erratischen Schwingungen der Einkommenskurve führen. Grundsätzlich ist jedoch eher von einer Tendenz sinkender Einkommenschancen aus dem Verkauf spezifischen Wissens im Transformationsverlauf auszugehen. Die Überlegungen setzen ebenfalls voraus, daß der ehemalige Kader bereit ist, sein spezifisches Wissen transformationskonform einzusetzen, also die ökonomische Nutzung die ideologischen Bedenken überwiegt.

Verallgemeinernd soll gelten, daß die Einkommenskurve für spezifisches Wissen ohne Berücksichtigung der Kosten der Wissensabgabe eine über den Transformationsverlauf gesehen negative Steigung (vgl. Abbildung 6) besitzt. Die Erträge sinken dabei zu Transformationsbeginn relativ stark, da nach Durchsetzung erster einschneidender Transformationsmaßnahmen alte Netzwerke zerfallen und nicht mehr wirtschaftlich nutzbar sind. Ebenso können bei anhaltender Transformationseuphorie Reformpolitiker sowie „neue" private Unternehmer im Vertrauen auf ihr eigenes Humankapital dieses Wissen ignorieren.

---

[452] Von Einnahmen, die aus der Verwertung bestehenden unspezifischen Wissens resultieren, wird abstrahiert, da hieraus keine transformationsbedingten elitespezifischen Verhaltensannahmen getroffen werden können. Zudem gilt, daß auch diese Eliten, sofern sie Führungspositionen besetzen wollen, in marktwirtschaftliches Know-how investieren müssen.

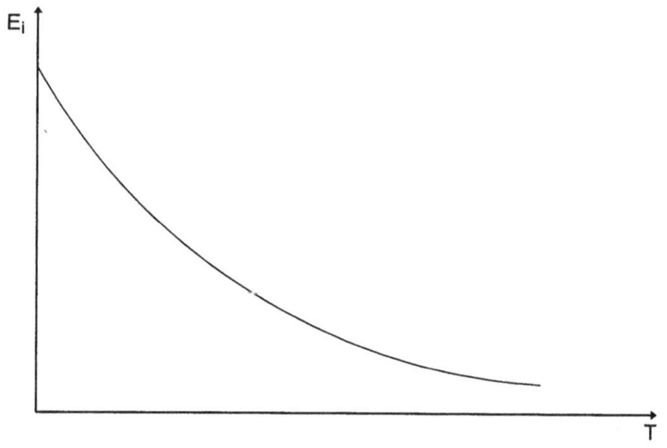

Abb. 6: Einkommen aus spezifischem Wissen

Da im Transformationsverlauf Entwicklungsbarrieren auftreten können, die zu solch hohen einzel- und gesamtwirtschaftlichen Anpassungskosten führen können, daß die Nutzung des spezifischen Wissens ehemaliger Kader vorteilhaft wird, schwächt sich der Ertragsrückgang bei voranschreitender Transformation ab. Die alten Eliten profitieren in diesem Fall von einem zunehmenden Abbau von Transformationsillusion bei den Transformationsbefürwortern. Die Entwertung des spezifischen Wissens verlangsamt sich somit im Transformationsverlauf und führt bei Marginalbetrachtung zu einer Abschwächung des Einkommensverlustes je abgegebener Wisseneinheit (Grenzverlust).[453] Bei Marginalbetrachtung gilt formal:

$$\frac{dE_i}{dT} < 0 \text{ und } \frac{d^2E_i}{dT^2} > 0.$$

E_i mißt das Einkommen aus dem Verkauf oder der eigenständigen Nutzung von spezifischem Wissen und T ist ein Maß für die Anzahl der bereits etablierten marktwirtschaftlichen Institutionen im Transformationsumfeld, wobei, graphisch betrachtet, mit zunehmender Entfernung vom Ursprung des Koordinatensytems das Ausmaß marktwirtschaftlicher Institutionen steigt.

[453] Auch ein Anstieg der Ertragskurve im weiteren Transformationsverlauf wäre denkbar, wenn das spezifische Wissen der alten Eliten für den Transformationsprozeß so wertvoll wird, daß anstelle von Grenzverlusten Grenzerträge realisiert werden können.

Geringe Einnahmen aus der Bereitstellung des spezifischen Wissens können risikofreudige Eliten dazu verleiten, ihr Wissen selbst unternehmerisch zu nutzen, indem Spekulationsgeschäfte realisiert werden. Darüber hinaus besteht die Möglichkeit, daß Betriebsleiter in den (ehemaligen) Staatsbetrieben spezifisches Wissen zum Schutz des Betriebes einsetzen, indem sie Regulierungen erwirken, die den Konkurrenzdruck abfedern.[454] Die Protektion sichert die Macht des Betriebsleiters und damit indirekt auch sein Einkommen. Denkbar ist ebenso, daß abseits der Legalität dieses Wissen kriminellen Organisationen bereitgestellt wird. Doch ist auch für diese Organisationen mit einem sinkenden Grenzertrag bei fortschreitender Transformation auszugehen, wenn beispielsweise Personen an einflußrelevanten Schnittstellenpositionen durch neues Personal im Zuge der Transformation ausgetauscht werden und Ansprechpartner aus „alten Zeiten" verlorengehen.

Die zweite Einkommensquelle ergibt sich aus Investitionen in Humankapital, die als individuelle Anpassung an die neuen Umfeldbedingungen zu werten sind (Abb. 7).

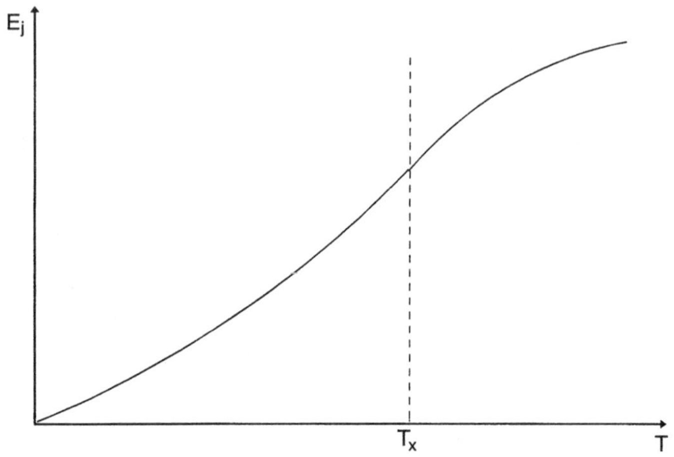

Abb. 7: Einkommen aus Humankapitalinvestitionen

Der Anstieg der Ertragskurve führt zu positiven, zunächst ansteigenden Grenzerträgen, die nach dem Wendepunkt T_x wieder abnehmen. Bei voranschreitender Marktetablierung ist anfangs ein progressives Einkommenswachstum zu verzeichnen, da einerseits die Nutzungsmöglichkeiten dieses Wissens zunehmen und andererseits ein Humankapitalstock aufgebaut wird, der die Grundlage für die Wahrnehmung und

[454] Dieser Aspekt wird in Kapitel IV.3 näher erläutert.

Verwertung marktwirtschaftlicher Erfahrungen darstellt sowie zur Herstellung marktrelevanter Beziehungen dient. Ein Wendepunkt wird erreicht, wenn das Beziehungspotential ausgeschöpft ist oder alternative Ziele stärker präferiert werden. Somit gilt hier:

$$\frac{dE_j}{dT} > 0 \text{ und } \frac{d^2E_j}{dT^2} = \{> 0 \text{ für } T < T_x \text{ und } < 0 \text{ für } T > T_x.$$

E_j mißt dabei das Einkommen aus marktbezogenen Humankapitalinvestitionen. Werden beide Einkommensarten aggregiert, ergibt sich graphisch folgende Darstellung (Abb. 8):

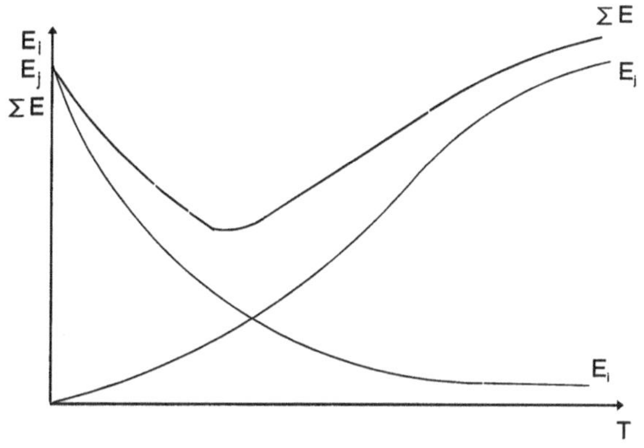

Abb. 8: Gesamteinkommen

Die Analyse der Einkommenssituation der Eliten läßt folgende Rückschlüsse zu:

- Bei ceteris paribus-Bedingungen führen sinkende Erlöse aus dem Verkauf spezifischen Wissens dazu, daß die Summe des Gesamteinkommens erst in einer späteren Phase der Transformation ihr Minimum erreicht.
- Der Transformationspunkt, zu dem das Einkommensminimum eintritt, hängt maßgeblich davon ab, ob das spezifische Wissensangebot der Eliten eine Nachfrage findet. Abhängig vom Elitetyp und der eingenommenen Stellung in der Planhierarchie sind hier Einkommensdifferenzen zu erwarten.
- Kann kein spezifisches Wissen verkauft oder eigenständig verwertet werden, erreicht das Einkommensniveau bereits zu Beginn der Transformation sein Minimum. Die angenommene Kongruenz von Einkommen und Nutzen läßt dann die Vermutung zu, daß abhängig vom Einkommensminimum, die Unzufriedenheit alter Eliten über den Transformationsprozeß bei jenen zeitlich früher einsetzt, die

nicht in Besitz ökonomisch verwertbaren, spezifischen Wissens sind. Anzumerken ist jedoch, daß abweichend von der Theorie, für die Eliten das Einkommensminimum zeitlich nur schwer zu lokalisieren ist, da Einkommenserwartungen gebildet werden müssen, die um so ungewisser sind, je instabiler das institutionelle Umfeld ist.

Ergänzend zur Einkommenssituation können in einem weiteren Schritt die pekuniären Anpassungskosten der Eliten in die Betrachtung integriert werden. Zu diesem Zweck soll die Annahme gelten, daß die Anpassungskosten zu Transformationsbeginn zwar hoch, die Kostenzuwächse jedoch im Transformationsverlauf abnehmen, die Grenzkosten damit positiv sind, jedoch abnehmende Steigung besitzen (Abb. 9).

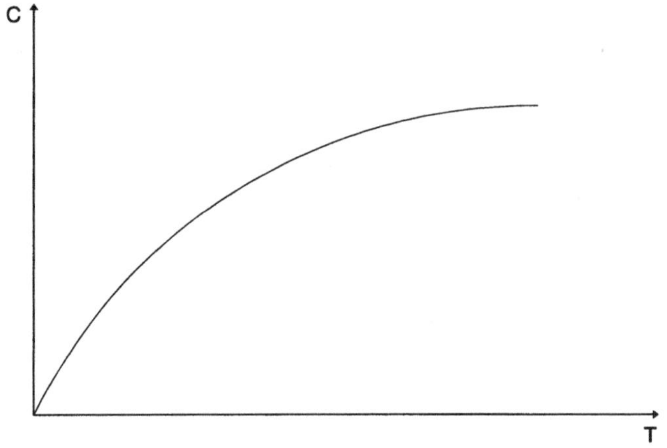

Abb. 9: Anpassungskosten

Somit gilt bei Marginalbetrachtung:

$$\frac{dC}{dT} > 0 \text{ und } \frac{d^2C}{dT^2} < 0.$$

Gründe für diesen Kostenverlauf liegen in der bereits angeführten Transformationseuphorie, die es den Anbietern spezifischen Wissens erschwert, zu Transformationsbeginn Nachfrage für ihr Angebot zu finden. Ebenso sind Investitionsentscheidungen bei hoher institutioneller Instabilität mit einer aufwendigeren Informationssuche verbunden als bei einem stabilen Handlungsumfeld. Die Erwartungsunsicherheit wird noch dadurch verstärkt, daß bislang vertraute Werte wegfallen und neue Einstellungen und Anschauungen entstehen. Von Bedeutung sind hier auch die Aufgabe alter Beziehungsnetzwerke, der Verlust systemspezifischer Privilegien sowie die kostensenkenden spill-over-Effekte von Humankapitalinvestitionen. Analog ist dann aus individueller Perspektive zu berücksichtigen, daß bei zunehmender Festigung eines neuen, marktwirtschaftlich geprägten Netzwerkes Handlungsroutinen aufgebaut werden, die menschliches Handeln transaktionskostengünstig regeln und damit langfristig die Anpassungskosten reduzieren.

Aufbauend auf den zugrundegelegten Einkommens- und Kostenverläufen ergibt sich der Gewinn aus der Subtraktion der pekuniären Anpassungskosten von den pekuniären Gesamterträgen. Der Gewinn ist die handlungsentscheidende Größe im rationalen Kosten-Ertrags-Kalkül. Die Abbildung 10 verdeutlicht, daß bei der Anpassungskostenkurve C_0 der Gewinn zunächst abnimmt, sogar negativ wird, um dann nach dem Wendepunkt wieder anzusteigen.

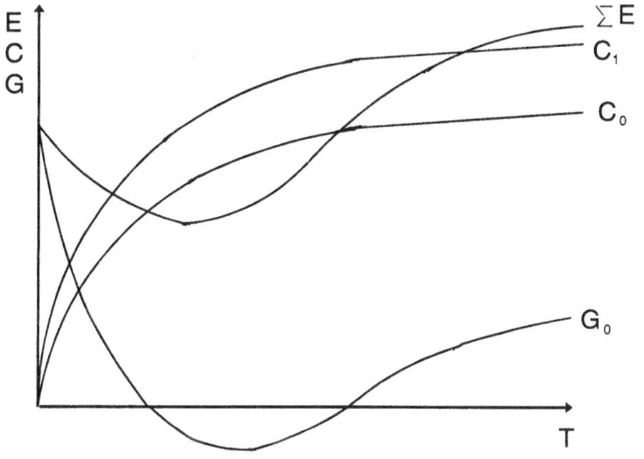

Abb. 10: Kosten-Ertrags-Relation individueller Anpassungsprozesse

Die Neigung der Anpassungskostenkurve wird durch die Ausgangssituation der Eliten bestimmt und ist maßgeblich von deren subjektiven Restriktionen abhängig. Im Zusammenspiel mit den objektiven Restriktionen der Transformation bestimmen die Nettoertragswirkungen das Verhalten der Eliten. Sie resultieren aus den subjektiven Transformationserträgen, die unter Abzug der Kosten und bei Multiplikation mit dem Diskontierungsfaktor den Kapitalwert aus der Transformation ergeben. Das Negativeinkommen kennzeichnet den Nettoverlust, der zu Transformationswiderstand führen kann. Ein Übergang in kleinen institutionellen Schritten reduziert die Anpassungskosten, da unter Berücksichtigung des Zeitfaktors Erfahrungen gesammelt werden können oder Alternativen entdeckt werden, die die Härte der individuellen Anpassung abfedern. Eine flacher verlaufende Anpassungskostenkurve deutet auf größere Fähigkeiten eines ehemaligen Kaders hin, auf neue Anforderungen, die aus der Transformation resultieren, reagieren zu können. Die Ausgangssituation kann als vergleichsweise gut angesehen werden. Ein Beispiel hierfür sind ökonomische Eliten in potentiell wettbewerbsfähigen Betrieben.[455] Sie benötigen Zeit, um die Anpassung ihres Humankapitals an die neuen Bedingungen vornehmen zu können. Hingegen sind ökonomische Eliten in konkursbedrohten Betrieben weniger zuversichtlich, weshalb ihre Anpassungskostenkurve (C_1) oberhalb von C_0 verläuft. Sie akzeptieren die Transformation nur in Verbindung mit einem starken Staat, der die Betriebe durch Subventionierung vor in- und ausländischer Konkurrenz protegiert. Für politische Eliten entstehen hohe Anpassungskosten durch den schlagartigen Wegfall des politischen Monopols und die Diskreditierung der kommunistischen Parteien im politischen Wettbewerb.[456] Prohibitiv hohe Anpassungskosten entstehen den ideologischen Dogmatikern, die die Marktwirtschaft ablehnen und deshalb auch am Transformationsprozeß nicht mitwirken. Sie können keine Nutzeneffekte verbuchen, ihre Anpassungskostenkurve verläuft entlang der Kostenachse. Dies impliziert, daß bereits die kleinste Abweichung von der kommunistischen Ideologie prohibitive Mitwirkungskosten an der Transformation verursacht. Da es nichts zu verlieren gibt, ist gerade von extremen ideologischen Dogmatikern eine radikale Transformationsgegnerschaft zu erwarten. Aus ihrer Sicht ist es dann sogar individuell rational, wenn das eigene Leben für die Opposition geopfert wird, da jede Alternative nicht schlechter sein kann als ein Leben unter nicht annehmbaren ideologischen Bedingungen.

Die Neigung der Anpassungskostenkurve wird flacher, wenn externe Faktoren die Anpassungssituation des Individuums verbessern. Die Drehung der Anpassungskostenkurve nach oben, etwa aufgrund von Zugriffsmöglichkeiten auf das Parteivermögen, erhöht dann die Bereitschaft zu weitreichenderen Transformationsschritten. Dieser Sachverhalt kann verdeutlicht werden, wenn das Humankapital als maßgebliche subjektive Restriktion für die Anpassung in die Transformation-Kosten-Betrachtung integriert wird. Die Abbildung 11 gibt an, wieviel Humankapital, genauer Marktwissen, in Abhängigkeit von seinem Preis nachgefragt wird.[457] Der Preis setzt sich einerseits aus den zu zahlenden Marktpreisen für Schulungskurse, Seminare, Bücher etc. sowie andererseits aus dem Schattenpreis für den Zeitaufwand zusammen. Die Steigung der Nachfragekurve mißt die Elastizität der Wissensnachfrage

[455] Vgl. Saizew, 1994, S. 191.

[456] Marz glaubt, daß ökonomische Eliten als „Improvisationstalente" und „Überlebenskünstler" über die geringeren Anpassungskosten verfügen. Vgl. Marz, 1991, S. 112f.

[457] Bezugnehmend auf Kap. IV.2.2.3 beinhaltet die Nachfrage nach Humankapital nur den Wissensaspekt, da dieser explizierbar ist, während Erfahrungen von jedem einzelnen persönlich erlebt werden müssen.

in bezug auf den Preis, wobei die Nachfrage um so unelastischer ist, je größer die Humankapitaldefizite in einem Übergangsszenario der Elite sind. Die Bereitschaft, sich auf Marktentwicklungen einzustellen, ist in diesem Fall gering. Dies impliziert auch, daß berufliche Übergänge in fachfremde Bereiche die Ausnahme sind oder nur erfolgen, wenn

- durch externe Faktoren der Humankapitalaufbau verbilligt wird,
- die Risikobereitschaft des einzelnen so hoch ist, daß Übergänge in fachfremde Bereiche durchgeführt werden, obwohl die Aussicht auf zu erzielende Einkommen einer größeren Ungewißheit unterliegt oder
- die erwarteten Einkommensströme so hoch sind, daß sie einen Teil des Risikos kompensieren (z. B. Spekulanten).

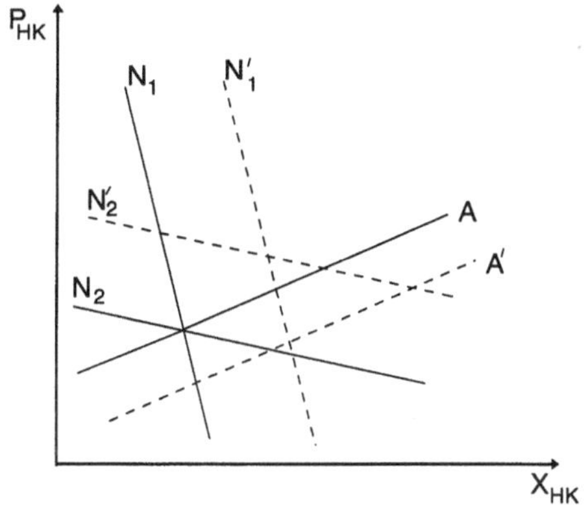

Abb. 11: Nachfrage nach Humankapital

Die Wissensnachfrage enthält Maßnahmen, die die eigene Qualifizierung betreffen, kann jedoch ebenso bedeuten, daß kompetente Personen als Ratgeber engagiert werden. Ein hoher Preis für den Humankapitalaufbau verursacht dann hohe Anpassungskosten und eine vergleichsweise geringe Nachfrage nach marktrelevanter Kompetenz. Auf der anderen Marktseite reagieren die Anbieter von Qualifizierungsmaßnahmen preiselastisch, indem sie bei steigenden Marktpreisen das Angebot ausdehnen. Damit wird unterstellt, daß sich der Qualifizierungsmarkt durch private und staatliche Anbieter zusammensetzt, was durch die große Anzahl in- und ausländischer Berater- und Ausbildergruppen durchaus plausibel ist. Besteht nun der Zugriff auf Parteigelder, verschiebt sich die individuelle Budgetrestriktion und kann zu jedem Preis mehr Marktwissen nachgefragt werden, womit eine Rechtsverschiebung der Nachfragekurve verbunden ist. Die Nachfrage nach Marktwissen nimmt auch zu, wenn die Preiselastizität der Nachfrage steigt, indem beispielsweise Anreize und Perspektiven für die künftige ökonomische Verwertung des Marktwissens aufgezeigt werden. Somit ist zu konstatieren, daß gemäß des ökonomischen Kalküls die Verweigerungshaltung ehemaliger Kader zur Transformation aufgebrochen werden kann, wenn sie kostenneutral Qualifizierungsmaßnahmen durchführen können, indem ihr verfügbares Budget durch staatliche, zweckgebundene Transfers aufgestockt wird. Ebenso kann durch den Verweis auf künftige Einkommensmöglichkeiten auf die Transformationsbereitschaft sowie auf die Qualifizierung eingewirkt werden. Darüber hinaus kann die Politik durch spezielle Fördermaßnahmen und Programme auf Anbieterseite eine Ausdehnung des Qualifizierungsangebots induzieren und damit den Preis für Qualifizierungsmaßnahmen absenken.

Aus dem bisher Gesagten ergibt sich, daß Nutzungskonzepte für das angesammelte „political human capital“[458] gesucht werden, welches nicht institutionenbedingt versunken ist. Unter Berücksichtigung des Instrumentalwissens werden Handlungsmöglichkeiten hauptsächlich im politischen Bereich anvisiert. Die berufsbezogenen Übergänge der politischen Eliten im Transformationsprozeß sind allerdings differenziert zu betrachten, da Unterschiede zwischen den Mitgliedern aus der politischen Führung und der politischen Elite der zweiten Reihe bestehen. Die politisch Verantwortlichen des untergehenden Systems stehen im Mittelpunkt der Sanktionierungsmaßnahmen und sind am stärksten von der Beschneidung von Handlungsrechten betroffen. Die transformationsbedingte Sanktionierung steigert den Leidensdruck der ehemaligen politischen Führung in einer Weise, daß gleich zu Beginn des institutionellen Wandels dieser Personenkreis institutionelle Übergänge in alternative Beschäftigungsverhältnisse finden muß.

Die politischen Eliten unterhalb der Führungsebene befinden sich in einem zeitlichen Anpassungsvorteil, da ihre Position zumindest zu Transformationsbeginn relativ sicher ist. Sie verdanken dies dem Umstand, daß der institutionelle Wandel nicht schlagartig alle Ebenen des politischen Systems durchdringen kann und selbst wenn dies möglich wäre, kompetentes Personal fehlen würde, das alle aufgebrochenen Lücken schließen könnte. Als Vorteil erweist sich dabei politisches Insiderwissen durch asymmetrisch verteilte Informationen, wodurch zeitlich befristet Monopolpositionen aufgebaut werden können.[459] Auch das Mißtrauen der Bevölkerung gegenüber dieser Elitegruppe wird geringer sein, zum einen, weil viele politische Eliten der Öffentlichkeit gar nicht oder nur lokal bekannt sind, und zum anderen den Menschen durchaus bewußt ist,

---

[458] In Anlehnung an Kirsch, 1993, S. 185.

[459] Vgl. Leipold, 1991, S. 35.

„...daß auch neue politische Eliten ihre Vergangenheit hatten und daß eine simple Trennung in solche, die dem kommunistischen System dienlich waren, und solche, die dagegen opponiert haben, nicht möglich ist.“[460]

Vor allem das Interesse der politischen Eliten im Staatsapparat an einem frühen beruflichen Übergang ist deshalb gering, zumal mit fortschreitendem Umbau des Systems Beschäftigungsmöglichkeiten herausgebildet werden, die zu Beginn nicht abzusehen sind. Der Zeitvorteil ermöglicht den Aufbau neuer Kompetenzen, so daß ein breiteres Spektrum an Bedürfnissen und Bedürfnisbefriedigung abrufbar ist und das Individuum zur Suche nach neuen Beschäftigungsalternativen außerhalb des politischen Tellerrands motiviert.[461]

Für die ökonomische Elite ist der Anpassungsprozeß weniger schnell und zwingend. Sie sind in ihrer Position erst dann gefährdet, wenn infolge der einsetzenden Privatisierung über neue Unternehmenseigentümer entschieden wird. Die Legalisierung marktwirtschaftlicher Transaktionen erweitert den legalen Handlungsraum und bietet den ökonomischen Eliten reichhaltige Möglichkeiten zur Nutzung ihres Humankapitals. Die Marktunvollkommenheit früher Transformationsphasen stellt für die ökonomische Elite insofern kein Hindernis dar, als Erfahrungen aus der Schattenwirtschaft die legal erworbene Kompetenz ergänzen und die Abwesenheit von transaktionssichernden Marktinstitutionen kein unbekanntes Phänomen ist. Für die ökonomische Elite sind deshalb berufliche Übergänge innerhalb der ökonomischen Sphäre wahrscheinlich. Ihr Humankapital wird nur insoweit entwertet, als es an ideologisch-dogmatische Positionen gebunden war oder auf netzwerkspezifischen Seilschaften beruhte, die durch die Transformation zusammenbrechen. Da sie jedoch über systemunabhängiges ökonomisches Fachwissen verfügen sowie Erfahrungen aus der Schattenwirtschaft mitbringen, das beides erst durch die Marktliberalisierung voll nutzbar ist, wird die Wissensentwertung zumindest teilweise kompensiert.

3 Dynamisches Unternehmertum und seine Aktionsfelder

Die wirtschaftliche und politische Entwicklung des Transformationsprozesses wird durch Unternehmer und Politiker geprägt, die über den Erfolg der Systemtransformation entscheiden. Beide Gruppen nehmen Einfluß auf die Effizienz der Ressourcenallokation sowie der Distribution der produzierten Güter und Dienstleistungen und ind deshalb für die Transformationseffizienz von entscheidender Bedeutung. Sie sind dabei in der Lage, ökonomische bzw. politische Macht sowie die Maximierung ihres Einkommens in Abhängigkeit von der Höhe ihrer Marktanteile realisieren zu können. Politische Marktanteile werden durch Wählerstimmenmaximierung auf politischen

[460] Apolte/Cassel, 1994, S. 657.

[461] Die Beteiligung der Nomenklatura an der Privatisierung ist ein Beispiel für eine berufliche Alternative neben Politik und Verwaltung.

Märkten erworben, während ökonomische Marktanteile durch das Streben nach Gewinn- oder Umsatzmaximierung erzielt werden. Nachfolgend wird deshalb von ökonomischen und von politischen Unternehmern gesprochen. Ihr Erfolg wird unter anderem dadurch bestimmt, inwiefern subjektive Restriktionen und objektive Anpassungserfordernisse eine gemeinsame Schnittmenge bilden.[462] Unter Berücksichtigung der vorausgegangenen Überlegungen soll die Annahme gelten, daß politische und ökonomische Ex-Kader den Übergang jeweils innerhalb desselben Berufsfeldes planen, in dem sie vorher tätig waren, da hier vergleichsweise geringe Kompetenzdefizite erwartet werden.

3.1 Eliten und ökonomisches Unternehmertum

Die neoklassische Gleichgewichtstheorie beschreibt das Unternehmen im mathematisch-analytischen Sinn als eine Produktionsfunktion, die als Vorschrift für den Faktoreinsatz die Produktionsfaktoren nach dem Prinzip der Gewinnmaximierung kombiniert.[463] Da vollkommene Informationen herrschen, findet kein arbitragierendes Suchverhalten statt.[464] Die unendlich schnelle Reaktionsgeschwindigkeit der Marktteilnehmer läßt Vorsprungsgewinne gar nicht erst entstehen. Von der Person des Unternehmers, seinen Eigenschaften und Fähigkeiten wird bei dieser Sichtweise abstrahiert. Wie in Kapitel IV.2.1 gezeigt wurde, findet Handeln jedoch unter einem mehr oder minder hohen Grad an Ungewißheit statt, so daß unter Berücksichtigung der aktuellen Handlungsrestriktionen und der Antizipation künftiger Restriktionenänderungen unternehmerisches Handeln dem Erkennen von risikobehafteten Marktgelegenheiten zum Zweck der Gewinnerzielung gilt. Permanente Datenänderungen führen zu zeitlich befristeten Knappheiten und beschreiben die evolutorische Dimension von Marktprozessen. Selektiv wirken dabei die Wahrnehmungsfähigkeit des Individuums und seine Handlungsfähigkeit, also seine Kompetenz. Diese beiden Determinanten menschlichen Handelns ermöglichen es, Entscheidungsprobleme außerhalb von routinemäßigen Entscheidungsabläufen lösen zu können.[465] Beide Komponenten des Entscheidungshandelns wurden in den vorangegangenen Kapiteln bereits näher erläutert.

Die Zunahme von Nicht-Routineentscheidungen als Folge der institutionellen Neuerung bedeutet für das Individuum die Auseinandersetzung mit schlechtstruktu-

---

[462] Die Bedeutung des Handlungsrahmens für unternehmerisches Handeln betont Kirzner, indem er die Umsetzung unternehmerischer Aufgeschlossenheit in Abhängigkeit von den Institutionen sieht, jedoch gleichzeitig betont, daß unternehmerisches Handeln nicht konstruktivistisch erzeugt werden kann. Vgl. Kirzner, 1983, S. 212f.

[463] Vgl. Kochevrin/Filatochev/Bradshaw, 1994, S. 374.

[464] Vgl. Schneider, 1988, S. 12f.

[465] Vgl. Schneider, 1988, S. 72, 87f.

rierten Entscheidungssituationen.[466] Dabei kommt es auf die Kreativität, mit KIRZNERS Worten Findigkeit, des Individuums an, Entscheidungen durch die Sammlung von Informationen soweit vorzubereiten, daß die Erwartungsunsicherheit der Handlungsfolgen durch die Belohnungsaussicht einer erfolgreich getroffenen Entscheidung überkompensiert wird. Unternehmertätigkeit im betriebswirtschaftlichen Sinn heißt dann, findig im Hinblick auf das Erkennen von Marktgelegenheiten zu sein. Unternehmerische Findigkeit ist demnach das Entdecken und Wahrnehmen einer Opportunität, indem Preisdifferentiale ausgenutzt werden.[467]

Der innovative Charakter dieses Handelns drückt sich in vier typischen Kriterien aus, die generell Innovationen beschreiben, jedoch nachfolgend auf volkswirtschaftliche Transformationsprozesse übertragen werden können:[468]

- Der Neuigkeitsgrad des Handelns bezieht sich auf das Produkt oder auf den Prozeß. Die Kombination von Ressourcen erfordert neuartige Handlungsweisen, die im technischen, organisatorischen (unternehmensintern, unternehmensextern) oder personellen Bereich angesiedelt sein können. Schematische Verhaltensroutinen werden zugunsten des Nichtroutinehandelns aufgegeben.
- Die Ungewißheit hinsichtlich Ergebnis, Kosten, Zeitaufwand und Ergebnisverwertbarkeit ist ein weiterer Aspekt, der Innovationen beschreibt und gerade auch für Transformationsgesellschaften typisch ist. Dieser Aspekt spielt eine besondere Rolle beim Vorliegen harter Budgetrestriktionen, die die Unternehmer zu einer richtigen Beurteilung des Marktpotentials, der existierenden Bedürfnisse und der Marktstrategie zwingen.
- Der Komplexitätsgrad kennzeichnet die zunehmende Dichte des Beziehungsnetzwerkes beim Übergang einer zentralen Planwirtschaft zu einer dezentralen Marktwirtschaft. Mit der Komplexitätszunahme der zu koordinierenden unternehmerischen Prozesse steigt die Ungewißheit des Handelns.
- Der Konfliktgehalt steht in direktem Zusammenhang mit dem Komplexitätsgrad, wobei ein Anstieg der einzugehenden Beziehungen das Konfliktpotential erhöht, wenn anstelle hierarchisch kontrollierter Anweisungen gleichberechtigte Verhandlungsprozesse stattfinden.

Betrachtet man unternehmerische Prozesse in der Transformation, so erfordert die rasche Änderung unternehmensrelevanter Daten innerhalb der ökonomischen, politischen und gesellschaftlichen Rahmenbedingungen im weit stärkeren Ausmaß unternehmerische Findigkeit als bei stabilen Rahmenbedingungen. Unternehmerhandeln in der Transformation unterliegt einer zweifachen Dynamik, die einerseits als inhärentes Merkmal die unternehmerische Kreativität im KIRZNERSCHEN Sinne betrifft und von SCHUMPETER im Prozeß der schöpferischen Zerstörung beschrieben wird und die andererseits aus den institutionellen Änderungsprozessen im Rahmen der Trans-

---

[466] Vgl. Kirzner, 1983, S. 207ff.

[467] Vgl. Kirzner, 1978, S. 27f; Kirzner, 1983, S. 90; Schneider, 1988, S. 79, 82.

[468] Vgl. dazu Corsten, 1989, S. 2f.

formation erwächst, die den Markt, prozessual verstanden, als Mechanismus zum Aufspüren von Gewinngelegenheiten unter Risiko charakterisieren. Die aus den Rahmenbedingungen resultierende Ungewißheit ist Produkt entstehender, oftmals intransparenter Märkte, die kaum miteinander in Verbindung stehen, sowie des Fehlens von Haftungsregeln und allgemeinen Qualitätsnormen, was gerade bei hohen Informationsasymmetrien zu einem Anstieg der Transaktionskosten führt, und der grundsätzlichen Ungewißheit über künftige Politikentscheidungen.[469] Die institutionell bedingte Ungewißheit kann jedoch reduziert werden, wenn ein konsistentes transformationspolitisches Konzept umgesetzt wird, das die Möglichkeit zur Antizipation institutioneller Änderungen bietet und dem von seiten der Wirtschaftssubjekte Vertrauen entgegengebracht wird.

In Anlehnung an PICOT/LAUB/SCHNEIDER impliziert kreatives Unternehmerverhalten drei Koordinationsstufen, die im folgenden unter besonderer Berücksichtigung der Transformationsspezifik und der erworbenen Fähigkeiten der Eliten untersucht werden sollen.[470] Sie markieren unternehmerische Tätigkeitsfelder, die für marktwirtschaftlichen Erfolg relevant sind. Auf jeder dieser Koordinationsstufen sind bei den Eliten kompetenzbedingte Defizite zu vermuten, die die Anpassungskosten im Hinblick auf die Humankapitalinvestitionen beeinflussen. Die sich anschließende Hervorhebung einzelner Unternehmercharaktere soll auf typspezifische Anpassungsunterschiede aufmerksam machen, wobei Motivation, Humankapital und Risikobereitschaft den Charakter prägen. Das Humankapital der Elite ist im Unternehmensgründungs- und -entwicklungsprozeß als Produktionsfaktor zu verstehen, der zu den anderen Produktionsfaktoren in einem limitationalen Verhältnis steht. Der Unternehmenserfolg ist damit maßgeblich von der Kompetenz des Unternehmers oder des leitenden Managers abhängig. Kompetenzanforderungen bestehen dabei[471]

- arbeitsplatzbezogen, etwa durch Kompetenzzuweisungen oder durch eine neue Aufgabenstruktur im Zuge des Aufbaus und der Implementation eines neuen Beschaffungs- und Absatznetzwerkes;
- unternehmensbezogen, durch neue Organisationsmuster sowie veränderte Entscheidungs- und Mitbestimmungsrechte und
- umfeldbezogen, durch das Wissen über Faktor- und Produktmärkte und die Kenntnis über neue juristische Normen und Regelungen.

3.1.1 Die Invention von Ideen

Ökonomisches Unternehmerhandeln impliziert die Wahrnehmung von Koordinationsmängeln, die einem findigen Unternehmer Arbitragen offerieren, ihn zum

[469] Vgl. Krug, 1991, S. 47.

[470] Vgl. Picot/Laub/Schneider, 1989.

[471] Vgl. Albach, 1994.

Markteintritt veranlassen und die Marktkräfte durch den Abbau des Mangels zum Gleichgewicht tendieren lassen. Damit es dazu kommt, sind Informationen über Marktlagen zu sammeln und auszuwerten und nach Bedarf zu einer unternehmenspolitischen Handlungsempfehlung zu verdichten. Das Entdecken von Bedarfen, die Sammlung und Verwertung von Informationen sowie die Umsetzung des neuen Wissens in ein marktfähiges Konzept kennzeichnen die Aufgabe des Unternehmers.[472]

Was in Marktwirtschaften auf der Grundlage einzelwirtschaftlicher Pläne erfolgt, äußerte sich in den sozialistischen Planwirtschaften Osteuropas in der Existenz eines zentralen Volkswirtschaftsplans. Die technische Unmöglichkeit einer zentralen Erfassung der individuellen Bedarfe des Gemeinwesens führte zu einer Substitution der individuellen Präferenzfunktionen durch eine quasi-gesamtwirtschaftliche bzw. gesellschaftliche Wohlfahrtsfunktion, deren Fundament jedoch nicht die Aggregation der vielen einzelwirtschaftlichen Funktionen darstellte, sondern die stattdessen am politischen Leitbild der politischen Führung ausgerichtet war. Koordinationsmängel in der Allokation und Distribution von Gütern und Ressourcen blieben häufig unentdeckt oder wurden erst durch die Existenz von Warteschlangen äußerlich erkennbar. Die Suche nach arbitrageträchtigen Koordinationslücken wurde auch deshalb nicht vorangetrieben, weil durch die Struktur der Handlungsrechte eine Nutzung der Arbitrage durch das findige Individuum nicht möglich war.[473] Die Lähmung der unternehmerischen Kreativität war eine Folge des Denkens und Handelns in planerischen Schablonen. BOHRING/LADENSACK konstatieren mangelnden Einfallsreichtum, Defizite bei der Generierung von Ideen, eine unzureichende Kritikfähigkeit sowie die Unfähigkeit zum Führen „schöpferischer“ Dialoge auf der Leitungsebene in den sozialistischen Betrieben.[474] Dabei ließen sich durchaus organisatorische Effizienzvorteile infolge der Zentralisation und Konzentration von Forschungs- und Entwicklungstätigkeiten vermuten. Zu nennen sind hier beispielsweise die Reduzierung der Verwaltungskosten, eine bessere Koordination durch gebündelte Entscheidungskompetenzen, eine bessere Planung der Auslastung der Forschungs- und Entwicklungskapazitäten sowie weitere Synergieeffekte.[475]

Die Struktur der Property Rights führte jedoch dazu, daß versucht wurde, wahrgenommene Koordinationslücken unter den restriktiven Bedingungen eigenständig zu schließen.[476] Die Existenz der Bauernmärkte oder der illegale Handel mit Rohstoffen und Vorprodukten sind Beispiele hierfür.[477] Sofern die ökonomischen Eliten zugewiesene Ressourcen für das eigennützige Abschöpfen von Arbitragen einsetzten,

---

[472] Vgl. Picot/Laub/Schneider, 1989, S. 34.

[473] Vgl. Wegehenkel, 1980, S. 46.

[474] Vgl. Bohring/Ladensack, 1987, S. 156f. Holtbrügge, 1996, S. 14; Müller, 1988.

[475] Vgl. Kuciak, 1980, S. 64.

[476] Siehe auch Engel, 1986, S. 706ff; Krosse/Rudolph/Stieler, 1986, S. 1642ff.

[477] Vgl. Katsenelinboigen, 1977.

diffundierte die transaktionskostensenkende Wirkung dieses findigen Verhaltens nur sehr eingeschränkt. Der Grund hierfür lag im illegalen Charakter dieser informellen Nutzung von Vorsprungswissen, die es aus Sicherheitsgründen erforderlich machte, den Kreis der Mitwisser klein zu halten. Veränderungen erfuhr lediglich der individuelle Ziel-Mittel-Rahmen des findigen Individuums.[478] Gerade durch die mangelnde Diffusion von Innovationen blieb das Arbitragepotential, mithin das Effizienzpotential, der sozialistischen Volkswirtschaften in weiten Teilen ungenutzt. Dies wird deutlich, wenn man sich vor Augen führt, daß einzelwirtschaftliche Einsparpotentiale, die in einer Planwirtschaft hierarchieaufwärts weitergeleitet werden, auf jeder Hierarchiestufe zu produktivitätsorientierten Anpassungen führen und dadurch Multiplikatorwirkung entfalten.[479] Während also die hierarchische Organisationsstruktur durchaus eine transaktionskostengünstige Diffusion neuer Produktionsmethoden ermöglicht hätte, fehlte es an motivierenden Anreizen bzw. besaßen die Zentralplaner nicht die notwendige Information, um Innovationen umsetzen zu können.

Unternehmerisch findiges Verhalten kann intern und extern ausgerichtet sein. Unternehmensinterne Findigkeit innoviert innerorganisatorische Prozesse, während externe Findigkeit die Wahrnehmung von Koordinationslücken auf Märkten betrifft. Beide Fälle haben die Faktorallokation zum Inhalt, wobei die Allokation über den Markt durch den Preismechanismus gesteuert wird, während die unternehmensinterne Allokation durch Anweisung erfolgt. Prozeßinnovationen sind in diesem Zusammenhang als ein organisatorisches Problem in bezug auf die betriebliche Integration von Ressourcen zu verstehen.

Wollen die alten Eliten im neuen ökonomischen Umfeld Innovationen realisieren und als Ideengeber Koordinationslücken schließen, müssen sie den Marktpreis als knappheitssignalisierenden Indikator verstehen lernen, der weit verstreutes Ressourcenbewertungswissen bestmöglich bündelt. Zu berücksichtigen ist, daß die Preisbildung in den sozialistischen Planwirtschaften einer normativen staatlichen Regulierung unterlag, die zur Folge hatte, daß die Betriebe ihre Produkte erst dann der Nachfrage zugänglich machen konnten, wenn den Produkten administrativ ein Preis zugeteilt worden war. Darüber hinaus verhinderte die Existenz von separaten Binnen- und Außenhandelspreisen die Herausbildung eines internationalen Preiszusammenhangs, wodurch die Betriebe vor ausländischem Konkurrenzdruck geschützt waren.[480] Die ubiquitäre Preiskontrolle verhinderte unternehmerische Flexibilität, die auf Datenänderungen am Markt reagieren konnte, statt dessen existierten langlebige Produktlinien, die dem Planzyklus angepaßt waren.[481]

---

[478] Vgl. Wegehenkel, 1980, S. 48ff; Eberwein/Tholen, 1994, S. 140f.

[479] Vgl. Wegehenkel, 1980, S. 50.

[480] Vgl. Csikós-Nagy, 1990, S. 124f.

[481] Die staatliche Preiskontrolle war in den sozialistischen Staaten in unterschiedlichem Maße restriktiv. Einer umfangreichen Kontrolle in der Sowjetunion und der DDR standen Länder (Polen, Ungarn) mit größeren Freiheitsgraden gegenüber. Vgl. Svejnar, 1991, S. 125.

COASE weist daraufhin, daß die Nutzung des Marktpreismechanismusses selbst Kosten verursacht, die vom Nutzer kalkuliert werden müssen.[482] Diese Kosten werden durch die Transaktionskosten definiert und sind ein Kriterium dafür, welche Aktivitäten im Unternehmen integriert werden bzw. über den Markt zugekauft werden müssen. Unternehmerische Findigkeit beinhaltet neben der Verbesserung technischer Produktionsmethoden auch die Optimierung bilateraler Kontraktbeziehungen zwischen Faktornachfrager und Faktoranbieter, die die Organisationseffizienz betreffen und damit auch Entscheidungsgrundlage für innerorganisatorische Prozeßinnovationen sind. Dabei steht die Frage im Mittelpunkt, ob die Anbieter produktionsbezogener Faktorleistungen vertraglich an das Unternehmen gebunden oder ob die Faktorleistungen bei Bedarf am Markt nachgefragt werden. In Abhängigkeit von der Häufigkeit des Faktoreinsatzes oder der Einsatzspezifität des Faktors entscheiden die Transaktionskosten über die optimale betriebliche Strategie.[483] Formal ist die Optimalitätsbedingung erfüllt, wenn die Grenzkosten der Markttransaktionen den Grenzkosten der unternehmensinternen Transaktionen entsprechen. Diese Bedingung setzt allerdings die volle Funktionsfähigkeit der Märkte voraus, die jedoch bei nicht vollständig implementierten und ausgereiften Marktinstitutionen in den Transformationsländern nicht gewährleistet ist.

Der russische Transformationsprozeß bestätigt im Gegenteil, daß alte, bereits in der Planwirtschaft existierende Beziehungen und Kontakte noch immer wichtige Garanten für unternehmerischen Erfolg sind.[484] Die ungewisse Zukunft fördert die Ignoranz gegenüber der Transformationspolitik und verstärkt das Festhalten an tradierten Verhaltensroutinen in den Betrieben.[485] Hinzu kommt das Problem, daß in sozialistischen Planwirtschaften der Organisationsgrad von Betrieben weniger durch kostentheoretische Überlegungen, denn durch den Sicherheitsaspekt der Planerfüllung bemessen wurde. Die vertikale Konzentration der Zuliefer- und Abnehmerbetriebe in den Kombinaten galt vor allem der Reduzierung von Unplanmäßigkeiten, weshalb Kostenminimierung oder Gewinnmaximierung keine betrieblichen Handlungsmotive waren.[486]

Die Transaktionskosten der internen Organisation des Produktionsprozesses, wie sie von COASE und in der Ergänzung von WILLIAMSON hervorgehoben wurden, eröffnen Arbitragegelegenheiten durch Effizienzerhöhungen, die bereits SCHUMPETER

---

[482] Vgl. Coase, 1937, S.391; Coase, 1992; Williamson, 1985.

[483] Vgl. Williamson, 1990.

[484] Holtbrügge weist darauf hin, daß bei deutsch-russischen Joint-Ventures die deutschen Partner die Kontakte der russischen Manager durchaus als vorteilhaft zu schätzen wissen. Vgl. Holtbrügge, 1996, S. 8; Krug, 1991, S. 47f.

[485] Vgl. Kuznetsov, 1994, S. 965.

[486] Eine Untersuchung der betrieblichen Organisationsformen aus institutioneller Sicht bei Leipold, 1983, S. 192ff.

als Prozeßinnovationen beschrieben hat.[487] KIRZNER ergänzt, indem er seinen findigen Unternehmer in den Kontext von Marktgelegenheiten stellt, der extern findig ist.

> „Er (der Unternehmer, d. Verf.) muß einzig und allein herausfinden, wo Käufer zuviel bezahlt und Verkäufer zuwenig erhalten haben, und diese Diskrepanz dadurch beseitigen, daß er bei letzteren kauft und an erstere etwas billiger verkauft. Die Entdeckung dieser unausgenutzten Gelegenheiten erfordert Findigkeit."[488]

Die Voraussetzung hierfür ist zunächst die Bereitschaft und Offenheit von Individuen, durch Marktbeobachtung die Belange anderer zum eigenen Anliegen zu machen. Diese Systemoffenheit resultiert aus der beruflichen Erfahrung, der Ausbildung, persönlichen Neigung, dem sozialen Umfeld und vielem mehr.[489] Doch gerade in diesem Punkt stoßen die alten Eliten auf Anpassungsschwierigkeiten, da die Erforschung von Absatzmärkten und die Prognose von Absatzchancen neue Aufgaben darstellen, die in Planwirtschaften durch die Abwesenheit legaler Märkte nicht existierten, weshalb die notwendigen Kompetenzen zur Bewältigung dieser Aufgaben auch nicht erworben werden konnten. Untersuchungen in Rußland und in Ostdeutschland bestätigen, daß Entschlußfreude, Risikobereitschaft, Konkurrenzdenken und Durchsetzungsvermögen wenig ausgeprägte Eigenschaften der Wirtschaftssubjekte sind und daß anstelle einer unternehmerischen Nutzung der aus der Ungewißheit erwachsenden Gelegenheiten Risikovermeidungsverhalten geübt wird. Eine 1993 in St. Petersburg durchgeführte Studie über Einstellung und Verhaltensweisen von ökonomischen Eliten in russischen Großbetrieben verdeutlicht die ablehnende Haltung dieser Elitegruppe gegenüber jungen, gewinnmaximierenden Unternehmen.[490] Diese risikoabsorbierende Unternehmerschaft wurde in der Erhebung von den alten ökonomischen Eliten als Parasiten, Spekulanten, Diebe und Banditen bezeichnet.[491] Die Tatsache, daß viele ökonomische Eliten auf den Schattenmärkten in den sozialistischen Planwirtschaften erstes Markt-know-how erworben haben, hat die Aufgeschlossenheit gegenüber unternehmerischen profit-seekern nur wenig geändert. Anzumerken ist jedoch, daß aufgrund der sanktionierten Enge der informellen Faktormärkte in den Planwirtschaften sowieso nur rudimentäre Marktbeziehungen, die durch fehlenden Konkurrenzdruck und bilateralen Warentausch gekennzeichnet waren, bestanden haben. Die Kompetenz eines findigen Unternehmers manifestiert sich jedoch in der Marktkenntnis, wobei vor allem der Zugang zu den Daten, die diese Kenntnis ver-

---

487 Vgl. Schumpeter, 1964.

488 Kirzner, 1978, S. 33.

489 Vgl. Schneider, 1988, S. 88.

490 Vgl. Kharkhordin/Gerber, 1994.

491 Vgl. Kharkhordin/Gerber, 1994, S. 1082.

mitteln, ausschlaggebend ist oder wie KIRZNER anfügt, „...das `Wissen´, wo Marktdaten zu entdecken sind.“[492]

Während junge, findige Unternehmer ihr künftiges Einkommenspotential in der Verwertung von Marktwissen sehen und in dieses investieren, werden vor allem die älteren Kader in den (ehemaligen) Staatsbetrieben versuchen, ihr Einkommen auf der Grundlage ihres bisherigen Wissens, unter besonderer Nutzung der spezifischen Wissensbestandteile, zu maximieren. Die Konsequenz dieser Entwicklung ist, daß betriebliche Strategien von Unternehmen, die bereits in der Planwirtschaft existierten, auch in der Transformation wenig marktdatenorientiert sind und häufig altbewährte Beziehungsnetzwerke in den Mittelpunkt stellen, die zum Teil auch auf den ehemaligen Schattenmärkten geknüpft worden sind und durch den institutionellen Wandel nicht zerschlagen wurden.[493] Russische Unternehmen, obwohl der Privatisierung zugeführt, verharren in bekannten Verhaltensroutinen, da die wirtschaftspolitischen Rahmenbedingungen für diese Betriebe, die häufig noch Monopolisten sind, eine Verhaltensänderung nicht zwingend erforderlich machen und nach wie vor betriebliche Ineffizienzen durch weiche Budgetrestriktionen alimentiert werden.[494] Unter diesen Bedingungen ist es für die ältere Generation unter den Kadern in den (ehemaligen) Staatsbetrieben rational, Investitionen in Markt-know-how nicht durchzuführen. Diese Beobachtungen unterstreichen die inhärenten Risiken von „muddling-through“ Konzepten, die den russischen Transformationsweg kennzeichnen.

Unternehmerische Findigkeit in bezug auf prozeß- oder produktorientierte Innovationen charakterisiert die normative Variante eines Ideenunternehmers, der auf Wettbewerbsmärkten aktiv ist und für den der wichtigste Informationsindikator der Preis darstellt. Maßstab für den Erfolg ist dann der Marktgewinn, der, solange die Innovation vor Imitation oder Substitution geschützt ist, als Monopolgewinn bezeichnet werden kann. Die ökonomischen Eliten in den (ehemaligen) Staatsbetrieben zeigen jedoch auch ein Verhalten, das nicht vom Marktgewinn, sondern vom Regulierungsgewinn ausgeht.[495] Hier besitzen die Eliten eine auf Erfahrungswissen basierende Kompetenz, deren Nutzung erfolgt, wenn der zu erwartende Regulierungsgewinn höher ist als der erwartete Marktgewinn. Wenn die Realisierung von Marktgewinnen zunächst Anpassungskosten durch Humankapitalinvestitionen erfordert, können aus der Sicht der Unternehmensleitung komparative Kostenvorteile für Aktivitäten auf dem informellen Markt für Regulierungen liegen, die um so länger bestehen, je schleppender sich der institutionelle Wandel vollzieht.

Der Ressourcenaufwand zur Erzielung von Regulierungsgewinnen wird durch die Qualität der Beziehungen des Unternehmensleiters zur regulierungsanbietenden Be-

---

[492] Kirzner, 1978, S. 54.

[493] Vgl. Yavlinsky/Braguinsky, 1994, S. 93.

[494] Vgl. Kuznetsov, 1994, S. 959.

[495] Vgl. hierzu Apolte, 1992, S. 61ff; Krug, 1991, S. 47.

hörde determiniert. Sein spezifisches Wissen über die richtigen Ansprechpartner entscheidet über die aufzuwendenden Ressourcen, die das Unternehmen zum Bezug von rentensichernden Regulierungen zu zahlen hat. Sofern zwischen dem Regulierungsnehmer und dem Regulierungsgeber schon zu Zeiten der sozialistischen Planwirtschaft Beziehungen bestanden haben, sind die individuellen Kosten des Unternehmensleiters geringer, als wenn vollkommen neue Kontakte aufgebaut werden müssen. APOLTE verweist auf ein gemeinsames Interessenclearing zwischen Unternehmen und Bürokratie in der Planwirtschaft, das auch in der post-sozialistischen Phase weitergeführt wird, sofern die personellen und organisatorischen Strukturen weiter bestehen.[496] Generell ist von einem ansteigenden Ressourcenaufwand auszugehen, wenn voranschreitende Transformationsprozesse zu einem zunehmenden ökonomischen und politischen Wettbewerb führen.

Aus der individuellen Perspektive des Unternehmensleiters kommen seine Anstrengungen dem Unternehmen zugute und streut der Erfolg in Form staatlicher Zuwendungen über das gesamte Unternehmen. Der Unternehmensleiter profitiert indirekt von den staatlichen Regulierungsleistungen, da sie sein Einkommen und seine Macht sichern. Auf der Kostenseite sind zunächst Risikokosten zu verzeichnen, die in Abhängigkeit von der aktuellen Transformationsphase und der Qualität der Beziehung variieren. Ebenso existieren Zeitkosten und pekuniäre Ausgaben zur Bestechung (Bezahlung) des Regulierungsanbieters.[497] Während die Risikokosten voll beim Unternehmensleiter internalisiert sind, können die beiden anderen Kostenkategorien auf das Unternehmen umgelegt und damit externalisiert werden. Aus der Sicht eines Unternehmensleiters ist es deshalb vorteilhaft, sein spezifisches Wissen nicht mehr zur Erlangung von Regulierungsvorteilen einzusetzen, wenn die individuell zu tragenden Kosten den individuellen Nutzen übersteigen.[498] Dies wird der Fall sein, wenn durch den Marktwettbewerb neue Rahmenbedingungen neue Verhaltensweisen implementieren, die das Festhalten an alten Verhaltensstereotypen verteuern. Dies muß nicht nur positive Wirkungen im Sinne der normativen Marktlehre haben, sondern kann auch bedeuten, daß infolge eines freien Wettbewerbs und des Rückgangs staatlicher Kontrolle kriminelle Organisationen den Platz der Bürokratie einnehmen und ihrerseits im Wettbewerb um Ressourcenzahlungen der Unternehmen (Schutzgelder) stehen.

Aus der rent-seeking-Theorie ist bekannt, daß das Interesse der Unternehmen an wettbewerbsbeschränkenden Regulierungen auf die Verstetigung und Sicherung von Gewinnen ausgerichtet ist, um auf diese Weise ein Gegengewicht zu ungewissen Marktgewinnen zu erhalten.[499] Gegenstand der Regulierung können Preise, Subven-

---

[496] Vgl. Apolte, 1992, S. 57ff.

[497] Angaben zufolge wurden 1993 1500 Angestellte des öffentlichen Dienstes in Rußland der Korruption überführt. Vgl. o. V., 1994.

[498] Vgl. auch Murrell/Olson, 1991, S. 257ff.

[499] Vgl. Apolte, 1992, S. 63.

tionen, Kredite, Wettbewerbsbeschränkungen usw. sein. Eine Besonderheit der Rentensuche in den Transformationsländern resultiert wie gesehen aus der Tatsache, daß das Hauptmerkmal der Beziehungen zur Bürokratie der persönliche, informelle, auf Vertrauen basierende Kontakt ist, wie er sich im restriktiven Umfeld sozialistischer Planwirtschaften entwickelt hat. Hier war es wichtig, den Kreis der Mitwisser möglichst gering zu halten, um das Risiko, entdeckt zu werden, zu reduzieren. Werden diese Kontakte auf die gleiche Weise im Transformationsprozeß fortgeführt, wofür allein schon die Tatsache spricht, daß der Unternehmensleiter sein spezifisches Wissen dann maximal nutzen kann, wenn er es exklusiv an seine Person bindet, und ist die Korruption weiterhin ein Instrument der Kontaktpflege, so wird der Unternehmensleiter aus Gründen der Risikominierung und Einkommensmaximierung eigenständig handeln. Hinzu kommt, daß der Adressat dieser Zuwendungen oftmals nur ausführend, auf untergeordneter Ebene in der Bürokratie tätig ist. Im Gegensatz zu Interessengruppen wird also keine selektive Informationspolitik betrieben, die manipulierend in den Regelfindungsprozeß politischer Entscheidungsträger einwirkt. Stattdessen existiert anstelle eines organisierten Gruppenlobbyismus eine subtile Form zweiseitiger informeller Beziehungen in einer persönlichen Atmosphäre.
Mikroökonomisch betrachtet, kann angeführt werden, daß in den protektionierten Betrieben Kostenerhöhungen durch betriebliche Ineffizienz entweder über Preissteigerungen an die Verbraucher weitergegeben werden oder daß durch die großzügige Kreditierung der Defizite ein Budgetausgleich gefunden wird, dessen Höhe flexibel mit den Defiziten korreliert. YAVLINSKI/BRAGUINSKY sprechen deshalb auch nicht von privaten, sondern von post-staatlichen Unternehmen. Als private Unternehmen sind dann in erster Linie Neugründungen im Handel-, Dienstleistungs- und Bankensektor zu bezeichnen, deren Existenz durch das Ausnutzen von Koordinationslücken bedingt ist.

Die Entdeckung interner Transaktionskosteneinsparpotentiale durch organisatorische Neuerungen markiert nahtlos den Übergang zu der Funktion des Unternehmers als Ressourcenkoordinator. Die Findigkeit konzentriert sich nicht auf neue Produkte bzw. neue Märkte, sondern wird einzig dadurch deutlich, daß Produktionsfaktoren neu kombiniert werden. Somit wird der Unternehmer in seiner ureigenen Funktion als Produzent angesprochen.

3.1.2 Die Koordination von Ressourcen

Die Materialisierung einer Unternehmeridee ist Aufgabe des Produzenten, der damit als „Ressourcenkoordinator" zu charakterisieren ist.[500] Durch Kombination von Ressourcen wandelt er diese in verwendungsfähige Produkte um. Zu diesem Zweck existiert ein Netz von Kontakten mit den Ressourceneigentümern. Aus der Perspektive

---

[500] Zur Rolle des Produzenten im Rahmen findigen Unternehmertums siehe Kirzner, 1978, S. 35ff. Siehe auch Picot/Laub/Schneider, 1989, S. 35ff.

der Property Rights-Theorie findet ein Rechtstausch statt, wenn der Produzent von dem Ressourceneigentümer das Recht erhält, über die Ressource verfügen und die daraus gewonnenen Erträge nutzen zu dürfen. Der Inhaberwechsel bezüglich dieses Rechts ändert jedoch nichts an dem Inhalt dieses Rechts.[501] Diese Rechtsübertragung setzt eine Property Rights-Struktur voraus, die dem einzelnen Vertragsfreiheit zugesteht und Flexibilität in der Eigentumsübertragung aufweist. Als Grundlage der Vertragsfreiheit dient der gemeinsame Konsens über die rechtliche Gleichheit und Unverletzlichkeit des Individuums. Für die Produzenten ergibt sich hierdurch Koordinationsbedarf, da Verhandlungen mit den Ressourceneigentümern zu erfolgen haben, die den Koordinationsaufwand erhöhen und Konfliktpotentiale hervorrufen. Für die Verhandlungspartner ist der Rechtstausch solange interessant, wie die damit verbundenen Transaktionskosten den erwarteten Gewinn aus der Rechtsübertragung nicht übersteigen. Die individuelle Wohlfahrtserwartung bestimmt somit die Zahlungsbereitschaft des Wirtschaftssubjekts für eine Rechtsänderung. Die Lokalisierung von Rechten unter der Prämisse der Zahlungsbereitschaft ist dann effizient, weil die Individuen ihre Zahlungsbereitschaft an Nutzenerwartungen bzw. Gewinnerwartungen ausrichten.[502]

Diese inputbezogene Betrachtung verdeutlicht bereits einen ersten Unterschied zwischen einer marktwirtschaftlichen und einer planwirtschaftlichen Produzententätigkeit. Während in Marktwirtschaften unter Einsatz vergleichsweise höherer Transaktionskosten unter einer Mehrzahl von Ressourcenanbietern (R) ausgewählt werden kann (Abb. 12a), erfolgt die Ressourcenzuteilung in sozialistischen Planwirtschaften durch die Zentralisierung der Planung und die Monopolisierung der Wirtschaft auf der Basis eines machtvoll gestützten Konsenses, der der Willensbildung der politischen Führung entspricht.[503]

In auf Vertragsfreiheit beruhenden Märkten tauschen die Produzenten bzw. Wirtschaftssubjekte das Recht an einer Ressource im Wege zweiseitiger Vereinbarungen, die den Tauschakt legitimieren. Sowohl das Zustandekommen als auch das Scheitern eines Tauschakts ist ein wechselseitig zu akzeptierendes Ergebnis, das die Transaktionskosten der Verhandlungsführung und den zu erwartenden Gewinn, der sich aus einer alternativen Ressourcennutzung ergäbe, zu berücksichtigen hat. Anders hingegen in Planwirtschaften, wo die rechtliche Gleichstellung der Transaktionspartner durch die hierarchische Staatsstruktur aufgehoben und die übergeordnete Organisation hierarchieabwärts weisungsgefugt ist. Anstelle eines Ressourcentauschs werden Ressourcen zugewiesen, wobei nur verdünnte Rechte dekretiert werden, die die Nutzung von Ressourcenerträgen ausschließen. Um Rechtsverletzungen vorzubeugen, ist eine effektive Kontrolle notwendig, weshalb die Transaktionskosten überwiegend Kontrollkosten sind. In einer idealtypischen, auf einem vollkommenen Rationie-

---

[501] Vgl. Hesse, 1983, S. 88.

[502] Vgl. Posner, 1981, S. 70ff.

[503] Vgl. Lohr, 1992, S. 160; Edeling, 1992, S. 52.

rungssystem basierenden Planwirtschaft treten die Produzenten (Betriebsleiter) in direkten Kontakt zu den Ressourceneigentümern. Hierzu wenden sie sich an die im Auftrag der politischen Führung agierende Planzentrale, von der im Zuteilungsverfahren die Ressourcen auf die Betriebe alloziiert werden (Abb. 12b).

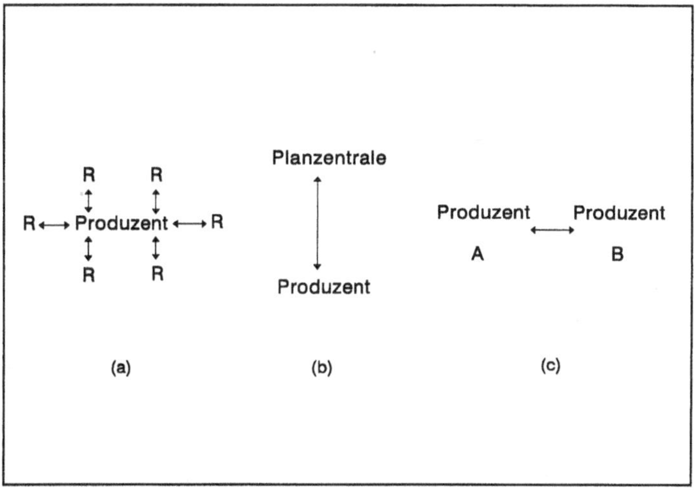

Abb. 12: Idealtypische Darstellung von Lieferbeziehungen bei unterschiedlichen Koordinationsformen

Die realtypischen Planungsmängel in den sozialistischen Planwirtschaften führten jedoch dazu, daß nicht alle Güter zentral verplant wurden und den Betrieben weitreichende Möglichkeiten einer autonomen Abstimmung und Kontrahierung über gegenseitige Faktorlieferungen blieben. Diese Lieferkontakte konnten formellen oder informellen Charakter haben und bezogen sich auch auf den Produktionsfaktor Arbeit. Oftmals erfolgten Liefervereinbarungen durch die Zwischenschaltung einer Großhandelsorganisation, die auf freiwilliger Basis Lieferverträge mit den nachfragenden Unternehmen abgeschlossen haben. Der staatlich kontingentierte Großhandel erreichte Ende der siebziger Jahre einen Anteil von 7 vH am gesamten Warenumsatz in der Sowjetunion.[504] Somit wurden Ressourcenzuteilungen oftmals formell zwischenbetrieblich geregelt, die dann jedoch im Dienste der normativ vorgegebenen Planerfüllung zu erfolgen hatten. Ein bilaterales Verhältnis existierte auch, wenn Ressourcen aus der Schattenwirtschaft bezogen wurden (Abb. 12c). Der Vorteil der Transaktionen auf dem informellen Faktormarkt lag für die Faktoranbieter vor allem darin,

[504] Vgl. Touché, 1993, S. 121.

ein Faktornutzungsentgelt erzielen zu können, das neben dem offiziellen Faktornutzungspreis eine inoffizielle Faktorrente enthielt.[505]

Im Unterschied zur offiziellen Ressourcenzuteilung durch die Planzentrale enthielten ungeplante Tauschbeziehungen auf gleichberechtigter Ebene die Gefahr des Scheiterns und damit des Konfliktfalls. Sofern das Konfliktpotential einer Transaktion am Tauschergebnis festgemacht wird, bergen zweiseitige Verhandlungen auf Märkten ein hohes Konfliktrisiko, da die Ergebnisoffenheit von Tauschverhandlungen und damit auch die Gefahr des Scheiterns, eine Funktionsbedingung von Märkten ist. Darüber hinaus wird die Konfliktbereitschaft der Tauschpartner durch die Spezifität der Ressource bestimmt, deren Eigentumsrecht neu lokalisiert wird. Bestehen Tauschalternativen, ist die Bereitschaft, eine Transaktion scheitern zu lassen, vergleichsweise höher, da nur geringe Transaktions- und Opportunitätskosten entstehen. In Planwirtschaften ist die Ergebnisoffenheit bei Planverhandlungen hingegen stark eingeschränkt, da durch die Zentralisierung der wirtschaftlichen Entscheidungsmacht Konsens oktroyiert wird.[506]

Ressourcenkoordinierendes Verhalten ist in einem zunehmend marktwirtschaftlicheren Transformationsumfeld an ein Auswahlproblem gekoppelt, das durch die Zunahme potentieller Bezugsquellen, dem damit einhergehenden Bedeutungszuwachs der Qualitätskomponente und die sektorale und regionale Verschiebung ganzer Beschaffungsmärkte gekennzeichnet ist.[507] Sektoral erfolgt die Verschiebung von staatlichen zu privaten Faktoranbietern, regionale Veränderungen beziehen sich hingegen auf eine Ausdehnung des Beschaffungsmarktes auf Regionen, zu denen in der Planwirtschaft die Betriebe, z. B. aufgrund der Zentralisierung des Außenhandels, keinen Zugang hatten. Die Zunahme der potentiellen Vertragspartner führt zu einem Anstieg des Informationsaufwandes für die Unternehmensleitung. Erschwerend wirken dabei asymmetrisch verteilte Informationen, die, sofern sie noch in den Händen der Bürokratie sind, von dieser bewirtschaftet und zur eigenen Vorteilsmaximierung eingesetzt werden. Transaktionskostensteigernd wirkt sich ebenfalls die Unsicherheit über die Vertragserfüllung von Kontraktbeziehungen aus. Fehlendes Wissen über unternehmerische Bewertungsverfahren, Bilanzierung oder Finanzierungsgeschäfte erhöhen das Risiko der Kontraktpartner und führen zu einem Risikoaufschlag in der Preiskalkulation.[508]

Auf innerbetrieblicher Ebene wurde das auf Zentralisierung ausgerichtete Anweisungsprinzip der planwirtschaftlichen Ressourcenallokation fortgeführt, indem hierarchisch-autoritäre Führungsstile durch die Zentralisierung der betrieblichen Ent-

---

[505] Nach Marz fand sich der Betriebsdirektor in einem Geflecht horizontaler, vertikaler, diagonaler und orthogonaler Netzwerklinien wider. Vgl. Marz, 1991, S. 110.

[506] Vgl. Oesterle, 1993.

[507] Vgl. Albach, 1994, S. 155, 169.

[508] Vgl. Krug, 1991, S. 47.

scheidungsgewalt institutionalisiert wurden.[509] Aufgrund der Einzelleitung (edinonachalie) waren die Betriebsleiter nur den übergeordneten Leitungsebenen gegenüber verantwortlich.[510] Die Führungsaufgabe in den Betrieben war auf das operative Management beschränkt, wohingegen strategische Aufgaben in den politischen Organisationen erläutert wurden.[511]

Die Existenz dieses autoritären Führungsprinzips in sozialistischen Betrieben wird durch eine Umfrage unter Betriebsleitern in DDR-Unternehmen aus dem Jahr 1990 bestätigt.[512] Die Ergebnisse können aufgrund der vergleichbaren Wirtschaftsordnung auch auf die damaligen sowjetischen Verhältnisse übertragen werden. So dokumentiert die Studie bei weitgehender Übereinstimmung unter den Befragten, daß die ausgeprägt hierarchischen Strukturen den einzelnen Teilbereichen im Unternehmen kaum handlungsautonome Zuständigkeiten beließen und Entscheidungen durch die Hierarchiespitze vorbereitet und getroffen wurden.

> „Auch wenn die Befragungssituation die Einschätzung beeinflußt haben dürfte, so kann doch insgesamt eine Dominanz der Einzelentscheidung angenommen werden."[513]

Und weiter heißt es:

> „Die lange Sozialisation unter diesen Bedingungen hat zu einer starken Verinnerlichung der entsprechenden Erwartungen geführt, so daß trotz Ablehnung stark autoritärer Stile ca. ein Drittel aller Leiter nach wie vor eher autoritäre bzw. patriarchalische Führung wünscht und nur ein geringer Anteil auf demokratische Führung mit Gruppenentscheidung orientiert ist."[514]

Der autoritär-hierarchische, sicherheits- und kontrollorientierte Führungsstil ist das Ergebnis einer jahre- bzw. jahrzehntelangen Verhaltensgewohnheit, die den Vorteil hat, Diskussionen dort unterbinden zu können, wo die Führungsperson sich nicht kompetent fühlt. Diese Zentralisierung der Binnenorganisation des Unternehmens strahlt auf die Außenbeziehungen aus, wenn in der Übergangsphase zum Markt wei-

---

[509] Vgl. Ladensack, 1990; S. 92f. Lohr, 1992, S. 162; Krüger/Salzmann, 1994, S. 1032.

[510] Vgl. Kuromiya, 1984.

[511] Vgl. Liutho, 1996, S. 19.

[512] Die Untersuchung wurde von der Technischen Universität Braunschweig in zwei Befragungsdurchgängen, März und Mai 1990, durchgeführt, wobei 141 bzw. 150 Manager befragt wurden. Ziel des Projekts war es, Managementkulturen in ost- und mitteleuropäischen Ländern zu vergleichen. Vgl. dazu Lang, 1992, S. 129f.

[513] Lang, 1992, S. 132.

[514] Lang, 1992, S. 132.

terhin Geschäftsbeziehungen existieren, die von der persönlichen Reputation des Direktors, seiner Entscheidungsmacht und seinen Kontakten abhängen. Sie stärken die Position des Direktors, sofern durch diese Beziehungen der Fortbestand des Unternehmens gewährleistet wird.[515] Dies gilt für die Liquiditätsversorgung des Betriebes im zwischenbetrieblichen Kreditierungsverfahren, ebenso wie für gegenseitige Faktorlieferungen, die der Preisdifferenzierung dahingehend unterliegen, daß neue Unternehmen höhere Faktorpreise auf Beschaffungsmärkten zu bezahlen haben als die etablierten (ehemaligen) Staatsbetriebe. Die Auswirkungen der Netzwerkbeziehungen zwischen den alten ökonomischen Eliten betonen auch KHARKHORDIN/GERBER:

> „Entrepreneurs who `came in from the street´, without prior recommendation of another director, were viewed suspiciously. (...) All in all, new market entities tended to be perceived by directors as unstable and unreliable partners."[516]

Dieses Führungsverhalten wird zum Hemmfaktor der betrieblichen Entwicklung, wenn es zu einer Verdichtung des Beziehungsnetzwerkes durch die Aufgabe zentraler Planung kommt. Die Vervielfachung der Kommunikationsfrequenz und der Anzahl der Adressaten auf Zuliefer- und Abnehmerseite steigert dann die Komplexität der Umfeldbedingungen, die der in allen Entscheidungen involvierte „craftsman-entrepreneur" nicht mehr zu bewältigen in der Lage ist. Der „craftsman" kennzeichnet dabei einen Unternehmertyp, der seine Führungsautorität uneingeschränkt in den Mittelpunkt betrieblicher Prozesse stellt und keine unternehmerische Maßnahme ohne seine Zustimmung passieren läßt.[517] Betriebliche Neuerungen sind dann oftmals nur in Verbindung mit einem Generationenwechsel zu realisieren, da Akzeptanzbarrieren, z. B. aus Angst vor Kompetenzverlust, bei der Betriebsführung bestehen.

Die Großbetriebe in der Transformationsökonomie sind bei zunehmendem Wettbewerb und einer steigenden Verdichtung der Beziehungsgeflechte zu einer Reorganisation ihrer Führungsstruktur herausgefordert.[518] Das bedeutet, daß sie eine effiziente Neuverteilung von personellen Zuständigkeiten vornehmen müssen und darüber hinaus Anreizmechanismen benötigen, damit diese Zuständigkeiten möglichst optimal im Betrieb umgesetzt werden. Eine stärkere Dezentralisierung der Verantwortungsbereiche kann bei den Großbetrieben ein motivationsförderndes Instrument sein, impliziert jedoch die Preisgabe von Besitzständen auf der Leitungsebene.[519]

---

[515] Vgl. Kharkhordin/Gerber, 1994, S. 1076.

[516] Kharkhordin/Gerber, 1994, S. 1076. Hierzu auch Burawoy/Hendley, 1992, S. 377f.

[517] Vgl. Oesterdieckhoff, 1993, S. 158ff. Eine Studie der Turku School of Economics and Business Administration bestätigt die Hemmnisse der Manager, Aufgaben zu delegieren. Vgl. Liutho, 1996, S. 18.

[518] Vgl. auch Krüger/Salzmann, 1994, S. 1032.

[519] Vgl. Edeling, 1992, S. 53f.

Können auf diese Weise marktkonforme Einstellungen und Verhaltensweisen bis auf Mitarbeiterebene gefördet werden, stärkt dies die Stellung der Unternehmung im Konkurrenzkampf. Konträr zu den betrieblichen Anforderungen in der Planwirtschaft sind Flexibilität und Mobilität sowie Aufgeschlossenheit gegenüber den Anforderungen und Bedürfnissen des relevanten Kundensegmentes Erfolgsfaktoren im Wettbewerb.[520] Eine Reform der Führungsorganisation kann somit nicht nur die Effizienz durch Transaktionskostensenkung erhöhen, sondern setzt Leistungsanreize durch delegierte Handlungsrechte unterhalb der Führungsspitze. Da hiermit auch Kontrollpflichten weitergeleitet werden, können bei zunehmender Handlungskomplexität die Kosten einer zentralen Kontrolle durch Kontrollen vor Ort reduziert werden. Gemeinsam mit der Entscheidung über Zukauf oder Eigenerstellung von Vorprodukten und Ressourcen sind zusätzliche organisationsstrukturelle Reformen notwendig.[521] Ansatzpunkte einer berieblichen Reorganisation finden sich in der Ausgliederung von Betriebsteilen, der Verringerung des Personalbestandes, der Flexibilisierung der Arbeitszeit usw.[522] Doch zeigen Untersuchungen, daß Kompetenzdefizite des Führungspersonals einer Unternehmensreform entgegenstehen, wobei die gravierendsten Kompetenzlücken im organisatorischen, kaufmännischen und absatzpolitischen Bereich liegen.[523]

Darüber hinaus ist zu vermuten, daß mit zunehmender Ungewißheit über den Transformationsverlauf die Bereitschaft der innerbetrieblichen Anpassung vermindert wird, da die Planungsunsicherheit wächst und keine verläßliche Grundlage für Innovationen bildet, weshalb die alten Verhaltensweisen weiterhin dominieren. Kostenanpassungen werden hinausgezögert und durch die fehlende Ausrichtung der Grenzkosten an den Grenzertrag Verluste produziert, die den Anteil der verdeckten Arbeitslosigkeit erhöhen.[524] Diese Entwicklung ist um so wahrscheinlicher, je stärker das Unternehmen subventioniert und aufgrund weicher Budgetrestriktionen kein Anpassungsdruck induziert wird.[525] Betrachtet man den drastischen Wirtschaftseinbruch in Rußland, der durch das Negativwachstum des Bruttoinlandsprodukts widergespiegelt wird, und vergegenwärtigt sich die vergleichsweise niedrigen Arbeitslosenzahlen, unabhängig, ob vom staatlichen Statistikamt GOSKOMSTAT oder von dem International Labour Office publiziert, so bestätigt sich der starke staatliche Interventionismus in bezug auf das ressourcenkoordinierende Verhalten in den Betrieben. Offensichtlich werden hier aufgrund fehlenden Anpassungsdrucks produktivi-

---

[520] Vgl. Gaugler, 1994, S. 96.

[521] Vgl. hierzu Kapitel IV.3.1.1.

[522] Vgl. Edeling, 1992, S. 53f.

[523] Vgl. Albach, 1994, S. 157; Holtbrügge, 1996, S. 12.

[524] Vgl. Albach, 1993, S. 37.

[525] Vgl. Kuznetsov, 1994, S. 955. Dieses Verhalten wird auch durch jahrzehntelange soziale Fürsorgepflichten für die Arbeitnehmer begründet. Vgl. Holtbrügge, 1996, S. 16.

tätssteigernde Rationalisierungsmaßnahmen, die zwangsläufig zu höherer Arbeitslosigkeit führen würden, unterlassen. Für die Manager in diesen Betrieben bedeutet das Konfliktvermeidung und weiterhin staatlicherseits subventionierten Konsens, der alte Verhaltensweisen konserviert.[526]

Die hohe Erwartungsunsicherheit in einem archaischen Marktgebilde begünstigt ökonomische Eliten, die bereits in der Planwirtschaft gelernt haben, mit politischen und ökonomischen Diskontinuitäten umzugehen und durch Improvisation den Produktionsbetrieb aufrechtzuerhalten.[527] Westliche Personalberater bestätigen das Improvisationstalent russischer Manager, konzedieren jedoch gleichzeitig einen Mangel an strategischer Planungsfähigkeit.[528] Das geringe Engagement ausländischer Investoren in Rußland signalisiert, daß derzeit eine strategische Erschließung von Absatzmärkten nicht effizienzorientiert umzusetzen ist. Welche Bedeutung und Anforderungen dem Unternehmer als Marktkoordinator zukommen, wird nachfolgend erläutert.

3.1.3 Die Diffusion des Ergebnisses

Den Abschluß von Invention und Produktion bildet die Diffusion des Produkts durch Markteinführung. Als Arbitrageur ist dem Unternehmer daran gelegen, die „Möglichkeiten des billigen Kaufs und des teuren Verkaufs" zu nutzen.[529] Im arbitragierenden Verhalten manifestiert sich somit das Gewinnmotiv. Die Idee wird durch die Produktion materialisiert, um dann auf dem Wege der Diffusion über die Akzeptanz bei den Nachfragern bewertet zu werden. Ab diesem Zeitpunkt besteht die Gefahr des Markteintritts von Nachahmern, die zwar nicht die Findigkeit eines Innovators aufweisen, jedoch durch Produktimitation den Anpassungsprozeß zum Marktgleichgewicht forcieren und den raschen Abbau von Gewinnspannen vorantreiben. HOPPMANN verdeutlicht diesen Zusammenhang am Beispiel von Arzneimittelmärkten und beschreibt den Anpassungsprozeß wie folgt:

---

[526] Eberwein/Tholen haben in einer Befragung russischer Manager herausgefunden, daß der gestiegene Handlungsspielraum in den Betrieben nur von einem kleinen Teil russischer Manager als Erleichterung empfunden wird und das Management etwa bei der Entlassung von Arbeitskräften vor ungewohnte Entscheidungen stellt. Vgl. Eberwein/Tholen, 1994, S. 86f.

[527] Marz bestätigt die Bedeutung des Improvisierens. „Wer morgens das Werk mit der Gewißheit betrat, daß heute nach allen Regeln des gesunden Menschenverstandes ein bestimmter Zweig des innerbetrieblichen Produktionskreislaufes endgültig zusammenbrechen mußte, und wer dann eben dies mit hohem persönlichen Einsatz, operativer Wendigkeit und antrainierten Handlungsroutinen zu verhindern wußte, der sah abends, was er geschafft hatte..." Marz, 1991, S. 108, vgl. auch Deppe, 1991, S. 141.

[528] Vgl. Krüger/Salzmann, 1994, S. 1032.

[529] Vgl. Picot/Laub/Schneider, 1989, S. 37; vgl. auch Kirzner, 1978, S. 40.

„Bei der Einführung eines neuen Arzneimittels ist der Markt bezüglich dieses neuen Produkts völlig intransparent. Die nachfolgende innovatorische Konkurrenz, die Herausbildung der Produktvarianten, Ärzteinformation und Werbung, die den Nachfragern nicht nur Informationen liefert, daß es neuartige Produkte gibt, das Verschwinden von ungeeigneten Arzneimitteln, die Einführung von Nachahmerpräparaten auf dem Imitationsmarkt bis zur Herausbildung von Generica sind Phasen des wettbewerblichen Prozesses, in denen die Transparenz des Marktes bezüglich dieses Therapiegebiets fortlaufend vergrößert wird."[530]

Die ordnungspolitischen Rahmenbedingungen in den sozialistischen Ländern verhinderten die Etablierung von Absatzmärkten. Marktallokation auf der Grundlage von Wettbewerbspreisen wurde staatlicherseits als offizielles Lenkungsinstrument abgelehnt, weshalb sie nur dort geduldet wurde, wo sie durch die sanktionierte Enge des Handlungsraums keinen Einfluß auf den Zentralplan ausüben konnte. Private Absatzbeziehungen wurden auch in der Schattenwirtschaft gesucht, doch während in einer Marktwirtschaft mit der Vermarktung eines Produkts ein hoher Publizitätsgrad verbunden ist, der zu höherer Transparenz und einem Absinken der koordinationsbedingten Transaktionskosten auf der Absatzseite führt, erfolgen die Transaktionen in der Schattenwirtschaft verdeckt. Es bildet sich deshalb auch kein allgemeines Marktgleichgewicht heraus, in dem eine „unsichtbare Hand" multilaterale Anbieter- und Nachfragerinteressen zusammenführt. Kennzeichnend sind vielmehr bilaterale Verhandlungsprozesse. Zudem war das Angebot auf den Schattenmärkten in den osteuropäischen Zentralverwaltungswirtschaften von staatlichen Planeinflüssen geprägt, die lediglich ad-hoc-Angebote und Nachfragen zuließen. Eine konsistente Marktentwicklung für einzelne Produkte, einschließlich institutioneller Ausreifung der Teilmärkte, war aus diesem Grund nicht möglich. In der offiziellen Wirtschaft wurden dagegen die Absatzbeziehungen zwischen Produzenten und Konsumenten durch den Vertrieb der Produkte über Handelsorganisationen reguliert. Die Betriebsleitung war deshalb nicht nur wegen der zentralen Planvorgaben außerstande, auf die Bedürfnisse der Nachfrager zu reagieren, sie hatte zudem auch gar nicht die institutionellen Zugangsvoraussetzungen, um in direkten Kontakt mit den Nachfragern treten zu können.[531] Die Absatzsituation war dadurch geprägt, daß dem Betrieb auf der Anbieterseite mit der Handelsorganisation auf der Nachfragerseite nur ein Abnehmer gegenüberstand. Anstelle einer Vielzahl von Nachfragefunktionen existierte somit nur die zentral geplante Nachfrage der Aufkauforganisation.

Für die ökonomischen Eliten entstehen vor diesem Hintergrund spezielle Anpassungsprobleme im Transformationsprozeß. Das Hauptaugenmerk in der Planwirtschaft galt der Beschaffung von Produktionsfaktoren, während die Absatzseite infolge der Abnahmegarantie der hergestellten Produkte sowie des Vertriebes über spezi-

---

[530] Hoppmann, 1978, S. 36.

[531] Vgl. Albach, 1993, S. 46.

elle Organisationen vernachlässigbar war. Durch die Ausrichtung auf den Kunden werden die ökonomischen Eliten nun mit der Erfahrung konfrontiert, daß die Kundensegmente auf Preis- und Qualitätsmerkmale reagieren und in ihrem Verhalten je nach der Dringlichkeit des Bedürfnisses eine höhere Preiselastizität der Nachfrage aufweisen als in der Planwirtschaft.[532] Dies ist Ausdruck von Konsumentensouveränität in einem Umfeld dezentralisierter ökonomischer Macht und findet auf der Anbieterseite seine Entsprechung in der Freiheit zur Gründung.[533] Die Unternehmer sind Spezialisten für einen Marktbereich, hier besitzen sie Wissensvorsprünge und erlangen branchenbezogene Markttransparenz.[534] Diese Wissensvorsprünge sind gewinnmaximierend einzusetzen und bedeuten die Abkehr von einem Prämiensystem, das auf der Grundlage von Materialbilanzen die quantitative Ausbringungsmenge in den Mittelpunkt rückte und preis- und qualitätspolitische Maßnahmen vernachlässigte.[535] Für russische Betriebsleiter ist zu konstatieren, daß sie zwar eine fachliche Ausbildung, vorwiegend im technischen Bereich, erhalten haben, sich jedoch aufgrund der bestehenden Anforderungsprofile zu Generalisten wandelten.[536] Defizite existieren in den klassischen betriebswirtschaftlichen Fächern: Marketing und Vertrieb, Organisation, Rechnungswesen, Finanzierung und Controlling.[537] Erschwerend kommt hinzu, daß ein Abbau dieser Defizite verzögert wird, wenn ein inkonsequentes Transformationskonzept den Wettbewerbsdruck gering hält und damit den äußeren Zwang zur Anpassung reduziert. Die Bedeutung des Marketing für erfolgreiches Unternehmerhandeln hebt KIRZNER hervor, der darauf verweist, daß die Bereitstellung von Gütern oder Dienstleistungen nur ein Teil des unternehmerischen Handelns ist, ebenso muß der Unternehmer wissen, wie er den Verbraucher dazu veranlaßt, sein Angebot wahrzunehmen.[538] Das Instrument hierzu ist die Werbung, die als Dienstleistung zu verstehen ist und sich vom bereitgestellten Produkt unterscheidet. Die Werbung ist ein Trägermedium von Informationen, die auf den Verbraucher überzeugend wirken sollen und nur in Verbindung mit dem Produkt ihre Wirkung entfalten.

Die Defizite auf der Anbieterseite im Umgang mit den marktwirtschaftlichen Institutionen, im Erkennen von Gewinngelegenheiten und in der Orientierung am Kunden einerseits sowie der Nachfragesog der Konsumenten andererseits haben in Rußland findige Unternehmer mit Wissensvorsprüngen auftauchen lassen, die versuchen,

---

[532] Vgl. Albach, 1993, S. 46.

[533] Vgl. Brezinski/Fritsch, 1995, S. 5.

[534] Vgl. Cheung, 1983, S. 11.

[535] Vgl. Moore, 1974, S. 330.

[536] Vgl. Eberwein/Tholen, 1994, S. 102f.

[537] Vgl. Krüger/Salzmann, 1994, S. 1032; Albach, 1994, S. 155.

[538] Vgl. Kirzner, 1978, S. 119.

hieraus entstehende Koordinierungsmängel durch die Institutionalisierung von Tauschorten abzubauen. Dabei handelt es sich um private Rohstoff- und Warenbörsen, die Anbieter und Nachfrager zusammenführen und als Gegenleistung über Provisionen an den Umsätzen partizipieren.[539] Die Anbieter von Börsenplätzen sind typische Arbitrageure, die durch Beobachtung der Marktdaten Transaktionskostensenkungsspielräume entdeckt haben und diese solange gewinnmaximierend ausbeuten, bis alternative Distributionsmechanismen institutionalisiert worden sind und die Gewinnmargen abschmelzen lassen. In den Anfangsjahren der Existenz dieser Tauschplätze, 1990/91, wurden vor allem Rohstoffe, Ersatzteile, Brennstoffe und andere Produkte aus dem staatlichen Sektor abgezweigt und auf privater Rechnung auf den Börsen angeboten.[540] Das Fortbestehen dieser Warenbörsen ist eine Frage des institutionellen Fortschritts und der individuellen Kompetenzentwicklung, was bedeutet, daß erst bei vollständiger Marktetablierung die nationalen Waren- und Rohstoffbörsen verschwinden.

Abschließend ist darauf hinzuweisen, daß die Gewinnerzielung durch eine erfolgreiche Placierung des Produkts am Markt von den Erlösen, die am Regulierungsmarkt zu erzielen sind, zu differenzieren ist. Beide Erlösarten können zur Gesamteinnahme eines Unternehmens aggregiert werden.[541] Die in Kapitel IV.2.3 ermittelte Gesamteinkommenskurve kann somit auf Unternehmensebene übertragen werden, wenn ein Teil der unternehmerischen Kompetenz von alten ökonomischen Eliten eingespeist wird. Wenn komparative Vorteile in der Akquisition von unternehmensbezogener Protektion bestehen, dann ist es für das Unternehmen lohnend, relativ mehr Ressourcen für die Erlangung von Regulierungsvorteilen aufzuwenden als für die Suche nach innovativen Verfahren oder Produkten am Gütermarkt. Die Kompetenz zur Marktverwertung von Gütern verliert dann in dem Maß an Bedeutung, wie das Markteinkommen durch das Regulierungseinkommen substituiert werden kann.

Neue Unternehmen, die sich am Markt etablieren wollen, verfügen über diese doppelte Erlösperspektive nicht, vorausgesetzt, die Unternehmenskompetenz wird nicht durch das spezifische Wissen alter ökonomischer Eliten ergänzt. Fehlende Kontakte zur Bürokratie würden dann dazu führen, daß zunächst in den Beziehungsaufbau investiert werden müßte. Da jedoch bei fortdauernder Transformation die Amortisation solcher Investitionen ungewiß ist, bestehen für neugegründete Unternehmen komparative Kostenvorteile in der Akquisition von Markterlösen. Für junge Unternehmen lohnt es sich, relativ mehr Ressourcen in den Aufbau von Marktkompetenz zu investieren.

Dies gilt auch für die ökonomischen Eliten aus jüngeren Generationen, die sich selbständig gemacht haben und denen der Ausbau des Beziehungsnetzwerkes in der Planwirtschaft versagt geblieben ist. Zudem verfügen neu gegründete Unternehmen

---

[539] Vgl. Pankov, 1994, S. 273.

[540] Vgl. Tschepurenko, 1994, S. 10.

[541] Vgl. Apolte, 1992, S. 68ff.

aufgrund ihrer Größe i. d. R. nicht über jene ökonomische Macht, wie die (ehemaligen) Staatsbetriebe, die bei einer Verminderung der staatlichen Protektion mit Beschäftigungsabbau drohen können. Als Konsequenz ergibt sich daraus, daß junge Unternehmen umso stärker in ihrer Unternehmensentwicklung behindert sind, je umfangreicher die Märkte in den Transformationsländern zum Schutz der Großbetriebe reguliert sind. Dann wird die wirtschaftliche Verwertung der Marktkompetenz durch die Bedeutungszunahme der auf spezifischem Wissen beruhenden Regulierungskompetenz beeinträchtigt. Geringe Renditen aus Investitionen in marktfähiges Humankapital vermindern die Investitionsbereitschaft und können langfristig die Wachstumschancen einer Volkswirtschaft absenken, da Marktpotentiale nicht genutzt werden.

3.1.4 Ökonomisches Unternehmertum und Property Rights

Die Anreize zu unternehmerischem Handeln werden durch die Struktur der Property Rights beeinflußt. Informations-, ressourcen- und marktkoordinierendes Verhalten setzt voraus, daß die resultierenden Gewinne exklusiv dem Unternehmer zugerechnet werden können. Hinsichtlich des Wirkungszusammenhangs von unternehmerischer Findigkeit und Property Rights gilt es zweierlei zu beachten:

- Unternehmerische Findigkeit ist als eine Art Talent zu betrachten, das bei einigen stärker, bei anderen weniger stark zur Ausprägung kommt, doch jedem Individuum zumindest latent immanent ist.[542] Durch die Ausgestaltung der Property Rights kann auf eine Handlungsauslösung Einfluß genommen werden, doch ist unternehmerische Findigkeit selbst eine Frage des Gespürs für günstige Gelegenheiten sowie der Motivation, diese wahrzunehmen. So kann die entsprechende Gestaltung wirtschaftspolitischer Rahmenbedingungen die Markteintrittkosten für potentielle Unternehmer zwar reduzieren, doch hängt die Entscheidung zum Markteintritt weniger von den Kosten, sondern von der Idee des potentiellen Unternehmers ab. Wirtschaftspolitik kann die Entscheidung forcieren, nicht jedoch unternehmerische Findigkeit produzieren. Die Existenz von Schattenmärkten in der Planwirtschaft verdeutlicht, daß auch unter restriktiven Bedingungen unternehmerisches Handeln, wenn auch nur in Nischen, entstehen kann.
- Das Aufspüren einer gewinnversprechenden Gelegenheit bedeutet noch nicht, daß diese auch wirklich wahrgenommen wird. Dies ist letzlich eine Frage der Exklusivität von Handlungsrechten. Nur wenn die Erträge aus der Nutzung dieser Gelegenheit bei dem Nutzer internalisierbar sind, also weitgehend unverdünnte Property Rights existieren, lohnt sich für ein Wirtschaftssubjekt die unternehmerische Ausbeutung dieser Gelegenheit. Dabei spielt es zunächst keine Rolle, ob die Exklusivität Ergebnis legaler Property Rights ist oder auf der Nutzung illegaler

[542] Vgl. Kirzner, 1983, S. 21f.

Handlungsräume basiert. Entscheidend ist die individuelle Bereitschaft, trotz des Risikos der Sanktionierung, aufgespürte Gewinngelegenheiten zu realisieren. Durch die Legalisierung einzelwirtschaftlicher Handlungsmöglichkeiten entfällt das Sanktionierungsrisiko und sinken die Kosten der Aufnahme einer unternehmerischen Tätigkeit. Der handlungsrechtliche Restriktionenraum erweitert sich und wird bei marktwirtschaftlichen Property Rights durch Haftungs- und Vertragsregeln begrenzt. Transformationsökonomien, die marktwirtschaftliche Institutionen erst unvollkommen adaptiert haben, zeichnen sich häufig durch unklar definierte Rechtsräume aus, die Arbitrageuren besonders weitreichende Handlungsspielräume zugestehen, da eine Sanktionierung, auch bei kriminellen Aktivitäten, durch das mangelhafte Institutionensystem häufig keine Rechtsgrundlage hat und deshalb unterbleibt.

Eine besondere Rolle spielen in diesem Zusammenhang die privatisierten ehemaligen Staatsbetriebe, in denen der Eigentümerwechsel je nach gewählter Privatisierungsmethode unterschiedliche Verhaltenswirkungen hervorruft. Betrachtet man die zur Anwendung gekommenen Privatisierungsverfahren in den Transformationsländern, so zeigt sich, daß in vielen Ländern eine Kapitalbeteiligung der Belegschaft in zur Privatisierung anstehenden Großbetrieben angestrebt wird bzw. wurde. In Rußland konnten die Betriebe zwischen zwei Privatisierungsoptionen auswählen, wobei das von den Belegschaften weniger präferierte Modell die Möglichkeit bot, 25 Prozent der Aktien kostenlos zu erhalten und auf weitere 10 Prozent eine Kaufoption mit 30 Prozent Rabatt zu haben, wohingegen die populärere Variante der Belegschaft den Kauf von 51 Prozent der Aktien zur Hälfte gegen Privatisierungsvoucher und zur anderen Hälfte gegen Geld ermöglichte.[543] Für die russische Regierung verband sich mit der Belegschaftsbeteiligung an der Privatisierung die Hoffnung, die ehrgeizigen Privatisierungspläne möglichst schnell erfüllen zu können. Dabei folgte sie im wesentlichen der Auffassung, daß man die Belegschaft „bestechen" muß, damit sie konstruktiv an der Privatisierung mitwirkt.[544] Berücksichtigung fanden bei der Strategiewahl auch Erfahrungen, die bis 1991 mit der spontanen Privatisierung gemacht wurden. Der weitgehend ungeregelte Verkauf von Betriebsvermögen führte bis dahin dazu, daß die Privatisierung nur schleppend und häufig am Rand der Legalität verlief. Dies lag vor allem daran, daß die privaten Vermögen mehrheitlich in den Händen der Nomenklatura konzentriert waren und diese in die Lage versetzte, selbst Eigentümerin des Betriebskapitals zu werden und dabei auch Parteivermögen einzusetzen.[545] Trotz einer Transformation der Handlungsrechtsstruktur waren die alten Eliten erneut begünstigt und eröffneten sich selbst für politische Eliten unternehmerische Handlungsmöglichkeiten, deren Risiko durch den kostenlosen Zugriff auf Fremdkapital

---

[543] Vgl. Sutela, 1994, S. 420. Angaben zufolge wurden in Rußland bis 1994 20.000 Großbetriebe privatisiert. Vgl. o. V., 1994b, S. 61; Karpenko, 1993, S. 17; Aleksandrov, 1993.

[544] Vgl. Sutela, 1994, S. 419; Svejnar, 1991, S. 155; Weitzman/Kruse, 1990.

[545] Vgl. Peterhoff/Schneider, 1992, S. 101; Saizew, 1994.

(Parteivermögen) gemindert wurde.[546] Schätzungen zufolge wurden in den Jahren 1990/91 rund 600 bis 1000 Unternehmen innerhalb der Grenzen der ehemaligen Sowjetunion und 300 bis 500 Unternehmen im Ausland mit Parteigeldern gegründet.[547] Diese Gründungen erfolgten zumeist im Auftrag der Parteiführung der damals noch existierenden KPdSU und hatten zum Ziel, auf diese Weise die liquiden Mittel des Parteivermögens vor Konfiszierung zu bewahren. Insgesamt wurden schätzungsweise 4 Mrd. Rubel in private Unternehmen investiert.[548]

Die Privatisierungspraxis zeigt, daß mit der Belegschafts- bzw. Insiderprivatisierung retardierende Wirkungen verbunden sind, die die betriebliche Restrukturierung zum Zweck der Effizienzsteigerung beeinträchtigen.[549] Einerseits kann bei fehlenden Wettbewerbsregelungen durch den Zukauf von Betriebsanteilen eine wirkungsvolle Dekonzentration der monopolistischen Wirtschaftsstruktur verhindert werden, und andererseits bedeutet eine 51-prozentige Mehrheitsbeteiligung der Belegschaft, daß externe Kontrollen durch einen Investor beeinträchtigt und interne Verhaltensmechanismen stimuliert werden, die Strukturveränderungen ablehnend gegenüberstehen. Ineffiziente Kontrollen sowie Umsetzungsschwierigkeiten bei einer Ankopplung des betrieblichen Entlohnungssystems an die Produktivitätsentwicklung verursachen ein Verhalten, das als Drückebergerei, „shirking", bezeichnet wird und die Reduktion der Leistungsabgabe impliziert.[550] Da der Nutzen aus einer verringerten Leistungsabgabe dem Individuum exklusiv zufällt, die Produktivitätsverluste in Form eines niedrigeren Produktionsergebnisses jedoch über die gesamte Belegschaft streuen, ist „shirking" individuell rational.[551] Als gesamtbetriebliches Phänomen verhindert diese Form der Leistungsverweigerung Innovations- und Effizienzfortschritte.

Effizienzhemmend wirken zusätzlich Ein- und Austrittsschranken, die die Beschäftigtenmobilität reduziert. Schon die arbeiterselbstverwalteten Unternehmen im früheren Jugoslawien verdeutlichten, daß eine effiziente Faktorwanderung ausbleibt, wenn die Beschäftigten zugleich Eigentümer des Unternehmens sind und unmittelbar am Unternehmensertrag partizipieren.[552] Neuzugänge von Arbeitskräften werden nur dann akzeptiert, wenn der Grenzertrag des Neuen seine Grenzkosten übersteigt. Da die Klärung dieser Frage jedoch an Meßproblemen scheitert, wird die Zahl der Neueinstellungen minimiert, um eine Verteilung des Ertrags auf eine größere Mitarbei-

---

[546] In großem Ausmaß gründeten Parteifunktionäre auf der Basis von Parteigeldern und -immobilien Joint-Ventures mit westlichen Unternehmen. Vgl. Schneider, 1994, S. 15.

[547] Vgl. Saizew, 1994, S. 187.

[548] Vgl. Saizew, 1994, S. 187; Eigendorf/Schut, 1994, S. 158ff.

[549] Vgl. auch Fischer/Gelb, 1991, S. 98ff.

[550] Vgl. Alchian/ Demsetz, 1972, S. 778ff; Leipold, 1989, S. 135; Sappington, 1991.

[551] Vgl. Moore, 1974, S. 336f.

[552] Vgl. Callies, 1995, S. 139f; Prout, 1985, S. 122ff; Dobas/Eger/Iversen/Juretzka, 1978; Pohling, 1974; Leipold, 1974; Furubotn/Pejovich, 1973; Domar, 1966; Ward, 1958.

terzahl zu vermeiden. Ebenso sind Entlassungen von Teilen der Belegschaft unmöglich, weil diese bei den bestehenden Mehrheitsverhältnissen die Zustimmung der Arbeitnehmer erfordern und eine Entscheidung der Betriebsführung gegen die Belegschaft der Leitung die Stellung kosten kann. Für die (ehemaligen) Staatsbetriebe ist deshalb eine Unternehmenspolitik gegen die Belegschaft nicht möglich, wodurch potentielle Investoren abgeschreckt werden und die Konkurrenz um die Unternehmensleitung für die alten ökonomischen Eliten sinkt. Ein weiteres Merkmal dieser Eigentümerkonstellation ist die Unterkapitalisierung und Überalterung des Maschinenbestandes. Der kurze Planungshorizont der Arbeitnehmer führt dazu, daß langfristige Investitionen ausbleiben, da durch sie die Gewinnausschüttung reduziert wird. Ganz abgesehen von der Tatsache, daß eine breite Streuung des Aktienbesitzes das Einbringen „frischen“ Kapitals erschwert, wenn Großinvestoren ausbleiben.

Diese retardierenden Faktoren hemmen die Anpassung des Betriebes an die neuen Umfeldbedingungen einer Transformationsökonomie. Das wirtschaftliche Überleben kann nur dadurch gesichert werden, daß weiterhin staatliche Protektion erwirkt wird. Die alten ökonomischen Eliten können dabei aufgrund ihrer Erfahrungen und Beziehungen als Machtpromotoren für die Interessen der Belegschaft auftreten. Wurden zudem durch die jahrelange Zusammenarbeit im Betrieb soziale Netze aufgebaut, steigt die Wahrscheinlichkeit, daß die alte Betriebselite von der Belegschaft auch in der nach-planwirtschaftlichen Ära in der Betriebsführung akzeptiert wird.[553] Da es einen inneren Anstoß zum betrieblichen Wandel nicht gibt, sind derart privatisierte Staatsbetriebe nur extern durch den Markt in die Anpassung zu zwingen. Die Marktselektion durch Wettbewerb hilft dabei, das Problem des „shirking“ und die Einstellung zu betriebsnotwendigen Innovationen zu verändern.[554]

3.1.5 Unternehmercharaktere in der Transformation

Die neugewonne Exklusivität der individuellen Handlungsrechte eröffnet den Betriebsdirektoren und den Managern Handlungsspielräume, die entgegen bisheriger Gewohnheiten Risiken enthalten, die durch die Zunahme der Ungewißheit bei dezentralisierter Entscheidung entstehen.[555] Sofern diese Risiken nicht staatlicherseits abgefedert werden, entstehen hieraus Umstellungserfordernisse, die einen Einschnitt in die persönliche Lebensplanung bedeuten. Die Berufsbiographien der Eliten sind dann davon abhängig, inwiefern subjektive Restriktionen (Risikobereitschaft, Kompetenz, individuelle Verfügbarkeit über Geld- und Sachkapital) im neuen Umfeld zur Geltung kommen. Soziologische Untersuchungen über das russische Unternehmertum zu Beginn der neunziger Jahre haben ergeben, daß der typische private Unter-

---

[553] Vgl. Sutela, 1994, S. 428; Barisitz, 1993a.

[554] Vgl. Alchian/Demsetz, 1972, S. 782.

[555] Vgl. hierzu Saslawskaja, 1988, S. 40ff.

nehmer zwischen 20 und 40 Jahre alt ist, eine qualifizierte Hochschulausbildung, bevorzugt im ingenieurwissenschaftlichen Bereich, besitzt und zusätzlich Erfahrungen als Betriebsdirektor oder als Partei- oder Jugendfunktionär gesammelt hat.[556] Um jedoch in Abhängigkeit vom Unternehmerverhalten verschiedene Unternehmerkategorien herausstellen zu können, ist es vorteilhaft, auf der Grundlage von subjektspezifischen Kriterien Rückschlüsse auf unternehmerische Verhaltensmuster zu ziehen.

EBERWEIN/THOLEN stellen individuelle Einstellungen der Eliten bezüglich Markt und Privatisierung in den Mittelpunkt ihrer Analyse und definieren auf diese Weise Extrempositionen, die eine Vielzahl von Managertypen umschließen.[557] Die Ausrichtung an beiden Kriterien ermöglicht die Bildung von Kategorien, in der auch die alte Nomenklatura integriert werden kann. Durch dieses Vorgehen wird versucht, von elitespezifischen Verhaltensklischees und Vorurteilen zu abstrahieren, indem die Kriterien als argumentative Bausteine, losgelöst von fallweisen Beobachtungen, zu Schlußfolgerungen herangezogen werden.

Im Kontext der vorliegenden Arbeit ist jedoch die Frage zu stellen, wodurch bestimmte Handlungen motiviert sind. Einstellungen zu Marktwirtschaft und Privatisierung sind in diesem Zusammenhang ein eher schwacher Indikator, der nicht unbedingt ein bestimmtes Verhalten induzieren muß und darüber hinaus nur schwer überprüfbar ist.[558] Vor dem Hintergrund der Befriedigung konkreter Bedürfnisse in der Zukunft ist es statt dessen folgerichtig, das unternehmerische Handlungsmotiv aus der Ausgestaltung der subjektiven Restriktionen eines Individuums herzuleiten. Dabei entspricht es der verhaltensökonomischen Konsequenz sowie der Logik dieser Arbeit, das Lebenszeiteinkommen als analytischen Ausgangspunkt zu wählen, das in Verbindung mit dem zeitlichen Verlauf und der Entwertung von Humankapitalinvestitionen sowie Alter und Kompetenz des Individuums Aussagen über das Verhalten von Eliten im allgemeinen und mit Blick auf die unternehmensbezogenen Aktivitäten im besonderen zuläßt.

Aufbauend auf das Kapitel IV.2.2.1 ist zunächst von Bedeutung, in welchem Zeitraum vor Einsetzen der Transformation Humankapitalinvestitionen für eine Karriere innerhalb der sozialistischen Ordnung getätigt wurden und ob eine Amortisation dieser Investitionen stattgefunden hat. Das Alter bestimmt den Handlungshorizont und damit den möglicherweise noch zur Verfügung stehenden potentiellen Amortisationszeitraum, was im Hinblick auf die Tätigung von Umstellungsinvestitionen relevant ist. Da unternehmerisches Handeln am Maßstab seiner Findigkeit beurteilt wird, ist es zudem eine Frage der individuellen Kompetenz, auf institutionelle Veränderungen so reagieren zu können, daß trotz eines Bruchs in der individuellen Lebensplanung eine bestmögliche Realisierung der Individualziele erfolgen kann. Findiges Unternehmertum bedeutet in diesem Zusammenhang, daß „verstreute Stücke des

---

[556] Vgl. Saizew, 1994, S. 189.

[557] Vgl. Eberwein/Tholen, 1994, S. 259.

[558] Vgl. auch Krug/Rheinberg, 1987, S. 1510.

Wissens"[559] gewinnmaximierend zusammengesetzt werden. Als vorteilhaft erweist sich dabei jenes Wissen, „das durch frühere Erfahrungen am Markt erworben wurde."[560]

3.1.5.1 Der findige ökonomische Unternehmer

Dieser Unternehmertyp ist hochmotiviert, die sich ihm durch die Transformation bietenden Gelegenheiten zu nutzen. Der formelle Ausbildungsweg hat ihm beriebliches Fachwissen und das Denken in ökonomischen Zusammenhängen vermittelt, die durch Erfahrungswissen aus schattenwirtschaftlichen Aktivitäten erweitert wurden.[561] Für die ökonomischen Eliten induzierte die Schattenwirtschaft eine höhere Handlungsflexibilität, die es bereits in der Planwirtschaft ermöglichte, auf ungeplante Restriktionen durch Fehlsteuerungen in der staatlichen Ressourcenallokation reagieren zu können. Ebenso eröffnete die Schattenwirtschaft die Option, privatwirtschaftlichen Erwerbsinteressen nachgehen und dabei Arbitragen realisieren zu können.[562] Sie stießen dabei auf flexible Preise, machten Erfahrungen in der bilateralen Verhandlungsführung und lernten den Umgang mit Institutionen kennen, die auf freiwilligen Vereinbarungen beruhten. Informations-, Ressourcen- und Schattenmarktkoordination waren somit unter den systembedingten Restriktionen Inhalt ökonomischen Rationalverhaltens.[563]

Die findigen, kreativen Unternehmer rekrutieren sich vor allem aus den jüngeren ökonomischen Eliten, denen durch die Transformation Handlungszwänge auferlegt worden sind, die ihnen die volle Amortisation ihrer in der Planwirtschaft getätigten Humankapitalinvestitionen versagen.[564] Da die jüngeren Führungskräfte auf der unteren und mittleren Leitungsebene aufgrund der Leitungszentralisierung in ihrem eigenverantwortlichen Handeln eng beschnitten waren, ändern sich für sie die Handlungsmöglichkeiten, wenn im Zuge der marktwirtschaftlichen Liberalisierung unternehmerische Selbständigkeit gefördert wird. Ihr Vorteil besteht nicht nur in vergleichsweise geringeren Anpassungskosten als bei den politischen Eliten, sie verfügen auch über eine höhere Nutzenrendite aus der Transformation als ältere Generationen, da die erwartete Lebensarbeitszeit eine Amortisation auch größerer Humankapitalinvestitionen verspricht. In Abbildung 10 drückt sich dies in einer flacheren Anpassungskostenkurve aus, die Nettoeinkommenskurve verläuft auf einem hö-

---

[559] Kirzner, 1978, S. 175.

[560] Kirzner, 1978, S. 178.

[561] Vgl. Eberwein/Tholen, 1994, S. 262.

[562] Vgl. Cichy, 1990, S. 42.

[563] Vgl. Krug, 1991, S. 53.

[564] Vgl. Heyse, 1996, S. 12; Eigendorf/Schut, 1994, S. 64.

heren Niveau. Ihre Zustimmung zur Transformation ist deshalb höher als bei den älteren Führungskräften, die bereits an der Spitze gestanden haben und denen es um die Verteidigung ihrer Privilegien geht.[565] Der Verbleib in Staatsbetrieben bzw. privatisierten ehemaligen Staatsbetrieben ist für die junge Elitegeneration keine zufriedenstellende Alternative, da die behäbige Anpassung der großbetrieblichen Strukturen an die Erfordernisse des Marktes unternehmerischer Findigkeit entgegensteht. Hinzu kommt die Schwierigkeit, mit den Produkten der (ehemaligen) Staatsbetriebe am Markt konkurrieren und Arbitragen erzielen zu können.[566]

Die Erfahrungen in den Transformationsländern zeigen, daß viele Nachfrager auf Produktalternativen umsteigen, wenn die monopolistische Anbieterstruktur aufgebrochen wird und durch Wettbewerb Wahlmöglichkeiten entstehen. Für die findigen Unternehmer unter den ökonomischen Eliten ergeben sich hierdurch Gewinnmöglichkeiten, die sie ihrem "Animus"[567] entsprechend zu nutzen versuchen. Sie zählen zu den risikofreudigen Wirtschaftssubjekten, was darauf schließen läßt, daß von den alten ökonomischen Eliten vor allem jene im neuen Umfeld findig sind, die in der Planwirtschaft schattenwirtschaftlich aktiv waren und sich dabei von propagandistischen Drohungen und Strafverschärfungen für illegale Wirtschaftsaktivitäten nicht irritieren ließen. Ein Teil dieser Unternehmer ist auch im Transformationsprozeß in der Schattenwirtschaft tätig. Diese Unternehmer nutzen das wirtschaftliche Chaos, um unter Einbringung ihrer schattenwirtschaftlichen Erfahrungen über informelle internationale Ressourcentransaktionen sowie durch Devisenspekulationsgeschäfte Gewinne zu erzielen.[568]

Die findigen Unternehmer stellen ein Potential dar, das über Ausgründungen, etwa im Rahmen von Management-Buy-Outs oder durch originäre Neugründungen, unternehmerisch aktiv wird und Marktlücken zu schließen versucht. EBERWEIN/THOLEN vermuten unter Gründern dieser Kategorie häufig Gemeinschaftsgründungen in Form von Kooperativen oder Joint Ventures, wobei die Gründungspartner durchaus auch Nicht-Ökonomen sein können, die beispielsweise als Seiteneinsteiger aus dem Wissenschaftsbereich kommen.[569] Die Kooperativen boten den findigen Unternehmern bereits 1988, nach Erlaß des Gesetzes „Über das Genossenschaftswesen in der UdSSR" die Möglichkeit, selbständig tätig zu werden.[570]

---

[565] Vgl. Holtbrügge, 1996, S. 14.

[566] Vgl. Saizew, 1994, S. 191.

[567] Kirzner, 1983, S. 211.

[568] Diese Erträge werden häufig auf ausländische Konten transferiert. Nach Schätzungen beliefen sich die Geldkapitalexporte zwischen 1991 und 1993 auf 70 Mrd. US-$. Vgl. Saizew, 1994, S. 192.

[569] Eberwein/Tholen, 1994, S. 262.

[570] 1989 wurden 2,9 Mio. Vollzeit- und 4,5 Mio. Teilzeitbeschäftigte in den Kooperativen registriert.

Die Unsicherheit der institutionellen Rahmenbedingungen sowie die Schwierigkeit, das unternehmerische Risiko finanziell absichern zu können, führen dazu, daß Unternehmensgründungen vorwiegend im weniger kapitalintensiven Bereich stattfinden. 1994 wurden in Rußland 1.038.000 registrierte Privatunternehmen gezählt, von denen 40,5 vH im Bereich Handel und Gaststätten und 15,4 vH im Bereich „Allgemeine kommerzielle Tätigkeiten" angesiedelt waren.[571] Die Kategorie der „Allgemeinen kommerziellen Tätigkeiten" umfaßt alle geschäftsanbahnenden, beratenden und makelnden Aktivitäten, zu denen auch die Rohstoff- und Warenbörsen zählen. Hinzu kommt, daß gerade in der Frühphase der Transformation im Handels- und Dienstleistungsbereich aufgrund des Nachfrageüberschusses der Konsumenten die höchsten Arbitragen zu erzielen sind.[572]

3.1.5.2 Der ökonomisierende ökonomische Unternehmer

KIRZNER bezeichnet einen Unternehmer als Ökonomisierer, wenn es ihm an Findigkeit mangelt. Im Unterschied zum findigen Unternehmer setzt der Ökonomisierer keinen Marktentwicklungsprozeß in Gang, da Entwicklungschancen und -potentiale von ihm nicht erkannt oder nicht genutzt werden.[573] In einer definierten Umwelt fehlt das Gespür für arbitrageträchtige Transaktionen, Innovationen werden nicht realisiert und die Risikobereitschaft ist gering. Der Ökonomisierer beherrscht das analytische, gewinnmaximierende Herangehen an Entscheidungssituationen und ist damit in der Lage, sich bei gegebenen Mitteln und Zwecken bestmöglich anzupassen. Was ihm fehlt, ist der Wille und die findige Kreativität, nach neuen Zielen und neuen Mitteln Ausschau zu halten.[574] Konsequenterweise sieht KIRZNER im Ökonomisierer dann auch keinen Unternehmer, der seiner Unternehmerdefinition genügt.[575]

Die bloße Bewirtschaftung des betrieblichen Produktivkapitals findet im Übergang vom Plan zum Markt durch ökonomische Eliten statt, die die meiste Zeit ihres Berufslebens unter der Bedingung des zentralen Plandiktats gewirtschaftet haben und deren Humankapitalinvestitionen durch formelle und informelle Einkommensbestandteile amortisiert wurden. Diese ökonomischen Eliten gehören einer älteren Generation an, deren materielle Zukunft durch die verbleibenden Berufsjahre nur noch wenig beeinflußt wird und deren Anpassungskosten die potentiellen Erträge übersteigen.[576] Der weitaus größte Anteil ihres Lebenszeiteinkommens wurde in der

---

[571] Vgl. Kenter/Kroker, 1995, S. 24.

[572] Vgl. Eberwein/Tholen, 1994, S. 263.

[573] Vgl. Kirzner, 1978, S. 25.

[574] Vgl. Kirzner, 1978, S. 27.

[575] Vgl. Kirzner, 1978, S. 25.

[576] Vgl. Eigendorf/Schut, 1994, S. 64.

Planwirtschaft verdient, weshalb der finanzielle Anreiz, am ökonomischen Umbau aktiv teilzuhaben und von ihm zu profitieren, gering ist. Humankapitalinvestitionen werden nur in kleinem Umfang getätigt, wenn diese noch amortisiert werden können. Motivationsbedingt versuchen diese älteren ökonomischen Eliten ihr betriebliches Handlungsumfeld auch im Transformationsprozeß solange wie möglich zu wahren, um innerbetriebliche Verhaltensroutinen aufrechterhalten zu können. Dieser innerorganisatorische Konservatismus wird nach außen durch das Bemühen dokumentiert, weiterhin zu weichen Budgetrestriktionen wirtschaften zu können.[577] Motivationsverluste und Attentismus sind somit charakteristische Merkmale dieses Unternehmertyps im Transformationsprozeß, die aus der Desorientierung im Hinblick auf künftige Wohlfahrtspositionen resultieren.[578]

Das Betätigungsfeld der Ökonomisierer sind die Staatsbetriebe, die selbst bei einer Privatisierung und Modernisierung staatliche Protektion einfordern. Gerade jene Betriebe, die nur wenig oder gar keine Aussichten haben, im Wettbewerb auf dem Markt bestehen zu können, verhalten sich transformationsretardierend.[579] Abwartend, wenngleich prinzipiell aufgeschlossen sind jene, die von einem erfolgreichen Fortbestand ihres Betriebes überzeugt sind, sofern notwendige Modernisierungsmaßnahmen eingeleitet werden. Sie erwarten jedoch vom Staat eine aktive Rolle im betrieblichen Umstrukturierungsprozeß. Sofern für die älteren Generationen der ökonomischen Elite der Einkommensanreiz durch eine erfolgreiche Umstrukturierung des Betriebes die Kosten der Umstrukturierung nicht überkompensiert, wird als kostengünstigere, einkommenssichernde Variante die Reaktivierung alter Seilschaften und Kontakte gewählt, um auf diese Weise Bestandszusagen für den Betrieb sowie Regulierungsgewinne erhalten zu können. Zu den Kosten der Umstrukturierung zählt auch der Aufwand zur Kompetenzanpassung an marktwirtschaftliche Rahmenbedingungen, der sich bei einem kurzen Einkommenshorizont nicht mehr rentiert und damit keinen Anreiz zur Verhaltensänderung bietet.

3.1.5.3 Der ökonomische Quereinsteiger

Trotz der Annahme, daß die beruflichen Übergänge der ehemaligen Kader vorwiegend dorthin verlaufen, wo bestehende Kompetenzen mit den neuen Anforderungen am wenigstens divergieren, sind Übergänge zu beobachten, die nicht diesem Verhaltensmuster folgen. In der Literatur als Business-Nomenklatura tituliert, wechseln Angehörige der politischen Elite aus Partei, Gewerkschaft, Jugendverbänden usw. in den ökonomischen Bereich, um unternehmerisch tätig zu werden. Im Unterschied zur ökonomischen Elite ist ihre Kompetenz nicht auf unternehmerische Pro-

---

[577] Vgl. DIW, 28-29/92; Lang, 1994, S. 128.

[578] Vgl. v. Delhaes/Fehl, 1991, S. 449.

[579] Vgl. Saizew, 1994, S. 192.

blemlösungen ausgerichtet, wodurch Markteintrittsbarrieren entstehen, die jedoch durch anderweitige Vorteile kompensiert werden können.

Ein wesentlicher Vorteil besteht im Zugang zu liquiden Mitteln, die als Partei- oder Verbandsvermögen angehäuft wurden und im Zuge des Systemwechsels ökonomisiert werden, um es vor dem externen Zugriff der neuen politischen Elite zu bewahren. Die liquiden Mittel gelangen auf diese Weise in Unternehmen bzw. Unternehmensgründungen und werden ökonomisch „gewaschen".[580] Es sind vor allem die Spitzenfunktionäre der politischen Elite in Partei und Staat, die durch den Umbau des politischen Systems ihre privilegierten Positionen verlieren und zu diesem Verhalten motiviert werden. Politische Eliten älteren Jahrgangs befinden sich zwar in einer ähnlichen Situation wie die älteren ökonomischen Eliten, da sich für sie die Investitionen in Humankapital bereits ausgezahlt haben, doch haben sie durch ihre jahrelange Funktionärstätigkeit Beziehungsnetze aufgebaut, die es ihnen ermöglichen, günstige Gelegenheiten im ökonomischen Bereich wahrzunehmen. Sie sind die typischen Vertreter der Business-Nomenklatura, die ihr Lobbypotential für den Wechsel in die unternehmerische Sphäre nutzen.[581]

Ein weiterer Vorteil für die Business-Nomenklatura ergibt sich somit aus dem Fortbestand funktionsfähiger sozialer Netze, die Informationsvorsprünge generieren.

> „Sie verfügen nicht nur über enorme finanzielle Mittel, die aus dem alten System stammen, sondern auch über das 'menschliche Kapital'. Gemeint sind die sozialen Netze: Beziehungen, persönliche Kontakte, Kenntnisse der 'ungeschriebenen Gesetze', die in der staatlichen Verwaltung und Wirtschaft gelten, eine gewisse Clan-Solidarität und die Fähigkeit, einen 'Eigenen' überall zu finden. Sie verfügen damit über ein wirkungsvolles Lobby-Potential, das ihnen ein erfolgreiches Geschäftsleben wesentlich erleichtert."[582]

So sahen einer Umfrage zufolge ehemalige KGB-Offiziere ihre Fähigkeit und Stärke darin, Informationen zu beschaffen und bestehende Kontakte zu pflegen, weshalb sie sich durchaus als kompetent einstuften, unternehmerisch aktiv zu werden.[583] Dort, wo betriebswirtschaftliche Kompetenz fehlt, kann dies durch die Hereinnahme eines

---

[580] Vgl. Kolesnikow/Sidorow, 1994, S. 354.

[581] Ein Beispiel für den ökonomischen Quereinsteiger ist der Präsident der russischen Menatep-Bank, Michail Chordorkowskij, der 1988 als 25-jähriger aus dem kommunistischen Jugendverband Konsomol kommend die Bank gründete und sie zu einer der größten Banken Rußlands machte. Gerüchten zufolge halfen ihm dabei auch Auslandstransfers mit kommunistischen Parteigeldern. Ein weiteres Beispiel ist Alexander Wolgin, der erster Sekretär des Parteikomitees und Mitglied des Zentralkomitees war und zu Transformationsbeginn seine Erfahrungen und seine Kontakte dazu nutzte, einen privaten Investmentfond zu gründen.

[582] Saizew, 1994, S. 190.

[583] Vgl. Saizew, 1994, S. 191.

entsprechend kompetenten Partners ausgeglichen werden. Im Rahmen von Teamgründungen können informations-, ressourcen- und marktkoordinierende Aufgaben von verschiedenen Personen wahrgenommen werden, die im personalen Gespann zusammenwirken.[584]

Schwieriger stellt sich i. d. R. die Situation für die jüngeren Mitglieder der politischen Elite dar, die nicht über die informellen Kanäle der älteren Mitglieder sowie über die Zugriffsmöglichkeiten auf liquide Mittel verfügen. Sie bekleideten noch keine Spitzenpositionen und sind deshalb gegenüber den älteren Elitemitgliedern benachteiligt. Ein Wechsel in die ökonomische Sphäre ist für sie deshalb mit der Akzeptanz hoher Anpassungskosten verbunden.

3.1.6 Zusammenfassung

Das unternehmerische Handeln im ökonomischen Umfeld des Transformationsprozesses wird maßgeblich durch die subjektiven Eigenschaften der unternehmerisch Handelnden bestimmt. Ob ein alter Kader findig im Aufspüren von Markt- oder Regulierungsgewinnen ist, ist eine Frage der Kompetenz und des Alters bzw. der noch zu erwartenden Lebensarbeitszeit. Die Fixierung auf Marktgewinne ist dann ökonomisch interessant, wenn die hierfür zu tätigenden Humankapitalinvestitionen eine angemessene Rendite in der verbleibenden Lebensarbeitszeit versprechen. Vor allem die jüngeren ehemaligen Kader bilden die Gruppe der findigen Unternehmer, die Marktlücken entdeckt und diese zur Erzielung von Marktgewinnen schließt. Sie besitzen komparative Vorteile im Aufbau von Markt-know-how und ziehen zur Umsetzung ihrer Ideen häufig die eigene Unternehmensgründung in das Kalkül, um den starren Verhaltensmustern der Staatsbetriebe oder privatisierten Großbetriebe zu entweichen.

Die zu erwerbenden Marktkompetenzen betreffen die Generierung von Produktideen, die effiziente Kombination von Produktionsfaktoren und die Vermarktung des Produkts. Welche Anpassungserfordernisse für die alten Eliten hiermit verbunden sind wird deutlich, wenn man die betrieblichen Verhaltensweisen in der Planwirtschaft betrachtet. Exemplarisch ist hier die Ignoranz der Konsumentenbedürfnisse, die fehlende Möglichkeit der strategischen Planung auf unternehmerischer Ebene oder das autoritäre Prinzip der betrieblichen Einzelleitung zu nennen.

Eine Ablehnung von marktorientierten Anpassungsmaßnahmen erfolgt von der alten ökonomischen Elite, die eine Amortisation dieser Humankapitalinvestitionen nicht mehr erwartet und über komparative Vorteile in der weiteren Nutzung ihres spezifischen Wissens verfügen. Sie vertrauen auf die Funktionsfähigkeit alter Beziehungen und setzen auf den Fortbestand von protektionistischen Regulierungen. Im Unterschied zur Interessengruppenpolitik in westlichen Marktwirtschaften spielt der persönliche Kontakt zu dem Regulierungsgeber eine große Rolle, weshalb anstelle

---

[584] Vgl. Schneider, 1988, S. 96.

einer machtvollen Interessendemonstration eine stille Diplomatie in Form eines Interessenclearings zwischen Bürokratie und Unternehmer erfolgt.

Als unternehmerische Quereinsteiger werden all jene aktiv, die durch eine bevorzugte Konstellation externer Faktoren, z. B. Zugriffsmöglichkeiten auf Parteigelder, Anreize erfahren und aufgrund ihres Hintergrundwissens über Beziehungen und „ungeschriebene Gesetze" Wissensvorsprünge besitzen. SAIZEW betont, daß z. B. Geheimdienstler im Bereich der Börsen, Banken und Joint-Ventures unternehmerische Handlungsspielräume entdeckt haben.[585]

Für die ökonomische Elite gilt jedoch grundsätzlich, daß sie sich in ihrem unternehmerischen Handeln auf komplexe Netzwerke einstellen muß. Komplexitätsreduzierend wirkt dann die Nutzung des Preissystems als Informationsinstrument über Marktentwicklungen und über effiziente Organisationsformen innerbetrieblicher Prozeßabläufe. Dies trifft sowohl auf die Ausformulierung der Kontraktbeziehungen zu, als auch auf die Dezentralisierung der großbetrieblichen Entscheidungsstrukturen zugunsten einer Diffusion in kleinere Verantwortungsbereiche.

3.2 Eliten und politisches Unternehmertum

Zu den Impulsgebern des Transformationsprozesses zählen neben den in der ökonomischen Sphäre tätigen Unternehmern auch die politischen Unternehmer, die an der politischen Umsetzung des Transformationsprozesses beteiligt sind und die ordnungspolitischen Rahmenbedingungen gestalten. Im Mittelpunkt der Umgestaltung stehen die politische und ökonomische Ordnung, die, sofern das Ziel eine demokratisch ausgerichtete Marktwirtschaft ist, mit konstitutiven Regeln für einen Markt- und Politik- bzw. Parteienwettbewerb versehen werden.[586] Auch wenn die Transformationsentscheidung „eine Gesamtentscheidung gegen das alte System"[587] ist, so können doch unterschiedliche Vorgehensweisen in der Umsetzung des neuen Systems beobachtet werden. Diesbezügliche Unterschiede werden deutlich, wenn man die Entwicklung in Polen, Ungarn und Rußland betrachtet:[588]

- In Polen hat sich die politische Führung für einen schockartigen Übergang von der Plan- zur Marktwirtschaft entschieden. Der Aufbau der wirtschaftlichen und politischen Institutionen war dabei lange Zeit durch Destabilisierungstendenzen gekennzeichnet, die von verschiedenen Einflußgruppen initiiert wurden. Sie suchten in der Phase des radikalen Umbruchs nach Umverteilungsgewinnen bzw. wollten Wohlfahrtsverluste verhindern.

---

[585] Vgl. Saizew, 1994, S. 190.

[586] Vgl. Schüller, 1992, S. 38; Wagener, 1994, S. 645.

[587] Schüller, 1992, S. 40.

[588] Vgl. Schüller, 1992, S. 52; Hartwig/Staudt/Bestel/Rahe, 1996.

- In Ungarn verfolgt die politische Führung dagegen ein gradualistisches Transformationskonzept, das auf einem gesellschaftlichen Konsens bezüglich makroökonomischer Stabilität und der Sicherung des sozialen Friedens basiert.
- Die russische Transformationspolitik ist durch diskretionäre Transformationsschritte gekennzeichnet, die ohne umfassendes Konzept Spielball koalierender Mehrheiten sind und das Risiko der politischen und wirtschaftlichen Instabilität in sich tragen.

Die Transformationsrealität zeigt ebenso, daß die alten Kräfte durch den institutionellen Wandel nicht zwangsläufig entmachtet werden und die Ergreifung politischer Initiativen im individuellen Kosten-Nutzen-Kalkül verankert ist.[589]

Im folgenden wird die Rolle der alten Elite im politischen Umfeld der Transformation herausgestellt. Dabei ist davon auszugehen, daß politische Eliten gegenüber ökonomischen Eliten eine vergleichsweise geringere Kompetenzlücke im Bereich der politischen Transformation aufweisen und von daher komparative Vorteile in der politischen Arbeit haben, weshalb hauptsächlich die politischen Kader der alten Elite im neuen Politikumfeld aktiv werden. Hinzuzurechnen sind jedoch ebenso alte ökonomische Eliten, die durch eine Mitgliedschaft in parteipolitischen Gremien eine Doppelfunktion besaßen und auf politisches Know-how verweisen können. Als politische Unternehmer werden dabei nur solche Eliten verstanden, deren Unternehmertum vom Erfolg ihrer Person oder ihrer Partei in Abstimmungsprozessen abhängt. Ihr politisches Mandat ist durch die Legislaturperiode zeitlich befristet, verbeamtete Eliten in der Verwaltung werden nicht berücksichtigt. Diese Eingrenzung läßt sich auch damit begründen, daß die politischen Impulsgeber des Transformationsprozesses in den Parteien zu finden sind, die sich mit ihrer Politik vor den Wählern zu legitimieren haben. Aufgrund des empirischen Zugangs werden ausschließlich Politikstrukturen mit nationaler Bedeutung betrachtet. Den Ausführungen werden Beispiele aus der russischen Politiktransformation angefügt, da sich am bisherigen Verlauf der russischen Transformationspolitik die Entwicklungsprobleme in Richtung einer demokratischen Grundordnung deutlich abzeichnen und Einflußpotentiale der alten Elite aufgezeigt werden können.

3.2.1 Transformation als politisches Gut

Die ordnungspolitische Transformation ist ein Prozeß umfassender institutioneller Neuerungen, wobei jede politisch motivierte Innovation im Handlungsumfeld Ergebnis eines Koordinationsprozesses ist, an dem verschiedene Gruppen (Regierung, Opposition, Interessengruppen, Wähler) direkt oder indirekt beteiligt sind. Somit ist es möglich, politisches Verhalten als Marktverhalten zu analysieren und dabei Anbieter

---

[589] Vgl. Tullock, 1974; Tietzel, 1991; Olson, 1993.

und Nachfrager sowie die Rahmenbedingungen des politischen Marktes zu bestimmen.[590]

Die Leistung der Politikanbieter manifestiert sich in der Bereitstellung von politischen Gütern, die vor allem in der Systemtransformation auf ordnungspolitische Innovationen ausgerichtet sind. Es sei nochmals daran erinnert, daß eine Innovation wertfrei als eine Neuerung zu verstehen ist, die nicht notwendigerweise eine höhere Allokationseffizienz bewirken muß.[591] Hinsichtlich ihrer Exkludierbarkeit können die von der Politik bereitgestellten, nicht marktfähigen Güter als Kollektivgüter bezeichnet werden, da sie für einen Verwaltungsraum Gültigkeit besitzen und niemand von ihrer Nutzung innerhalb ihres Wirkungsbereichs ausgeschlossen werden kann. Dies wäre zudem ökonomisch wenig sinnvoll, da mangels Konsumrivalität die Grenzkosten der Bereitstellung bei Null liegen. Einem Gut können somit erst dann Kollektivguteigenschaften zugesprochen werden, wenn es als Bezugspunkt eine Gruppe von Individuen hat, aus der niemand im Hinblick auf die Nutzung des Gutes ausgeschlossen werden kann.[592] Von der Politik bereitgestellte Güter (politische Güter) haben formale Institutionen zum Inhalt, die die Rahmenbedingungen vorgeben, innerhalb derer sich gesellschaftliche Verhaltensstandards herausbilden können.[593] Für den institutionellen Übergang in eine marktwirtschaftliche Ordnung bedeutet der Kollektivgutcharakter, daß das politische Engagement eines rational agierenden Individuums für die Einführung marktwirtschaftlicher Institutionen nicht effizient ist, wenn damit Kosten verbunden sind, die beim Individuum internalisiert werden, während der Nutzen über den Adressatenkreis streut.[594] Die individuell zu tragenden Kosten sind z. B. Aufwendungen in der Parteiarbeit oder Opportunitätskosten durch die Vernachlässigung sozialer Kontakte. Es ist davon auszugehen, daß diese Kosten um so höher sind, je intransparenter das Handeln der Gesellschaftsmitglieder im bestehenden Ordnungsrahmen ist, je weniger also Bedürfnisstrukturen und -intensitäten zu erkennen sind, und je größer die Bevölkerungsgruppe ist, für die die politischen Güter bereitgestellt werden.[595]

Die wesentlichen politischen Güter, die im Rahmen des Transformationsprozesses eingeführt werden müssen, konzentrieren sich auf die Herstellung und Sicherung von Privateigentum und ökonomischem Wettbewerb, die außenwirtschaftliche Liberalisierung, die Herstellung einer stabilen und konvertierbaren Währung sowie die Schaffung von Vertragsfreiheit im Zusammenspiel mit individuellen Haftungsrechten und betreffen die Planungs-, Eigentums-, Wettbewerbs- und Geldordnung sowie die

---

590 Vgl. Wellesen, 1994; Downs, 1968.

591 Im Unterschied dazu North, 1992.

592 Vgl. Pethig, 1985, S. 64.

593 Vgl. North, 1992.

594 Vgl. Krug, 1991, S. 52.

595 Vgl. Krug, 1991, S. 52.

Unternehmensverfassung.[596] Theoretisch legitimiert durch den Ordoliberalismus gelten diese politischen Güter als die Grundlagen der staatlichen Wirtschaftspolitik in Marktwirtschaften.[597] Auf operativer Ebene manifestieren sich die politischen Güter in politischen Programmen (Wahlprogramme), die Versprechungen der Politikanbieter an die Politiknachfrager über Bereitstellungsumfang und Qualität der politischen Güter darstellen.[598] Die politischen Programme enthalten jeweils ein Bündel an politischen Gütern, die am politischen Markt angeboten werden. Beispiele hierfür sind der noch zu sowjetischen Zeiten am 24.5.1990 veröffentlichte Ryshkow-Plan oder das am 4.9.1990 vorgelegte Schatalin-Programm.[599] Politische Programme verlieren ihre Konsistenz, wenn durch Einflußnahme von Machtgruppen einzelne politische Güter erfolgreich manipuliert werden und deshalb zu programmatischen Kompromissen degenerieren, die aus innenpolitischen Gruppenkämpfen und der Notwendigkeit des Erhalts von Wählerstimmen resultieren.[600] Im Mittelpunkt der Einflußpolitik von einzelnen Gruppen stehen Umverteilungsoptionen, die die eigene Gruppe zugunsten einer anderen bevorteilen.[601] Analog zum ökonomischen Unternehmertum erfolgt auch die Bereitstellung der politischen Güter unter Ungewißheit, die dazu führt, daß die Politikanbieter die Folgen ihres Angebots nicht voll abschätzen können. Dies gilt um so mehr, je größer der Adressatenkreis des Politikangebots ist. Politische Güter, die nur auf eine kleine Gruppe abzielen, sind in ihrer Wirkung besser abzuschätzen, insbesondere dann, wenn die Gruppe durch Einflußnahme aktiv an der Produktion politischer Güter mitgewirkt hat.[602]

3.2.2 Eliten als Anbieter politischer Güter

3.2.2.1 Der organisationale Bezugsrahmen politischen Unternehmertums: Parteien

Die Bereitstellung der Transformationsgüter erfolgt durch den politischen Unternehmer, der, in Parteien organisiert, den Erfolg seines Handelns an der Höhe seines

---

[596] Vgl. v. Delhaes, 1991, S. 440; Kaltefleiter, 1994, S. 616; Hartwig/Staudt/Bestel/Rahe, 1995.

[597] Vgl. Eucken, 1955, S. 124ff.

[598] Vgl. Kunz, 1985, S. 160.

[599] Vgl. Holtbrügge, S. 620f.

[600] Vgl. Wellesen, 1994, S. 81ff.

[601] Vgl. Apolte/Cassel, 1994, S. 658.

[602] Hierzu Wellesen, 1994.

Ertrages, bewertet in Wählerstimmen, mißt.[603] Parteien sind als organisierte Handlungssysteme zu betrachten, in denen politisch Gleichgesinnte mit gleichartigen politischen Zielvorstellungen vereint sind. Zum Zweck der Funktionssicherung unterstellen sich die Mitglieder der Parteien einem parteispezifischen Regelwerk, das die Handlungen intern koordiniert. Im Unterschied zur DOWNSSCHEN Modellannahme sind Parteien jedoch kein Zusammenschluß homogener Interessen, die es erlauben, selbige als Quasi-Einzelperson zusammenzufassen.[604]

Auf die Schwierigkeit, eine Kollektiventscheidung auf der Grundlage aggregierter individueller Wohlfahrtsfunktionen herbeizuführen, hat ARROW verwiesen, dessen gesellschaftliche Aggregationsvorschrift für die Praxis sehr beschränkende Annahmen setzt, um zu einer konsistenten, eingipfeligen gesellschaftlichen Wohlfahrtsfunktion zu gelangen.[605] Die Aggregationsvorschrift impliziert darüber hinaus, daß individuelle Präferenzintensitäten unberücksichtigt bleiben und die Stimmabgaben der Stimmberechtigten gleichgewichtet sind. Anhand des CONDORCET-Paradoxons läßt sich dann zeigen, daß Kollektiventscheidungen zu keinem eindeutigen Ergebnis führen müssen.[606]

In der Realität werden viele Entscheidungsprozesse in Gruppen oder Organisationen durch eine Person oder einen engen, vergleichsweise homogenen Führungszirkel dominiert. Gerade charismatische Führungspersonen verstehen es geschickt, ihr Einflußpotential innerhalb der Partei so auszuspielen, daß trotz formaler Abstimmungsgleichheit ihre Präferenzen besonderes Gewicht erhalten. Unter Verweis auf ein nach außen geschlossenes Auftreten sind die Vorsitzenden von Parteien in einer bevorzugten Position, von der aus sie in der Lage sind, innerparteiliche Abstimmungsprozesse zu beeinflussen.[607]

Eine Partei im hier verstandenen Sinn ist eine Gruppe von Individuen, in der jedes einzelne Gruppenmitglied nach individueller Wohlfahrtsmaximierung (Einkommen, Macht, Prestige) strebt.[608] Die Funktionsweise von Gruppen hat OLSON analysiert.[609] Er richtet sein Augenmerk auf den Aspekt des freiwilligen Gruppenbeitritts rational handelnder, eigennütziger Individuen, für die die Zugehörigkeit zu einer Gruppe eine Frage individueller Kosten-Nutzenüberlegungen ist. Richten sich die Aktivitäten zur

---

[603] Vgl. Downs, 1968, S. 124.

[604] Vgl. Downs, 1968, S. 25f.

[605] Vgl. Arrow, 1963. Als hier nicht näher zu erläuternde Restriktionen setzt Arrows das Vollständigkeitsaxiom, das Transivitätsaxiom, die Pareto-Regel, die paarweise Rangordnungsregel, die gesellschaftliche Souveränitätsregel und die Demokratieregel. Siehe hierzu auch Sohmen, 1976, S. 350.

[606] Vgl. Sohmen, 1976, S. 350.

[607] Damit verstoßen sie gegen die Arrow´sche Demokratieregel.

[608] Vgl. Downs, 1968, S. 26f.

[609] Vgl. Olson, 1982.

Interessendurchsetzung auf den politischen Planungs- und Entscheidungsprozeß, so ist von politisch motivierten Interessengruppen zu sprechen, deren Hauptanliegen in der Einflußnahme auf Qualität und Quantität politischer Güter besteht. Die individuelle Mitwirkung in einer Partei bzw. einer Interessengruppe muß vor dem Hintergrund entschieden werden, daß auch Nichtmitglieder von der Gruppenaktivität profitieren, etwa wenn Steuervergünstigungen, Importkontingentierungen oder branchenspezifische Subventionszahlungen durchgesetzt werden. Der Gruppenertrag stellt dann für die Nichtmitglieder ein Kollektivgut dar, das sie nutzen können, ohne die entsprechenden Organisationskosten dafür tragen zu müssen. Demzufolge ist es für das Individuum in bezug auf den Organisationsbeitritt entscheidend, inwiefern die Organisationskosten durch den Organisationsnutzen (über-)kompensiert werden. Trittbrettfahren bedeutet in diesem Zusammenhang, daß ein Individuum den Nutzen aus Organisationsarbeit erfährt, ohne selbst organisiert zu sein und damit Organisationskosten tragen zu müssen. Da Trittbrettfahrer in kleinen Gruppen leichter identifiziert werden können, ist dort eine effiziente Organisation zu geringeren Kosten möglich als bei großen Gruppen. Individuell zurechenbare Erträge sind demgegenüber Einkommenszahlungen aus der Besetzung politischer Ämter, die legal oder illegal (z. B. Korruption) sein können.

Ein zweiter Aspekt, der das Individualkalkül zum Gruppenbeitritt beeinflußt, ist die Intensität des Bedürfnisses nach Bereitstellung eines Kollektivgutes. Besitzt ein Individuum diesbezüglich eine hohe Bedürfnisintensität, so ist von einer höheren Bereitschaft des Individuums auszugehen, sich für ein Kollektivgut einzusetzen. Gleichverteilte Bedürfnisintensitäten innerhalb einer Gruppe führen dann zu einer stärkeren Zurückhaltung beim individuellen Engagement bezüglich der Bereitstellung kollektiver Güter.

Da mit der Übernahme der Regierungsgeschäftc größtmögliche Wohlfahrtsgewinne erwartet werden, einigen sich die Parteimitglieder auf das gemeinsame Ziel, Regierungsmacht zu erlangen. Kennzeichen demokratischer Ordnungen ist es nun, daß mehrere Parteien im Wettbewerb um das Regierungsamt stehen und versuchen, sich mittels Parteiprogrammen voneinander abzugrenzen. Analog zum ökonomischen Unternehmertum sind die von den Parteien vertretenen Programme Begleiterscheinungen des Maximierungshandelns der Politiker:

> „Aber um zu verstehen, wie die demokratische Politik diesem sozialen Ziele dient, müssen wir vom Konkurrenzkampf um Macht und Amt ausgehen und uns klar werden, daß die soziale Funktion, so wie die Dinge nun einmal liegen, nur nebenher erfüllt wird - im gleichen Sinn, wie die Produktion eine Nebenerscheinung beim Erzielen von Profiten ist."[610]

Im Unterschied zur Modellannahme in DOWNS´ Demokratiemodell sind Korruption, Gesetzesverstöße und einseitige Vorteilsmaximierung charakteristische Eigenschaf-

---

[610] Schumpeter, 1980, S. 448.

ten politischer wie auch ökonomischer Märkte. Gerade Transformationsökonomien lassen politische Verteilungskämpfe erwarten, die Korruption und Bestechung beinhalten.

Sofern gruppenintern unterschiedliche Ansichten über Qualität und Menge der Bereitstellung einzelner politischer Güter bestehen, kann die Durchsetzung individueller Interessen im Kollektiv kostentheoretisch als Optimierungsproblem dargestellt werden. Dazu ist zunächst zu berücksichtigen, daß die Realisierung eigener Vorstellungen im Kollektiv einer bestimmten Überzeugungskraft bedarf, die bei Mehrheitsentscheidungen dazu führt, daß sich eine Majorität in der Gruppe mit diesen Vorstellungen solidarisiert. Die Überzeugungsarbeit erfordert Kosten, die nach KIRSCH überproportional ansteigen, je mehr Mitglieder des Kollektivs überzeugt werden müssen.[611] Der progressive Kostenverlauf wird damit erklärt, daß es zunehmend schwieriger und folglich kostspieliger wird, eine wachsende Anzahl von Personen zum Konsens zu bewegen. Dem ist jedoch entgegenzuhalten, daß Überzeugung nicht nur durch Vermittlung von Inhalten erfolgt, sondern auch davon abhängig ist, wie sich die anderen Individuen verhalten.[612] Dahinter steht die Annahme, daß Zustimmung nicht nur durch Überzeugung und Erzielung kognitiver Konsonanz erreichbar ist, sondern ebenso durch Anpasserverhalten, indem Abweichler sich der Parteimehrheit anschließen, um nicht die Kosten als Querulant exklusiv tragen zu müssen. Häufig bewirkt bereits der Verweis auf Fraktionsdisziplin die Umstimmung der Abweichler.

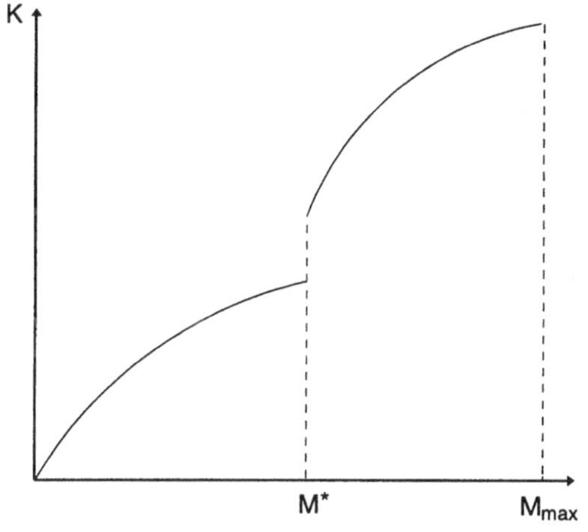

Abb. 13: Konsensfindungskosten bei zwei Meinungsgruppen und Mitläuferverhalten

---

611 Vgl. Kirsch, 1993, S. 112f.

612 Aus der Konsumtheorie ist dieses Verhalten als Mitläufertum bekannt.

Demnach wäre der Verlauf der Konsensfindungskostenkurve degressiver Natur, da mit zunehmender Anzahl Überzeugter die Grenzkosten für die Überzeugung eines weiteren Individuums sinken, sofern er sich als „Mitläufer" verhält. Die Höhe der Konsensfindungskosten K ergibt sich aus der Intensität der Polarisierung von Meinungsgruppen M innerhalb der Partei (Abb. 13). Ist eine Partei etwa durch eine wertbewahrende und eine progressive Meinungsgruppe gekennzeichnet, so müssen die Anhänger einer progressiven Politik hohe Kosten aufwenden, um die „Wertbewahrer" überzeugen zu können. Dabei spielt auch eine Rolle, daß bei einer großen Gruppe parteiinterner Widerständler die Gefahr, Kosten des Abweichens exklusiv tragen zu müssen, gering ist. In diesem Fall enthält die Konsensfindungskostenkurve einen Kostensprung, der an der Schnittstelle der beiden Gruppen M^* auftritt.

Der Zustimmung zu einer politischen Option sind aus individueller Sicht die wahrscheinlichen externen Kosten entgegenzuhalten, die daraus resultieren, daß ein Individuum eine nicht-präferierte Entscheidung mitzutragen hat.[613] Die Wahrscheinlichkeit des Auftretens dieser Kosten ist dann besonders groß, wenn lediglich eine kleine Führungsclique oder im Extrem nur ein Diktator gegen den Willen der Mehrheit Entscheidungen trifft. Dementsprechend sind die wahrscheinlichen externen Kosten, die ein Kollektivmitglied zu tragen hat, bei vollständiger Konvergenz der politischen Vorstellungen null, während sie bei vollständiger Meinungsdivergenz ihr Maximum erreichen. Sofern Meinungsgruppen existieren, ist davon auszugehen, daß die wahrscheinlichen externen Kosten auf einem zunehmend höheren Kostenniveau verlaufen, je radikaler die Opposition zur Politik der Entscheidungsträger ist. Die Folge ist eine höhere Bereitschaft zur aktiven Beteiligung an oppositionellen Maßnahmen, da die Opportunitätskosten dieses Handelns entsprechend gering sind.[614] Ein degressiver Verlauf der externen Kosten ist nicht zu vermuten, da sie als Wohlfahrtsverlust jeden einzelnen treffen und Verluste nicht dadurch kompensiert werden können, daß der andere sie auch erleidet.

Die Parteienlandschaft Rußlands ist durch eine polypolistische Anbieterstruktur gekennzeichnet. Noch vor dem Verbot der KPdSU am 6.11.1991 gründeten sich allein in Moskau und Leningrad mehr als fünfzig Gruppen, die sich als Parteien der Öffentlichkeit vorstellten und auf der politischen Skala von extrem links bis extrem rechts positioniert waren.[615] In den vergangenen Jahren erfolgte in der Parteienszene eine Konsolidierung, die die Vielfalt der politischen Gruppen reduzierte. An den vorgezogenen Parlamentswahlen im Dezember 1993 beteiligten sich immerhin noch an

---

[613] Vgl. Kirsch, 1993, S. 114f.

[614] Vgl. dazu Kapitel IV. 3.2.2.2.1.

[615] Vgl. Luchterhandt, 1993, S. 16. Die Parteien lassen sich in acht Cluster zusammenfassen: Kommunistische Parteien, linke Parteien, Umweltparteien, sozialdemokratische Parteien, Christlich-demokratische Parteien, liberale Parteien, zentristische sowie nationalistische Parteien. Vgl. Schneider, 1994.

die 20 Parteien und im Dezember 1995 15 Parteien und Wahlblöcke. Programmatisch kann grundsätzlich zwischen demokratischen Parteien unterschieden werden, die von Parteienpluralismus, Marktwirtschaft und dem Eintreten für die Autonomie der früheren Sowjetrepubliken geprägt sind, und revisionistischen, extrem linken und rechten national-patriotischen Parteien, die für einen starken Staat und die Restitution eines großen Rußlands eintreten.[616] Die Mitgliederzahlen der Parteien schwanken oft bei nur wenigen Tausend Personen. Zu den größten Parteien zählten vor den ersten Parlamentswahlen 1993 die Kommunistische Partei der Russischen Föderation mit ca. 500.000 Mitgliedern, die Russische Kommunistische Arbeiterpartei mit ca. 80.000 Mitgliedern, die Partei der wirtschaftlichen Freiheit mit ca. 50.000 Mitgliedern sowie die Demokratische Partei Rußlands mit ca. 60.000 Mitgliedern.[617] Diese relativ geringen Mitgliederzahlen reduzieren die Kosten der Konsensfindung innerhalb der Parteien bzw. ihrer Führungsorgane und sind Ausdruck eines noch instabilen Parteiengefüges und Folge einer unzureichenden politischen Infrastruktur. Neue Parteien konzentrieren sich hauptsächlich auf die Wählerklientel in den Großstädten, wohingegen die ländliche Bevölkerung vernachlässigt wird und ein Ausbau der politischen Infrastruktur nur langsam erfolgt.[618] Dies verschafft den kommunistischen Nachfolgeparteien der KPdSU in der politischen Aufbauphase Wettbewerbsvorteile.[619] Die Gründe hierfür liegen

- in dem politischen Know-how, das bereits in der kommunistischen Herrschaftsphase gesammelt werden konnte,
- in der materiellen Ausstattung, sofern auf Immobilien, Büroräume und Büroausstattung zurückgegriffen werden kann,
- in der finanziellen Ausstattung, sofern die Vermögenswerte der kommunistischen Vorgängerpartei nicht konfisziert worden sind und
- in der organisatorischen Infrastruktur. Die Kommunistische Partei der Russischen Föderation konnte auf 20.000 Grundorganisationen zurückgreifen, die ein flächendeckendes Politikangebot ermöglichten.[620]

---

[616] Vgl. dazu Luchterhandt, 1993, S. 19.

[617] Vgl. Babst, 1994, S. 288; Juchler, 1994, S. 137; König, 1993, S. 874.

[618] Vgl. Luchterhandt, 1993, S. 28. Zur politischen Infrastruktur gehört das Netzwerk lokaler, eh-renamtlicher Helfer, z. B. in Wahlkämpfen etc.

[619] Vgl. Juchler, 1994, S. 133; Ishyama, 1994, S. 147. Als legitime Nachfolger der KPdSU sahen sich nach Auflösung selbiger die Kommunistische Partei der Russischen Föderation, die Kommunistische Allunionspartei, die Kommunistische Arbeiterpartei Rußlands, die Sozialistische Partei der Arbeiter und Bauern, die Sozialistische Partei der Werktätigen. Vgl. Luchterhandt, 1993, S. 25; Schneider, 1996, S. 131.

[620] Vgl. Schneider, 1996a, S. 131.

3.2.2.2 Politisches Unternehmertum im individuellen Rationalkalkül

Die politische Systemtransformation bedarf ihrer Initiatoren und Impulsgeber und ist damit, wie die Transformation auf wirtschaftlichem Gebiet, auf unternehmerische Kreativität angewiesen. Der Unterschied zur ökonomischen Sphäre besteht lediglich darin, daß über das politische Transformationsgut, das als Kollektivgut keine Gewinnmaximierung ermöglicht, Wählerstimmenmaximierung betrieben wird, wobei verschiedene Transformationsprogramme im politischen Wettbewerb zueinander stehen. Die politischen Marktanteile der Parteien werden nicht über pekuniäre Gewinne, sondern über die Anzahl der Stimmen definiert, was gleichwohl individuelle Wohlfahrtseffekte für die Politiker impliziert und damit aus rationaler Perspektive erst zu Politikhandeln motiviert.

Mit Blick auf die Politiktransformation in Osteuropa gilt es zu klären, inwiefern revolutionäre Gegeneliten Initiatoren des Wandels sein können, wenn institutionelle Konfigurationen bestanden haben, wie sie in der Sowjetunion sichtbar waren. Am Beispiel Rußlands zeigt sich hierbei die begrenzte Erklärungsreichweite des Umsturz-Theorems von DOWNS. Die konsequente Fortführung des Paradigmas der individuellen Rationalität erfordert eine über DOWNS hinausgehende Betrachtung des Motivationshandelns von Individuen im politischen Transformationsprozeß.

3.2.2.2.1 Gegeneliten als Inkubatoren der neuen politischen Elite

Folgt man der Argumentation von DOWNS, so stellt die politische Transformation eine Revolution dar, in der eine „Clique von Unterdrückten" die Macht ergreift.[621] Vorausgegangen ist eine Polarisierung der Ideologien in den Extrempunkten der politischen Skala, die zu einem offenen Konflikt führt, wenn eine Partei ihre Politik resolut gegen die andere durchsetzt und dabei auch den Einsatz von Gewalt in das politische Kalkül einbezieht.[622] Unversöhnliche Extrempositionen sind dann ursächlich für politische Umstürze, wenn sich die benachteiligte Gruppe stark genug fühlt, die herrschende Schicht gewaltsam zu verdrängen.[623] Das Ziel jeder Revolution ist es, einflußreiche Positionen von alten Eliten zu „säubern" und mit Anhängern der Revolution zu besetzen. Dieser personelle Austausch ist i. d. R. mit institutionellen Änderungen auf politischer und wirtschaftlicher Ebene verbunden.

Der osteuropäische Transformationsprozeß zeigt in dieser Hinsicht jedoch ein weitaus differenzierteres Bild des Übergangs. Bruchartige, durch die Transformation ausgelöste Elitewechsel, die den DOWNSSCHEN Erklärungsansatz empirisch stützen,

---

621 Vgl. Downs, 1968, S. 117.

622 Vgl. Downs, 1968, S. 117.

623 Die zum Einsatz kommenden Instrumente entspringen dabei i. d. R. dem illegalen Handlungsraum. Vgl. hierzu Muller/Opp, 1986, S. 471.

sind in Ostdeutschland und der früheren CSSR zu konstatieren.[624] In beiden Ländern wurde eine verhältnismäßig homogene politische Führungsschicht durch externen Druck, etwa durch Massendemonstrationen, gestürzt.[625]

Der bruchartige Elitewechsel charakterisiert den typischen Fall einer Revolution, die von der Summe der öffentlich und privat geäußerten Präferenzen abhängig ist. Die Mobilisierung weiter Teile der Bevölkerung für eine Revolution manifestiert die freigelegte Nachfrage der Bevölkerung nach Opposition gegen das herrschende System und gegen die Herrscher selbst. Hiervon sind jedoch die privaten Präferenzen zu unterscheiden, die ausschlaggebend für die Vorbereitung und Initiierung einer Revolution bzw. Transformation sind und das Rationalkalkül des einzelnen zum Ausgangspunkt für revolutionäres Handeln machen.[626] Da die Transformation ein Kollektivgut ist, bedarf es selektiver Anreize, die die Individuen dazu veranlassen, an revolutionären Umstürzen teilzunehmen. Die privaten Kosten-Nutzenerwägungen haben neben den erwarteten Belohnungen auch Sanktionierungen und die Gefahr der körperlichen Verletzung zu kalkulieren.[627] Die private Entscheidung für oder gegen eine Teilnahme an einem Umsturz ist dann unabhängig von den erwarteten tatsächlichen Wohlfahrtswirkungen des öffentlichen Gutes. Das subjektive Entscheidungskalkül deckt sich somit eher zufällig mit den Erfordernissen gesellschaftlicher Effizienz.[628]

Oppositionelle Gegeneliten, die um die politische Macht mit den Herrschenden ringen, können sich nur unter Aufbringung hoher Kosten formieren, da punktuelle Repressionen gegen einzelne sowie die staatliche Deprivation der Bevölkerung zu hohen Organisationskosten führen, wenn kein konstitutives Recht auf Opposition besteht. Im Extremfall können die Oppositionskosten prohibitiv sein, wenn jeder Opponent mit dem Tode bedroht wird. Sofern die Erträge einer erfolgreichen Opposition (Umsturz) nicht internalisierbar sind, findet Opposition nur dann statt, wenn die Opportunitätskosten des potentiellen Opponenten Null sind oder die Transaktionskosten zur Organisation der Opposition gesenkt werden können. Eine Kostensenkung ist dann möglich, wenn der potentielle Oppositionsführer gleichzeitig Führer einer großen Gruppe ist, deren Mitglieder als Sympathisanten bereits sensibilisiert sind. Die Transaktionskosten sinken dann auch dadurch, daß kurze und informelle Informationswege die Kommunikationsstruktur vereinfachen.[629]

Wenn die Gesamtkosten für oppositionelles Verhalten durch das individuelle Sanktionierungsrisiko und die organisationsbedingten Transaktionskosten entstehen,

---

[624] Vgl. Winderl, 1994, S. 387f.

[625] Vgl. Krug, 1991, S. 39.

[626] Vgl. Tullock, 1974; Tullock, 1971.

[627] Vgl. Brauksiepe, 1996, S. 158f.

[628] Vgl. Apolte,1992, S. 103.

[629] Vgl. Brauksiepe, 1996, S. 159.

so können die individuellen Sanktionierungskosten von seiten der Regierung durch Höhe und Wahrscheinlichkeit der Sanktionierung beeinflußt werden.[630] Wird die Unterstützung der Opposition als Nachfrage nach Opposition verstanden, so nimmt bei normal verlaufender Nachfragekurve die Nachfrage nach Opposition mit steigendem Preis ab. Opposition definiert sich hier über den Wunsch nach institutionellen Änderungen und kann neben kleinen Reformen ebenso die Transformation ganzer Wirtschafts- und Gesellschaftsysteme zum Inhalt haben. Die Nachfragekurve verläuft im oberen Teil stark unelastisch, da bei einem hohen Preis für oppositionelles Handeln die artikulierte Nachfrage größtenteils aus dem Untergrund oder durch im Ausland lebende Dissidenten kommt. Der untere Teil der Nachfragekurve ist dagegen stark preiselastisch, weil bei einem niedrigen Preis auch risikoaverse Interessenten sowie Mitläufer Nachfrage artikulieren. Das bedeutet, daß mit nachlassender Repression der Staatsgewalt gegen die Opposition sich das Nachfrageverhalten der Opposition ändert, da nun die individuellen Kosten oppositionellen Handelns sinken und die Bereitschaft zur Offenlegung der Präferenz für Opposition steigt.

Wenn P_I der Preis für die Artikulation oppositioneller Präferenzen ist und X_I die Menge an artikulierter Opposition darstellt, so kann der Staat durch Preisvariationen Einfluß auf das Nachfragerverhalten ausüben (Abb. 14).

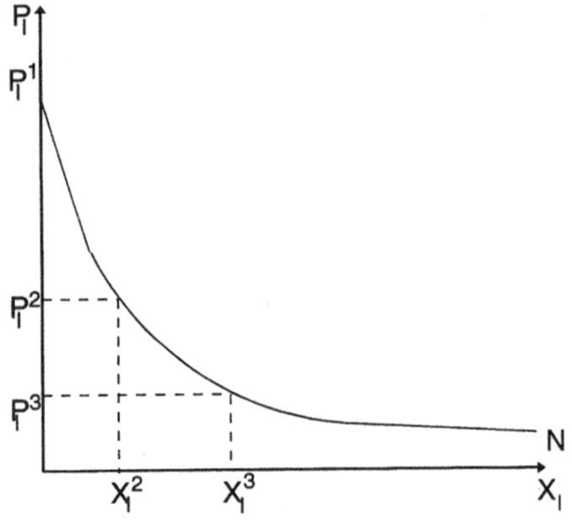

Abb. 14: Nachfrage nach Opposition

In Abhängigkeit von der Oppositionsfeindlichkeit der staatlichen Regierung und ihrer Organe wird die Preissetzung so erfolgen, daß die tatsächliche Opposition der von

---

[630] Vgl. Tullock, 1974.

der Regierung geduldeten Opposition entspricht. Die Abbildung 14 zeigt, daß bei einem Prohibitivpreis von P_I^1 eine machtgefährdende Opposition ausgeschaltet ist, da die Oppositionskosten den Nutzen übersteigen. P_I^2 ist dann der Preis, den eine kleine Gruppe von Opponenten zu tragen bereit ist. Wenn der Staat die Kosten für Opposition senkt (P_I^3), steigt die Nachfrage nach institutionellem Wandel. Eine Preissenkung signalisiert die wachsende Bereitschaft der Regierung, Opposition zuzulassen und daraus resultierende institutionelle Veränderungen zu tolerieren. Eine totalitäre Staatsführung, die nicht durch Wahlen abgelöst werden kann, besitzt die Möglichkeit, durch das „richtige" Maß an geduldeten individuellen Freiheitsrechten ihre Machtposition zu stabilisieren. Dazu muß sie der Bevölkerung soviel an Wohlfahrt und Freiheitsrechten zugestehen, daß die Opportunitätskosten des einzelnen gerade so hoch sind, daß eine Revolution bzw. Transformation als nicht lohnenswert erachtet wird.[631] Ist das staatliche Angebot an institutionellen Veränderungen so weitreichend, daß der oppositionellen Gegenelite Handlungsrechte an der politischen Entscheidungsfindung eingeräumt werden (Polen, Ungarn), besteht für die alte Führungselite die Gefahr, daß sie an Macht und Ansehen verliert und der Gegenelite wachsende Einflußpotentiale eröffnet.

Bietet die politische Führung der Opposition eine konstruktive Mitwirkung im politischen Planungs- und Entscheidungsprozeß an, ist von einem paktierten Elitewechsel zu sprechen. Für die oppositionellen Gegeneliten können institutionelle Veränderungen auf der Grundlage eines paktierten Elitewechsels als ein Anzeichen von Schwäche bei der herrschenden Elite interpretiert werden.[632] Werden hierdurch sinkende individuelle Oppositionskosten vermutet, erhöht sich sowohl die Anzahl der aktiven Oppositionellen als auch die Intensität bzw. der Druck der Opposition auf die Regierungspolitik.[633] Aus individueller Sicht steigt die Wahrscheinlichkeit, Erträge aus der Oppositionsarbeit zu erzielen.

Im allgemeinen sind zweiseitige Informationsdefizite kennzeichnend für einen paktierten Elitewechsel. Sie äußern sich darin, daß den Führungseliten die tatsächliche Macht der Gegenelite unbekannt ist und sie die Opposition in ihrem Wirkungsgrad überschätzen, während auf oppositioneller Seite die eigene Umsturzmacht im Verhältnis zur repressiven Macht der politischen Führung unterschätzt wird. Zugeständnisse an die Opposition können in diesem Fall aus dem Fehlurteil der Regierung und weniger aus der tatsächlichen Stärke der Opposition resultieren. Ergänzend zu den vorangegangenen Überlegungen stellt sich die Frage, welche weiteren Gründe die politische Führung in den Transformationsländern dazu veranlaßt haben, ihr Machtmonopol zugunsten der Opposition zu lockern. Aus ökonomischer Sicht sind zwei Aspekte herauszustellen:

---

[631] Vgl. Brauksiepe, 1996, S. 160; Kirsch, 1993, S. 316.

[632] Vgl. Apolte, 1992, S. 109.

[633] Vgl. Silver, 1974, S. 65f.

- Die Repression einzelner potentieller Oppositionsführer hat zu einem Verfall der Opportunitätskosten und damit zu einem stärkeren Engagement für Reformen trotz steigender Sanktionierung geführt. Verbunden mit internationalem Druck auf die Regierung und moralischen Subventionen des Auslands an Regimegegner steigen die Kosten des Machterhalts für die Regierung. Unter moralischen Subventionen sind Auszeichnungen, Ernennungen, aber auch häufige Berichterstattungen in den Medien, durch die die Anteilnahme der Öffentlichkeit am Schicksal des Oppositionellen erhöht wird, zu verstehen (Friedensnobelpreis für Sacharow, Berichte über Walesa in den achtziger Jahren).
- Ein abflauendes Wirtschaftswachstum verschärft die Verteilungskonflikte und erhöht die Deprivation der Bevölkerung, wenn materielle Restriktionen aufgrund der Handlungsrechtsstruktur vor allem die Bevölkerung treffen.[634] Wächst die Unzufriedenheit der Bevölkerung mit zunehmender Ressourcen- bzw. Güterknappheit, erhöhen sich die Aufwendungen der politischen Führung zur Ruhigstellung und Unterdrückung von Opposition.

Beide Fälle verdeutlichen einen Anstieg der Regierungskosten durch die Zunahme repressiver Maßnahmen. Wenn ökonomische Wachstumsschwächen zu gesamtwirtschaftlichen Wohlfahrtverslusten führen, kann es für die herrschende Elite von Vorteil sein, anstelle einer weiteren Sanktionierung der Opposition bzw. der Bevölkerung durch eine Erhöhung der individuellen Freiheitsgrade Repressionsressourcen freizusetzen und zur Stärkung der Volkswirtschaft zu verwenden. Damit verdeutlicht sich nochmal die Machtbedingung der politischen Führung. Aus ihrer Sicht darf die Gewährung institutioneller Freiheitsrechte nur soweit gehen, daß von seiten der Bevölkerung noch kein Anreiz zum Umsturz besteht. Durch die hinzugewonnene Freiheit müssen die Opportunitätskosten eines Umsturzes so hoch sein, daß ein Umsturz ökonomisch nicht mehr interessant ist.

Die Einbindung oppositioneller Eliten in die Regierungspolitik, die, in Verbindung mit institutionellen Änderungen, den paktierten Elitewechsel kennzeichnet, charakterisiert die Transformationsentwicklung in Polen und Ungarn. Erste, politisch legitimierte Tendenzen der gesellschaftlichen Pluralisierung bestanden bereits in der kommunistischen Herrschaftsphase. Hier lassen sich Anzeichen erkennen, die als Ausgangspunkt für eine stärker werdende systemkritisierende Gegenelite angesehen werden können, die in der Folgezeit durch Verhandlungen den institutionellen Wandel gemeinsam mit der herrschenden Elite konzipiert hat und auch selbst Führungsverantwortung übernimmt.[635] Der paktierte Elitewechsel findet seinen Ausgangspunkt häufig bereits Jahrzehnte vor Transformationsbeginn. So entschied die ungarische Parteiführung in den siebziger Jahren, einzelne Schlüsselpositionen mit Perso-

[634] Zur Bedeutung des Wirtschaftswachstums in alternativen politischen Systemen und als Auslöser für den Niedergang der sozialistischen Planwirtschaft vgl. Pies, 1996; Murrell/Olson, 1991.

[635] Vgl. Winderl, 1994, S. 386.

nen, die nicht die typische Parteikarriere durchlaufen und auch keine Hochschule besucht hatten, zu besetzen. Auf diese Weise sollte eine Intellektualisierung des Staatswesens durch Ideologen und Technokraten vermieden werden. Letztlich etablierten sich damit Meinungsdivergenzen im politischen System, die zu einer Separierung sogenannter „hard liner" und „soft liner" innerhalb der politischen Elite führten, von denen letztere nun den paktierten Elitewechsel mitgestalten.

Der russische Transformationsweg zeichnet sich durch eine Besonderheit aus. Einerseits kam es auch hier zu einer Preissenkung für das Gut Opposition, andererseits hat anstelle einer revolutionären Gegenelite die alte Elite erneut Elitepositionen in Partei- und Staatsämtern besetzt und so einen Eliteaustausch durch konkurrierende Eliten verhindert.[636] Statt dessen wurde ein eliteninterner Wechsel praktiziert, in dessen Verlauf früher nicht dominante Subgruppierungen der alten Elite die Macht ergriffen haben, indem sie sich auf die Seite der Reformer stellten.[637]

Die politische Führung reagierte auf die ressourcenintensive Machtpolitik mit einem selbst initiierten Kurswechsel, der zwar weiterhin die Wohlfahrtsmaximierung der herrschenden Elite zum Ziel hatte, gleichzeitig jedoch den Ressourcenaufwand zur Repression der Bevölkerung verminderte. Die im Vergleich zu früheren sowjetischen Reformen weitreichende Etablierung individueller Freiheitsrechte bewirkte Ressourceneinsparungen durch die Rückführung des Kontroll- und Sanktionierungssystems. Hieraus resultierende Budgetspielräume wurden von der herrschenden Elite teilweise absorbiert und für punktuelle Repressalien zur eigenen Machtsicherung eingesetzt.[638] An die Stelle eines formellen Systems von repressiven Maßnahmen und Methoden rückte eine subtilere Form informeller Sanktionierung, die für die Betroffenen weniger berechenbar war. Mit der größeren Exklusivität individueller Handlungsrechte verband sich zudem die Hoffnung der politischen Elite, den extensiven Ressourceneinsatz im Produktionsprozeß abzubauen und wirtschaftliches Wachstum anzuregen. Ebenso sollte die Kurskorrektur als „Flucht nach vorn" Ausdruck politischer Stärke sein und politisches Selbstbewußtsein demonstrieren.[639]

Der Moment der Preissenkung für Opposition läßt sich in Rußland auf den Januar 1987 datieren.[640] Die damalige Tagung des Zentralkomitees der KPdSU verabschiedete als Ergebnis die Politik der Offenheit (Glasnost) und pluralisierte damit die öffentliche Meinung, ohne jedoch konstitutive Änderungen im politischen System vor-

---

636 Vgl. Nowotny, 1994, S. 451.

637 Vgl. Winderl, 1994, S. 386.

638 Vgl. auch Schnytzer, 1994.

639 Diese Strategie kann auch als „rule by oppinion" bezeichnet werden, die auf einer Machttäuschung der Opposition durch die herrschende Elite basiert. Vgl. Tullock, 1987, S. 21.

640 Zur Bedeutung der Perestroika für die wirtschaftliche Freiheit siehe Morosow/Halberstadt, 1991.

zunehmen.[641] Bis dahin konnte sich eine politische Gegenelite nur insoweit herausbilden, als sie das konstitutive Normengerüst der herrschenden Ideolgie nicht gefährdete. Letztlich war bis zu diesem Zeitpunkt geduldete Opposition immer Meinungsopposition in einzelnen Fragestellungen gewesen, nie jedoch in bezug auf die ideologischen Grundsätze des Staates.

Die Folge der Absenkung der Oppositionskosten zeigte sich in einer raschen Belebung der Opposition durch Wählerklubs, Streiks und Demonstrationen. Die Wahlen zum ersten Kongreß der Volksdeputierten der UdSSR im Frühjahr 1989 brachten für die Kommunistische Partei eine Niederlage.[642] Die Konsequenz war, daß der Machtapparat zur Stützung des kommunistischen Einflusses aktiv wurde. Durch Agitation und Schikane versuchten vor allem die Nomenklatura in der Verwaltung sowie das Militär und der Geheimdienst KGB, die Kosten für die Opposition trotz formaler Legalisierung wieder anzuheben.[643] Ein probates Mittel war in diesem Zusammenhang die verzögerte Registrierung oppositioneller Parteien, deren Teilnahme an der Wahl auf diese Weise verhindert werden sollte. Daneben gründeten sich aus dem Apparat eigene Parteien, auch im zentristischen Lager, um Wählerpotential zu absorbieren.[644] Politische Eliten der zweiten Reihe und des politischen Mittelbaus rotierten an die Spitze von Parteien und Bewegungen, um bei fortschreitendem Wegbrechen typischer Karrierepfade in der Kommunistischen Partei neue politische Nischen für die eigene Karriere zu suchen und wahrzunehmen. Im Unterschied zu den Eliten der ersten Reihe, der alten Führung, besaßen sie die größere politische Glaubwürdigkeit und im Vergleich zu den Angehörigen des politischen Unterbaus die besseren Kontakte zu den alten Beziehungsnetzwerken und den Zugriff auf materielle Ressourcen.

Die Entwicklung der Perestroika verdeutlicht, daß Reformen zwar konstruktivistisch geplant werden können, hingegen die Folgen des Reformkonstruktivismus nicht vollständig vorhersehbar sind und im Fall der Sowjetunion die Auflösung des alten Systems beschleunigend vorantrieben.[645] Das Motiv der herrschenden politischen Elite zur Durchführung der Perestroika war die Hoffnung, aus einer Kombination von politischer und wirtschaftlicher Freiheit sowie punktuellem politischen

---

[641] Vgl. Kljamkin, 1990, S. 485.

[642] Über den Ausgang dieser ersten, weitestgehend demokratischen Wahl zum Volkskongreß, in dem 2250 Mandate zu vergeben waren, gibt es widersprüchliche Angaben. Während Luchterhandt die Kommunisten als klare Wahlverlierer dieses Abstimmungsprozesses sieht, betont Babst, daß mehrheitlich konservativ-orthodoxe Deputierte gewählt wurden, mithin nur ein Drittel der Abgeordneten reformorientiert waren. Dennoch bescheinigt sie, daß nach diesen Wahlen erstmals politische Konkurrenz auftauchte. Vgl. Babst, 1994, S. 284.

[643] Vgl. Luchterhandt, 1993, S. 23.

[644] Vgl. Luchterhandt, 1993, S. 23.

[645] Hier bestätigt sich v. Hayeks Auffassung, daß menschliches Handeln in Gesellschaften nicht rational konstruiert werden kann und im Ergebnis offen ist. Vgl. Hayek, 1994, S. 97ff.

Druck gesamtgesellschaftlichen Konsens über die weitere ökonomische und politische Entwicklung zu erzielen. Anstelle einer dauerhaften Stabilisierung erodierte jedoch die politische Macht der Kommunisten. Die politischen Führungseliten wurden somit ungewollt zu den Initiatoren der Transformation. Im Unterschied zu dem von DOWNS beschriebenen Elitewechsel durch Revolution wurde mit Einsetzen der Transformation die herrschende Schicht jedoch nicht durch eine formierte Gegenelite abgelöst.[646] Die Wahlerfolge der Opposition 1989 hatten keine Auswirkungen auf die Regierung, da nach wie vor die Verfassung der Sowjetunion Bestand hatte und ein legaler Regierungsanspruch aufgrund von Wählermehrheiten nicht abgeleitet werden konnte. In der Erwartung eines Machtverlusts der Kommunistischen Partei durch die Abschaffung des Parteimonopols wechselten Teile der alten Elite in das Lager der potentiellen Elitekonkurrenz (z. B. Jelzin, Jakowlew, Gdljan u. a.), um alte Karrierewege durch neue zu substituieren. Zu diesem Zeitpunkt waren die Opportunitätskosten der Abkehr von der Kommunistischen Partei für Teile der bisherigen politischen Elite so gering, daß sie selbst oppositionell wurden.

Der reformorientierte Block „Rußlands Wahl" von J. Gajdar war das Sammelbekken für die progressiven Eliten, während die „Reaktionäre" in einer der kommunistischen Parteien verblieben oder in den noch existierenden gesellschaftlichen Machtapparat der Kommunisten (Behörden, Gewerkschaften usw.) wechselten.[647]

Zu den alten Kadern, die auch im neuen politischen Umfeld politische Führungsfunktionen besetzen oder besetzt haben, zählen[648]

- Ligatschow, der als Ex-Politbüromitglied der KPdSU mit der Union der Kommunisten für die Herstellung der Sowjetunion kämpft;
- Wartasarowa, die als ehemalige erste Sekretärin des Moskauer Stadtparteikomitees die Sozialistische Partei der Werktätigen gegründet hat;
- Sjuganow, der als Gründer der Kommunistischen Partei der Russischen Föderation vormals stellvertretender Leiter der ideologischen Abteilung des Zentralkomitees der KPdSU war;
- Schostakowskij, der die linksgerichtete, jedoch nicht-kommunistische republikanische Partei der Russischen Föderation gegründet hat und in der Sowjetunion Rektor der Parteihochschule war.

Stark vertreten sind die Mitglieder der alten Nomenklatura auch im zentristischen Block:

---

646 An die Spitze der Transformationsbefürworter setzte sich mit B. Jelzin ein Politiker, der als erster Sekretär des Moskauer Stadtkomitees sowie als Kandidat des Politibüros durch umfangreiche Property Rights bereits im alten System privilegiert war. Auch unter den Parteineugründungen befanden sich immerhin acht Parteien, die unter dem Vorsitz eines vormaligen höherrangigen Nomenklaturamitglieds in die politische Transformation geführt wurden. Vgl. Winderl, 1994, S. 383; Nowotny, 1994, S. 921; Meissner, 1986.

647 Vgl. Schneider, 1994, S. 142.

648 Zum folgenden Luchterhandt, 1993.

- Trawkin war stellvertretender Minister für Bauwesen und gründete zu Transformationsbeginn die Demokratische Partei Rußlands;
- Gdljan war leitend tätig für die Aufdeckung von Korruptionsfällen im Apparat des Zentralkomitees der KPdSU und gründete die Volkspartei Rußlands;
- Ruzkoj zählte zwar nicht primär zur politischen Elite, doch konnte er als Befehlshaber im Afghanistankrieg und als „Held der Sowjetunion" Einfluß auf die politische Sphäre nehmen und genoß als militärische Elite durchaus Vorzüge, die ihn als Nomenklaturist ausweisen;
- Wolskij schließlich war Mitglied im Zentralkomitee und Abgesandter des Präsidiums des Obersten Sowjet in Aserbajdschan und gründete die Allrussische Union „Erneuerung".

Unterhalb der Parteivorsitzenden bewarben sich eine Vielzahl weiterer alter politischer Eliten um einflußreiche politische Positionen. Aus der Kommunistischen Partei Sjuganows sind hier A. Lukjanow, ehemals Vorsitzender des Obersten Sowjet der UdSSR, und V. Warennikow, ehemaliger stellvertretender Verteidigungsminister der UdSSR, zu nennen. Die Präsenz ehemaliger Kader in parteipolitischen Spitzenämtern sowie der vergleichsweise geringe Personalaustausch in den einflußreichen Positionen von Staat und Wirtschaft läßt vermuten, daß eliteninterne und paktierte Elitewechsel im Übergang vom Plan zum Markt die individuellen Anpassungskosten der Eliten reduzieren. Demgegenüber steigen die institutionellen Rahmenkosten, da marktwirtschaftliche Konzeptionen am elitären Wohlfahrtsinteresse scheitern und nicht im vollen Umfang umgesetzt werden.

3.2.2.2.2 Politische Unternehmer: Visionäre und Opportunisten

Aus normativer Sicht besteht die Aufgabe des Politikers in Demokratien darin, Regeln, die gesellschaftliches Zusammenleben optimieren, unter der Nebenbedingung der allgemeinen Akzeptanz zu finden und umzusetzen.[649] Typisches Merkmal dieser Regeln ist ihr Kollektivgutcharakter, weshalb zur Bereitstellung dieser politischen Güter selektive Anreize existieren müssen. Für den Politiker sind dies analog zum ökonomischen Unternehmer Faktoren, die seine Wohlfahrt steigern (Einkommen, Macht, Ansehen). Da diese Faktoren erfolgsabhängig sind und sich der Erfolg des Politikers in den erzielten Wählerstimmen, die die Akzeptanz von Regeln durch die Wahlberechtigten widerspiegeln, ausdrückt, ist die Präferenzfunktion des Politikers durch die Maximierung von Wählerstimmen gekennzeichnet. Vergleichbar dem gewinnmaximierenden ökonomischen Unternehmer existiert somit der wählerstimmenmaximierende politische Unternehmer. Politisches Unternehmertum kann unter dem Einfluß von Wählerhäufigkeiten und politischen Programmen sowie in Abhän-

[649] Unter „allgemeine Akzeptanz" ist bei demokratischen Spielregeln die relative oder absolute Mehrheit zu verstehen.

gigkeit von den subjektiven Restriktionen zwei Varianten von politischen Unternehmertypen hervorbringen: den visionären und den opportunistischen Politikunternehmer.

Die Ausgangssituation für Veränderungen bilden Individualentscheidungen, die gegen das bestehende System gerichtete Handlungsfolgen intendieren. Die Voraussetzungen für diese transitorischen Veränderungen sind innovative Regelungen, die der politische Unternehmer in einem politischen Programm anbietet.[650] Da die politischen Neuerungen unter den Bedingungen der Ungewißheit nicht empirisch überprüft werden können, ist es eine Frage der Wählerpräferenzen, welche Regeln sich durchsetzen und etablieren.[651] Die Wählerpräferenz für ein politisches Programm korreliert mit der Glaubwürdigkeit des politischen Unternehmers und der visionären Dimension der politischen Innovation. Glaubwürdigkeit dient dem Vertrauensaufbau und bemißt sich aus dem „Grad der Übereinstimmung zwischen Annahmen über die gegenwärtige und zukünftige Politik und der ursprünglich angekündigten Politik."[652]

Subjektive Wählererwartungen über das Eintreffen einer angekündigten Maßnahme beeinflussen die politische Glaubwürdigkeit. Da Erwartungen bisher umso sicherer gebildet werden können, je stabiler das institutionelle Umfeld ist, läßt sich weiterhin schlußfolgern, daß es für einen politischen Unternehmer immer schwieriger wird, glaubwürdig zu wirken, je umfangreicher institutionelle Neuerungen das bestehende Institutionensystem ersetzen. Die kognitiven Restriktionen führen dazu, daß der Wähler immer nur einen Teil der angekündigten institutionellen Maßnahmen erfassen und beurteilen kann. Je umfangreicher nun der institutionelle Umbau ist, um so komplexer sind die Veränderungswirkungen, die dem einzelnen einen erwartungssicheren Einblick nur noch in einen Teilausschnitt künftiger Umweltzustände erlauben.[653]

Erwartungsunsicherheit und Glaubwürdigkeitsprobleme nehmen auch zu, wenn der Planungshorizont für die Umsetzung politischer Maßnahmen lang ist und mit zunehmender zeitlicher Entfernung des Einsetzens politischer Maßnahmen von der Gegenwart die Wähler die Folgen dieser Maßnahmen nicht antizipieren können, da sich der Planungshorizont des politischen Unternehmers vom Zeithorizont der Wähler unterscheidet. Der als politischer Visionär bezeichnete Politikertyp, der die Erfüllung seiner politischen Ziele auf der Grundlage eines langen Planungshorizontes anstrebt, hat hohe Kosten für die Überzeugung der Wähler aufzuwenden, da er einerseits glaubwürdig Gewißheit bei den Wählern über die Richtigkeit seiner Vision erzielen und andererseits über den Planungszeitraum hinweg seine politischen Ziele ankündigen muß. Aus der inhaltlichen Kontinuität der wiederholt angekündigten politischen Ziele und Maßnahmen resultiert dann ebenfalls ein Anstieg der politi-

---

[650] Vgl. Vaughn, 1983, S. 126.

[651] Vgl. Wellesen, 1994, S. 74; Downs, 1968, S. 85.

[652] Blackburn/Christensen, 1989, S. 2. In der Übersetzung von Hamacher, 1995, S. 11.

[653] Vgl. Windsperger, 1988, S. 66f.

schen Glaubwürdigkeit.[654] Jedoch gilt ebenso, daß Ankündigungen über einzelne Teilschritte, die zum politischen Ziel führen sollen, an Glaubwürdigkeit verlieren, wenn die angekündigten Maßnahmen nicht umgesetzt werden und Ankündigungs- und Einsatzeffekte differieren.[655] Als Vorteil erweist sich für den politischen Visionär ein Handlungsumfeld, dessen Klima durch Angst, Profitgier und Opportunismus geprägt ist. Unter diesen Umständen nimmt die Suggestivkraft von visionären Ideologien für jene, die ideologischen Halt suchen, zu.[656]

Der politische Visionär ist ein risikofreudiger Politikanbieter, dessen Zielerreichung ungewiß ist. Um seine Vision als zukünftiges Umfeldmodell zu vermarkten und Wählerstimmen akquirieren zu können, muß er regelmäßig in politische Ankündigungen investieren, um mit seinem langfristigen Anliegen bei dem kurzen Planungshorizont der Wähler präsent zu bleiben. Dies garantiert ihm jedoch nicht, zukünftig politikgestaltend tätig werden zu können. Dieser Aspekt wird deutlich, wenn auf Kapitel II.1.3 zurückgeschaut wird. Dort wurde dargestellt, daß „instrumental values“ Innovationen im Kontext wertkonservativer „ceremonial values“ sind. Je mehr eine Vision utopischen Charakter besitzt, um so weiter entfernt sie sich von den „ceremonial values“ und erreicht nur noch eine kleine Gruppe von Anhängern, die häufig einer intellektuellen, einer militärischen oder einer patriotischen Elite angehören. Da „instrumental values“ Produkte einer zweckrationalen Problemlösung sind, sind politische Visionen mit zunehmender Distanz zu den traditionalen Wertefeldern an einen normativen Konstruktivismus gekoppelt, der in Abhängigkeit von der Länge des Planungshorizontes mit Mängeln behaftet sein kann, die bei Umsetzung der Vision die gesellschaftliche Funktionsfähigkeit bedrohen. Die internen und externen Risiken eines visionäres Politikansatzes münden auf der anderen Seite in einem Belohnungssystem, das den Visionär mit umfangreichen Handlungsrechten und materiellen Privilegien ausstattet. Diese Anreize können bereits in Zwischenschritten ihre Wirkung entfalten, wenn der visionäre Politiker seinen unmittelbaren Machtbereich in der Partei nach seinen Vorstellungen organisiert.

In Rußland ist der LDPR-Vorsitzende Schirinowskij das Beispiel eines Visionärs, der den patriotisch-nationalen Flügel besetzt. Die Dimension seines Planungshorizontes dokumentiert sich darin, daß er sich innerparteilich bis zum Jahr 2004 den Parteivorsitz zugesichert hat und damit den politischen Kurs bestimmt.[657] Seine in-

---

[654] Vgl. Windsperger, 1988, S. 73.

[655] Der Einsatzeffekt bezieht sich auf das Verhalten von Individuen, nachdem eine angekündigte politische Maßnahme umgesetzt worden ist. Stimmen Ankündigung und Einsatz einer Maßnahme überein, so verhalten sich die Wirtschaftssubjekte gemäß der eigenen Erwartungen, die sie nach der Ankündigung entwickelt haben. Das Vertrauen in die Politik steigt. Vgl. Windsperger, 1987, S. 73.

[656] Vgl. Dopfer, 1994, S. 706.

[657] Vgl. Schneider, 1996, S. 36f; Luchterhandt, 1993, S. 27.

nerparteilichen Handlungsrechte hat er dahingehend ausgebaut, daß er nach eigenen Befinden Personalveränderungen vornehmen kann.[658]

Im Unterschied zum Visionär verfolgt der Opportunist keine politischen Ideen, die an einen langen Planungshorizont gebunden und als Ideale in einer visionären politischen Ideologie verdichtet sind.[659] Vielmehr instrumentalisiert der Opportunist Ideologien einzig zum Zweck der kostengünstigen Rekrutierung von Mehrheiten. Ist er erstmal in ein Regierungsamt gewählt, sind Abweichungen zwischen Wahlversprechen und tatsächlicher Politikarbeit möglich, da sein Politikhandeln nicht auf konkrete Ideologien fixiert ist. Die Inhalte des politischen Angebots des Opportunisten sind an den erwarteten Wählerpräferenzen ausgerichtet. DOWNS hat die Präferenzen der Wähler und die politischen Standorte der Parteien in einem Links-Rechts-Kontinuum angesiedelt und skizziert das Anbieterverhalten am politischen Markt in Abhängigkeit von der Wählerverteilung.[660] Je nach Verteilung der Wählerhäufigkeiten ergeben sich dann Anbieterbewegungen auf der politischen Skala, deren einziger Zweck die Hinzugewinnung von Wählerstimmen ist. Restringiert werden die Anbieterbewegungen durch den potentiellen Verlust an Glaubwürdigkeit und damit an Wählerzustimmung. Ideologische Anpassungsprozesse erfolgen dann unter der Restriktion, daß nicht eingehaltene politische Ankündigungen die Verläßlichkeit des Politikanbieters untergraben.[661] Der Planungshorizont des politischen Opportunisten ist auf den Wahlzyklus ausgerichtet, was die Erwartungsbildung für die Wähler erleichtert, da resultierende Störungen, die die individuelle Wohlfahrt beeinträchtigen, in einem kurzen Zeithorizont leichter prognostizierbar sind als in einem langen Zeitraum. Dies ist gerade für den Transformationsprozeß von Bedeutung, der eine Vielzahl komplexitätssteigernder Umweltveränderungen beinhaltet, die jedoch durch eine sequentielle Zerlegung des Transformationsprozesses in einzelne Phasen und Politikschritte transparenter gemacht werden können. Transformationspolitik wird hierdurch überprüfbarer und erhöht die Wahlchancen des politischen Unternehmers.

Da sich die Bevölkerungsmehrheit werttraditional verhält, orientiert sich das politische Angebot des Opportunisten an den „ceremonial values“. Anstelle eines radikalen Politikentwurfs dominieren wertbewahrende Politikangebote. Zu beachten ist für den Politikunternehmer jedoch, daß Traditionalität eingelebte Gewohnheiten widerspiegelt, weshalb rationale Politikargumente nur eine begrenzte Reichweite ha-

---

[658] Vgl. o. V., 1993.

[659] Ein interessantes Beispiel ist das gescheiterte ehemalige Reformprogramm Schatalins, der, vermutlich von der Dimension der Umwälzungen wissend, sein Programm in ein 500-Tage-Raster eingefügt hat, um der Bevölkerung einen überschaubaren Planungshorizont zu vermitteln und dadurch nicht als utopischer Visionär, sondern als politischer Realist darzustehen.

[660] Vgl. Downs, 1968, S. 114ff.

[661] Vgl. Downs, 1968, S. 101.

ben.[662] Der opportunistische Politikanbieter reduziert die Kosten der Erstellung des Politikangebots durch den im Unterschied zum Visionär kürzeren Planungszeitraum und die Anpassung des Angebots an Wählermehrheiten. Das Risiko, das der Opportunist zu kalkulieren hat, ist damit geringer als das Risiko des Visionärs. Zudem besitzt der Opportunist die Möglichkeit, über Interessengruppen, die kurzfristige Gestaltungswünsche haben, kostengünstig gebündelte, wenn auch gefilterte, Informationen zu erhalten. Umgekehrt kann er mit seinem Politikangebot an Interessengruppen herantreten, um vorab Reaktionsweisen zu testen und Angebotsdefizite aufzuspüren.[663]

Im Gegensatz zu stabilen Demokratien birgt der politische Transformationsmarkt für den Opportunisten jedoch zwei Besonderheiten:

- Mit dem Übergang vom Plan zum Markt ist ein Wertewandel verbunden. Dabei ist eine eindeutige Definition von „ceremonial values" nicht möglich, da je nach Dauer der sozialistischen Herrschaft mehr oder minder viele Werte durch das System implementiert worden sind, die von der Bevölkerung adaptiert und nun als „ceremonial" angesehen werden. Sofern der traditionale Werteraum eine Vielzahl sozialistischer Werte enthält, nimmt auch bei den reformorientierten politischen Opportunisten der visionäre Politikanteil zu, dagegen die Aussicht, Wählermehrheiten zu erreichen, ab. In diesem Fall bedienen sich die kommunistischen Parteien eines Großteils der sozialistischen „ceremonial values" und haben gute Chancen, politische Wahlen zu gewinnen.[664] Die Bandbreite dessen, was russische Tradition ist, scheint unter russischen Politikern und innerhalb der Bevölkerung sehr ausgedehnt zu sein. Selbst das zaristische Rußland dient als Vorbild für ein Anknüpfen an Traditionen. Die Christlich-monarchistische Partei ist hierfür ein Beispiel. Andererseits haben Umfragen gezeigt, daß die Bevölkerung in vielen Transformationsländern staatliche Einrichtungen hoch einschätzt, die eine stark repressive Funktion im Sozialismus hatten (Armee, Gerichtswesen, Polizei).[665]
- Wählerhäufigkeitsverteilungen sind vor den ersten Wahlen ungewiß, weshalb alle Parteien vor der ersten Wahl als Politikanbieter Visionäre sind. Opportunistisches Politikverhalten kann sich erst nach den ersten Wahlerfahrungen herausbilden, wobei das russische Beispiel jedoch zeigt, daß konstante Wählerhäufigkeiten in der Phase der Transformation, in der drastische Wohlfahrts- und Umverteilungswirkungen auf das Wählerverhalten durchschlagen, sich solange nicht etablieren, wie die Nutzenwirkungen nicht antizipiert und erfahren werden.

Abschließend ist zu anzumerken, daß ehemalige politische Eliten, die in der postsozialistischen Zeit als politische Unternehmer tätig sind, ihre Anstrengungen von einer autokratischen Machterhaltungspolitik hin zu einer demokratischen Wähler-

---

[662] Vgl. Weber, 1985, S. 20.

[663] Vgl. Dobias, 1980, S. 207; siehe auch Kapitel IV.3.2.3.2.

[664] Vgl. Barisitz, 1993d, S. 9.

[665] Vgl. Rose/Haerpfer, 1994, S. 17.

stimmenmaximierungspolitik verlagern müssen. Während die Machterhaltung in der Autokratie darauf ausgerichtet war, die Gunst derjenigen zu erlangen, die der Machtposition der entsprechenden Elite gefährlich werden konnten, müssen in der Demokratie Wählermehrheiten gefunden werden.[666] Obwohl in der Autokratie der Politiker ebenso selbstsüchtig seine Ziele verfolgt wie ein Politiker in der Demokratie, unterscheiden sich die Verhaltensweisen infolge der unterschiedlichen Ausgestaltung der Motivations- und Anreizsysteme.[667] Opportunistisches oder visionäres Politikverhalten sind die Folge, wobei der Opportunist den demokratischen Umgang mit Wählermehrheiten intensiver pflegt als der Visionär, der seine Ideen nicht zugunsten kurzfristig zu erreichender Mehrheiten aufgibt.

Im Unterschied zur ökonomischen Sphäre können in der politischen Transformation keine alten politischen Eliten mit humankapitalbedingten komparativen Vorteilen für den einen oder anderen Politikertyp identifiziert werden. Die Aufgabe des politischen Monopols stellt für alle eine Neuerung dar, in deren Mittelpunkt das Werben um den Wähler steht. Da es im Sozialismus keinen politischen Wettbewerb um Wähler gab, sind die Ausgangsbedingungen der politischen Eliten mit großen Umstellungserfordernissen versehen (z. B. Kosten einer Parteiengründung, Aufwendungen für die Karriere in einer neuen Partei). Es ist jedoch in Anlehnung an die frühere argumentative Logik zu vermuten, daß jüngere politische Eliten eher bereit sind, diese Anstrengungen aufgrund der damit verbundenen Einkommenserwartungen auf sich zu nehmen, als dies bei älteren Eliten der Fall sein dürfte.

3.2.3 Adressaten des politischen Angebots

Waren in der sozialistischen Planwirtschaft politische Loyalität, Ideologieverbundenheit sowie Patronage und Korruption Garanten für den politischen Aufstieg, so sind dies in den demokratischen Umfeldsystemen hauptsächlich Wählermehrheiten und Interessengruppen. Um eine maximale Anzahl an Wählerstimmen zu erhalten, muß das politische Angebot den Bedürfnissen der Politiknachfrager angepaßt sein. Da in den sozialistischen Ländern die Handlungsrechte der Politiknachfrager die Artikulation ihrer politischen Bedürfnisse stark einschränkte, hatten die Politikanbieter, die in der Hierarchie unterhalb der politischen Führung tätig waren, lediglich Rücksicht auf den Willen des Vorgesetzten, nicht aber der Wähler zu nehmen. Die politische Führung selbst war als höchstes Entscheidungs- und Kontrollorgan mit Ausnahme der in Abschnitt III genannten Restriktionen weitgehend unabhängig in ihrer politischen Arbeit. Der transformationsbedingte Wechsel zur Demokratie erfordert von den politischen Eliten nun die Fähigkeit zur Wahrnehmung der Wählerbedürfnisse.

---

[666] Vgl. Lambertz, 1990, S. 92.

[667] Zu Motivations- und Anreizfaktoren im Sozialismus siehe Abschnitt III.

3.2.3.1 Wähler

Für die Wähler gilt wie für die Politiker, daß sie nach dem Eigennutzprinzip handeln. Ein Wähler gibt seine Stimme der Partei, von der er sich den größten Nutzen erwartet.[668] Um über die politischen Alternativen Kenntnis zu erlangen, muß der Wähler Ressourcen zur Informationsgewinnung aufwenden. Analog zu alternativen Entscheidungssituationen auf ökonomischen Gütermärkten wägt er die Informationsbeschaffung nach dem Marginalprinzip ab, wobei solange Ressourcen zur Informationssammlung aufgewendet werden, bis die Grenzkosten dem erwarteten Grenznutzen entsprechen. Aufgrund des geringen Gewichts einer einzelnen Wählerstimme in großen demokratischen Abstimmungen ist es unter individuellen Nutzenerwägungen gleichsam paradox, daß trotz des Prinzips „ein Wähler - eine Stimme" überhaupt eine Stimmabgabe erfolgt. Da keine Bedürfnisintensitäten gewichtet zum Ausdruck gebracht werden können, ist der Nutzen einer Wahl für den Wähler aus individueller Sicht gering (Wahlparadoxon).[669] Je sicherer der Wahlausgang ist, umso geringer ist dann die Bereitschaft des Wählers, sich überhaupt an Abstimmungen zu beteiligen.[670]

Eine kostensenkende Strategie der Informationsbeschaffung ist die selektive Informationssuche, innerhalb der der Wähler nur nach solchen Informationen Ausschau hält, die die ihn interessierenden Problembereiche betreffen. Hierdurch entstehen Informationsasymmetrien unter den Wählern, die Politikanbietern die Möglichkeit eröffnen, einzelne Gruppen durch Wahlversprechungen besonders zu begünstigen und dadurch die Wählerstimmen dieser Gruppe auf sich zu ziehen, ohne daß das Wissen über diese Begünstigung in der Gesellschaft diffundiert.[671] Eine Reduzierung des Ressourcenaufwands zur Informationsbeschaffung kann darüber hinaus durch die Beurteilung der realisierten Regierungsarbeit anhand makroökonomischer Indikatoren erfolgen.[672] Doch ist hier zu berücksichtigen, daß der Zeithorizont des Wählers kurz ist und die Regierung durch eine entsprechende Fiskalpolitik vor Wahlen auf makroökonomische Daten Einfluß ausüben kann, die die Politikarbeit der Regierung dann kurzfristig günstiger aussehen läßt, als sie tatsächlich ist. Im Unterschied zu revolutionären Umstürzen ist der Wahlgang trotz der geschilderten Informationskosten mit geringeren individuellen Kosten versehen, was als Grund dafür anzusehen ist, daß auch bei geringem Grenznutzen eine Beteiligung der Wähler an Abstimmungen festzustellen ist.

---

[668] Vgl. im folgenden Downs, 1968, S. 266f; Dobias, 1980, S. 169ff; Daumann, 1995, S. 84ff.

[669] Vgl. Kunz, 1985, S. 161; Downs, 1968, S. 80ff.

[670] Vgl. dazu auch Settle/Abrams, 1976.

[671] Vgl. Daumann, 1995, S. 86.

[672] Siehe hierzu auch Kapitel IV.3.2.5.1.

In den osteuropäischen Transformationsländern zeigt sich, daß nach der ersten Transformationseuphorie eine gewisse Wählerresignation um sich greift. ROSE/HAERPFER haben in empirischen Befragungen in den Jahren 1991/92 festgestellt, daß die Identifikation der Wähler mit den Parteien und ihren Programmen kaum mehr als zwei Jahre nach Einleitung des institutionellen Wandels bereits wieder zurückging.[673] Offensichtlich ist der durch die neuen Parteien vorangetriebene Wertewandel für viele nur schwer nachzuvollziehen, da die Mehrzahl der Wähler auch Jahre nach Transformationsbeginn noch ein hohes Vertrauen in Organisationen besitzt, die ehemals Instrumente sozialistischer Staatsmacht und Repressionen waren (Armee, Polizei, Gerichtswesen). Demokratische Institutionen hingegen, wie die gewählten Parlamente oder die neuen Parteien, haben es schwer, Vertrauen aufzubauen und demokratische Traditionen im Wertesystem der Menschen zu verankern. Es überrascht nicht, daß die Befürworter einer stärker autoritär ausgerichteten Politik besonders in den Ländern vertreten sind, die keine parlamentarische Tradition besitzen. Im Ergebnis der Befragung werden unterschiedliche Wählergruppen zu diesem frühen Zeitpunkt der Transformation charakterisiert:

- Im Durchschnitt aller Länder konnten rund ein Viertel der Befragten als reaktionär eingestuft werden. Ihr Anliegen ist die Rekonstitution der alten Ordnung.
- Zu den „Skeptikern", die sowohl das alte als auch ein kapitalistisches System ablehnen, waren ebenfalls ein Viertel der Befragten zu zählen.
- Überzeugt von der Richtigkeit des neuen Systems waren die „Demokraten", deren Anteil in der Stichprobe knapp ein Drittel ausmachte,
- während knapp ein Fünftel der Befragten als indifferent zu charakterisieren waren.

3.2.3.2 Interessengruppen

Interessengruppen sind der zweckgerichtete Zusammenschluß von Individuen in einem Kollektiv, deren Ziel die Verfolgung gemeinsamer Mitgliederinteressen ist.[674] Soll Einfluß auf die politische Willensbildung genommen werden, sind die politischen Unternehmer die Adressaten der Gruppenpolitik. Interessengruppen haben dabei durchaus Clearingfunktion, da sie die Individualziele ihrer Mitglieder bündeln und zu einer zentralen Aussage bzw. Forderung verdichten, die dann an die Adressaten übermittelt wird. Dieses Informationsclearing erhöht die Transparenz auf politischen Märkten, wobei die Interessenhomogenität einer Gruppe durch ihre Größe und die in der Gruppe existierenden Bedürfnisintensitäten bestimmt wird.

---

[673] Die Befragung wurde in Bulgarien, der Tschechischen Republik, der Slowakei, Ungarn, Polen, Rumänien, Slowenien, Weißrußland, Ukraine und Kroatien durchgeführt. Aufgrund des verzögerten Transformationseinsatzes ist Rußland in dieser Erhebung nicht enthalten, doch ist zu vermuten, daß das Wählerverhalten auch auf Rußland übertragbar ist. Rose/Haerpfer, 1994.

[674] Vgl. Hartwig, 1994, S. 759.

Die wohlfahrtspolitische Umverteilung im Transformationsprozeß forciert die Interessengruppenbildung, die infolge der gestiegenen Exklusivität der individuellen Handlungsrechte im Zuge der Liberalisierung zu geringeren Transaktionskosten möglich ist als in zentralen Planwirtschaften.[675] Hinsichtlich einer Segmentierung von Interessengruppen im Transformationsprozeß kann zwischen einer in der ehemaligen Planwirtschaft nicht privilegierten und einer ehemals privilegierten Bevölkerungsgruppe unterschieden werden. Während die nicht privilegierte Gruppe zumindest zu Transformationsbeginn einen Nettonutzen aus der Transformation erwartet und dadurch zur Transformationsbefürworterin wird, sind in den Reihen der politischen und ökonomischen Eliten die Transformationsgegner zu vermuten. APOLTE hat auf divergierende Interessenlagen hingewiesen, indem er seinen Blick auf Interessenkonstellationen richtet, die sich einerseits auf das Verhältnis der politischen und ökonomischen Nomenklatura untereinander beziehen und andererseits das Verhältnis zu den nicht-elitären Beschäftigten in den Betrieben beschreiben.[676]

Zu erwarten ist, daß eine Kooperation aus ökonomischen Eliten (vor allem älteren Jahrgangs) und politischen Eliten in der betriebsnahen Bürokratie die Gegner der Transformation vereint, während die Belegschaftsangehörigen als Vertreter der nicht privilegierten Bevölkerung für die Transformation eintreten. In Anlehnung an frühere Ausführungen sind dabei vor allem die älteren Jahrgänge unter den Eliten zu den Transformationsgegnern zu zählen, da für sie die humankapitalbedingten Investitionskosten den Nettonutzen aus der Transformation negativ gestalten und die Opportunitätskosten der Gegnerschaft gering halten. Anhand alternativer diskretionärer Handlungssituationen verdeutlicht APOLTE, daß die Wohlfahrtswirkungen für beide Gruppen davon abhängen, ob Gegner und Befürworter eine Einigung finden und kooperieren oder ob sie aufgrund unterschiedlicher Anschauungen konkurrieren. Die Interessenkonvergenz zwischen Betriebsleitung und Bürokratie wird im Transformationsprozeß dadurch gefördert, daß die Bürokratie bei zunehmender Handlungsautonomie der Betriebe um den Verlust ihrer Handlungskompetenz fürchtet und die Betriebsleiter in Zeiten gesamtwirtschaftlicher und einzelwirtschaftlicher Ungewißheit nach Aufträgen aus der Bürokratie suchen, um das Unternehmen auf eine sichere Auftragsbasis zu stellen. Zu diesem Zweck nutzen sie ihre informellen Kontakte im Beziehungsnetzwerk und versuchen, Einfluß auf die politischen Entscheidungsträger auszuüben.

Dagegen befindet sich die Belegschaft in einem interessenpolitischen Dilemma, das ihre Entschlossenheit und Geschlossenheit in der Verfolgung gruppenspezifischer Ziele, z. B. Streikaktionen, Forderung nach Ablösung der Betriebsführung, vermindert, da sie einerseits als Teil der ehemals nicht privilegierten Bevölkerung Wohlfahrtsgewinne aus der Transformation erwartet und andererseits als Unternehmensbe-

---

[675] Vgl. Apolte, 1992, S. 136.

[676] Vgl. Apolte, 1992, S. 137ff.

schäftigte ihre berufliche Zukunft mit der Existenz des Unternehmens verknüpft, das jedoch bei zunehmender Marktliberalisierung im Bestand bedroht ist.[677]

Daraus kann die Hypothese abgeleitet werden, daß die ökonomischen Eliten und die politischen Eliten der betriebsnahen Bürokratie aufgrund einer hohen Zielkonvergenz und kleiner Gruppengröße erfolgreicher in der Durchsetzung ihrer Interessen sind als die Betriebsbelegschaft. Auch erleichtern kleine Gruppengrößen, hohe Zielkonvergenz und geringe Opportunitätskosten die Gruppenbildung der Transformationsgegner.[678]

Der Erfolg gruppenspezifischer Einflußnahme auf die Bereitstellung politischer Güter ist jedoch nicht allein abhängig von der Organisationseffizienz der Gruppe, sondern äußert sich zudem in der Bereitschaft und Fähigkeit, durch den Einsatz von Ressourcen politischen Druck auszuüben.[679] Konkurrieren verschiedene Gruppen um Einflußwirkungen auf die Bereitstellung eines politischen Gutes, so ist zusätzlich das Verhalten der Konkurrenten in das Kalkül mit einzubeziehen. Neben den größenabhängigen Organisationskosten müssen damit ebenso die Kosten zur Ausübung politischen Drucks mit berücksichtigt werden, deren Höhe mit der Intensität der politischen Einflußnahme positiv korreliert. WELLESEN weist jedoch auch darauf hin, daß unter der Berücksichtigung bestimmter Annahmen ein Druckoptimum existiert, das es ökonomisch sinnvoll werden läßt, keine weiteren Ressourcen in die Druckproduktion zu investieren.[680] Somit ist nicht zwangsläufig derjenige am einflußreichsten, der über das größte Ressourcenpotential zur Druckausübung verfügt.

Organisations- und Druckproduktionskosten bemessen somit den Ressourcenaufwand zur Ausübung gruppenpolitischen Einflusses. Eine potentielle Möglichkeit zur Senkung der Druckproduktionskosten besteht darin, daß der Politiker selbst nach homogenen Wählergruppen sucht, um diese durch gewährte Begünstigungen in Abstimmungen für sich gewinnen zu können. Durch direkte Zuwendungen (z. B. Subventionen, Sozialtransfers) oder indirekte Begünstigungen (Marktregulierungen) signalisiert der Politiker seine Bereitschaft, sich dem Einfluß einzelner Gruppen zur eigenen Vorteilsmaximierung zu unterstellen.[681] Auch durch kooperatives Verhalten einzelner Gruppen mit ähnlichen Zielsetzungen können die Druckproduktionskosten gesenkt und kann das verfügbare Budget zur Einflußnahme effizienter genutzt wer-

---

677 Vgl. Apolte, 1992, S. 141ff; Barisitz, 1993a, S. 8; Barisitz, 1993c, S. 9.

678 Vgl. auch Hartwig, 1994; Winiecki, 1991.

679 Vgl. Wellesen, 1994.

680 Die beiden wesentlichen Annahmen sind: Cournot-Nash-Verhalten der Beteiligten und die Existenz von Gruppenkonkurrenz. Cournot-Nash-Verhalten impliziert, daß der Ressourceneinsatz eines jeden Nachfragers auf jeder Anpassungsstufe des Nachfragewettbewerbs als gegeben angesehen und vom Konkurrenten als Ausgangssituation für seine Reaktion genommen wird. Vgl. Wellesen, 1994, S. 110ff.

681 Vgl. Daumann, 1995, S. 88ff.

den. Als gegenlaufender Effekt ist dann jedoch der Anstieg der Organisationskosten aufgrund zunehmender Gruppengröße zu berücksichtigen.

3.2.4 Regulierungsmechanismen des politischen Marktes

Die Hindernisse für eine erfolgreiche Transformation können vor dem Hintergrund der jeweiligen Rahmenbedingungen verdeutlicht werden. Ökonomische und politische Umstellungsmaßnahmen, die gerade in Rußland ein unkoordiniertes Bild ergeben, führen zu sozialen Verwerfungen in der Gesellschaft und eröffnen vielfältige Handlungsräume, die auch der alten Elite neue Handlungsmöglichkeiten bieten. Individuelle Wohlfahrtsunterschiede in der Ausgangssituation resultieren aus einer Ungleichverteilung von Einkommen, Vermögen und Rechten. Es existieren divergierende Erwartungen, die in einer Vielzahl von Parteigründungen zum Ausdruck kommen.[682] Somit besteht die Gefahr, daß durch politischen Widerstand transformationsnotwendige Politikmaßnahmen hinausgezögert werden. Spannungen und Konflikte sind gerade dann zu erwarten, wenn durch politische Beschlüsse auf Verteilungsprozesse zu Lasten einzelner Gruppen Einfluß genommen wird.[683] Interventionistische Absichtserklärungen und populistische Wahlversprechungen nehmen zu, wenn eine Vielzahl von Parteien um die Regierungsmacht kämpft und das programmatische Profil zur Abgrenzung von der Parteienkonkurrenz geschärft werden soll.[684] Auf der Seite der Regierung erhöht sich gerade vor Wahlen die Neigung, den Gegenwartskonsum zu Lasten des Zukunftskonsums zu stärken, indem geplante Investitionsausgaben umgeschichtet und für Sozialtransfers, Subventionen oder Lohn- und Gehaltssteigerungen im öffentlichen Sektor verwendet werden.[685] Hieraus resultieren verschenkte Wachstumschancen, politische Konjunkturzyklen und selektive Begünstigungen von Interessengruppen mit der Folge zunehmender gesamtwirtschaftlicher Instabilität.[686]

[682] Vgl. Wagener, 1994, S. 646ff.

[683] Vgl. Leipold, 1994, S. 726.

[684] In Rußland wurde vor dem Hintergrund der Dumawahlen im Dezember 1993 die Frage diskutiert, ob anstelle einer rigorosen Sparpolitik Subventionen an den militärisch-industriellen Komplex, die Kohleindustrie und die Landwirtschaft gezahlt werden sollten. Vgl. Bekker, 1993, S. 21.

[685] Vgl. Przeworski/Limongi, 1993, S. 54.

[686] Vgl. Bloch, 1986, S. 118.

3.2.4.1 Präsidialsysteme - Monopolisierung der politischen Macht

Um einen ressourcensparenden, wachstumsorientierten und erwartungssicheren Entwicklungsweg zu beschreiten, kann es nützlich sein, politische Positionen mit Sondervollmachten auszustatten, um eine Abkürzung politischer Entscheidungswege herbeizuführen und ein ressourcenverschwendendes Procedere politischer Abstimmungsprozesse zu vermeiden. Mit umfangreichen politischen Handlungsrechten ausgestattet, können dann wahltaktische Zugeständnisse, mithin die reformpolitische Schwäche von Demokratien, umgangen werden.[687]

In der Diskussion um transformationspolitische Konzepte taucht deshalb immer wieder das theoretische Konstrukt eines wohlmeinenden Diktators auf, der das Stehvermögen besitzt, auch unpopuläre Maßnahmen durchsetzen zu können, wenn sie langfristig die Wohlfahrt des Landes maximieren.[688] Seine Unabhängigkeit von demokratischen Regeln sowie seine politische Machtfülle, so die Argumentation, würden stabilitätsfördernd wirken, da er frei von Wahlzyklen agieren könnte. Damit sind politische Effizienzwirkungen verbunden, die auf einer Reduzierung der Transaktionskosten basieren und Resultat des gesunkenen Konfliktpotentials in Entscheidungsprozessen sind. Die Position des Diktators ist mit hochgradig exklusiven Handlungsrechten versehen, die ihm ein politisches Monopol zusichern. Da er sich an keine wahltaktischen Manöver halten muß, reicht sein Planungshorizont über eine Legislaturperiode hinaus, so daß auch Erträge aus sich langfristig amortisierenden Investitionen beim Investor internalisiert werden.[689] Im Unterschied zur Demokratie fehlt der Druck, im Zuge des politischen Wettbewerbs den Gegenwartskonsum zur Begünstigung von Interessengruppen zu stärken. Wenngleich die Hypothese vom wohlmeinenden Diktator eher als Gedankenspiel denn als pragmatische Politik zu beurteilen ist, findet zumindest der Tendenz nach eine ähnliche Regulierung des demokratischen Wettbewerbs durch die Etablierung einer starken Staatspräsidentenposition statt. Die sogenannten asiatischen „Tiger“ sowie China und Chile sind Beispiele für eine erfolgreiche Wachstumspolitik, die auf einem autoritären Staatsfundament basierte und der Bevölkerung geringe politische Freiheiten bei umfangreichen ökonomischen Handlungsrechten offerierte.[690]

---

[687] Das Unvermögen demokratischer Regierungen, institutionelle Reformen anzugehen, sieht Day auch in entwickelten Marktwirtschaften in der Existenz dauerhafter, struktureller Arbeitslosigkeit. Vgl. Day, 1994, S. 98.

[688] Vgl. Apolte/Cassel, 1994, S. 663; Schwarz, 1994, S. 748.

[689] Vgl. Pies, 1996, S. 6. Eine Voraussetzung hierfür ist, daß die Opportunitätskosten eines Umsturzes für die Bevölkerung entsprechend hoch gehalten werden und damit die Präferenz oppositioneller Bevölkerungsgruppen, einen politischen Wechsel aktiv herbeizuführen, gemindert wird.

[690] Vgl. Przeworski, 1993, S. 56; Pies, 1996, S. 4.

Im Präsidialsystem werden dem Präsidenten eines Landes Machtkompetenzen zugestanden, die es ihm ermöglichen, mittels verbindlicher Präsidialdekrete die Richtung der Politik parteiunabhängig mitzugestalten. In der russischen Verfassung wurden am 17.12.1993 die handlungsrechtlichen Kompetenzen des Präsidenten dahingehend legitimiert, daß er über Möglichkeiten verfügt, per Präsidialdekret jeden Beschluß des Parlaments zu stürzen, wenn dieser nicht mindestens mit einer Zweidrittelmehrheit zustandegekommen ist.[691] Durch die Zurückstufung des Parlaments als gesetzgebendes Organ ist beabsichtigt, den "Krieg der Gesetze" zugunsten des Präsidenten zu entscheiden.[692] Sofern der Präsident durch seine Machtausstattung die politische Richtung festlegt, trägt er ebenso zur Senkung der Entscheidungskosten bei den Wählern bei, da die Intransparenz des politisches Marktes durch präsidiale Richtlinienkompetenz verringert wird und er somit komplexitätsreduzierend auf politische Entscheidungsprozesse einwirkt.[693] Darüber hinaus eröffnet die Präsidialmacht dem Präsidenten personale Entscheidungsautonomie bei Ernennungen im ministerialen und militärischen Bereich. Welche entscheidende Rolle dem russischen Präsidenten im Transformationsprozeß zuteil wird, kommt auch in der Tatsache zum Ausdruck, daß die internationalen Finanzorganisationen sowie die Regierungen in den OECD-Mitgliedsstaaten ihre Unterstützung für den russischen Systemwandel, bei wechselnden Dumamitgliedern, von der Besetzung des Präsidentenamtes abhängig machen.

Anzumerken ist jedoch, daß die Effizienzsteigerungen durch die Institutionalisierung eines Präsidialsystems im Transformationsprozeß in ihr Gegenteil verkehrt werden können, wenn Transformationsgegner diese, mit umfangreichen Handlungsrechten ausgestattete politische Position besetzen. Wenn die Annahme gilt, daß die gesellschaftliche Wohlfahrt positiv mit dem Grad des Interesses der Politiker an den Bedürfnissen der Bevölkerung korreliert, dann bedarf es bei Abwesenheit politischen Wettbewerbs eines wohlmeinenden Diktators mit altruistischen Neigungen oder aber das Institutionensystem muß so ausgestaltet sein, daß durch politischen Wettbewerb Druck auf die Politiker zur Berücksichtigung zumindest eines Teils der Wählerinter-

---

[691] Vgl. Puseizer, 1994, S. 175. Bereits vor dem Referendum am 17.12.1993 war das Präsidentenamt mit umfangreichen Handlungsrechten ausgestattet, was zu zahlreichen Konflikten zwischen Parlament und Präsident führte. Höhepunkt dieser Auseinandersetzung war eine parlamentarische Resolution, mittels derer die Rechte des Präsidenten auf der Grundlage der sowjetischen Verfassung von 1978 zurückgestuft werden sollten. Jelzin reagierte mit einem Gegenerlaß und provozierte damit einen Mißtrauensantrag gegen sich, der jedoch keine ausreichende Mehrheit fand. Vgl. Babst, 1994, S. 286f.

[692] Vgl. Schmidt-Häuer, 1993, S. 72ff.

[693] Die Präsidentenerlasse sind nach Einschätzung der OECD das wichtigste Instument der Politikgestaltung in Rußland. Vgl. OECD, 1995, S. 31. Beabsichtigte Wirkung der Präsidentenmacht ist: „to strengthen the unified system of execution power and ist ability to conduct social and economic reforms aimed at extricating the country from crisis, to implement an effective regional policy,..." Gorodetskaja/Tregubova, 1994, S. 17.

essen ausgeübt wird.[694] Wird nun die verfassungsmäßig abgesicherte, einflußreiche Präsidentenposition von einem Politiker besetzt, dessen Absicht nicht die Systemtransformation ist, so kann er aufgrund seiner Richtlinien- und Stellenbesetzungskompetenz die politische Richtung ändern und durch den Ausbau eines Beziehungsnetzwerkes personell fundieren. Dieses formelle Netzwerk gründet sich dann auf das bereits erwähnte Ernennungsrecht des Präsidenten in Politik und Armee und kann durch weitreichende Sonderregelungen, wie etwa das „Institut der Präsidentenvertreter" in Rußland, zusätzlich gestärkt werden. Diese Regelung berechtigt den Präsidenten, Bevollmächtigte in die Regionen zu entsenden, die dem Präsidenten direkt unterstellt sind.[695] Eingerichtet zur Verhinderung eines politisches Machtvakuums und zur Forcierung der Systemtransformation in den Regionen, kann es ein Instrument zur flächendeckenden Retransformation werden, wenn Transformationsgegner diese Position besetzen.

3.2.4.2 Markteintrittsbarrieren im politischen System

Betrachtet man den politischen Markt in enger Definition als Ort, an dem politischer Einfluß geltend gemacht werden kann und der sich organisatorisch-räumlich im Parlament manifestiert, so können verschiedene Barrieren existieren, die einer Partei bzw. einem politischen Unternehmer den Marktzutritt verwehren. Die Barrieren können dabei auf objektiver Ebene generell gelten, sie können aber auch subjektbezogen die individuellen Fähigkeiten und Möglichkeiten des politisch Handelnden betreffen:

- Institutionelle Beschränkungen des Politikerhandelns ergeben sich aus den verfassungsmäßigen Vorschriften, die die Staatsorganisation rechtsverbindlich festlegen. Hier sind zum einen subjektspezifische Mindestanforderungen benannt, die der Bewerber für ein politisches Amt erfüllen muß. Selektionskriterien sind z. B. das Erreichen eines Mindestalters und der Besitz einer entsprechenden Staatsangehörigkeit.[696] Zum anderen sind hier die objektiven Barrieren zu nennen, zu denen beispielsweise Prozenthürden zählen, die als technische Restriktionen die Möglichkeit zur parlamentarischen Politikarbeit regulieren. Durch die prozentuale Fixierung von Schwellen, die als Schranken über die parlamentarische Tätigkeit von Parteien entscheiden, bleiben all jene Parteien von der Politikgestaltung auf dem regulierten Markt ausgeschlossen, die nicht das definierte Minimum an Wählerunterstützung erhalten haben. Der regulierte politische Markt bietet somit nur politische Güter an, die durch die Politiknachfrager so stark nachgefragt werden, daß der Anbieter des politischen Gutes die Prozenthürde überwinden kann und die Möglichkeit erhält, dieses Gut im Parlament zur Geltung zu bringen. Parteien, de-

[694] Vgl. Pies, 1996, S. 6.

[695] Vgl. Busygina, 1996.

[696] Vgl. Daumann, 1995, S. 85.

ren Angebot auf keine genügend große Nachfrage trifft, müssen sich durch außerparlamentarische Aktivitäten auf nichtreguliertem Politikterrain bewähren. Ihre Einflußnahme auf die Politikgestaltung kann dann nur indirekt sein, da sie von parlamentarischen bargaining-Prozessen oder Regierungshandeln ausgeschlossen sind. 1995 übersprangen in Rußland vier Parteien die Fünf-Prozenthürde und zogen in die Duma ein, weitere acht Parteien entsandten Vertreter, die per Direktmandat gewählt wurden.[697] Im Vorfeld der Wahl erfolgte bereits eine Selektion, da von den angetretenen 43 Wählervereinigungen nur jene 15 zur Wahl zugelassen wurden, die das geforderte Limit an unterstützenden Unterschriften erreichten.[698]

- Bezugnehmend auf den zuvor genannten Aspekt spielt der ideologische Standort einer Partei auf der politischen Skala eine Rolle, denn von ihm hängt es ab, inwiefern politische Marktanteile durch Wählerstimmen erzielt werden können. Wie nachfolgend noch zu zeigen ist, besitzen kommunistische Parteigründungen zumindest vor den ersten Parlamentswahlen einen Standortnachteil, der den Eintritt in den politischen Markt durch Stimmenverweigerung erschwert.[699]
- Auch dann, wenn Parlamentssitze gewonnen werden konnten, ist die politische Arbeit jedoch nicht frei von Regulierungen. Die Ausführungen früherer Kapitel unterstreichen, daß die Politikanbieter in den Parlamenten selbst durch Mehrheitsregelungen gebunden sind, die über einfache Mehrheiten hinausgehen. Logrolling, also die parteiübergreifende Unterstützung bei Abstimmungen durch Stimmentausch, stellt hier eine Strategie dar, bei nicht ausreichender eigener Mehrheitsfähigkeit durch wechselseitige Koalitionen in Abstimmungen Mehrheiten für die Durchsetzung politischer Güter zu organisieren.
- Subjektive Beschränkungen äußern sich in den begrenzten materiellen Ressourcen, die die Politiker darauf verwenden können, bestehende Informationsdefizite des Wählers über ihre jeweiligen Politikangebote abzubauen.[700] Der Umfang des ihm zur Verfügung stehenden Ressourcenbudgets ist dabei abhängig von der Unterstützung durch eine Partei oder andere soziale Netzwerke. Die politischen Eliten, die in einer der kommunistischen Nachfolgeparteien tätig sind, besitzen hier Vorteile, da sie die politische Infrastruktur sowie den Ressourcenbestand (z. B. Finanzvermögen) der früheren Monopolpartei nutzen können.
- Eine weitere subjektive Restriktion liegt in der Fähigkeit, den Wähler entsprechend seiner Nachfrage selektiv mit Informationen über politische Leistungen zu versorgen. Anstelle einer flächendeckenden Informationsbereitstellung ist eine gezielte Informationspolitik notwendig, die vor allem den Interessengruppen Anreize

---

[697] Vgl. Schneider, 1996c, S. 16

[698] Vgl. o.V., 1996a, 11.1.1996, S. 1.

[699] Vgl. Kapitel IV.3.2.5.1.

[700] Vgl. Daumann, 1995, S. 86.

bietet, ihre Unterstützung der entsprechenden Partei zu geben. Für den Politiker sind diesbezüglich Kenntnisse über das Zusammenwirken von Klientelpolitik und Wählerstimmenzuwachs von Bedeutung.[701] Da die Berücksichtigung von Wählerbedürfnissen in dem politischen System der sozialistischen Länder keine hinreichende und notwendige Bedingung war, sind mit dem Wechsel in eine parlamentarische Demokratie auch bei den alten politischen Eliten Lernprozesse im Umgang mit demokratischen Spielregeln erforderlich.

Vor diesem Hintergrund ist zu konstatieren, daß die alten politischen Eliten über Vorteile im Zugriff auf Ressourcenbestände verfügen, die die Bereitstellung eines politischen Gutes erleichtern. Im Vergleich zu den neugegründeten Parteien konnten vor allem die alten politischen Eliten in den kommunistischen Nachfolgeparteien der KPdSU auf deren Sach- und Finanzvermögen zurückgreifen.[702] In materieller, personeller und finanzieller Hinsicht sind die meisten nicht-kommunistischen Parteien der kommunistischen Konkurrenz weit unterlegen. Aus der Unterstützung Jelzins bei den Präsidentenwahlen erwarteten die demokratischen Parteien korrigierende Umverteilungseingriffe zu ihren Gunsten, zumal die Eigentumsrechte am Vermögen der ehemaligen Staatspartei aufgrund der engen Verknüpfung von Partei und Staat zu sowjetischen Zeiten formal in der Hand staatlicher Entscheidungsträger lagen. Mit Ausnahme kleinerer Sachmittelzuwendungen erfüllten sich diese Erwartungen jedoch nicht.[703] Sofern die Markteintrittsbarrieren institutionell verankert für jeden politischen Unternehmer gelten, erfolgt die Restriktion auf dem politischen Markt unabhängig davon, ob jemand zur alten politischen Elite zählt oder aus dem Kreis der ehemals nicht privilegierten Bevölkerung kommt. Von Bedeutung ist statt dessen, inwiefern kommunistische Parteien in der Konkurrenz um politische Macht auf Ressourcen zurückgreifen können, über die die nicht-kommunistischen Parteien nicht verfügen. Zu berücksichtigen ist jedoch, daß die für kommunistische Parteien die Grenzkosten einer zusätzlichen Wählerstimme, die nicht aus dem Lager der Transformationsgegner kommt, höher sind, als dies bei transformationsbefürwortenden Parteien der Fall ist.[704] Bei einer verbreiteten Transformationseuphorie sind deshalb von den kommunistischen Parteien hohe Kosten aufzuwenden, um überhaupt am politischen Markt präsent bleiben zu können. Auf diesen Aspekt soll im nachfolgenden Kapitel ausführlicher eingegangen werden.

---

[701] Vgl. Daumann, 1995, S. 86.

[702] Vgl. Luchterhandt, 1993, S. 25,

[703] Vgl. Luchterhandt, 1993, S. 27.

[704] Vgl. hierzu Kapitel IV.3.2.2.1.

3.2.5 Einflußfaktoren des politischen Wettbewerbs

Demokratische Abstimmungsmechanismen bei politischem Pluralismus führen im Gegensatz zu monozentrischen Einparteiensystemen zu politischem Wettbewerb und fördern das Entstehen politischer Innovationen. Vergleichbar zum ökonomischen System befindet sich im Transformationsprozeß auch das politische System in einer Übergangsphase relativer Unordnung, in der diskretionäres über regelgebundenes Politikverhalten dominiert.[705] Opportunistische Politikanbieter folgen rasch wechselnden Mehrheiten und die Wähler sind aufgrund persönlicher Erlebnisse und der Kenntnis tragischer Einzelschicksale emotionalisiert, so daß rationale Politikelemente bei den Wählern nur begrenzt Gehör finden. Das emotionale Element in der Transformationspolitik stärkt den visionären Politkanbieter, der langfristige Politikziele verfolgt und dabei auf die Konsistenz seines Programms setzt.[706] Nachfolgend soll auf die Bedeutung von Wahlprogrammen und pragmatischer Politikarbeit als Wettbewerbselemente einer rationalen Politik eingegangen werden, die jedoch um Aspekte der persönlichen Erfahrung und des Charismas von Politikern ergänzt werden müssen. Es zeigt sich, daß politische Transformationsmärkte einem entropischen Prozeß unterliegen können, der den Gegnern der Transformation zu Einfluß verhilft.[707]

3.2.5.1 Ideologien und politische Arbeit

3.2.5.1.1 Elite-, Partei- und Ideologiedifferentiale

In der Demokratietheorie gilt die Annahme, daß bei rationalem Wählerverhalten auf der Grundlage von Nutzendifferenzen Parteidifferentiale gebildet werden können, die dazu führen, daß jene Partei, die den höchsten individuellen Nutzen verspricht, gewählt wird.[708] In Abhängigkeit vom Zeitraum, für den Nutzenerwartungen gebildet werden, lassen sich zukunfts- und gegenwartsbezogene Parteidifferentiale unterscheiden. Das zukunftsbezogene Parteidifferential basiert auf Nutzenerwartungen des Wählers über die politische Arbeit von Regierung und Opposition in der kommenden Wahlperiode. Die Entscheidung resultiert aus einer Prolongation des in der Gegen-

---

[705] Vgl. auch Windsperger, 1987, S. 171ff.

[706] Vgl. Kapitel IV.3.2.2.2.2.

[707] Als physikalische Zustandsgröße ist Entropie im übertragenen Sinn eine Meßgröße zur statischen Bestimmung von Unordnung. In einem geschlossenen thermodynamischen System entzieht sich Energie der systemadäquaten Nutzung, ohne jedoch tatsächlich verloren zu gehen. Energie wird nicht vernichtet, sondern in Prozessen gebunden, die die Stabilität der Ordnungsstruktur eines Systems durch Unordnung beeinträchtigen.

[708] Vgl. Downs, 1968, S. 38f.

wart beoachteten Anbieterverhaltens in die Zukunft. Das gegenwartsbezogene Parteidifferential stellt demgegenüber die Entscheidung auf ein teilweise überprüfbares Fundament, indem die Wähler die erfolgte Politikarbeit der Regierung in der laufenden Wahlperiode mit der hypothetischen Situation vergleichen, in der die Opposition die Regierungspolitik der entsprechenden Periode bestimmt hätte. Unter der Prämisse parteipolitischer Kontinuität hält DOWNS die Anwendung des gegenwartsbezogenen Parteidifferentials für rational, weil es lediglich einer hypothetischen Größe bedarf, um das Parteidifferential zu bestimmen, da ja bereits das Regierungshandeln als Kriterium real vorliegt.[709]

Die Anwendbarkeit dieses Modells der Wählerrationalität ist jedoch unter den Bedingungen demokratischer Neuerungsprozesse in den Transformationsländern nur bedingt tauglich. Dies zeigt sich bereits zu Beginn der Transformation, wenn die neugegründeten Parteien vor den ersten demokratischen Wahlen durch die Wähler bewertet werden müssen. Denn zu diesem Zeitpunkt kristallisiert sich eine Bewertungsmethodik heraus, die DOWNS selbst als irrational bezeichnet, die aus Wählersicht jedoch die Kosten der Entscheidungsbildung reduziert. Um dies zu verdeutlichen, wird als weiterführende Rahmenbedingung zum Modellansatz von DOWNS die Existenz derivativ und originär gegründeter Parteien eingeführt. Als originär gelten Parteien, die vorher noch nicht existiert haben und die auch aus keiner Vorgängerpartei hervorgegangen sind. Demgegenüber sind derivative Gründungen als Nachfolgeorganisationen einer zuvor bereits existierenden Partei zu definieren. Zum Wesen der dynamischen politischen Märkte in den Transformationsländern gehört es nun, daß derivative Parteiengründungen aus der ehemaligen kommunistischen Monopolpartei hervorgegangen sind und unter der Führung früherer politischer Eliten stehen.[710] Somit ist anzunehmen, daß die Wähler die Nachfolgeorganisationen in einen Beziehungszusammenhang mit der früheren Monopolpartei bringen.[711] Wird diese ehemalige Staatspartei von der Mehrheit der Bevölkerung abgelehnt, und der Transformationsprozeß manifestiert deutlich die Ablehnung des alten Politiksystems, so findet auch eine Ablehnung der Nachfolgeorganisationen statt, wenn sich diese nicht personell und inhaltlich abzugrenzen vermögen. Das bedeutet aber, daß zusätzlich zur politischen Arbeit auch die personelle Besetzung der Führungsgremien in den Parteien selbst ein Kriterium für die Wähler zur Bewertung von Parteien darstellen.

Das Ansehen alter und neuer politischer Eliten spiegelt sich in einer vergleichenden Betrachtung im Elitedifferential wider. Vor allem alte politische Eliten der ersten Reihe sind durch das vergangene Politiksystem stigmatisiert und werden mit Ansehensverlusten konfrontiert. Sie sind in den Augen vieler das personifizierte Abbild

[709] Vgl. Downs, 1968, S. 101ff.

[710] Vgl. Kapitel IV.3.2.1.2. Die Übergangsmuster bestärken diese Aussage und lassen sich empirisch bestätigen. Vgl. auch Schneider, 1994, S. 142.

[711] Siehe auch Rose/Haerpfer, 1994, S. 6f.

eines autoritären Systems, das für die nicht privilegierte Bevölkerung mit Entbehrungen verbunden war. Die Ablehnung der alten politischen Elite resultiert aus einer Mischung von emotional geprägten Erinnerungen und rational gewünschten Politik- und Politikerveränderungen. Je weiter politische Eliten unterhalb der Führungsspitze positioniert waren, um so geringer ist die Wahrscheinlichkeit, daß sie im Erinnerungsvermögen der Menschen noch eine Rolle spielen. Daraus ergeben sich für die politischen Eliten der zweiten Reihe Chancen, ihr politisches Humanvermögen auch in der post-sozialistischen Ära gewinnbringend einsetzen zu können. Doch sind auch sie im Vergleich zu den politischen Newcomern nicht völlig unbelastet und haben zumindest teilweise die Hypothek der Vergangenheit zu tragen. Das Elitedifferential ist somit die Momentaufnahme einer vergleichenden Bewertung alter und neuer politischer Eliten. In Abhängigkeit von den Rahmenbedingungen, dem Rationalkalkül sowie den subjektiven Erlebnissen der Wähler unterliegt das Elitedifferential Veränderungen.

Neben der Beurteilung der Parteiführung erfolgt die Bewertung der politischen Arbeit über Nutzenerwartungen, wobei die Annahme wahrscheinlich ist, daß sich die Erwartungen hinsichtlich der kommunistischen Nachfolgeparteien an der konkreten Politik vergangener Perioden ausrichten. Demgegenüber haben die Wähler zu originären Parteigründungen keine historische Affinität und können diese auch nicht an ihrer politischen Arbeit beurteilen, weshalb bei diesen Parteien die jeweils vertretenen Ideologien zur Beurteilung herangezogen werden. Wenn E_p den anhand konkreter Politik beurteilten Erwartungswert des Nutzens darstellt und U^n_{t-1} der Nutzen ist, den das Individuum in der Vergangenheit aus dieser politischen Tätigkeit gezogen hat und den es jetzt auf die derivativ gegründeten Parteien transformiert, dann ist der erwartete Nutzen einer Politikmaßnahme formal als $E_p(U^n_{t-1})$ zu beschreiben. Analog gilt für originäre Parteiengründungen der Erwartungswert E_I (U^m_{t+1}) wobei E_I die Erwartungen beinhaltet, die auf der Grundlage der von den Parteien vertretenen politischen Programme bzw. Ideologien gebildet werden, und U^m_{t+1} der Nutzen ist, den sich der Wähler aus der Legislaturperiode nach der Wahl von der originären Partei verspricht.[712] In Abhängigkeit von den zu vergleichenden Parteien sind vor den ersten Wahlen zwei unterschiedliche Bewertungsmethoden herauszustellen:

- Hat sich der Wähler zwischen zwei originär gegründeten Parteien zu entscheiden, dann fehlen ihm vergangenheitsbezogene Erfahrungen, weshalb auf der Basis der

[712] Erwartungen sind ein integraler Bestandteil eines dynamischen Transformationsmodells. Vgl. Rose/Haerpfer, 1994, S. 7. Downs verwendet in seinen Ausführungen den Ideologiebegriff, um programmatische Parteiausrichtungen voneinander abzugrenzen. Sofern Ideologien aus faktischen Behauptungen und Werturteilen bestehen, die eine bestimmte Weltanschauung und einen politischen Willen zum Ausdruck bringen, ist wohl der einzige Unterschied zwischen Programmen und Ideologien der Zeithorizont ihrer Geltung. Da der Übergang zwischen Programm und Ideologie fließend ist, werden beide Begriffe im Verlauf dieser Arbeit synonym verwendet. Vgl. Downs, 1968, S. 93; Aron, 1957, S. 287.

von den Parteien vertretenen Absichten und Versprechungen das Ideologiedifferential $E_I(U^{m1}_{t+1}) - E_I(U^{m2}_{t+1})$ als Entscheidungshilfe herangezogen wird.

- Entscheidungen zwischen einer originär und einer derivativ gegründeten Partei sind dagegen komplizierter und aus der Sicht DOWNS´ vollkommen irrational, da die Entscheidungsgrundlage aus einer Kombination von Partei- und Ideologiedifferential besteht und voneinander abweichende Zeitperioden umschließt. Das Differential $E_p(U^n_{t-1}) - E_I(U^m_{t+1})$ basiert auf einem Vergleich tatsächlicher Politikarbeit mit verkündeten Politikabsichten und bezieht sich auf vergangene und zukünftige Zeitperioden.

Die Abweichung der Bewertungszeiträume zwischen originären und derivativen Parteigründungen hat den Nachteil, daß Unterschiede zwischen politischer Programmatik und tatsächlicher Politikarbeit verwischt werden, doch muß zur Beurteilung des Wählerverhaltens die Situation auf den politischen Transformationsmärkten berücksichtigt werden. Restringierend auf den Entscheidungsprozeß wirken hier die Intransparenz des Marktes für politische Güter, die knappen Budgetmittel der Wähler zur Informationssuche sowie ein relativ hoher Anteil stark emotionalisierter Wähler. Diese Faktoren begrenzen die Rationalität des Wählers in der Entscheidungsfindung. Zu berücksichtigen ist auch, daß dort, wo keine Erfahrungen über konkrete Politikarbeit vorliegen, Ideologien den Entscheidungsaufwand reduzieren, da sie skizzenartig über die Absichten von Parteien informieren.[713] Die genannten Bewertungsansätze reduzieren dann die Entscheidungskosten der Wähler bei unvollkommener Information. Während also die Ablehnung der derivativen kommunistischen Nachfolgeparteien auf vermeintlich verläßlichen historischen Daten basiert, die in das neue institutionelle Umfeld prolongiert werden, begründet sich die Zustimmung für originäre Parteien auf Versprechungen.

3.2.5.1.2 Wirkungen auf das Wählerverhalten

Wenn die Bewertung der Parteien über die Nutzenschätzung der Wähler erfolgt, dann werden die Parteien, die sich eindeutig für den institutionellen Wandel aussprechen, von denen gewählt, die durch die Transformation positive Wohlfahrtsveränderungen erwarten. Hingegen ist zu erwarten, daß die Wähler, die im alten System weitreichende Vorteile genossen haben und nun Wohlfahrtsverluste zu spüren bekommen, um weitestgehende institutionelle Kontinuität bemüht sind und die kommunistischen Nachfolgeparteien wählen.[714] Wahlen sind somit Institutionenentscheidungen, in

[713] „Die Ideologie hat die Tendenz, klar und einfach zu sein, selbst wenn diese Einfachheit und Klarheit dem diskutierten Gegenstand in keiner Weise gerecht wird." Sutton/Kayser/Tobin, 1956, S. 4, (übers. v. Boudon, 1988, S.30).

[714] Vgl. Wagener, 1994, S. 645; Wellesen, 1994, S. 76; Cassel/Apolte, 1994, S. 654; Winiecki, 1991; Downs, 1968, S. 41.

denen sich die Wähler für ordnungspolitische Entwicklungsrichtungen aussprechen, die im Unterschied zu Konsumentscheidungen langfristiger Natur sind.[715] Der Langfristcharakter von Institutionenentscheidungen begründet sich durch den Zeitraum bis zur vollen Entfaltung von Institutionen, die einsetzt, wenn diese im Denken und Handeln der Menschen verwurzelt sind. Wohlfahrtsgewinne, die durch einen Anstieg der institutionellen Effizienz erreicht werden, werden über einen Zuwachs an Konsummöglichkeiten registriert, dem u. a. Anpassungskosten durch Inflation und Arbeitslosigkeit vorausgehen.

Die Wähler im Transformationsprozeß haben auf zwei Ebenen zu entscheiden, einerseits ist eine Gesamtentscheidung über Ablehnung oder Annahme marktwirtschaftlicher Ordnungsstrukturen zu treffen, andererseits muß innerhalb dieser beiden Entscheidungsalternativen zwischen jeweils unterschiedlichen Parteien differenziert werden, die sich in ihrer Programmatik häufig nur marginal voneinander unterscheiden. Der programmatischen Differentialentscheidung anhand einer Ideologie oder konkreter politischer Arbeit geht eine grundsätzliche ideologische Richtungsentscheidung voraus.[716] Die Grundsatzentscheidung, ob Plan oder Markt, wird bei der Mehrheit der Wähler nach dem Übergang in die Transformationsphase keine Entscheidungskosten verursachen, da sie sich bereits durch die kulminierenden Krisen des alten Systems frühzeitig ein Urteil gebildet haben und positive Wohlfahrtserwartungen mit der Transformation verknüpfen.[717] Problematischer erweist sich hingegen die Differentialentscheidung zwischen den Parteien. Die informationsbedingte Ungewißheit sowie die Parteiendichte im reformorientierten Politikbereich lassen die Entscheidungskosten progressiv ansteigen, wenn mit zunehmender Intensität Informationen zur Entscheidungsfindung gesammelt werden.[718] Der Informationsaufwand kann dann reduziert werden, wenn eine Partei jeweils nur eine abgegrenzte Wählerklientel mit politischen Gütern zu versorgen hat.[719] Dies setzt jedoch die Institutionalisierung einer gruppenorientierten Beziehungsmechanik voraus, in der das symbiotische Austauschverhältnis von Informationen und politischen Gütern gegen Wählerstimmen zum Ausdruck kommt. Vor erstmaligen Wahlentscheidungen dürften derartige Beziehungen zwischen den einzelnen Reformparteien und spezifischen Wählergruppen nur in wenigen Fällen existieren. Für die reformorientierten Parteien ergibt sich daraus das Problem, daß die Transformationsbefürworter bei Wahlen zwar

---

715 Vgl. hierzu auch die Debatte über institutionengebundene und marktgebundene Entscheidungen zwischen Priddat und Kleinewefers. Kleinewefers, 1995; Priddat, 1995a.

716 Vgl. Luchterhandt, 1993, S. 19; Downs, 1968, S. 52.

717 Vgl. Wellesen, 1994, S. 86.

718 Das Bekenntnis zum Rechtsstaat, Menschenrecht, Bürgerrecht und zur Demokratie war gerade zu Beginn der Transformation in Rußland ein Anliegen vieler Parteien, denen ein detailiertes Handlungsprogramm fehlte und die statt dessen eher Programme mit Verfassungscharakter präsentierten. Vgl. Luchterhandt, 1993, S. 21.

719 Vgl. Wellesen, 1994, S. 87.

gemäß ihrer Grundüberzeugung für eine Reformpartei stimmen, daß sie hingegen indifferent sind, wenn innerhalb des reformorientierten Parteienspektrums kein Differential in den Grenzen des zur Verfügung stehenden Informationskostenbudgets zu bilden ist.[720] DOWNS' Argument, daß bei einem Parteidifferential von Null die Wahlenthaltung eine rationale Strategie ist, kann für Transformationsländer nicht übernommen werden, da auf der Grundsatzebene der Entscheidung zu Informationskosten von Null ein großes Differential zwischen Gegnern und Befürwortern der Transformation festzustellen ist. Geringere Informationskosten entstehen hingegen auf der Seite der Transformationsgegner, da die geringere Parteiendichte die Differentialbildung erleichtert und die potentiellen Wähler aus der Schicht der alten Nomenklatura relativ gut abgrenzbar sind. Zudem besteht bereits durch eine frühere Parteienbindung zur ehemaligen Staatspartei ein institutionalisierter Kontakt.

Daraus läßt sich schlußfolgern, daß die Parteien bei der ersten demokratischen Wahl nur aus einer inneren Einstellung zur Transformation gewählt werden, nicht jedoch aufgrund der Besonderheit ihres Programms im Vergleich zu politischen Nachbarparteien. Anders ausgedrückt: Gewählt wird eine grundsätzliche Überzeugung, aber kein Programm. Zwischen den ersten und zweiten Wahlen sind deshalb politische Marktbereinigungen zu verzeichnen, die unter anderem darauf zurückzuführen sind, daß Wahlbündnisse zwischen programmatisch ähnlichen Parteien die Transparenz des politischen Angebots erhöhen und den Kostenaufwand der Wähler zur Minderung von Ungewißheit reduzieren sollen.[721] Zu den vorgezogenen Wahlen am 12.12.1993 in Rußland traten vier Wahlblöcke an, in denen vorwiegend reformorientierte Gruppen und kleine Parteien zusammengefaßt waren. Eigene Parteilisten besaßen dagegen die extrem linken und rechten Parteien, wie die Liberal-Demokratische Partei von Schirinowskij und die Kommunistische Partei Rußlands von Sjuganow.[722] Der Zusammenschluß russischer Reformparteien war auch bei den Wahlen am 17.12.1995 zu beobachten, wobei der 1993 erfolgreiche Block "Rußlands Wahl" von Gajdar durch den Jabloko-Block von Jawlinskij in der Wählergunst abgelöst wurde.[723]

---

[720] Vgl. Downs, 1968, S.45.

[721] Vgl. Tscherkassov, 1994, S. 17.

[722] Vgl. Schneider, 1994, S. 139.

[723] Die Blockbildung in der russischen Parteienlandschaft spielte seit der politischen Pluralisierung immer wieder eine bedeutende Rolle. So versammelten sich die Reformer während des Putsches gegen Gorbatschow im August 1991 im Block "Demokratisches Rußland", dem auf der anderen Seite der Machtapparat der regierenden Kommunisten gegenüberstand. Zu den politischen Gruppierungen, die an der Wahl im Dezember 1993 teilnahmen, zählten u. a. der rechts-zentristische Wahlblock "Unser Haus Rußland", der links-zentristische Block "Frauen Rußlands", der national-zentristische Block "Kongreß der russischen Gemeinden" und der nationalistische Block "Großmacht Ruzkoj". Die gemäßigten Gruppen verfolgen einen marktwirtschaftlichen Kurs mit unterschiedlich starkem Staatseinfluß. Vgl. Schneider, 1996b; Schneider, 1996c; Heckel, 1995, S. 53.

Die Übernahme politischer Verantwortung durch eine Partei wird von den Wählern mit der Erwartung positiver Wohlfahrtseffekte verknüpft. Je breiter dabei die Zustimmung zur Transformation ist, um so größer ist auch das Enttäuschungspotential, wenn Erwartungen sich nicht erfüllen, etwa weil Arbeitslosigkeit und Inflation die Konsummöglichkeiten einschränken und Umverteilungseffekte soziale Gruppen begünstigen, die bereits im alten System bevorteilt waren.[724] Enttäuschungen sind besonders hoch, wenn neben konsumtiven Einschränkungen der Verlust sozialistischer Institutionen, wie der Arbeitsplatzsicherheit, spürbar wird.[725] Auch ein Auseinanderdriften der oberen und unteren Einkommen wird als besonders schmerzlich empfunden, wenn aufgrund des jahrzehntelang gelebten Egalitarismus nun die soziale Gerechtigkeit als verletzt angesehen wird. Ökonomische Anpassungslasten wirken auf die soziale Stabilität einer Gesellschaft, wodurch Wählerwanderungen entlang der politischen Skala initiiert werden.[726]

Da sich die Wähler bei ihrer Entscheidung für ein politisches Programm auch für bestimmte Institutionen aussprechen, üben sie Selbstverzicht aus, weil sie all jene Handlungsmöglichkeiten, die sich auf einem alternativen Institutionenvektor befinden, ablehnen. In Erwartung künftiger Wohlfahrtsschübe wächst die Enttäuschung, wenn neue Umfeldbedingungen die anfänglich positiven Effekte umkehren. Wohlfahrtsverluste durch eine mangelnde allokative und distributive Effizienz der Institutionenstruktur fördern den Wunsch nach Ablösung einzelner Institutionen. Wird in dieser Situation das scheinbar unvorteilhafte Institutionenarrangement aufrechterhalten, geraten die Politiker unter Legitimationsdruck.[727] Bei ausbleibendem Reformerfolg nach den ersten Wahlen sind hiervon vor allem die Reformparteien betroffen. Sie haben von der Bevölkerung Anpassungslasten während einer Übergangsphase des institutionellen Umbaus eingefordert, die die Menschen dazu veranlaßten, den Zukunftskonsum stärker zu präferieren als den Gegenwartskonsum. Die an stabile

---

[724] Zu dieser Gruppe gehören die Betriebsdirektoren, die in der Vergangenheit Privilegien genossen haben und in der Transformation die Möglichkeit besitzen, die Preise ihrer Produkte mit der Inflation mitwachsen zu lassen oder unter Verweis auf soziale Konflikte Subventionen vom Staat einfordern.

[725] Vgl. Krüsselberg, 1994, S. 248.

[726] Im Ergebnis der Wahl vom 12.12.1993 wurde der Reformblock "Rußlands Wahl" mit 93 der 443 möglichen Mandate stärkste Fraktion. Zwei Jahre später, bei den Duma-Wahlen am 17.12.1995, erhielt dieser Block nur noch neun Mandate, während die Kommunisten als stärkste Kraft aus der Wahl hervorgingen. Die zweitstärkste Fraktion wurde "Unser Haus Rußland" mit 55 Sitzen. Die linken Gruppen erhielten 1995 insgesamt 191 Mandate, die an ihrer Spitze stehende Kommunistische Partei Rußlands davon allein 157 Sitze. Als stärkste marktwirtschaftliche Reformkraft konnte sich der Jabloko-Block mit 46 Mandaten etablieren. Die rechtsextreme Liberal-Demokratische Partei erreichte 1995 51 Mandate, nach 70 Mandaten 1993. Vgl. Babst, 1994, S. 297; o.V.,28.12.1995, S. 1; o.V., 1996b, S. 104.

[727] Vgl. Priddat, 1995b, S. 226.

Institutionen geknüpften Wohlfahrtserwartungen verzinsen im übertragenen Sinn den akzeptierten Wohlfahrtsverzicht der Gegenwart. Erreichen die Politiker ihr propagiertes Stabilitätsziel nicht und werden dadurch Wohlfahrtspotentiale vergeben, verzinst sich der Wohlfahrtsverzicht der Bevölkerung nicht im erhofften Umfang und die Wohlfahrtswirkungen sind geringer als erwartet.

Je rascher die Institutionen wechseln, je schwieriger also die Erwartungsbildung ist, um so weniger wird institutionelle Effizienz durch Stabilität erreicht und um so eher wird nach Alternativen gesucht, die zu einem Umbau des Institutionensystems führen können.[728] Die hohen individuellen und gesamtwirtschaftlichen Kosten kurzlebiger Institutionen verstärken die negative Entwicklung, wobei vor allem die administrativen politischen Transaktionskosten der Institutionenbildung mit der Häufigkeit der Wechselfrequenz ansteigen. Die Politik verliert ihre Gestaltungsfähigkeit und löst sich in „lokale Bifurkationen" auf, die eine Folge unvorhersehbarer ordnungspolitischer Entscheidungen sind.[729] Unterstellt man diesen Bifurkationen entropischen Gesetzescharakter, so mündet die Entwicklung gemäß dem zweiten thermodynamischen Hauptsatz in einem ordnungspolitischen Chaos, wodurch die Neigung zur Rekonstitution der alten Ordnungselemente wieder steigt. Für Rußland ist zu konstatieren, daß die wachsende soziale Unzufriedenheit, die anschwellende Gefahr sozialer Unruhen sowie regionale kriegerische Konflikte ordnungspolitische Instabilität markieren, die im ökonomischen Bereich durch extreme strukturelle Defizite, monopolistische Wirtschaftsstrukturen und eine starke Rohstofflastigkeit der Wirtschaft verstärkt wird.[730]

Die Ausführungen verdeutlichen den evolutorischen Charakter der Systemtransformation, in der ein Transformationsabschnitt das Ergebnis vorausgegangener Entwicklungen ist. In der Evolutorik als historische Irreversibilität bezeichnet, ist der Ausgangspunkt für eine Transformationssequenz jedesmal ein anderer, Wiederholungen finden nicht statt.[731] Die Prognostizierbarkeit künftiger Entwicklungen ist dann von der Wirksamkeit der gestaltenden ordnungspolitischen Rahmenbedingungen abhängig. Mit zunehmender Instabilität steigt die Zahl der potentiell möglichen Umweltzustände, wodurch individuelle Handlungen immer weniger erwartbar und die Bildung von Mustervoraussagen für den Übergangsprozeß immer weniger wahrscheinlich werden.[732] Die Funktionsfähigkeit und Existenzfähigkeit der Gesellschaft ist infolge steigender Transaktionskosten nur mit einem zunehmend größeren Ressourceneinsatz aufrechtzuerhalten, wodurch individuelle Wohlfahrtserwartungen enttäuscht werden. Der durch die Stabilitätserwartung „verzinste" Wohlfahrtsverzicht

---

[728] Vgl. Priddat, 1995b, S. 225.

[729] Vgl. Dopfer, 1994, S. 707.

[730] Vgl. Barisitz, 1993b, S. 5.

[731] Vgl. Daumann, 1995, S. 80.

[732] Vgl. auch Kapitel IV.2.1.

führt nicht zu höherer individueller Wohlfahrt in der Folgeperiode, da inflationäre Transaktionskosten das individuelle Handeln verteuern. Für die Gegner der Transformation ergeben sich durch das Handlungsumfeld häufig erst Jahre nach Transformationsbeginn neue Einflußpotentiale, wenn ein kritischer Punkt erreicht ist, an dem die Menschen nicht mehr an eine entsprechende Verzinsung ihres Wohlfahrtsverzichts glauben. Kommunistische Parteien, die sich als Verteidiger der Arbeiterklasse darstellen, profitieren unter Verweis auf die stabilen Verhältnisse im sozialistischen Ordnungswesens von dieser Entwicklung, in der sie zudem in der Lage sind, die politische Debatte agitatorisch zu emotionalisieren. Ein Argument ist in diesem Zusammenhang die These vom Ausverkauf des Betriebsvermögens durch ausländische Investoren.[733]

Damit zeigt sich, daß Wählerhäufigkeiten erst stabil werden, wenn die ökonomischen und politischen Rahmenbedingungen einen stabilen Entwicklungsweg vorgeben, der die Wohlfahrtserwartungen auch tatsächlich erfüllt. Andernfalls sind permanente Wählerwanderungen zwischen den Anbietern politischer Ideologien zu erwarten. Da die Etablierung von Institutionen mit Transaktionskosten verbunden ist, wird bei zunehmender Kurzlebigkeit der Institutionen der Prozeß der politischen Willensbildung immer kostenintensiver und werden dem volkswirtschaftlichen Produktionsprozeß wohlfahrtsrelevante Ressourcen entzogen. Gerade die „Visionäre“ an den politischen Rändern profitieren aus dem Politikversagen der gemäßigten Parteien. Das bedeutet jedoch ferner, daß ökonomische Stabilität und relativer individueller Wohlstand unverzichtbare Vorbedingungen für die Etablierung einer stabilen Demokratie sind.

Alte politische Eliten, die auf der Seite der Transformationsbefürworter den Umbau zu einer pluralistischen Ordnung propagiert und dabei die Masse der ehemals nicht privilegierten Bevölkerung als Wählermehrheiten zur eigenen Wohlfahrtsmaximierung instrumentalisiert haben, können aus dem gleichen Grund, aus dem sie an die Macht gekommen sind, diese auch wieder verlieren. Ein hoher ineffizienter Ressourceneinsatz in der Transformationspolitik verteuert den institutionellen Wandel, wobei Umverteilungseffekte die Anpassungskosten auf die Bevölkerung nicht gleichmäßig verteilen. Aus Sicht der „neuen“ Transformationsverlierer in der Bevölkerung ist es dann vorteilhaft, mit Parteien zu sympathisieren, die durch verstärkte Eingriffe in die Verteilungspolitik individuelle Freiheitsrechte beschneiden und die Wohlfahrtspolitik sozial egalitär gestalten.[734] Existiert die Institution der freien Wahlen, sind Abstimmungsprozesse eine Möglichkeit, zu geringen Oppositionskosten Veränderungen herbeizuführen.[735] Wirkt sich der politische Kurswechsel zudem

[733] Vgl. Ishyama, 1994, S. 152.

[734] „Alte“ Transformationsverlierer sind die privilegierten Eliten des sozialistischen Systems, während zu den „neuen“ Transformationsverlierern jene zu zählen sind, die den Umstellungsprozeß mit überdurchschnittlich hohen Anpassungskosten zu bewältigen haben.

[735] Vgl. Apolte, 1992, S. 120.

direkt auf das Wohlfahrtsniveau der „neuen" Transformationsverlierer aus, ist eine aktive Beteiligung an Wahlen für dieses Bevölkerungssegment individuell rational. Die Belohnungsaussicht in Form höherer individueller Wohlfahrt ist dann ein selektiver Anreiz, um durch die Stimmabgabe einen marginalen Beitrag zur Bereitstellung eines Kollektivguts zu leisten. Prinzipiell sind somit die gleichen Beweggründe, die die Systemtransformation eingeleitet haben, auch für die Erklärung einer Politikumkehr, die Retransformation, anzuführen. Politische Eliten, deren Angebot die politischen Ränder ausfüllt und die als Visionäre zu charakterisieren sind, können in dieser Situation erfolgreich sein, wenn der kurzfristige Zeithorizont der Wähler mit dem langfristigen der Visionäre zusammentrifft und die visionären Politikunternehmer Stabilität und Wohlstand propagieren.[736] Da zurückliegende Fakten und Ereignisse, die außerhalb des Wählerhorizontes liegen, keinen Einfluß auf das Entscheidungsverhalten ausüben, verbessern sich mit Fortdauer einer ineffektiven Transformation die Wahlchancen der oft noch mit alten politischen Eliten besetzten kommunistisch-orthodoxen Parteien.

3.2.5.2 Politikkonsistenz und Charisma

Eine konsistente Transformationspolitik hat den Vorteil, daß sie die von den Wirtschaftssubjekten wahrgenommene „Teilumwelt `Wirtschaftspolitik´"[737] stabilisiert, das Vertrauen in die wirtschaftspolitische Kompetenz erhöht und zu expansiven Marktreaktionen führt. Das Ziel von Parteien müßte es daher sein, eine konsistente Politik zur Steigerung der gesellschaftlichen Wohlfahrt durchzuführen, um dadurch an Ansehen und Glaubwürdigkeit bei den Wählern zu gewinnen und die politische Macht zu festigen. Bei differenzierter Betrachtung lassen sich jedoch zwei Gruppen identifizieren, die zumindest kurzfristig von einer inkonsistenten Politik profitieren. Dies sind zum einen die Transformationsgegner und zum anderen die Spekulanten, für die sich aus der Zeitinkonsistenz der Politik vielfältige Spekulationsgeschäfte ergeben.

Zur weitergehenden Erläuterung ist vorab zu klären, was unter Konsistenz/Inkonsistenz überhaupt zu verstehen ist. Im politischen System bezieht sich Inkonsistenz auf die Chronologie wirtschaftspolitischer Maßnahmen und erfaßt die Zeitspanne von der Ankündigung bis zur Durchführung einer Maßnahme. Dabei wird unterstellt, daß es für Politiker rational sein kann, entgegen einer angekündigten Maßnahme zu handeln.[738] Einschränkend wirkt die Gefahr eines Vertrauensverlustes durch die Wähler, der dann droht, wenn die Wähler die Nichteinhaltung einer Ankündigung bemerken. In Abhängigkeit von der Häufigkeit zeitinkonsistenten Politik-

---

[736] Zum Wählerhorizont vgl. auch Daumann, 1995, S. 84.

[737] Windsperger, 1987, S. 175.

[738] Vgl. Windsperger, 1987, S. 172ff.

verhaltens vermindern sich die Wahlchancen. Deshalb ist es für den Politiker günstiger, angekündigte Maßnahmen erst dann zu mißachten, wenn die Wähler der Ankündigung ihr Vertrauen geschenkt und ihr Verhalten darauf abgestimmt haben.[739] Erkennen die Wähler die Abweichung nicht, etwa weil ihre Bereitschaft zur Informationsbeschaffung über einzelne politische Maßnahmen nach der Wahl abnimmt, wird es keinen Vertrauensbruch geben.

DOWNS sieht die Möglichkeit des Vertrauensaufbaus durch die Parteien darin, daß diese verläßlich und verantwortlich handeln.[740] Eine Partei ist verläßlich, wenn sie zu den Versprechungen des Wahlkampfes auch nach der Wahl noch steht, und sie ist verantwortlich, wenn sie keine programmatischen Sprünge in ideologische Widersprüche führen. Eine verläßliche und verantwortliche Parteipolitik wird dann bei den Wählern, die mit der Ideologie der Partei übereinstimmen, politischen Konsens in ihrem Handeln erzeugen. Da Verläßlichkeit und Verantwortlichkeit jedoch nur im Zeitverlauf beurteilt werden können, spielen zeitraumbezogene Erfahrungen der Wähler die entscheidende Rolle. Werden über einen langen Zeitraum positive Erfahrungen gemacht, institutionalisiert sich vertrauensvoller Konsens, der in eine Stammwählerschaft mündet und für die Wähler die Entscheidungskosten vor Wahlen senkt.

Eine Transformationspolitik, die - wie die russische - durch „muddling through" gekennzeichnet ist, unterliegt einer diskretionären Wirtschaftspolitik, die reagiert, anstelle zu agieren. Divergieren politische Ankündigungen und tatsächliche Politik in dem Maße, daß die Wähler dies registrieren, werden sie ihre Erwartungen an der Zeitinkonsistenz der Politik ausrichten und zu einer suboptimalen Wirtschaftsentwicklung beitragen. Eine inkonsistente Wirtschaftspolitik destabilisiert die wahrgenommene Umwelt, da die Politik keiner erkennbaren Regelbindung folgt und scheinbar nach Belieben veränderbar ist. Der daraus resultierende Vertrauensverlust mindert die Investitionsaktivitäten und führt zu fortgesetzter Marktkontraktion.[741]

Aus dem Politikversagen ziehen die Transformationsgegner ihre Vorteile, wie der Aufstieg des Kommunisten Sjuganow bestätigt. Die Destabilität im Wirtschaftssystem nutzen ebenfalls findige Unternehmer, die den Finanzmarkt sowie den Realsektor als Quelle zur raschen Erzielung von Spekulations- und Arbitragegewinnen funktionalisieren, ohne dabei Investitionen zu tätigen, die den volkswirtschaftlichen Kapitalstock erhöhen. Politisches Insiderwissen und die Verfügbarkeit über ausreichend Liquidität präferieren vor allem alte politische Eliten für den spekulativen Handel. Der letzte Wirtschaftsminister der Sowjetunion, Wladimir Scherbakow, ist ein Beispiel dafür, daß alte Kontakte den Zugang zu Finanzmitteln erleichtern und es

---

[739] Vgl. Barro/Gordon, 1983; Hamacher,1995, S. 21; Vgl. Hartwig, 1995, S. 72ff; Kydland/Prescott, 1977; Fellner, 1976.

[740] Vgl. Downs, 1968, S. 101ff.

[741] Vgl. Windsperger, 1987, S. 178f.

- wie in seinem Fall - ermöglichen, durch einen privaten Investitions- und Privatisierungsfonds hohe Gewinne zu erzielen.[742]

Durch das aus einer inkonsistenten Politikgestaltung resultierende abnehmende Vertrauen der Wähler in die Politik sowie die große Anzahl von Politikanbietern wird es für die Parteien zunehmend schwerer, sich am politischen Transformationsmarkt durchzusetzen. Vor der letzten russischen Dumawahl im Dezember 1995 wurden immerhin 43 Parteien und Bewegungen gezählt, die an der Wahl teilnehmen wollten. Für die Politikanbieter werden dadurch Maßnahmen, die die Aufmerksamkeit der Wähler auf ihr Politikangebot lenken sollen, kostspieliger. Da die programmatische Nähe vieler Reformparteien die Parteikonturen verwischt und das Informationsangebot nicht mehr eindeutig zuzuordnen ist, nimmt der Grenzertrag der von den Parteien bereitgestellten Informationen ab. Der Wähler steht vor einem Pool an Informationen, der durch Parteien mit ähnlicher Programmatik gespeist wird. Da ebenso gilt, daß der Grenznutzen der Wähler aus der Informationsbeschaffung und -verwertung abnimmt, ist auch von einem sinkenden Grenznutzen des Informationspools und von einer sinkenden Nachfrage der Wähler nach Parteieninformationen auszugehen. Das bedeutet, daß der Grenznutzen aus der Summe der bereitgestellten Informationen im Pool geringer ist als die Summe der einzeln aggregierten Grenznutzen. Jede Partei kann die Wähler dann nur mit einer geringeren Menge an Informationen versorgen, als in einer Situation, in der sich die Wähler jeweils parteispezifisch gemäß ihres Grenznutzenkalküls informieren würden ($U_1' + \dots + U_n' > \sum_{U=1}^{n} U'$).

In einer Situation, in der der Nutzen zusätzlich bereitgestellter Informationen immer mehr abnimmt und die Informationsmenge ihrem Sättigungspunkt zustrebt, kann die Ausstrahlung eines Parteiführers zu einem zusätzlichen Entscheidungskriterium für die Wähler werden.[743] Hier besitzen dann jene einen Vorteil, die über „spezifisch außeralltägliche"[744] Eigenschaften oder Begabungen verfügen, Menschen in ihren Bann zu ziehen. Diesen Personen wird Charisma zugesprochen, das ihnen die Anerkennung der charismatisch Beherrschten zuteil werden läßt.[745] Charismatische Eigenschaften besitzen gerade für visionäre Politikanbieter den Vorteil, daß der Aufwand zur Informationsbereitstellung im Zuge wiederkehrender Ankündigungen mit zunehmender Intensität des charismatisch beeinflußten affektiven Wählerglaubens vermindert werden kann.

In Anlehnung an FISHBEIN resultiert die Wertschätzung eines Politikers aus dem Bild, das sich der Wähler von dem Politiker gemacht hat.[746] Dieses Bild ist individu-

---

[742] Vgl. Eigendorf/Schut, 1994, S. 58ff.

[743] Vgl. Luchterhandt, 1993, S. 24.

[744] Weber, 1985, S. 140.

[745] Vgl. Weber, 1985, S. 140.

[746] Vgl. Fishbein, 1967, S. 394.

ell verschieden, je nachdem, wie stark die kognitive bzw. affektive Komponente die Urteilsfindung des Wählers beeinflußt. Können die Wähler aufgrund einer inkonsistenten Transformatonspolitik keine rationalen Erwartungen bilden oder besitzen die Politiker aufgrund der inkonsistenten Politik keine Glaubwürdigkeit bei den Wählern, dann gewinnt die affektive Komponente zur Beurteilung eines Politikers an Bedeutung.

In den Transformationsländern besteht so die Möglichkeit, daß kraft Ausstrahlung einer Person radikale Politikmaßnahmen Unterstützung finden.[747] Für den Wähler haben charismatische Politiker den Vorteil, daß bei stark affektiver Bindung an eine Führerpersönlichkeit die Kosten einer programmorientierten Politikanalyse eingespart werden. Analog zu einem präsidialen Amt mit großer Machtfülle birgt auch eine charismatische Führerperson die Gefahr, autoritäre Strukturen herbeizuführen, wenn eine demokratische Verfassung noch nicht institutionalisiert worden ist und politische Ämter nicht durch legitimierte Auswahlverfahren besetzt werden. In diesem Fall wäre ein weiterer Wesenszug charismatischer Führerschaft die Besetzung wichtiger Positionen nach Eingebung und nicht nach objektiv überprüfbaren Kriterien.[748] Auf diese Weise würden willkürliche, formlose Entscheidungsverfahren auf nachgeordneter Ebene Informationskosten zur Transparenzsteigerung bei den Wählern verursachen, die die eingesparten Kosten durch die Wahl eines Charismatikers kompensieren. Zur Verhinderung unregulierter nicht-demokratischer Herrschaftsformen sind deshalb verbindliche Rechtsregeln notwendig, die die politische Macht charismatischer Führer begrenzen. LEIPOLD weist diesbezüglich darauf hin, daß nur eine starke Persönlichkeit mit Überzeugungskraft in der Lage ist, rechtsfreie Räume, die durch den Rückzug der alten Staatsmacht entstehen, solange schließen zu können, bis neue Verfassungsregeln die politische Ordnung definiert haben.[749] So ist gerade in Rußland die Bedeutung charismatischer Politiker hoch einzuschätzen, da die relativ niedrigen Mitgliederzahlen der Parteien auf eine geringe soziale Akzeptanz politischer Organisationen sowie eine politische Instabilität des Systems schließen lassen.[750] Die Einstellung der Wähler zu politischen Führerpersönlichkeiten ist somit Ergebnis kognitiver und affektiver Beurteilungsfaktoren.

---

[747] Vgl. Schwarz, 1994, S. 750; Luchterhandt, 1993, S. 24.

[748] Weber rückt die charismatische Führerschaft in die Nähe autokratischer Systeme, da Charisma und liberaler Wettbewerb unvereinbare Politikelemente sind. Vgl. Weber, 1985, S. 655.

[749] Vgl. Leipold, 1994, S. 736.

[750] Vgl. Babst, 1994, S. 288f.

3.2.6 Zusammenfassung

Die Transformation innoviert das politische System durch die Etablierung von Wettbewerb unter den politischen Anbietern. Der Übergang kann bruchartig, paktiert oder eliteninter erfolgen und hat unterschiedliche Auswirkungen auf die politische Zukunft der alten Elite.

Der eliteninterne Wechsel, wie er beispielsweise in Rußland stattgefunden hat, verschafft der alten politischen Elite weitreichende Handlungsmöglichkeiten, um auch im neuen politischen Umfeldsystem zur politischen Elite gehören zu können. Die Zustimmung der ehemaligen Kader zu einzelnen Transformationsschritten ist Ausdruck eines Rationalkalküls, das die Kosten der Machterhaltung bei alternativen Ordnungsformen in Betracht zieht. Aus der relativen Sicherheit eines Einparteienmonopols müssen sich die alten politischen Eliten nun dem Wettbewerb am politischen Markt stellen. Das Entscheidungsgremium über Erfolg oder Mißerfolg ist die Wählerschaft, die auf der Grundlage von Elite- und Partei- bzw. Ideologiedifferentialen sowie subjektiver Wohlfahrtserwartungen ihre Entscheidung trifft. Das Elitedifferential selektiert die Politikanbieter über die Person, wobei ehemalige politische Führungseliten mit einem System in Verbindung gebracht werden, das von der Mehrheit der Wähler abgelehnt wird. Die geringen Wahlchancen dieser Elitegruppe eröffnen ehemaligen politischen Eliten der zweiten Reihe sowie politischen Newcomern die Möglichkeit, an die Macht zu gelangen. Sie werden auf einer zweiten Selektionsstufe hinsichtlich ihrer Versprechungen von der Wählerschaft beurteilt. Da zumindest in den ersten Jahren die ablehnende Haltung gegenüber dem alten System groß ist, sind reformfeindliche Politikanbieter in einer weitaus ungünstigeren Position als reformbereite Politiker.

Reformaverse kommunistische Parteien gelten in den Augen der Wähler als derivativ gegründete Nachfolgeorganisationen der ehemaligen Staatspartei. Die Beurteilung ihres politischen Programms durch die Wähler wird durch vergangene Erfahrungen und Erinnerungen emotional beeinflußt, wodurch der Wirkungsgrad rationaler politischer Programminformationen abgeschwächt wird. Völlig neue, originär gegründete Parteien besitzen hingegen keine parteipolitische Vergangenheit. Versprechungen auf der Grundlage politischer Ideologien sind in diesem Fall für die Wähler Orientierungshilfen zur Beurteilung der Parteien. Dem für die alten politischen Eliten der ersten Reihe nachteiligen Selektionsverfahren durch die Bildung eines Elitedifferentials, folgt auf der zweiten Stufe die Selektion durch das Partei- bzw. Ideologiedifferential.

Ein Wechsel in den Wählerpräferenzen kann stattfinden, wenn mit Wahlentscheidungen verknüpfte Wohlfahrtserwartungen ausbleiben und die Wähler die Glaubwürdigkeit der regierenden Politiker anzweifeln. Inkonsistenzen zwischen Versprechungen und Wirklichkeit führen dann zu Regierungswechseln, die bei hoher Wechselfrequenz die gesellschaftliche Wohlfahrt durch institutionelle Instabilität weiter belasten. In dieser Situation steigen die Wahlchancen der visionären Politikanbieter, die politische Institutionen vor dem Hintergrund eines langen Planungshorizontes anbieten und den verunsicherten Wählern politische und ökonomische Stabilität versprechen. Anstelle wahlzyklisch geprägter Lösungen verweisen sie auf Visionen, die in der kurzen Frist des Wählerhorizontes nicht überprüfbar sind. Die häufigen programmatischen Wechsel der opportunistischen Politikanbieter werden dann durch die ideologische Konstanz der Visionäre substituiert. Die Wahlerfolge der extrem linken bzw. rechten Parteien in Rußland verdeutlichen das Bedürfnis nach ideologischer Konstanz, institutioneller Stabilität und, damit einhergehend, ökonomischem Wohlstand.

V. Schlußbetrachtung

Es zeigt sich, daß die alten politischen und ökonomischen Eliten nicht unbedingt zu den Verlierern der Systemtransformation gezählt werden müssen. Dennoch stellt der Transformationsprozeß für die alten Kader eine Herausforderung dar, die mit bisherigen Verhaltensroutinen nicht bewältigt werden kann. Waren in der sozialistischen Ordnung Kontakte, Beziehungen und Loyalität Garanten, um in der Hierachie aufzusteigen, fördert die marktwirtschaftliche Ordnung konkurrierendes Verhalten und werden in ihr persönliche Beziehungen durch ein Netz relationaler Marktkontrakte substituiert. Ein Großteil der Investitionen in den persönlichen Aufstieg wird so durch die Transformation entwertet. Inwiefern die Eliten Erträge aus der Transformation realisieren können, hängt kurzfristig davon ab, ob sie Teile systemspezifischen Wissens im Transformationsprozeß veräußern können. Diese Form der Wissensabgabe stellt ein Maximierungproblem dar, bei dem sie ihr Wissen so zu bewirtschaften haben, daß es einen maximalen Ertrag erzielt, bevor es durch den institutionellen Fortschritt in der Transformation nicht mehr nachgefragt wird und „versinkt". Mittel- bis langfristig können die Eliten auch in ihr Humankapital investieren, ihr Leistungspotential dadurch den marktwirtschaftlichen Erfordernissen anpassen und auf diese Weise Umstellungserträge erzielen. Zusammen mit den Erträgen aus der Bewirtschaftung des alten Wissens und unter Abzug der Kosten für die Wissenspreisgabe und die getätigten Investitionen ist der pekuniäre Nutzen einer Elite aus der Transformation durch den Kapitalwert zu jedem Transformationszeitpunkt meßbar. Die Investitionen in Humankapital sind Anpassungskosten, die in ihrer Höhe je nach Eliteart variieren können. So können ökonomische Eliten Teile ihres fachlichen Wissens auch in der Marktwirtschaft einbringen und sind durch einen Mangel an qualifizierten Fachkräften vor einem Positionsverlust geschützt. Zudem besteht die Möglichkeit, daß sie in den belegschaftsprivatisierten Betrieben durch die Mitarbeiter in ihrer Position bestätigt werden, da das Einflußpotential des Betriebsleiters zur Senkung der betrieblichen Anpassungskosten genutzt werden kann. Gerade am Beispiel der (ehemaligen) Staatsbetriebe zeigt sich, daß viele Betriebe durch Subventionen vor Marktanpassung geschützt und damit Bedingungen geschaffen werden, die als weiche Budgetrestriktionen bereits in der Planwirtschaft bekannt waren.

Differenziert man in drei Aufgabenfelder ökonomischen Unternehmertums, so können Anpassungsdefizite im Bereich der

- Ideengenerierung auftreten, da hiermit ein kreatives Reagieren auf Datenänderungen am Markt verbunden ist. Um Marktdaten interpretieren zu können, sind Kenntnisse über die Wirkungsweise des Preissystems notwendig. Dies gilt für innerbetriebliche Prozeßinnovationen, wie auch für Produktinnovationen. Demgegenüber war der Preis in der Planwirtschaft kein Knappheitsindikator. Arbitrageversprechende Innovationen scheiterten an den institutionellen Bedingungen.
- innerbetrieblichen Ressourcenkombination entstehen. Die Zuweisung von Ressourcen durch die Planzentrale wird in der Marktwirtschaft durch multilaterale Kontraktbeziehungen mit Ressourcenanbietern ersetzt. Als Folge dieses Komplexitätsanstiegs ist eine Abkehr vom Prinzip der Einpersonenführung notwendig.
- Ergebnisdiffusion auf Märkten entstehen. Sofern Marktwettbewerb existiert, müssen unter Berücksichtigung der Nachfrageelastizität Preis und Qualität eines Produkts der Nachfrage entsprechen. In der Planwirtschaft erfolgte die Betriebsplanung lediglich eindimensional durch Bezug auf die Planerfüllungsmenge.

Diese drei Felder potentieller Kompetenzdefizite alter ökonomischer Eliten ermöglichen unter Hinzuziehung von Motivation und Risikobereitschaft die Klassifizierung von drei Unternehmertypen:

- Der findige Unternehmer rekrutiert sich aus der jüngeren Generation der ökonomischen Elite. Er hat in sein Humankapital umfangreich investiert und beginnt gerade erst, sein Beziehungsnetzwerk zu knüpfen. Sein Motiv sind Einkommen und Privilegien, die er für die Dauer seines Erwerbslebens zu maximieren versucht. Der Systemwandel macht diese Pläne zunichte, da Einkommensmaximierung unter den bisherigen Rahmenbedingungen nicht mehr möglich ist. Die Alternative sind Neuinvestitionen, um Kompetenzdefizite abzubauen und neue Einkommenschancen zu realisieren. Aufgrund des noch vor ihm liegenden Erwerbslebens erwartet der findige Unternehmer langfristig eine Rendite, die die Anpassungsinvestitionen amortisiert und einen Gewinn einbringt. Der Ausstieg aus betrieblichen Verhaltensroutinen wird konsequent verfolgt, etwa indem ein eigenes Unternehmen in einer arbitrageträchtigen Branche gegründet wird.
- Der Ökonomisierer ist demgegenüber ein konservativer Unternehmertyp, der das Risiko, die neuen Herausforderungen anzunehmen, meidet. Anpassungsinvestitionen in das eigene Humankapital finden nicht statt, weil eine Amortisation dieser Investitionen nicht erwartet wird. Dies ist vor allem bei der älteren Generation der ehemaligen Eliten der Fall, denen die verbleibende Lebensarbeitszeit keine ausreichende Rendite mehr erwirtschaftet. Aufgrund der Erfahrungen, die sie in ihrem langen Erwerbsleben gemacht haben, besitzen sie Kontakte, Einflußmöglichkeiten und Kenntnisse, um Kredite und Subventionen für ihren Betrieb akquirieren zu können. Durch die Nutzung des bestehenden Spezialwissens werden zum großen Teil Regulierungsgewinne realisiert. Die konservative Betriebsführung auf der Grundlage weicher Budgetrestriktionen bleibt erhalten. Da Innovationen nicht stattfinden, wird der Betrieb zunehmend wettbewerbsunfähiger und kann nur noch

durch die finanziellen Zuwendungen des Staates getragen werden. Oftmals werden diese Betriebe nur durch ein informelles Beziehungsnetzwerk getragen, das, sobald es zerbricht, die Zukunft des Betriebes gefährdet.

- Die ökonomischen Quereinsteiger sind eine heterogene Gruppe politischer Eliten mit divergierenden Biographien. Sie besitzen beim Wechsel in den ökonomischen Bereich hohe Anpassungskosten, die durch externe Faktoren abgemildert werden und damit den Übergang in die ökonomische Elitegruppe erst ermöglichen. Der Zugriff auf Parteigelder oder die Zusammenarbeit in einem Team gleichen Kompetenzdefizite aus, indem sich jeder auf seine Stärken konzentriert. Das Risiko des Scheiterns wird auf mehrere Personen verteilt.

Der Übergang der politischen Eliten vom Plan zum Markt ist mit vergleichsweise höheren Anpassungskosten verbunden, da durch die Abschaffung des Einparteienstatuts die Monopolstellung der Partei aufgehoben worden ist. Die politischen Eliten werden zu politischen Unternehmern und konkurrieren um Wählerstimmen. Da die Freiheit der politischen Meinungsäußerung nicht beschränkt ist, sehen sie sich im polypolistischen Wettbewerb mit anderen Politikanbietern. Wählerklubs, Wahlbündnisse, Streiks, Demonstrationen usw. sind Ausdruck eines höchst dynamischen politischen Marktes in den Transformationsländern. Die Opposition gegen das alte Regime ist abhängig von der Höhe der Oppositionskosten. Die Opposition nimmt zu, wenn die Kosten hierfür sinken.

Als Komponenten des politischen Wettbewerbs dienen Programme bzw. Ideologien, parteipolitische Konsistenz und charismatische Ausstrahlungskraft. Sie restringieren den Handlungsraum und reduzieren die Entscheidungskosten der Wähler:

- Ideologien beschreiben Standort und Leistungsangebot der Politikanbieter und sind in bezug auf die kommende Legislaturperiode zukunftsorientiert.
- Politische Konsistenz beschreibt die Übereinstimmung von Ankündigung und Einsatz politischer Maßnahmen und wirkt sich im politischen Wettbewerb für eine Partei positiv aus, wenn sie das Vertrauen der Wähler in das parteipolitische Programm steigert.
- Charisma ist eine affektive Komponente im politischen Wettbewerb und reduziert mittels Rhetorik und Sympathie die Entscheidungskosten.

Anders als im Demokratiemodell von DOWNS stellt sich individuell rationales Wählerverhalten im Transformationsprozeß dar. Die Wähler beurteilen derivative und originäre Parteiengründungen anhand verschiedener Wettbewerbsparameter, wobei die derivativ gegründeten kommunistischen Nachfolgeparteien anhand der Erfahrungen der Wähler im Umgang mit der ehemaligen kommunistischen Einheitspartei beurteilt werden, während die originären Parteiengründungen auf programmatische Inhalte geprüft werden. Die Beurteilung einer Partei anhand zurückliegender Erfahrungen erspart den Wählern bei einer großen Parteienanzahl die Auswertung von Informationen und reduziert damit Entscheidungskosten. Da zu Beginn des Demokratisierungsprozesses Transformationseuphorie herrscht, werden Erfahrungen mit der ehemaligen kommunistischen Einheitspartei auf die Nachfolgegründungen übertragen. Die Negativbewertung verschlechtert die Wahlchancen der kommunistischen Nachfolgeparteien. Alte politische Eliten, die nicht reformorientiert in originäre Parteiengründungen gewechselt sind, befinden sich deshalb in einer ungünstigeren Ausgangsposition im politischen Wettbewerb. Die Situation für diese politische Elite ändert sich erst bei nachfolgenden Wahlen, wenn auch die originär gegründeten Parteien mit Erfahrungen belegt werden können.

Neben der Politikbeurteilung durch die Politiknachfrager existieren weitere objektive und subjektive Regulierungen, z. B. in Form von Prozenthürden, die die Eintrittskosten in das Parlament als das bedeutendste staatliche Entscheidungsgremium des politischen Marktes erhöhen und die Zahl der politischen Entscheidungsträger begrenzen. Die politische Arbeit im Parlament kann darüber hinaus durch eine ämtergebundene Verteilung der politischen Handlungsrechte gekennzeichnet sein. Dies ist der Fall, wenn die Legislative durch die umfangreiche Machtkompetenz des Staatspräsidenten in ihrem Einflußpotential beschnitten wird. Subjektive Beschränkungen des Handlungsspielraums resultieren dagegen aus der individuellen Ressourcen- und Humankapitalausstattung, die es dem Bewerber um ein politisches Amt erleichtern, Wählerpotential erschließen und die politische Infrastruktur nutzen zu können.

Unter Berücksichtigung der Rahmenbedingungen können zwei Unternehmertypen abgegrenzt werden:

- Der visionäre Politikunternehmer ist Ideen-Unternehmer und versucht durch sein Politikangebot Wählermehrheiten zu erreichen. Dabei versucht er, sich durch politische Konstanz von der Konkurrenz abzuheben. Dies drückt sich auch in der Langfristigkeit seines Planungshorizontes aus, der nur dann mit dem kurzfristigen Zeithorizont der Wähler kompatibel ist, wenn der Visionär seine Ideologie glaubwürdig in Teilschritte zerlegen kann. Die Strategie des politischen Visionärs ist kostenintensiv, da bei einem langfristigen Planungs- und Amortsationszeitraum regelmäßige Investitionsaufwendungen in die politische Glaubwürdigkeit getätigt werden müssen. Vor allem alte politische Eliten, die der kommunistischen Ideologie nach wie vor verbunden sind sowie über die finanziellen Ressourcen verfügen, um den erhöhten Investitionsaufwand bewerkstelligen zu können, müssen den politischen Visionären zugerechnet werden.
- Der politische Opportunist richtet sein politisches Programm an Mehrheiten aus. Er ist nicht Visionär, sondern ein kurzfristig orientierter Wählerstimmenmaximierer der seine Ideologie an Wählermehrheiten ausrichtet und damit das Risiko des Scheiterns zu vermeiden versucht. Da die Häufigkeitsverteilung der Politiknachfrager auf der politischen Skala erst deutlich wird, wenn das erste Mal gewählt worden ist und die Wählerpräferenzen aufgedeckt worden sind, tauchen politische Opportunisten erst nach den ersten Wahlen auf. Das bedeutet analog, daß die Politikanbieter bei den ersten Wahlen ausschließlich zu den visionären Unternehmern zu zählen sind. Sofern sich Wählerpräferenzen stabilisieren, werden sie von den Opportunisten abgeschöpft. Andererseits bewirkt politische Instabilität, daß keine eindeutigen Wählermehrheiten identifiziert werden können und sich die Erfolgsaussichten der visionären Unternehmer verbessern. Die Wahlerfolge des

rechtsextremen Schirinowskij oder des Kommunisten Sjuganow in Rußland sind Beispiele für politische Visionäre, die aus der Instabilität des politischen Systems Vorteile ziehen.

Welcher Politikertypus dominiert, ist eine Frage der politischen Stabilität, die ihrerseits maßgeblich von der Konstanz der Wählerpräferenzen bestimmt wird. Enttäuschte Erwartungen durch nicht eingehaltene Wahlversprechen sowie ökonomische Unsicherheit und ein spürbarer Wohlfahrtsverlust führen dann zu einem wechselnden Wählerverhalten. Unter diesen Umständen können selbst ehemalige Kader politisch erfolgreich sein, die zunächst aufgrund ihrer Nähe zur früheren kommunistischen Partei von den Wählern abgelehnt wurden. Dies wird jedoch erst einige Zeit nach der politischen Wende der Fall sein, wenn die Transformationseuphorie durch ausbleibenden Fortschritt und anwachsende ökonomische Belastungen der Transformationsrealität weicht. Um das politische Schicksal ehemaliger Kader beurteilen zu wollen, ist somit nicht nur der Zeitraum bis zur Ablösung des alten politischen Systems zu betrachten, sondern ebenso die langfristige Entwicklung des Transformationsprozesses und das Erreichen stabiler ökonomischer und politischer Verhältnisse.

Literatur

Abouchar, A. (1973), Ineffiency and Reform in the Soviet Economy, Vol. 25, S. 66-87.

Ahlberg, R. (1988), Die sowjetische Verwaltungselite, in: Osteuropa, 38. Jg., Heft 11, S. 965-980.

Ahlberg, R. (1991), Das sowjetische Privilegiensystem - Entstehung und Auflösung, in: Osteuropa, 41. Jg., Heft 12, S. 1135-1157.

Alaluf, M./Stroobants, M. (1994), Mobilisiert Kompetenz den Arbeitnehmer?, in: Berufsausbildung, Europäische Zeitschrift, Nr. 1, S. 49-60.

Albach, H. (1993), Zerrissene Netze, Eine Netzwerkanalyse des ostdeutschen Transformationsprozesses, Berlin.

Albach, H. (1994), Schrumpfung und Wachstum von Humankapital im Transformationsprozeß ostdeutscher Betriebe, in: Albach, H. (Hg.), Globale soziale Marktwirtschaft, Wiesbaden S. 141-181.

Alchian, A. (1977), Some Economics of Property Rights, in: Alchian, A. (Ed.), Economic Forces at Work, Indianapolis, S. 127-149.

Alchian, A./Demsetz, H. (1972), Production, Information Costs, and Economic Organization, in: The American Economic Review, Vol. 62, No. 5, S. 777-795.

Aleksandrov, B. (1993), State Takes State-Owned Enterprises in Hand, in: The Current Digest, Vol. 45, No. 45, S. 26, 27 (übers. aus Sevodnya, 9.11.1993, S. 3).

Anan´eva, I. (1974), Differentiation of Wages According to the Complexity of Labor, in: Problems of Economics, Vol. 16, No. 12, S. 60-76 (übers. aus Ekonomicheskie nauki, 1973, No. 7).

Apolte, Th. (1992), Politische Ökonomie der Systemtransformation, Hamburg.

Apolte, Th./Cassel, D. (1994), Systemtransformation und Politikvertrauen, in: Herrmann-Pillath, C. (Hg.), Wirtschaft und Gesellschaft im Übergang vom Plan zum Markt, New York, S. 657-667.

Aron, R. (1957), Opium für Intellektuelle, Köln.

Arrow, K.J. (1963), Social Choice and Individual Values, New York.

Autorenkollektiv (1973), Zur Modellierung des volkswirtschaftlichen Reproduktionsprozesses, Berlin.

Autorenkollektiv (1983), Kaderarbeit in Kombinaten und Betrieben, Berlin.

Autorenkollektiv (1989), Geschichte der DDR, Berlin.

Axelrod, R.A. (1987), Die Evolution der Kooperation, München.

Babst, S. (1994), Rußlands Suche nach einer neuen parlamentarischen Ordnung, in: Zeitschrift für Parlamentsfragen, 25. Jg., Heft 2, S. 283-298.

Barisitz, St. (1993a), Zur aktuellen Lage der Wirtschaftsreformen in den ehemaligen Sowjetrepubliken, in: Presseschau Ostwirtschaft, 31. Jg., Heft 2, S. 8-10.

Barisitz, St. (1993b), Wachsende regionale Differenzierung der Wirtschaftsreformen, Entwicklung der Auslandsinvestitionen, in: Presseschau Ostwirtschaft, 31. Jg., Heft 3, S. 5, 6.

Barisitz, St. (1993c), Osteuropa auf dem steinigen Weg der Strukturanpassung, in: Presseschau Ostwirtschaft, 31. Jg., Heft 7, S. 8-10.

Barisitz, St. (1993d), Fortdauernder Zentralismus, Neo-Merkantilismus und wirtschaftlicher Verfall - Zur ökonomischen Situation und den Aussichten für Rußland, der Ukraine, Weißrußland und Kasachstan, in: Presseschau Ostwirtschaft, 31. Jg., heft 12, S. 9-13.

Barro, R./Gordon, D. (1983), A Positive Theory of Monetary Policy in a Natural Rate Model, in: Journal of Political Economy, Vol. 91, No. 4, S. 589-610.

Bate, P./Child, J. (1987), Paradigms and Understandings in Comparative Organizational Research, in: Bate, P./Child, J. (Eds.), Organization of Innovation, Berlin, New York, S. 19-49.

Becker, G.S. (1974), Human Capital, 2. A., New York, London.

Becker, G.S. (1993), Ökonomische Erklärung menschlichen Verhaltens, 2.A., Tübingen.

Becker, G.S./Stigler, G.J. (1977), De Gustibus Non Est Disputandum, in: American Economic Review, Vol. 67, No. 2, S. 76-90.

Bekker, A. (1993), The Governments Choice: Between Reforms and Elections, in: The Current Digest, Vol. 45, No. 39, S. 21 (übers. aus Sevodnya, 30.9.1993, S. 2).

Bernholz, P. (1991), Notwendige Bedingungen für Totalitarismus, in: Radnitzky, G./Bouillon, H. (Hg.), Ordnungstheorie und Ordnungspolitik, Berlin, Heidelberg.

Binmore, K./Samuelson, L. (1994), An Economist's Perspective on the Evolution of Norms, in: Journal of Institutional and Theoretical Economics, Vol. 150, S. 45-63.

Blackburn, K./Christensen, M. (1989), Monetary Policy and Policy Credibility, Theory and Evidence, in: Journal of Economic Literature, Vol. 27, S. 1-45.

Bloch, P. (1986), The Politico-economic Behavior of Authoritarian Governments, in: Public Choice, Vol. 51, S. 117-128.

Böbel, I. (1988), Eigentum, Eigentumsrechte und institutioneller Wandel, Berlin, Heidelberg.

Bögenhold, D. (1987), Der Gründerboom - Realität und Mythos der neuen Selbständigkeit, Frankfurt/M., New York.

Bohnet, A./Ohly, C. (1992), Zum gegenwärtigen Stand der Transformationstheorie - Eine Literaturstudie, in: Zeitschrift für Wirtschaftspolitik, 41. Jg., Heft 1, S. 27-50.

Bohnet, A./Reichhardt, M. (1992), Der Beitrag der Transaktionskostenökonomik zu einer Theorie der Transformation von Wirtschaftsordnungen, in: Jahrbücher für Nationalökonomie und Statistik, Bd. 212, S. 204-226.

Bohring, G./Ladensack, K. (1987), Wie Leiter den wissenschaftlich-technischen Fortschritt bewältigen, Berlin.

Boland, L. (1979), Knowledge and the Role of Institutions in Economic Theory, in: Journal of Economic Issues, Vol. 12, No. 4, S. 957-972.

Bonin, J.P. (1979), Information, Motivation, and Control in Decentralized Planning: the Case of Discretionary Managerial Behavior, in: Journal of Comparative Economics, Vol. 3, S. 235-253.

Bonus, H. (1980), Öffentliche Güter und der Öffentlichkeitsgrad von Gütern, in: Zeitschrift für die gesamte Staatswissenschaft, Bd. 136, S. 50-81.

Bornstein, M. (1985), Improving the Soviet Economic Mechanism, in: Soviet Studies, Vol. 37, No. 1, S. 1-30.

Boudon, R. (1988), Ideologie, Geschichte und Kritik eines Begriffs, Reinbek.

Brauksiepe, R. (1996), Politische Ökonomie der Transformation von Wirtschaftsordnungen in Entwicklungsländern, Frankfurt/M.

Breton, A./Wintrobe, R. (1975), The Equilibrium Size of a Budget-Maximizing Bureau: A Note on Niskanen´s Theory of Bureaucracy, in: Journal of Political Economy, 83. Jg., S. 195-207.

Brezinski, H./Fritsch, M. (1995), Bottom-Up Transformation: Perequisites, Scope and Impediments, Freiberg.

Brunner, K. (1987), The Perception of Man and the Conception of Society, in: Economic Inquiry, 25. Jg., S. 367-388.

Brus, W. (1971), Funktionsprobleme der sozialistischen Wirtschaft, Frankfurt/M.

Brzezinski, K.K./Huntington, S.P. (1966), Politische Macht, Köln, Berlin.

Buchanan, J.M./Tollison, R.D./Tullock, G. (Eds.)(1980), Toward a Theory of the Rent-Seeking Society, College Station, Texas.

Bunk, G. (1994), Kompetenzvermittlung in der beruflichen Aus- und Weiterbildung in Deutschland, in: Berufsausbildung, Europäische Zeitschrift, Nr. 1, S. 9-15.

Burawoy, M./Hendley, K. (1992), Between Perestroika and Privatisation: Divided Strategies and Political Crisis in a Soviet Enterprise, in: Soviet Studies, Vol. 44, No. 3, S. 371-402.

Bush, P.D. (1988), The Theory of Institutional Change, in: Tool, M.R. (Ed.), Evolutionary Economics, Vol I, New York et al., S. 125-166.

Busygina, I. (1996), Das Institut der Vertreter des Präsidenten in Rußland, in: Osteuropa, Heft 7, S. 664-675.

Caballé J./Santos, M.S.(1993), On Endogenous Growth with Physical and Human-Capital, in: Journal of Political Economy, Vol. 101, No. 6, S. 1042-1067.

Callies, P. (1991), Ungewißheit und Risiko im sowjetischen planwirtschaftlichen System, Berlin.

Callies, P. (1995), Risikoallokation und Privatisierung, in: Osteuropa-Wirtschaft, 40. Jg., Nr. 2, S. 131-147.

Cassel, D./Thieme, H.J. (1976) Verteilungswirkungen von Preis- und Kassenhaltungsinflation, in: Cassel, D./Thieme, H.J. (Hg.), Einkommensverteilung im Systemvergleich, Stuttgart, S. 101-121

Cassel, D. (1984), Wirtschaftspolitik in alternativen Wirtschaftssystemen: Begriffe, Konzepte, Methoden, in: Cassel, D. (Hg.), Wirtschaftspolitik im Systemvergleich, München, S. 1-19.

Cassel, D. (1989), Schattenwirtschaft in kapitalistischen und sozialistischen Wirtschaftsystemen, in: Cassel, D./Jaworski, W./Kath, D. et al. (Hg.), Inflation und Schattenwirtschaft im Sozialismus, Hamburg, S. 39-71.

Cheung, S. (1983), The Contractual Nature of the Firm, in: Journal of Law and Economics, Jg. 26, S. 1-21.

Cichy, U.E. (1990), Wirtschaftsreform und Ausweichwirtschaft im Sozialismus, Hamburg.

Coase, R. (1937), The Nature of the Firm, in: Economica, Vol. 16, S. 386-405.

Coase, R. (1960), The Problem of Social Cost, in: Journal of Law and Economics, Vol. 3, S. 1-44.

Coase, R.H. (1992), The Institutional Structure of Production, in: American Economic Review, Vol. 82, S. 713-719, S. 715ff.

Corsten, H. (1989), Die Gestaltung von Innovationsprozessen: Hindernisse und Erfolgsfaktoren im Organisations-, Finanz- und Informationsbereich, Berlin.

Csikós-Nagy, B. (1990), Prices Under Socialism in the Light of Economic Reforms, in: Bogomolev, O. (Ed.), Market Forces in Planned Economies, Houndsmills, Basingstoke, London, S. 123-137.

Daumann, F. (1995), Zur Erklärung des politischen Prozesses in Demokratien, in: Ordo, Bd. 46, S. 77-99.

Day, R.B. (1994), "Systemic Transformation", Market Culture, and Political Democracy, in: International Journal of Political Economy, S. 96-120.

Delhaes, K.v. (1992), Privatisierung in Polen, in: Leipold, H. (Hg.), Privatisierungskonzepte im Systemwandel, Marburg, S. 40-65.

Delhaes, K.v./Fehl, U. (1992), Der Transformationsprozeß in der Zeit: Konsequenzen von Dauer und Reihung systemverändernder Maßnahmen, in: Hartwig, K.H./ Thieme, H. J. (Hg.), Transformationsprozesse in sozialistischen Wirtschaftsystemen, Berlin, Heidelberg, New York et al., S. 435- 463.

Demsetz, H. (1966), Some Aspects of Property Rights, in: Journal of Law and Economics, Vol. 9, S. 61-70.

Demsetz, H. (1967), Towards a Theory of Property Rights, in: The American Economic Review, Papers and Proceedings, Vol. 57, S. 347-359.

Denzau, A.T./North, D.C. (1994), Shared Mental Models: Ideologies and Institutions, in: Kyklos, Vol. 47, No. 1, S. 3-31.

Dobias, P. (1977), Theorie und Praxis der Planwirtschaft, Paderborn.

Dobias, P. (1980), Wirtschaftspolitik: Einführung in ihre Grundlagen und Hauptprobleme, Paderborn, München, Wien.

Dobias, P./Eger, T./Iversen, H.-C./Juretzka, G. (1978), Jugoslawien. Eigentumsverhältnisse und Arbeiterselbstverwaltung, Köln.

Domar, E. (1966), On Collective Farms and Producer Co-operatives, in: American Economic Review, Vol. 56, No. 4, S. 734-757.

Domrös, C. (1994), Innovationen und Institutionen: Eine Transaktionskostenökonomische Analyse unter besonderer Berücksichtigung strategischer Allianzen, Berlin.

Dopfer, K. (1994), Neue Theorien zur Analyse von Wirtschaftsordnungen: Rußland als Anwendungsfall, in: Herrmann-Pillath, C. (Hg.), Wirtschaft und Gesellschaft im Übergang vom Plan zum Markt, Stuttgart, New York, S. 683-720.

Downs, A. (1968), Ökonomische Theorie der Demokratie, Tübingen.

Eberwein, W. /Tholen, J. (1994), Zwischen Markt und Mafia, Russische Manager auf dem schwierigen Weg in eine offene Gesellschaft, Frankfurt/M.

Edeling, Th. (1992), Entstaatlichung und Entbürokratisierung, Strategien und Resultate der Reorganisation ostdeutscher Betriebe, in: Heidenreich, M. (Hg.), Krisen, Kader, Kombinate: Kontinuität und Wandel in ostdeutschen Betrieben, Berlin, S. 45-58.

Eichenberger, R. (1992), Verhaltensanomalien und Wirtschaftswissenschaft, Wiesbaden.

Eigendorf, J./Schut, K. (1994), Die Macher von Moskau, Düsseldorf, Wien.

Elle, H.-D./Thom, M. (1989), Management von Produktinnovationen in der DDR, Berlin.

Elsner, W. (1986), Ökonomische Institutionenanalyse, Berlin.

Endruweit, G. (1979), Elitebegriffe in den Sozialwissenschaften, in: Zeitschrift für Politik, Nr. 26, S. 30-46.

Engel, H. (1986), Zur Erhöhung der ökonomischen Wirksamkeit von Wissenschaft und Technik durch die Anwendung der wirtschaftlichen Rechnungsführung in Forschungseinrichtungen von Industriekombinaten, in: Wirtschaftswissenschaft, 34. Jg., S.706-717.

Erpenbeck, J. (1996), Kompetenz und kein Ende?, in: Quem-Bulletin, Nr. 1, S. 9-13.

Erpenbeck, J./Weinberg, J. (1993), Menschenbild und Menschenbildung, Münster, New York.

Eschenburg, R. (1977), Der ökonomische Ansatz zu einer Theorie der Verfassung, Tübingen.

Eucken, W. (1955), Grundsätze der Wirtschaftspolitik, 2. A., Tübingen.

Feldbrugge, J.M. (1984), Government and Shadow Economy in the Soviet Union, in: Soviet Studies, Vol. 36, S. 528-543.

Fellner, W. (1976), Toward a Reconstruction of Macroeconomics, Problems of Theory and Policy, Washington D.C.

Field, B.C. (1989), The Evolution of Property Rights, in: Kyklos, Vol. 42, Heft 3, S. 319-320.

Fischer, S./Gelb, A. (1991), The Process of Socialist Economic Transformation, in: Journal of Economic Perspectives, Vol. 5, No. 4, S. 91-105.

Fishbein, M. (1967), A Behavior Theory Approach to the Relations between Beliefs About an Object and the Attitude Towards the Object, in: Fishbein, M. (Ed.), Readings in Attitude Theory and Measurement, New York, S. 389-400.

Fisher, St./Frenkel, J. (1992), Macroeconomic Issues of Soviet Reform, in: American Economic Review, Papers and Proceedings, Vol. 82, S. 37-42

Formby, J.P./Keeler, J.P./Thistle, P.D. (1988), X-Efficiency, Rent-Seeking and Social Costs, in: Public Choice, Vol. 57, S. 115-126.

Frambach, H. (1992), Die Evolution moderner ökonomischer Kategorien: Entstehung und Wandel zentraler Begriffe der neoklassischen ökonomischen Theorie, Wuppertal.

Franke, S., (1989), Opportunismus als Form politischer Rationalität der öffentlichen Verwaltung, in: Jahrbuch für Neue Politische Ökonomie, Bd. 8, S. 158-171.

Frankfurter Allgemeine Zeitung/manager magazin (1997)(Hg.), Mittel- und Osteuropa-Perspektiven, Jahrbuch 1997/98, Hamburg.

Frey, B.S./Stroebe, W. (1980), Ist das Modell des Homo Oeconomicus "unpsychologisch"?, in: Zeitschrift für die gesamte Staatswissenschaft, 136. Jg., S. 82-97.

Fritsch, M. (1984), Die Legitimation kollektiven Handelns in der neuen Vertragstheorie - Nozick, Buchanan und Rawls im Vergleich, in: Jahrbuch für neue Politische Ökonomie, Bd. 3, S. 31-59.

Furubotn, E. (1992), Eastern European Reconstruction Problems: Some General Observations, in: Journal of Institutional and Theoretical Economics, Vol. 148, S. 201-206.

Furubotn, E./Pejovich, S. (1973), Property Rights, Economic Decentralization and the Evolution of the Yugoslav Firm, in: Journal of Law and Economics, Vol. 16, S. 275-302.

Furubotn, E./Pejovich, S. (1974), The Soviet Manager and Innovation: A Behavioral Model of the Soviet Firm, in: Furubotn, E./Pejovich, S. (Eds.), The Economics of Property Rights, Cambridge, Mass., S. 203-224.

Gäfgen, G. (1963), Theorie der wirtschaftlichen Entscheidungen, 3. A., Tübingen.

Gambetta, D. (1988) (Ed.), Trust. Making and Breaking Cooperative Relations, Oxford.

Gaugler, E. (1994), Das Humankapital als Faktor der Wettbewerbsfähigkeit, in: Dichtl, E. (Hg.), Standort Bundesrepublik Deutschland: die Wettbewerbsbedingungen auf dem Prüfstand, Frankfurt/M., S. 91-112.

Gill, G. (1985), Institutionalisation and Revolution: Rules and the Soviet Political System, in: Soviet Studies, Vol. 37, No. 2, S. 212-226.

Goldberg, P. (1992), Economic Reform and Product Quality, Improvement Effects in the Soviet Union, in: Europe-Asia Studies, Vol. 44, No. 1, S. 113-122.

Goldin, C./Katz, C.F. (1996), Technology, Skill, and the Wage Structure : Insights from the Past, in: American Economic Review, Papers and Proceedings, Vol. 86, No. 2, S. 252-257.

Goldman, M.I. (1983), USSR in Crisis, New York, London.

Gorlin, A.C. (1988), The Power of Soviet Industrial Ministries in the 1980s, in: Soviet Studies, Vol. 37, No. 3, S. 353-370.

Gorodetskaja, N./Tregubova, Y. (1994), The President of the Russian Federation Will Appoint Chief Administrators Himself, in: The Current Digest, Vol. 46, No. 40, S. 17 (übers. aus Sevodnya, 5.10.1994, S. 2).

Gorski, Z. (1989), Verteilungswirkungen der Schattenwirtschaft, in: Cassel, D./Jaworski, W./Kath, D. et al. (Hg.), Inflation und Schattenwirtschaft im Sozialismus, Hamburg, S. 519-538.

Gregory, P.R. (1989), Soviet Bureaucratic Behaviour: Khozyaistvenniki and Apparatschiki, in: Soviet Studies, Vol. 41, No. 4, S. 511-525.

Grossmann, G. (1974), Economic Systems, Englewood Cliffs, New York.

Grossman, S./Hart, O. (1982), Corporate Financial Structure and Managerial Incentives, in: McCall, J. (Ed.), The Economics of Information and Uncertainty, Chicago.

Güth, W./Kliemt, H. (1993), Menschliche Kooperation basierend auf Vorleistungen und Vertrauen, in: Jahrbuch für Neue Politische Ökonomie, 12. Bd., S. 253-277.

Gutmann, G./Hamacher, S.(1994), Humanvermögensentwertung durch die Vereinigung - Das Beispiel der Hochschulen, in: Gutmann, G./Wagner U. (Hg.), Ökonomische Erfolge und Mißerfolge der deutschen Vereinigung - Eine Zwischenbilanz, Stuttgart, Jena, New York, S. 227-248.

Gutmann, G./Klein, W. (1984), Wirtschaftspolitische Konzeptionen sozialistischer Planwirtschaften, in: Cassel, D. (Hg.), Wirtschaftspolitik im Systemvergleich, München, S. 93-116.

Gutnik, V. (1993), Rußlands Weg zur Markzwirtschaft: Konzepte und Resultate, in: Osteuropa-Wirtschaft, 38. Jg., Heft 3, S. 231-239.

Habermas, J. (1975), Legitimation Crisis, Boston.

Habermas, J. (1983), Diskursethik - Notizen zu einem Begründungsprogramm, in: Habermas, J. (Hg.), Moralbewutsein und kommunikatives Handeln, Frankfurt/M., S. 53-125.

Haffner, F. (1992), Ansätze zur Theorie einer Transformation: Die Entwicklung von Märkten, in: Bievert, B./Held, M. (Hg.), Evolutorische Ökonomik, Frankfurt/M., New York, S. 143-166.

Hahn, T. (1986), Persönliche Interessen und Motivation - ihre Entwicklung und Bedeutung als Antrieb effektiven Arbeitens, in: Wissenschaftlicher Rat für soziologische Forschung in der DDR (Hg.), Soziale Triebkräfte ökonomischen Wachstums, Berlin, S. 169-174.

Hamacher, S. (1995), Glaubwürdigkeitsprobleme in der Geldpolitik - Institutionelle Lösungsansätze auf spieltheoretischer Grundlage, Stuttgart, Jena, New York.

Hamel, H. (1981), Sozialistische Unternehmenskonzentration und Managerverhalten, in: Hedtkamp, G. (Hg.), Anreiz- und Kontrollmechanismen in Wirtschaftssystemen I, Berlin, S. 67-98.

Harsanyi, J. C. (1977), Rational Behavior and Bargaining Equilibrium in Games and Social Situations, Cambridge.

Hartwig, K.-H. (1987), Monetäre Steuerungsprobleme in sozialistischen Planwirtschaften, Schriften zum Vergleich von Wirtschaftsordnungen, Heft 34, Stuttgart.

Hartwig, K.-H. (1994), Selbstbindung und Verantwortung von Gruppen und Verbänden, in: Herrmann-Pillath, C. (Hg.), Marktwirtschaft als Aufgabe: Wirtschaft und Gesellschaft im Übergang vom Plan zum Markt, Stuttgart, New York, S. 759-772.

Hartwig, K.-H. (1995), Bundesbankverhalten und Geldmengensteuerung, in: Siebke, J. (Hg.), Geldpolitik, Baden-Baden, Monographien der List-Gesellschaft e.V., NF, Bd. 18, S. 69-92.

Hartwig, K.-H./Staudt, E./Bestel, S./Rahe, M. (1995), Unternehmensgründungen im Transformationsprozeß, in: Staudt, E. (Hg.), Berichte aus der angewandten Innovationsforschung, No 138.

Hartwig, K.-H./Staudt, E./Bestel, S./Rahe, M. (1996), Unternehmensgründungen im Transformationsprozeß - eine empirische Analyse zum Gründerverhalten in Ungarn, Rußland, Polen und den neuen Bundesländern, in: Staudt, E. (Hg.), Berichte aus der angewandten Innovationsforschung, No 156.

Hayek, F.A.v. (1971), Die Verfassung der Freiheit, Tübingen.

Hayek, F.A.v. (1975), Die Irrtümer des Konstruktivismus, Tübingen.

Hayek, F.A.v. (1980), Recht, Gesetzgebung und Freiheit, Bd. 1: Regeln und Ordnung, München.

Hayek, F.A.v. (1981), Recht, Gesetzgebung und Freiheit, Bd. 2, Die Illusion der sozialen Gerechtigkeit, Landsberg/Lech.

Hayek, F.A.v. (1991), Der Weg zur Knechtschaft, München.

Hayek, F. A. v. (1994), Freiburger Studien, Tübingen.

Heckel, M. (1995), Sichtbare Schicht, in: Wirtschaftswoche, Nr. 48, 23.11.1995, S. 50-58.

Heckel, M. (1996), Krieg oder Frieden. Die Wirtschaftskapitäne werden nervös oder suchen Kontakt zu den Kommunisten, in: Wirtschaftswoche, Nr. 22, 23.5.1996.

Heckhausen, H. (1989), Motivation und Handeln, Berlin.

Heiner, R. A. (1983), The Origin of Predictable Behavior, in: The American Economic Review, Vol. 73, No. 4, S. 560-595.

Heiner, R. A. (1990), Rule-Governed Behavior in Evolution and Human Society, in: Constitutional Political Economy, Vol. 1, No. 1, S. 19-46.

Hensel, K.P. (1977), Systemvergleich als Aufgabe, Stuttgart, New York.

Herzog, D. (1982), Politische Führungsgruppen, Darmstadt.

Hesse, G. (1980), Der Property Rights-Ansatz: Eine ökonomische Theorie der Veränderung des Rechts?, in: Jahrbuch für Nationalökonomie und Statistik, Bd. 135, S. 481-495.

Hesse, G. (1983), Zur Erklärung der Änderung von Handlungsrechten mit Hilfe ökonomischer Theorie, in: Schüller, A. (Hg.), Property Rights und ökonomische Theorie, München, S. 79-110.

Heyse, V. (1996), Selbstlernprozesse in und von Unternehmen, in: Quem-Bulletin, Nr. 5, S. 9-12.

Heyse, V./Ladensack, K. (1994), Management in der Planwirtschaft, Münster, New York.

Hill, R.J. (1991), The CPSU: From Monolith to Pluralist?, in: Soviet Studies, Vol. 43, No. 2, S. 217-235.

Hillmann, K.-H. (1989), Wertwandel, 2. A., Darmstadt.

Hirsch, H. (1993), Zur Reorganisation der Unternehmungen beim Aufbau marktwirtschaftlicher Systeme in Osteuropa, in: Osteuropa, 43. Jg., Heft 11, S. 1052-1067.

Hoffer, F. (1992), Perestroika, Marburg.

Holtbrügge, D. (1991), Die UdSSR auf dem Weg zur Marktwirtschaft: Programme, Maßmahmen, Widerstand, in: Osteuropa, 41. Jg., Heft 7, S. 619-634.

Holtbrügge, D. (1996), Unternehmenskulturelle Anpassungsprobleme in deutsch-russischen Joint-Ventures, in: Journal of East European Management Studies, Vol. 1, No. 1, S. 7-27.

Homburg, S. (1995), Humankapital und endogenes Wachstum, in: Zeitschrift für Wirtschafts- und Sozialwissenschaften, Jg. 115, S. 339-366.

Hoppmann, E. (1978), Das Konzept des wirksamen Preiswettbewerbs, Tübingen.

Hotelling, H. (1931), The Economics of Exhaustible Resources, in: Journal of Political Economy, Jg. 39, S. 137-175.

Huskey, E. (1988), Specialists in the Soviet Party Apparatus: Legal Professionals as Party Functionaries, in: Soviet Studies, Vol. 40, No. 4, S. 538-555.

International Monetary Fund (Ed.) (1996), World Economic Outlook, Washington, D.C.

Ishiyama, J.T. (1995), Communist Parties in Transition, in: Comparative Politics, Vol. 27, No. 2, S. 147-166.

Ivanov, N. (1973), How Many Specialists Are Needed?, in: Problems of Economics, Vol. 16, No. 4, S. 63.81 (übers. aus Mirovaia ekonomika i mezhdunarodnye otnosheniia, 1972, No. 3).

Jähnicke, M. (1971), Totalitäre Herrschaft, Anatomie eines politischen Begriffs, Berlin.

Jeitziner, B. (1989), Ordnungstheorie auf entscheidungstheoretischer Grundlage, Baden-Baden.

Juchler, J. (1994), Schwierige Demokratisierungsprozesse, in: Osteuropa, 44. Jg., Heft 2, S. 125-141.

Kaltefleiter, W. (1994), Politische Probleme der Transformation, in: Herrmann-Pillath, C. (Hg.), Marktwirtschaft als Aufgabe: Wirtschaft und Gesellschaft im Übergang vom Plan zum Markt, S. 611-624.

Kantzenbach, E./ Kruse, J. (1989), Kollektive Marktbeherrschung, Göttingen.

Karpenko, J. (1993), Capitalism Will Arrive in Russia in Early 1994, in: The Current Digest, Vol. 45, No. 42, S. 17 (übers. aus Iswestija, 21.10.1993, S. 4).

Katsenelinboigen, A. (1977), Coloured Markets in the Soviet Union, in: Soviet Studies, Vol. 29, No. 1, S. 62-85.

Kemme, D.M. (1989), The Chronic Shortage Model of Centrally Planned Economies, in: Soviet Studies, Vol. 41, No.3, S. 345-364.

Kenter, M./Kroker, R. (1995), Stand, Entwicklung und Bedeutung des unternehmerischen Mittelstands in Rußlands, Köln.

Kharkhordin, O./Gerber, T.P. (1994), Russian Directors´ Business Ethic: A Study of Industrial Enterprises in St. Petersburg, 1993, in: Europe-Asia Studies, Vol. 46, No. 7, S. 1075-1107.

Kierczynski, T. (1989), Notwendigkeit, Möglichkeit und Grenzen der Eindämmung der Schattenwirtschaft unter gegebenen Rahmenbedingungen, in: Cassel, D. (Hg.), Inflation und Schattenwirtschaft im Sozialismus, Hamburg, S. 557-574.

Kinze, H.-H. (1982), Komplexe Neuerungsprozesse und volkswirtschaftliche Erfordernisse, in: Wirtschaftswissenschaftliche Zeitschrift der Hochschule für Ökonomie „Bruno Leuschner“, 27. Jg., Heft 2, S. 5-8.

Kirchgässner, G. (1991), Homo Oeconomicus, Tübingen.

Kirchgässner, G. (1993), Hält sich der Homo oeconomicus an Regeln?, in: Jahrbuch für Neue Politische Ökonomie, 12. Bd., S. 181-197.

Kirsch, G. (1992), Unvorhersehbarkeit - Ein Ausdruck von Freiheit, in: Jahrbuch für neue Politische Ökonomie, Bd. 11, S. 16-29.

Kirsch, G. (1993), Neue Politische Ökonomie, 3. A., Düsseldorf.

Kirsch, W. (1977), Einführung in die Theorie der Entscheidungsprozesse, Wiesbaden.

Kirschbaum, G. (1990), Gründungsmotivation, in: Szyperski, N./Roth, P. (Hg.), Entrepreneurship - Innovative Unternehmensgründung als Aufgabe, Stuttgart, S. 79-87.

Kirzner, I. (1978), Wettbewerb und Unternehmertum, Tübingen.

Kirzner, I. (1983), Die zentrale Beddeutung unternehmerischen Entdeckens, in: Zeitschrift für Wirtschaftspolitik, 32. Jg., S. 207-224.

Klages, H. (1977), Handlungsrelevante Probleme und Perspektiven der soziologischen Wertforschung, in: Lenk, H. (Hg.), Handlungstheorien interdisziplinär IV, München, S. 291-306.

Klandt, H. (1984), Aktivität und Erfolg des Unternehmensgründers: Eine empirische Analyse unter Einbezug des mikrosozialen Umfeldes, Bergisch-Gladbach.

Klein, W. (1991), Das Versagen der Motivations- und Kontrollsysteme, in: Hartwig, K.-H./Thieme, H.J. (Hg.), Transformationsprozesse in sozialistischen Wirtschaftssystemen, Berlin, Heidelberg, S. 81-107.

Kleinewefers, H. (1995), Entscheidungen über Institutionen sind rational, in: List-Forum, Bd. 21, Heft 4, S. 437-444.

Kljamkin, I. (1990), Der Übergang vom Totalitarismus zur Demokratie in der UdSSR, in: Osteuropa, 40. Jg., Heft 6, S. 479-494.

Kloten, N. (1989), Zur Transformation von Wirtschaftsordnungen, in: Ordo, Bd. 40, S. 99-127.

Knauff, R. (1977), Die Funktionsmechanismen der Wirtschaftsysteme, in: Hamel, H. (Hg.), BRD-DDR. Die Wirtschaftsysteme, München, S. 93-169.

Knauff, R. (1983), Die Funktionsmechanismen der Wirtschaftssysteme, in: Hamel, H. (Hg.), Bundesrepublik Deutschland - DDR. Die Wirtschaftssysteme, 4. A., München, S. 116-198.

Knight, F. (1971), Risk, Uncertainty and Profit, Boston.

Koch, Th. (1991), Externe Effekte bei der Ermittlung der Haushaltsnachfrage, in: WiSt, 1991, Heft 3, S.133-136.

Kochevrin, Y./Filatotchev, I./Bradshaw, R. (1994), Instiutional Transformation in Russia: A Transaction Costs Approach, in: Economics of Transition, Vol. 2(3), S. 373-390.

Kolesnikow, W./Sidorow, S. (1994), Reformen in Rußland: Auf dem Weg zum korrumpierten Markt?, in: Osteuropa, 44.Jg. S. 353-366

König, H. (1993), Geistige und soziale Prozesse des Systemwandels, in: Osteuropa, 43. Jg., Heft 9, S. 8781-889.

Kopel, M./Feichtinger, G. (1995), Rationalität und komplexes Verhalten. Homo oeconomicus und Chaos - Ein Widerspruch, in: Zeitschrift für betriebswirtschaftliche Forschung, 47. Jg., Nr. 6, S. 545-557.

Kornai, J. (1979), Resource Constraint Versus Demand Constraint Systems, Budapest.

Kornai, J. (1986), The Soft Budget Constraint, in: Kyklos, Vol. 39, Heft 1, S. 3-30.

Kornai, J. (1990), The Affinity Between Ownership and Coordination Mechanisms: The Common Experience of Reform in Socialist Countries, in: Bogomolev, O.T. (Ed.), Market Forces in Planned Economies, Houndsmills, Basingstoke, Hampshire, London, S. 32-53.

Kramer, J.M. (1977), Political Corruption in the U.S.S.R., in: Western Political Quarterly, Vol. 30, No. 2, S. 213-224.

Kratz, K./Thieme, J. (1992), Abbau von Transformationshemmnissen: Ursachen, Formen und Flankierungsstrategien, in: Hartwig, K.-H./Thieme, J. (Hg.), Transformationsprozesse in sozialistischen Wirtschaftssystemen, Berlin, Heidelberg, New York et al., S. 407-433.

Kroeber-Riel, W. (1994), Konsumentenverhalten, München.

Krosse, J./Rudolph, K./Stieler, R. (1986), Theoretische und praktische Aspekte der Anwendung der wirtschaftlichen Rechnungsführung in Forschung und Entwicklung, in: Wirtschaftswissenschaft, 34. Jg., S. 1642-1657.

Krug, B. (1991), Die Transformation der sozialistischen Volkswirtschaften in Zentraleuropa: Ein Beitrag der Vergleichenden Ökonomischen Theorie von Institutionen, in: Wagener, H.J. (Hg.), Anpassung durch Wandel, Berlin, S. 39-60.

Krug, S./Rheinberg, F. (1987), Motivation von Führungskräften, in: Kieser, A. et al. (Hg.): Handwörterbuch der Führung, S. 1510-1520.

Krüger, K.-H./Salzmann, S. (1994), Vorsprung durch Erfahrungen aus Ostdeutschland, In: Personalführung, Nr. 11, S. 1028-1035.

Krüsselberg, H.-G. (1969), Marktwirtschaft und ökonomische Theorie, Freiburg i.B.

Krüsselberg, H.G. (1994), Enttäuschungspotentiale, Motivationen und Mentalitäten als Transformationsbarrieren, in: Herrmann-Pillath, C. (Hg.), Wirtschaft und Gesellschaft im Übergang vom Plan zum Markt, Stuttgart, New York, S. 245-262.

Kuciak, G. (1980), Organisation einer prozeßnahen Leitung von Industriekombinaten und ihres wissenschaftlich-technischen Potentials, in: Wirtschaftswissenschaftliche Zeitschrift der Hochschule für Ökonomie „Bruno Leuschner", 25. Jg., Heft 4, S. 63-65.

Kuczinsky, W. (1979), Planning and Economic Reform under Socialism, in: Soviet Studies, Vol. 31, No. 4, S. 505-522.

Kullberg, J. (1994), The Ideological Roots of Elite Political Conflict in Post-Soviet Russia, in: Europe-Asia Studies, Vol. 46, No. 6, S. 929-953.

Kunz, H. (1985), Marktsystem und Information, Tübingen.

Kuromiya, H. (1984), Edinonachalie and the Soviet Industrial Manager, 1028-1937, in: Soviet Studies, Vol. 36, No. 2, S. 185-204.

Kuznetsov, A. (1994), Economic Reform in Russia: Enterprise Behaviour as an Impediment to Change, in: Europe Asia Studies, Vol. 46, No. 6, S. 955-970.

Kydland, F.E./Prescott, E.C. (1977), Rules Rather than Discretion: The Inconsistency of Optimal Plans, in: Journal of Political Economy, Vol. 85, S. 473-568.

Lachmann, L. (1963), Wirtschaftsordnung und wirtschaftliche Institutionen, in: Ordo, Bd. 14, S. 63-77.

Ladensack, K. (1990), Motivierung, Leiterentwicklung und Leiterleistung - untersucht vor der Wende in der DDR, in: v. Eckardstein, D.; u.a. (Hg.), Personalwirtschaftliche Probleme in DDR-Betrieben, Mering, S. 85-95.

Lambertz, G. (1990), Bessere Wirtschaftspolitik durch weniger Demokratie?: Ökonomische Demokratiekritik, Hamburg.

Lang, R. (1992), Sozialisation und Wertorientierung ostdeutscher Führungskräfte, in: Heidenreich, M. (Hg.), Krisen, Kader, Kombinate: Kontinuität und Wandel in ostdeutschen Betrieben, Berlin, S. 125-142.

Laski, K. (1983). Second Economy in sozialistischen Ländern und Inflationserscheinungen, in: Hedtkamp, G. (Hg.), Beiträge zum Problem der Schattenwirtschaft, Berlin.

Laux, W. (1984), Erhöhung staatswirtschaftlicher Effizienz durch budgetäre Selbstbeschränkung?, Frankfurt/M. etc.

Leibenstein, H. (1950), Bandwagon, Snob and Veblen Effects in the Theory of Consumer´s Demand, in: Quarterly Journal of Economics, 64. Jg., S. 183-207.

Leibenstein, H. (1968), Organizational or Frictional Equilibria, X-Efficiency and the Rate of Innovation, in: Quaterly Journal of Economics, 83. Jg., S. 600-623.

Leipold, H. (1974), Konflikt und Rationalität in der selbstverwalteten Unternehmung, in: Hamel, H. (Hg.), Arbeiterselbstverwaltung in Jugoslawien, München, S. 84-107.

Leipold, H. (1978), Theorie der Property Rights: Forschungsziele und Anwendungsbereiche, in: Wirtschaftswissenschaftliches Studium, Heft 11, S. 518-525.

Leipold, H. (1981), Eigentümerkontrolle und Managerverhalten, in: Hedtkamp, G. (Hg.), Anreiz- und Kontrollmechanismen in Wirtschaftsystemen I, Berlin, S. 29-66.

Leipold, H. (1983), Der Einfluß von Property Rights auf hierarchische und marktliche Transaktionen in sozialistischen Wirtschaftssystemen, in: Schüller, A. (Hg.), Property Rights und ökonomische Theorie, München, S. 185-218.

Leipold, H. (1988), Wirtschafts- und Gesellschaftsysteme im Vergleich, 5. A., Stuttgart.

Leipold, H. (1989), Das Ordnungsproblem in der ökonomischen Institutionentheorie, in: Ordo, Bd. 40, S. 129-145.

Leipold, H. (1989), Planversagen versus Marktversagen, in: Hamel, H., Hg., Soziale Marktwirtschaft - Sozialistische Planwirtschaft, München 5. A., S. 111-152.

Leipold, H. (1991), Institutioneller Wandel und Systemtransformation, in: Wagener, H.J. (Hg.), Anpassung durch Wandel, Berlin, S. 17-38.

Leipold, H. (1992), Probleme und Konzepte der Privatisierung von Staatseigentum, in: Wirtschaftswissenschaftliches Studium, Heft 2, S. 54-59.

Leipold, H. (1992), Reformrestriktionen in alternativen politischen Ordnungen, in: Jahrbuch für Neue Politische Ökonomie, 11. Bd., S. 217-231.

Leipold, H. (1996), Der Zusammenhang zwischen gewachsener und gesetzter Ordnung - Einige Lektionen aus den postsozialistischen Reformerfahrungen, Vortragsfassung für die Jahrestagung des Ausschusses zum Vergleich von Wirtschaftssystemen, September 1996, Kassel.

Leipold, H./Schüller, A. (1986), Unternehmen und Wirtschaftsrechnung: Zu einem integrierten dynamischen Erklärungsansatz, in: Leipold, H./Schüller, A. (Hg.), Zur Interdependenz von Unternehmens- und Wirtschaftsordnung, Schriften zum Vergleich von Wirtschaftsordnungen, Bd. 38, Stuttgart, S. 3-37.

Leonhardt, W. (1955), Die Revolution entläßt ihre Kinder, Köln, Berlin.

Levin, A. (1973), Problems of the Control of Consumer Demand, in: Problems of Economics, Vol. 16, No. 8, S. 81-104 (übers. aus Voprosy ekonomiki, 1973, No. 6).

Libermann, E. (1974), Methoden der Wirtschaftslenkung im Sozialismus, Frankfurt/M.

Linz, S. (1987), Managements´s Response to Tautness in Soviet Planning: Evidence from the Soviet Interview Project, Working Paper, No. 38, March.

Linz, S.J. (1988), Managerial Autonomy in Soviet Firms, in: Soviet Studies, Vol. 40, S. 175-195.

Litwack, J.M. (1990), Ratcheting and Economic Reform in the USSR, in: Journal of Comparative Economics, Vol. 14, S. 254-268.

Liutho, K. (1996), Management Transformation in the Former Soviet Union - Estonian Managers Evaluate Past and Forthcoming Transition, in: Journal of East European Management Studies, Vol. 1, No. 3, S. 7-30.

Lohr, K. (1992), Management und Belegschaft im wirtschaftlichen Wandel, Brüche und Kontinuitäten, in: Heidenreich, M. (Hg)., Krisen, Kader, Kombinate: Kontinuität und Wandel in ostdeutschen Betrieben, Berlin, S. 159-171.

Lösch, D. (1975), Zur Ideologiekritik des traditionellen bipolaren Ordnungsdenkens, in: Hamburger Jahrbuch für Wirtschafts- und Gesellschaftspolitik, 20. Jg., S. 87-109.

Lösch, D. (1987), Sozialistische Wirtschaftswissenschaft, Hamburg.

Lucas, R. (1988), On the Mechanics of Economic Development, in: Journal of Monetary Economics, Vol. 22, S. 3-42.

Luchterhandt, G. (1993), Die politischen Parteien im neuen Rußland, Dokumente und Kommentare, Bremen.

Luckenbach, H. (1986), Theoretische Grundlagen der Wirtschaftspolitik, München.

Ludz, P.C. (1968), Parteielite im Wandel, Köln, Opladen.

Maier, H. (1983), Innovationen und wissenschaftlich-technische Strategie, in: Sydow, W. (Hg.), In die Zukunft gedacht, Berlin (Ost), S. 100-119.

March, J.-G. (1978, 1990), Beschränkte Rationalität, Ungewißheit und die Technik der Auswahl, in: March, J.-G. (Hg.), Entscheidung und Organisation, Wiesbaden, S. 297-328.

Marsden, D. (1994), Industrieller Wandel, "Kompetenzen" und Arbeitsmärkte, in: Berufsausbildung, Europäische Zeitschrift, Nr. 1, S. 16-24.

Marshall, A. (1920), Principles of Economics, 8. A., New York.

Marz, L. (1991), Der prämoderne Übergangsmanager. Die Ohnmacht des "realsozialistischen" Wirtschaftskaders, in: Deppe, R./Dubiel, H./Rödel, U. (Hg.), Demokratischer Umbruch in Osteuropa, Frankfurt/M., S. 104-125.

Märtz, Th. (1990), Interessengruppen und Gruppeninteressen in der Demokratie: Zur Theorie des Rent-Seeking; Frankfurt/M., Bern, New York et al.

Meckling, W.H. (1976), Values and the Choice of the Model of the Individuals in the Social Science, in: Schweizerische Zeitschrift für Volkswirtschaft und Statistik, 112. Jg., Heft 4, S. 545-560.

Meissner, B. (1986), Parteiführung und Parteiorganisation der KPdSU nach dem 27. Parteitag, in: Osteuropa, 36. Jg., Heft 11, S. 916-950.

Meissner, B. (1991), Die KPdSU zwischen Macht und Ohnmacht, in: Osteuropa, 41. Jg., Heft 1, S. 15-45.

Melody, W.H. (1988), Information: An Emerging Dimension of Institutional Analysis, in: Tool, M.O. (Ed.), Evolutionary Economics, Vol. I, New York, S. 361-387.

Meyer, G. (1979), Sozialistische Systeme, Stuttgart.

Meyer, W. (1983), Entwicklung und Bedeutung des Property Rights-Ansatzes in der Nationalökonomie, in: Schüller, A. (Hg.), Property Rights und ökonomische Theorie, München, S. 1-44.

Mills, C.W. (1962), Die amerikanische Elite, Hamburg.

Mochalov, B. (1974), Requirements, Consumer Demand, and a National Economic System for Satisfying Them, in: Problems of Economics, Vol. 16, No. 10, S. 73-84 (übers. aus Planovoe Khoziaistvo, 1973, No. 6).

Möller, R. (1983), Interpersonelle Nutzenvergleiche, Göttingen.

Moore, J. (1974), Managerial Behavior in the Theory of Comparative Economic Systems, in: Furubotn, E./Pejovich, S. (Eds.), The Economics of Property Rights, Cambridge, Mass., S. 327-339.

Morosow, W.A./Halberstadt, M. (1991), Die ökonomische Reform in der UdSSR und ihre Auswirkungen auf sowjetische Unternehmen am Beispiel des Maschinenbaubetriebes Poskowmasch, in: Osteuropa-Wirtschaft, 36. Jg. Heft 2, S. 174-182.

Muller, E.N./Opp, K.D. (1986), Rational Choice and Rebellious Collective Action, in: American Politcal Science Review, Vol. 80, S. 471-487.

Müller, K.-D. (1988), Reformen im sowjetischen Außenhandelssystem, in: Osteuropa-Wirtschaft, 33.Jg., Heft 2, S. 110-121.

Murrell, P./Olson, M. (1991), The Devolution of Centrally Planned Economies, in: Journal of Comparative Economics, Vol. 15, S. 239-265.

Neale, W.C. (1988), Institutions, in: Tool, M.R. (Ed.), Evolutionary Economics, Vol. I, New York, London, S. 227-255.

Neuberger, E. (1966), Libermanism, Computopia, and Visible Hand: The Question of Informational Efficiency, in: American Economic Review, Vol. 56, No. 2, S. 131-144.

Neugebauer, G. (1978), Partei und Staatsapparat in der DDR, Opladen.

Niskanen, W.A. (1971), Bureaucracy and Representative Government, Chicago.

North, D.C. (1992), Institutionen, institutioneller Wandel und Wirtschaftsleistung, Tübingen.

Nove, A. (1962), The Problem of Success Indicators, in: Holzman, F.D. (Ed.), Readings on the Soviet Economy, Chicago, S. 433-445.

Nove, A. (1980), Das sowjetische Wirtschaftssystem, Baden-Baden.

Nove, A. (1987), "Radical Reform", Problems and Prospects, in: Soviet Studies, Vol. 39, No. 3, S. 452-467.

Nowotny, T. (1994), Ist Demokratie „natürlich“?, in: Österreichische Zeitschrift für Politikwissenschaft, 23. Jg., Heft 4, S. 447-459.

o. V. (1978), Verfassung der UdSSR vom 7.10.1977, Berlin/Ost.

o. V. (1992), Rußlands Wirtschaft nach dem Zerfall der Sowjetunion: Die Monopolstrukturen behindern die Stabilisierung, in: DIW-Wochenbericht, Nr. 28-29, S. 364-370.

o. V. (1993), Rußland: Wirtschafts- und außenpolitisches Programm der „Liberaldemokratischen Partei“, in: Presseschau Ostwirtschaft, 31. Jg., Heft 12, S. 60-62 (übers. aus Rossijkaja Gazeta, 3.12.1993, Nr. 221, S. 2).

o. V. (1994a), Rußland: Bestandsaufnahme des Kampfes gegen das bewaffnete organisierte Verbrechen und die Korruption, in: Presseschau Ostwirtschaft, 32. Jg., Heft 4, S. 57-59 (übers. aus Rossijskaja Gazeta, Nr. 47, 11.3.1994, S. 3f).

o. V. (1994b), Angaben zum Abschluß der Voucherprivatisierung, in: Presseschau Ostwirtschaft, 32. Jg., Heft 7, S. 61 (übers. aus Iswestija, 7.7.1994, Beilage S. VI).

o. V. (1995), Parlamentswahlen zur Staatsduma, in: Prawda, 28.12.1995, 46. Jg., Nr. 32, S. 1.

o.V. (1996a), Ein Dreieck mit Anspruch auf das Präsidentenamt, in: Prawda, 11.1.1996, 47. Jg., Nr. 33, S. 1.

o.V. (1996b), Boris Jelzin: Hält er den Kommunisten stand?, in: WISU, Heft 2, S. 104.

OECD Wirtschaftsberichte (1995), Die Russische Föderation 1995, Paris.

OECD, IMF, World Bank, European Bank for Reconstruction and Development (Eds.) (1991), A Study of the Soviet Economy, Paris.

Oesterdiekhoff, G.W. (1993), Unternehmerisches Handeln und gesellschaftliche Entwicklung: eine Theorie unternehmerischer Institutionen und Handlungsstrukturen, Opladen.

Oesterle, M.-J. (1993), Joint-Ventures in Rußland. Bedingungen, Probleme, Erfolgsfaktoren, Wiesbaden, Hohenheim.

Olson, M. (1982), Die Logik kollektiven Handelns, 2. A., Tübingen.

Olson, M. (1985), Aufstieg und Niedergang von Nationen: ökonomisches Wachstum, Stagflation und soziale Starrheit, Tübingen.

Olson, M. (1993a), Why is Economic Performance Even Worse After Communism is Abandoned?, Fairfax, Virginia

Olson, M. (1993b), Dictatorship, Democracy, and Development, in: American Political Science Review, Vol. 87, No. 3, S. 567-576.

Opp, K.-D. (1982), Die Entstehung von Normen. Eine Diskussion einiger Thesen der ökonomischen Theorie der Eigentumsrechte, in: Stachowiak, H. (Hg.), Bedürfnisse, Werte und Normen im Wandel, Bd. 1, Grundlagen, Modelle, Perspektiven, München, S. 181-204.

Pankov, V. (1994), Der Stand und die Aussichten der marktwirtschaftlichen Transformation Rußlands, in: Osteuropa-Wirtschaft, 39. Jg., Heft 4, S. 269-286.

Pautzke, G. (1989), Die Evolution der organisatorischen Wissensbasis, München.

Pejovich, S. (1990), The Economics of Property Rights: Towards a Theory of Comparative Systems, Dordrecht.

Peterhoff, R. (1994), Barrieren für eine Transformation des Wirtschaftssystems in Rußland, in: Gutmann, G. (Hg.), Ökonomische Erfolge und Mißerfolge der deutschen Vereinigung, Stuttgart, S. 381-398.

Peterhoff, R./Schneider, G. (1992), Privatisierung in Rußland, in: Leipold, H. (Hg.), Privatisierungskonzepte im Systemwandel, Arbeitsberichte zum Systemvergleich, Nr. 16, Marburg, S. 77-129.

Pethig, R. (1985), Comparative Lobbying for Group-Specific Public Goods, in: Pethig, R. (Ed.), Public Goods and Public Allocation Policy, Frankfurt/M., Bern, New York, S. 63-92.

Pfohl, H.C./Braun, G.E. (1981), Entscheidungstheorie: normative und deskriptive Grundlagen des Entscheidens, Landsberg/Lech.

Picot, A./Laub, U.-D./Schneider, D. (1989), Innovation und Unternehmensgründungen, Berlin, Heidelberg, New York et al.

Pies, I. (1996), Autokratie versus Demokratie: Die politischen Voraussetzungen wirtschaftlicher Entwicklung, Vortragsfassung, Bochum.

Pohling, R. (1974), Zum mikroökonomischen Modell der arbeiterselbstverwalteten Unternehmung, in: Hamel, H. (Hg.), Arbeiterselbstverwaltung in Jugoslawien, München, S. 74-83.

Posner, R.A. (1981), The Economics of Justice. Cambridge, Mass.

Praag, v.C.M./Ophem, v.H. (1995), Determinants of Willingness and Oportunity to Start as an Entrepreneur, in: Kyklos, Vol. 48, No. 4, S. 513-540.

Pratt, J.W./Zeckhauser, R.J. (Eds.) (1984), Principals and Agents, The Structure of Business, Boston, Mass.

Priddat, B.P. (1995a), Ökonomie und Geschichte: Zur Theorie der Institutionen bei D.C. North, in: Seifert, E.K./Priddat, B.P. (Hg.), Neuorientierungen in der ökonomischen Theorie: Zur moralischen, institutionellen und evolutorischen Dimension des Wirtschaftens, Marburg, S. 205-239.

Priddat, B.P. (1995b), Replik zu Kleinewefers: „Entscheidungen über Institutionen sind rational“, in: List-Forum, Bd. 21, Heft 4, S. 445-447.

Prout, Ch. (1985), Market Socialism in Yugoslavia, Oxford.

Przeworski, A./Limongi, F. (1993), Political Regimes and Economic Growth, in: Journal of Economic Perspectives, Vol. 7, No. 3, S. 51-69.

Pümpin, C./ Prange, J. (1991), Management der Unternehmensentwicklung, New York.

Puseizer, E. (1994), Rußland: Beurteilung des politischen Risikos, in: Osteuropa-Wirtschaft, 39. Jg., Heft 3, S. 165-183.

Radnitzky, G. (1984), Die ungeplante Gesellschaft, in: Hamburger Jahrbuch für Wirtschafts- und Gesellschaftspolitik, 29 Jg., S. 9-29.

Rapoport, A./Dale, Ph. S. (1966), The „End“ and „Start“ Effects in Iterated Prisoner´s Dilemma, in: Journal of Conflict Resolution, Vol. 11, S. 50-59.

Rau, Z. (1991) (Ed.), The Reemergence of the Civil Society in Eastern Europe and the Soviet Union, San Francisco, Oxford,

Rawls, J. (1978), Eine Theorie der Gerechtigkeit, Frankfurt/M.

Richter, R. (1994), Institutionen ökonomisch analysiert, Tübingen.

Romer, P.M. (1986), Increasing Returns and Long-Run Growth, in: Journal of Political Economy, S. 1002-1037.

Romer, P.M. (1989), Capital Accumulation in the Theory of Long-Run Growth, in: Barro, R. (Ed.), Modern Business Cycle Theory, Cambridge, S. 51-127.

Röpke, J. (1970), Innovation, Organisationsstruktur und wirtschaftliche Entwicklung: Zu den Ursachen des wirtschaftlichen Aufstiegs von Japan, in: Jahrbuch für Sozialwissenschaft, Bd. 24, S. 203-231.

Röpke, J. (1983), Handlungsrechte und wirtschaftliche Entwicklung, in: Schüller, A. (Hg.), Property Rights und ökonomische Theorie, München, S. 111-144.

Roppel, U. (1979), Ökonomische Theorie der Bürokratie, Freiburg i.B.

Rose, R. (1993), Contradictions Between Micro- and Macroeconomic Goals in Post-Communist Societies, in: Europe-Asia Studies, Vol. 45, No.3, S. 419-444.

Rose, R./Haerpfer, Ch. (1994), Mass Response to Transformation in Post-Communist Societies, in: Europe-Asia Studies, Vol. 46, No. 1, S. 3-28.

Rosen, S. (1976), A Theory of Life Earnings, in: Journal of Political Economy, Vol. 84, S. 45-68.

Sachs, J.D. (1992), Privatization in Russia: Some Lessons from Eastern Europe, in: American Economic Review, Papers and Proceedings, Vol. 82, S. 43-48.

Sachs, J.D. (1996), The Transition at Mid Decade, in: American Economic Review, Papers and Proceedings, Vol. 86, S. 128-133.

Saizew, A. (1994), Das neue russische Unternehmertum, in: Osteuropa-Wirtschaft, 39. Jg., Heft 3, S. 184-200.

Samuels, W.J./Mercuro, N. (1981), The Role of Compensation Principle in Society, in: Samuels, W.J./Mercuro, N./ Schmid, A. (Eds.), Law and Economics, Boston et al., S. 210-247.

Sappington, E.M. (1991), Incentives in Principal-Agent Relationships, in: Journal of Economic Perspectives, Vol. 5, No. 2, S. 45-66.

Saslawskaja, T. (1988), Zur Strategie der sozialen Steuerung der Perestroika, in: Afanasjew, J. (Hg.), Es gibt keine Alternative zur Perestroika, Nördlingen, S. 21-72.

Sasalawskaja, T. (1989), Die Gorbatschow-Strategie, Wien.

Schäfer, W. (1984), Gleichgewicht, Ungleichgewicht und Schattenwirtschaft, in: Schäfer, W. (Hg.), Schattenökonomie: Theoretische Grundlagen und wirtschaftspolitische Konsequenzen, Göttingen, S. 38-61.

Schäfer, W. (1992), Schattenwirtschaft und soziale Sicherung, in: Hamburger Jahrbuch für Wirtschafts- und Gesellschaftspolitik, 37. Jg., S. 25-41.

Schenk, K.-E. (1981), Märkte und Hierarchie. Anreiz- und Kontrollmechanismen in der Theorie der Wirtschaftssysteme, in: Hedtkamp, G. (Hg.), Anreiz- und Kontrollmechanismen in Wirtschaftssystemen I, Berlin, S. 11-38.

Schenk, K.-E. (1992), Die neue Institutionenökonomie - Ein Überblick über wichtige Elemente und Probleme der Weiterentwicklung, in: Zeitschrift für Wirtschafts- und Sozialwissenschaften, 112. Jg., S. 337-378.

Schmidt-Häuer, Ch. (1993), Rußland in Aufruhr - Innenansichten aus einem rechtlosen Reich, München.

Schneider, D. (1986), Die Erklärung hierarchischer Unternehmensorganisationen aus der Unternehmerfunktion im Wettbewerb: Anfänge einer institutionellen Marktprozeßtheorie?, in: Leipold, H./Schüller, A. (Hg.), Zur Interdependenz von Unternehmens- und Wirtschaftsordnung, Schriften zum Vergleich von Wirtschaftsordnungen, Bd. 38, Stuttgart, S. 41-65.

Schneider, D. (1988), Zur Entstehung innovativer Unternehmen, München.

Schneider, D. (1993), Betriebswirtschatslehre, Wien.

Schneider, D. (1995), Informations- und Entscheidungstheorie, München.

Schneider, E. (1994), Rußland auf Demokratiekurs?, Nördlingen.

Schneider, E. (1996a), Duma-Wahlen 1995 (I), in: Osteuropa, 46. Jg., Heft 2, S. 126-133.

Schneider, E. (1996b), Duma-Wahlen 1995 (II), in: Osteuropa, 46. Jg., Heft 3, S. 225-236.

Schneider, E. (1996c), Die russische Staatsdumawahl 1995, Berichte des Bundesinstituts für ostwissenschaftliche Studien, Nr. 20, Köln.

Schnytzer, A. (1994), An Economic Model of Regime Change: Freedom as a Public Good, in: Public Choice, Bd. 79, S. 3325-339.

Schönknecht, D./Klimenko, W.L. (1983), Leitung der chemischen Industrie in der DDR und in der UdSSR, Leipzig.

Schotter, A. (1981), The Economic Theory of Social Institution, Cambridge, Mass.

Schrage, H. (1984), Schattenwirtschaft - Abgrenzung, Definition, Methoden der quantitativen Erfassung, in: Schäfer, W. (Hg.), Schattenökonomie: Theoretische Grundlagen und wirtschaftspolitische Konsequenzen, Göttingen, S. 11-37.

Schüller, A. (1992), Ansätze einer Theorie der Transformation, in: Ordo, Bd. 43, S. 35-63.

Schulz, J. (1992), Zu transformationstheoretischen Ansätzen der ordoliberalen Schule und der amerikanischen Institutionenökonomik, in: Zeitschrift für Wirtschaftspolitik, 41. Jg., Heft 3, S. 231-256.

Schumann, J. (1987), Grundzüge der mikroökonomischen Theorie, 5. A., Berlin, Heidelberg, New York et al.

Schumpeter, J.A. (1964), Theorie der wirtschaftlichen Entwicklung, 6. A., Berlin.

Schumpeter, J.A. (1980), Kapitalismus, Sozialismus und Demokratie, München, 5. A.

Schwarz, G. (1994), Politische Führung und demokratische Entscheidungen im Transformationsprozeß, in: Herrmann-Pillath, C. (Hg.), Wirtschaft und Gesellschaft im Übergang vom Plan zum Markt, Stuttgart, New York, S. 739-757.

Seifert, W.G. (1980), Risk Management im Lichte einiger Ansätze der Entscheidungs- und Organisationstheorie, Frankfurt/M.

Selten, R./Tietz, R. (1980), Zum Selbsverständnis der experimentellen Wirtschaftsforschung im Umkreis von Heinz Sauermann, in: Zeitschrift für die gesamte Staatswissenschaft, 136. Jg., S. 12-27.

Settle, R.F./Abrams, P. (1976), The Voter Participation: A More General Model, in: Public Choice, Vol. 27, S. 81-89.

Silver, M. (1974), Political Revolution and Repression: An Economic Approach, in: Public Choice, Bd. 17, S. 63-71.

Simon, H. (1979), Rational Decision Making in Business Organizations, in: The American Economic Review, Vol. 39, S. 493-513.

Simon, H. (1993), The Economics of Altruism, in: American Economic Review, Papers and Proceedings, Vol. 83, No. 2, S. 156-161.

Skilling, H.G. (1974a), Interessengruppen und Politik im Kommunismus: Einführung, in: Skilling, H.-G./Griffiths, F. (Eds.), Pressure Groups in der Sowjetunion, Wien, S. 13-25.

Skilling, H.G. (1974b), Gruppenkonstellationen in der sowjetischen Politik - Einige Hypothesen, in: Skilling, H.-G./Griffiths, F. (Eds.), Pressure Groups in der Sowjetunion, Wien, S. 27-51.

Skilling, H.G. (1974c), Gruppenkonflikte in der sowjetischen Politik, in: Skilling, H.G./Griffiths, F. (Hg.), Pressure Groups in der Sowjetunion, Wien, S. 349-383.

Smith, V. (1991), Rational Choice: The Contrast Between Economics and Psychology, in: Journal of Political Economy, Vol. 99, No. 4, S. 877-897.

Sohmen, E. (1976), Allokationstheorie und Wirtschaftspolitik, Tübingen.

Staudt, E. (1993), Innovationsbarrieren auf dem Weg von der Plan- zur Marktwirtschaft - das Management von Nichtroutineprozessen, in: Staudt, E. (Hg.), Mit Innovation vom Plan zum Markt, Ionnovation: Forschung und Management, Bd. 3, S. 5-35.

Staudt, E. (1993), Führungs- und Fachkräftedefizite beim Übergang von der Plan- zur Marktwirtschaft - Ursachen, Lösungskonzepte, Maßnahmen, in: Staudt, E. (Hg.), Mit Innovation vom Plan zum Markt, Ionnovation: Forschung und Management, Bd. 3, S. 60-78.

Staudt, E./Schepanski, N./Leuschner, H./Engelbracht, P. (1993), Weiterbildung von Führungskräften in der DDR, in: Staudt, E. (hg.), Berichte aus der angewandten Innovationsforschung, No 116, Bochum.

Steffen, O. (1991), Schwieriger Übergang zur Marktwirtschaft - die Versorgungskrise in der Sowjetunion, in: Osteuropa, 41. Jg., Heft 7, S. 646-656.

Stigler, G.J. (1961), The Economics of Information, in: Journal of Political Economy, Jg. 69, S. 213-225.

Stigler, G.J. (1967): Imperfections of the Capital Market, in: Journal of Political Economy, Bd. 75.

Stiglitz, J.E./Schönfelder, B. (1989), Finanzwissenschaft, München.

Streit, M.E./Wegener, G. (1989), Wissensmangel, Wissenserwerb und Wettberwerbsfolgen - Transaktionskosten aus evolutorischer Sicht, in: Ordo, Bd. 40, S. 183-200.

Streit, M.E. (1993), Cognition, Competition and Catallaxy, in: Constitutional Political Economy, Vol. 4, No. 2, S. 223-262.

Sugar, P. (1992), Erfahrungen aus einem Dienstleistungsunternehmen, in: Prognos AG (Hg.), Vom Umbruch zum Aufbruch, Stuttgart, S. 37-48.

Surovell, J. (1991), Ligachev and the Soviet Politics, in: Soviet Staudies, Vol. 43, No. 2, S. 355-374.

Sutela, P. (1994), Insider Privatisation in Russia: Speculations on Systemic Change, in: Europe-Asia Studies, Vol. 46, No. 3, S. 417-435.

Svejnar, J. (1991), Microeconomic Issues in the Transition to a Market Economy, in: Journal of Economic Perspecctives, Vol. 5, No. 4, S. 123-138.

Svindtland, E.C. (1992), Das Sequenzing-Problem der Systemtransformation in Mittel- und Osteuropa, in: Kredit und Kapital, 25. Jg., Heft 1, S. 65-93.

Thibaut, J.W./Kelley, H.H. (1959), The Social Psychology of Groups, New York.

Thieme, H.J. (1980), Probleme der Definition und Messung von Inflation in: Systemen zentraler Planung, in: Schenk, K.-E. (Hg.), Lenkungsprobleme und Inflation in Planwirtschaften, Schriften des Vereins für Socialpolitik, N.F., Bd. 106, Berlin, S. 45-70.

Thieme, H.J. (1992), Wirtschaftssysteme, in: Vahlens Kompendium der Wirtschaftstheorie und Wirtschaftspolitik, Bd. 1, 5. A., München, S. 1-47.

Thomas, G., (1995), Theorie und Realität ökonomischer Organisation: der transaktionskostentheoretische Ansatz zur vertikalen Integration, Wiesbaden.

Tietz, R. (Hg.)(1981), Wert- und Präferenzprobleme in den Sozialwissenschaften, Berlin.

Tietzel, M. (1981a), Annahmen in der Wirtschaftstheorie, in: Zeitschrift für Wirtschafts- und Sozialwissenschaften, 101. Jg., Heft 3, S. 237-265.

Tietzel, M. (1981b), Die Ökonomie der Property Rights: Ein Überblick, in: Zeitschrift für Wirtschaftspolitik, 30. Jg., S. 207-243.

Tietzel, M. (1985), Wirtschaftstheorie und Unwissen, Tübingen.

Tietzel, M. (1991), Der Neue Institutionalismus auf dem Hintergrund der alten Ordnungsdebatte, in: Jahrbuch für Neue Politische Ökonomie, Bd. 10, S. 3-37.

Tietzel, M./Weber, M. (1991), Von Betrügern, Blendern und Opportunisten - Ein ökonomische Analyse, in: Zeitschrift für Wirtschatspolitik, 40. Jg., Heft 2, S. 109-137.

Tietzel, M./Weber, M. (1993), Autokratische Mobilitätspolitik. Zur Politischen Ökonomie der Berliner Mauer und des Eisernen Vorhangs, in: Ordo, Bd. 44, S. 291-305.

Tollison, R.D. (1987), Is the Theory of Rent-Seeking Here to Stay?, in: Rowley, Ch.K. (Ed.), Democracy and Public Choice, Oxford, New York, S. 143-157.

Touché, B. (1993), Wirtschaftspolitische Konzeptionen in der Sowjetunion im Wandel, Wiesbaden.

Tschepurenko, A. (1994), Das Kleinunternehmertum in Rußland: Stand und Perspektiven, Berichte des Bundesinstituts für ostwissenschaftliche und internationale Studien, Heft 62, Bonn.

Tscherkassov, G. (1994), Democratic Organizations Try to Unite, in: The Current Digest, Vol. 46, No. 38, S. 17 (übers. aus Sevodnya, 22.9.1994, S. 2).

Tullock, G. (1971a), The Costs of Transfers, in: Kyklos, Vol. 24, S. 629-643.

Tullock, G. (1971b), The Paradox of Revolution, in: Public Choice, Bd. 11, S. 89-99.

Tullock, G. (1974), The Social Dilemma. The Economics of War and Revolution, Virginia.

Tullock, G. (1987), Autocracy, Dordrecht.

Tullock, G. (1989), The Economics of Special Privilege and Rent Seeking, Boston et al.

Tversky, A. (1972), Elimination by Aspects: A Theory of Choice, in: Psychological Review, 79. Jg., S. 281-299.

Vanberg, V. (1981), Liberaler Evolutionismus oder vertragstheoretischer Konstitutionalismus?: Zum Problem institutioneller Reformen bei F.A. von Hayek und J.M. Buchanan, Tübingen.

Vanberg, V.J. (1993), Rational Choice vs. Adaptive Rule-following: on the Behavioral Foundations of the Social Sciences, in: Jahrbuch für Neue Politische Ökonomie, 12. Bd., S. 93-110.

Vaughn, K. (1983), Kann sich eine demokratische Gesellschaft ohne Revolution reformieren? Die Grenzen konstruktiven Wandels, in: Zeitschrift für Wirtschaftspolitik, 32. Jg., S. 115-129.

Veblen, Th. (1927), The Theory of Leisure Class, an Economic Study of Institutions, London.

Vieler, A. (1986), Interessen, Gruppen und Demokratie, Tübingen.

Voslensky, M.S. (1980), Nomenklatura: Die herrschende Klasse der Sowjetunion, 2. A., Wien.

Wagener, H.J. (1994), Zur Politischen Ökonomie der Transformation, in: Herrmann-Pillath, C. (Hg.), Wirtschaft und Gesellschaft im Übergang vom Plan zum Markt, Stuttgart, New York, S. 643-656.

Ward, B. (1958), The Firm in Illyria: Market Socialism, in: American Economic Review, Vol. 48, No. 4, S. 566-589.

Weber, M. (1985), Wirtschaft und Gesellschaft, 5. A., Tübingen.

Wegehenkel, L. (1980), Transaktionskosten, Wirtschaftsystem und Unternehmertum, Tübingen.

Wegehenkel. L. (1991), Evolution von Wirtschaftssystemen und Internalisierungshierarchie, in: Wagener, H.-G. (Hg.), Anpassungs durch Wandel, Berlin, S. 101-137.

Weinberg, J. (1996), Kompetenzlernen, in: Quem-Bulletin, Nr. 1, S. 3-6.

Weitzman, M./Kruse, D.(1990), Profitsharing and Productivity, in: Blinder, A. (Ed.), Paying for Productivity, Washington D.C., S. 95-142.

Weitzman, M.L. (1976), The New Soviet Incentive Model, in: Bell Journal of Economics, Vol. 7, No. 1, S. 251-257.

Welfens, M.J. (1988), Das Phänomen der Schattenwirtschaft im Sozialismus, in: Osteuropa-Wirtschaft, 33. Jg., Heft 1, S. 1-15.

Welfens, M.J. (1989): Bedingungen der Entstehung und Entwicklung der inoffiziellen Erwerbswirtschaft, in: Cassel, D./Jaworski, W./Kath, D. et al. (Hg.), Inflation und Schattenwirtschaft im Sozialismus, Hamburg, S. 375-404.

Wellesen, I. (1994), Institutionelle Neuerung und politischer Prozeß: Die Erklärung von Regeländerungen über den politischen Markt, Hamburg.

Whitesell, R.S. (1990), Why Does the Soviet Economy Appear to Be Allocatively Inefficient?, in: Soviet Studies, Vol. 42, No. 2, S. 259-268.

Wiegand, M. (1987), Ursachen der Schattenwirtschaft in alternativen Wirtschaftssystemen, Frankfurt/M., Bern, New York.

Wiegand, M. (1996), Prozesse organisationalen Lernens, Wiesbaden.

Wilhelm, H. (1985), The Soviet Union Has An Administered, Not A Planned Economy, in. Soviet Studies, Vol. 37, No. 1, S. 118-130.

Williamson, O.E. (1974), Managerial Discretion and Business Behavior, in: Furubotn, E./Pejovich, S. (Eds.) The Economics of Property Rights, Cambridge, Mass., S. 109-132.

Williamson, O.E. (1984), The Economics of Governance: Framework and Implications, in: Zeitschrift für die gesamte Staatswissenschaft, 140. Jg., S. 195-223.

Williamson, O.E. (1985), Die ökonomischen Institutionen des Kapitalismus, Tübingen.

Williamson, O.E. (1990), Introduction, in: Aoki, M./Gustafsson, B./Williamson, O.E. (Eds.), The Firm as a Nexus of Treaties, London.

Winden, F.v./ Witt, G.d. (1993), Nomenklatura, State Monopoly, and Private Enterprise, in: Public Choice, Bd. 77, S. 573-594.

Winderl, Th. (1994), Elitenwechsel in Osteuropa, in: Österreichische Zeitschrift für Politikwissenschaft, 23. Jg. Heft 4, S. 381-393.

Windsperger, J. (1988), Erwartungen und ökonomischen Theorienbildung, Berlin.

Winiecki, J. (1991), Resistance to Change in the Soviet Economic System, London.

Wiswede, G. (1981), Sozialpsychologische Aspekte der Präferenzbildung, in: Tietz, R. (Hg.), Wert- und Präferenzprobleme in den Sozialwissenschaften, Berlin, S. 83-110.

Wittmann, W. (1959), Unternehmung und unvollkommene Information, Köln-Opladen.

Wolff-Poweska, A. (1994), Polen - vier Jahre nach der Wende, in: Osteuropa, 44. Jg., Heft 3, S. 207-218.

Woll, A. (1984), Wirtschaftspolitik, München.

Yavlinski, G./Braguinsky, S. (1994), The Inefficiency of Laissez-Faire in Russia: Hysteresis Effects and the Need for Policy Led Transformation, in: Journal of Comparative Economics, 19. Jg., S. 88-116.

Zapf, W. (1965), Wandlungen der deutschen Elite. Ein Zirkulationsmodell deutscher Führungsgruppen, 1919-1961, München.

Zohlnhöfer, W. (1994), "Großer Sprung" oder "Stückwerkreformen"?, in: Herrmann-Pillath, C. (Hg.), Marktwirtschaft als Aufgabe: Wirtschaft und Gesellschaft im Übergang vom Plan zum Markt, S. 625-642.

FSC
www.fsc.org
MIX
Papier | Fördert gute Waldnutzung
FSC® C083411

Kolibri 360 GmbH
Ferdinand-Jühlke-Straße 7
99095 Erfurt, Deutschland
produktsicherheit@kolibri360.de

Druck:
CPI Druckdienstleistungen GmbH
im Auftrag der
Kolibri 360 GmbH
Ferdinand-Jühlke-Str. 7
99095 Erfurt